ISBN 978-2-88468-083-7

Editions Airelles, Chronosports SA, Suisse.
info@chronosports.com

Mise en pages: Loraine Lequint

Imprimé par Graphius, Gent, Belgique

Akhenaton

L'initiative de Chuck - également connu sous le nom de Baby Blu - d'écrire ce livre, après avoir interviewé tant de personnes dans le Hip Hop, aussi bien dans le rap français qu'américain, et surtout par sa présence constante dans cette culture et son amour profond pour cette musique, a une légitimité indiscutable.

Personnellement, je suis très attaché à la notion de transmission culturelle. Il y a eu énormément de livres, par le passé, écrits par des observateurs ou des gens restés en périphérie de cette culture. Très rarement, pourtant, ces ouvrages ont été rédigés par des personnes qui en font réellement partie.
Pour moi, le fait que Chuck ait écrit ce bouquin, qu'il ait livré ces témoignages, donné son point de vue, enrichit profondément le propos.

Son statut, son parcours à la radio Couleur 3, son engagement au sein de différents groupes de rap, et son rôle d'activiste du Hip Hop apportent une profondeur rare à ce livre.
C'est une très belle initiative, que je soutiens et que je pousse à fond.

Shurik'n

La première fois que Chuck m'a parlé de son livre, il m'a mis l'eau à la bouche... Et aujourd'hui, je confirme : c'est vraiment très bien écrit. C'est du très lourd. Les références déchirent.

C'est un ouvrage que je me languis d'avoir chez moi. C'est complètement dans la pure lignée de la transmission. Je valide donc à 100 %.

Who The Fuck Are You?

Bonne question. Mais qui suis-je ? Même moi, parfois, je me le demande encore.

Je suis Baby Blu, The Ol' Grumpy Bastard, Chokito, Chuckie Fresh... Mes potes m'appellent Chuck. Entre Forrest Gump et le Swiss Larry King of Hip Hop, un serial intervieweur depuis les 90s, qui se retrouve parfois dans les situations les plus improbables, possibles et imaginables.

Je m'appelle Pierrot Winter. Je suis fils unique, né en 1973 à Bâle. Mes parents sont des artistes. Ma mère bossait trop, mon père n'a jamais vraiment eu de patron. Moi ? J'ai toujours jonglé entre un taf stable et des projets créatifs. Je charbonnais après les horaires de mon job alimentaire pour mener mes side-projects à travers toutes ces années.

J'aime faire naître des concepts. J'aime réaliser des projets. J'aime trouver des noms (Downtown Boogie, Memory Lane, Show & Prove, Audiomatic, The Spot, Jiggy Jones, Dynamike par exemple). J'aime utiliser mon imagination, c'est mon délire. J'aime l'inspiration. Je dois m'exprimer artistiquement pour être heureux. Je dois créer. Oui, je suis un créatif, un catalyseur, une force motrice.

J'ai été rappeur le siècle dernier, avec des piles de cahiers pleins de lyrics et de concepts griffonnés à la main gauche. Je suis fier d'avoir pu m'exprimer sur les plus grandes scènes de Suisse, notamment au Paléo et au Montreux Jazz. J'ai eu la chance de faire la première partie des plus grands : MC Solaar, IAM, Oxmo Puccino, La Fonky Family, Ärsenik et les Psy 4 de la Rime, GZA, Group Home et Tha Alkaholiks bien avant les smartphones.

Tout ça, en animant une émission sur Couleur 3, la radio nationale suisse, en étant DA dans une boîte de prod ou gérant d'un sneaker shop. Cofondateur de Downtown Boogie, du groupe La Hana Club, de la webradio Audiomatic ou encore du lieu culturel The Spot. J'ai écrit pour des chanteuses, réalisé un court-métrage ainsi qu'un pilote pour un jeu télévisé Hip Hop. J'ai co-réalisé des clips (Subdelux), co-produit des albums (Le Bout du Tunnel de Kobra, Invinczible de DJ Vincz Lee), booké des DJs, monté des plateformes pour les artistes locaux, parfois même mis la casquette de manager. J'ai mon Chuckie Fresh Podcast, j'ai créé ma marque de lifestyle Cotton & Bass / You Are Not Dead Yet, j'ai organisé des expos d'art et j'ai siégé dans le jury de la Demotape Clinic de M4Music pendant huit ans consécutifs.

J'apporte toujours un certain drive dans les projets avec enthousiasme. Je fonce avec toute mon âme, toujours intègre. Certains me considèrent trop sec, parfois sans filtre. Parfois dur, mais je suis toujours sincère et honnête dans mes opinions dans l'intérêt des projets, pour qu'ils soient le plus dope possible, même si cela peut blesser des égos. Je suis très exigeant, d'abord avec moi-même. Ce n'est donc jamais personnel, mais toujours pour l'amour et la qualité de l'art.

On ne se rend pas forcément compte de tout ce qu'on a accompli quand on a la tête dans le guidon, *but yeah, I've done some shit* et, toujours avec fierté et passion, parfois même la douleur. J'aime cocher les cases de ma bucket list. J'aime collaborer. J'aime m'aventurer, naïvement sortir de ma zone de confort et découvrir de nouvelles sensations. J'aime être curieux. J'aime me sentir libre. Je suis un rêveur qui se perd parfois dans ses pensées. Je n'aime pas trop rester en place, je dois constamment rester en mouvement… ah, le mouvement !

J'ai toujours respecté la culture Hip Hop, toujours été à fond dedans. Je me suis toujours considéré comme un activiste et non pas comme un invité. J'estime avoir suffisamment contribué pour le revendiquer. Je n'ai jamais été un simple spectateur. J'étais là, investi à fond sur le terrain, dans la rue, pas en touriste (rires). *I was really outside*, comme ils disent. J'ai toujours participé avec cœur, tripes et sueur. J'alimentais du mieux que je pouvais cette culture avec amour et respect. J'aime trop la musique pour la trahir. Je respecte trop le Hip Hop pour le maltraiter, donc me voilà.

J'ai commencé ce livre peu avant le Covid. J'ai pu replonger dans mes interviews et revisiter mes archives planquées dans des cartons de chaussures. Plein de mini-discs. Plus de 30 ans d'entretiens, ça en fait des anecdotes et de belles rencontres : Suisse, France, parfois les Etats-Unis. Des milliers d'heures consacrées à cette culture. Des milliers d'heures d'antenne et d'albums écoutés. Des milliers d'heures de recherches et de paroles de rap décortiquées, décryptées, étudiées et analysées.

J'ai eu la chance de pouvoir écouter plus de 10, 12 parfois 15 heures de musique par jour pendant plus de 25 ans de ma vie. Ça en fait des albums achetés, des chansons téléchargées illégalement, des CDs gravés depuis Limewire, des playlists faites dans l'iPod, des paroles mémorisées…

C'était un choix de vie ; du matin au soir, quasi 7/7. Je vendais des kicks la journée, radio le soir en direct. Musique non-stop, du lever au coucher, avec les sorties club la nuit plusieurs fois par semaine et rebelote. Mes oreilles ont pris cher, elles ont fait des kilomètres de kilowatts de son et tiennent encore le choc, Dieu merci (rires).

Certaines interviews ont été réalisées à la radio, parfois à l'antenne en direct, parfois par téléphone, parfois avant ou après un concert dans une loge chaotique. Peu importe, le but était toujours de donner un canal d'expression aux artistes et de créer du contenu pour l'émission. L'objectif était toujours d'alimenter un outlet promo pour les artistes, puis un lieu qui transmet du dope shit aux auditeurs. Faire vivre une plateforme sur radio FM avec authenticité. On a fait le taf.

La première chose qu'on m'avait apprise en arrivant à Couleur 3 en 1994, c'est que nous sommes le pont entre artistes et auditeurs, un rôle très important, voire crucial. C'est Daddy Fred qui m'a enseigné ça. Merci ! À cette époque, il n'y avait pas de TikTok, ni SoundCloud, YouTube, Instagram, Facebook, RapGenius, Wikipedia, Google, ChatGPT, etc. Rien de tout ça, que dalle, nada. Shiiit, il n'y avait même pas encore Internet (rires). On avait The Source Magazine, des cassettes, des vinyles, quelques concerts, la télé où le rap ne passait que très peu. Par contre, il y avait la radio ! On avait donc ce rôle déterminant. Pour découvrir des nouveaux sons, fallait être devant son poste le soir en temps réel, avec le doigt prêt à appuyer sur REC avec la cassette scotché en place dans le tapedeck.

Certains ne savent même pas que Downtown Boogie, avant de devenir un brand incontournable du nightlife, était une émission qui passait quatre, cinq, parfois six jours par semaine sur la plus grosse radio en Suisse, depuis la fin des années 90. Nous étions un peu des tastemakers, des cultivateurs de goût, en quelque sorte, des influenceurs 1.0, des gatekeepers à petite échelle si on peut le dire ainsi... Disons que j'ai toujours poussé pour les artistes que j'appréciais musicalement. Je mettais mon veto contre ceux que je n'appréciais pas artistiquement. Il n'y avait jamais rien de personnel de ma part.

J'ai reçu des menaces par téléphone, j'ai eu des affrontements dans des soirées avec certains artistes. Prises de bec, se faire encercler dans un parking pour avoir critiqué un projet... oui, je connais bien. Mais je m'en foutais, j'ai toujours assumé mes goûts et mes opinions.

J'ai pu voir certains artistes underground devenir des superstars devant mes propres yeux, step by step, album par album. J'ai vu l'évolution du matériel, la disparition de certains outils de travail. Certaines choses sont décédées, d'autres ont surgi à la place. La façon dont la musique se consomme a aussi énormément changé. La façon d'enregistrer et de produire aussi. Les budgets d'albums des labels ont presque disparu. Beaucoup de postes ont sauté... Et moi, en plein milieu de tout ça, extrêmement reconnaissant d'avoir pu vivre tout ça de l'intérieur, au cœur du truc pendant tant d'années.

Ils disent qu'il ne faut jamais rencontrer ses idoles car tu risques d'être déçu... en tout cas, crois-moi, y'a quasi aucune déception par ici. Y'a que des bonnes histoires avec une pincée de digressions captivantes... que des super souvenirs. J'espère que tu prendras autant de plaisir à lire ces chapitres que j'en ai eu à les écrire...

Hip Hop, you're the love of my life!

AFRIKA BAMBAATAA

Imagine le décor; San Francisco 1980, en pleine montée des Reaganomics, dans un contexte économique où le crack n'a juste pas encore envahi l'asphalte californien. Les rues sont le théâtre de lowriders circulant fenêtres ouvertes, basses à fond… Pour un spectacle plus son que lumières, plein de scènes hallucinantes pour mes petits yeux bleus. Ces voitures ras le sol toutes brillantes. De véritables musées roulants avec de la peinture toute fraîche. Des œuvres d'art qui représentaient cette culture Chicano, leur résistance et leur fierté. Le style l'emportait toujours sur la vitesse.

Je bougeais parfois à quelques blocks de la maison les dimanches pour me rincer les yeux. Les familles se regroupaient, toutes posées dans un parking. Des rassemblements impressionnants. Des centaines de voitures avec leurs portes grandes ouvertes. Du son partout. Des coffres remplis de caissons de basses. Ça vibrait de partout. C'était si fascinant.

Jouant avec un ballon de football américain qui rebondissait mal, j'étais arrosé de gros P-Funk par des Cadillacs, Mustangs et Chevrolets façon drive-by musical. Atomic Dog de George Clinton, Super Freak de Rick James. More Bounce to the Ounce et Dance Floor de Zapp, Roger Troutman. Genius of Love de Tom Tom Club, les vieux Prince, ensuite Grandmaster Flash and The Furious Five, Run DMC, Whodini, Egyptian Lover, et bien sûr ce fameux Planet Rock de Bambaataa… Ces titres fusaient dans les rues comme des balles perdues. Les kids dansaient dessus en rollers dans les parcs et les B-Boys se confrontaient sur les trottoirs. Des affrontements de rue avec des carrés en carton en guise de ring. Moves de smurf, danse du robot, pop lock et shuffles de jambes ponctuaient ces battles.

Depuis les rues animées en plein quartier mexicain, le petit Suisse-allemand que j'étais, qui n'avait même pas une décennie d'existence, se prenait toute cette énergie en pleine face.

Imagine-moi à l'âge de six, sept ans, petit babtou bâlois, tout innocent et naïf, en plein cœur du Mission District. Me voilà dans les rues de Frisco, en train de sauter des grillages, s'accrochant à l'arrière des camions pour passer de la 14e Rue à la 24e, puis de me glisser sous les barrières de la piscine municipale avec quelques potes. Faire deux ou trois sauts dans l'eau en caleçon, sans serviette, puis revenir avant que le soleil se couche pour ne pas se faire engueuler par nos parents.

Imagine ma tête quand j'ai reçu un casque sans fil à pile rectangulaire 9 volts, avec l'antenne radio AM/FM sur le côté, pour écouter des funky tunes comme les OGs qui dansaient en rollers les dimanches après-midi dans Golden Gate Park. Imagine-moi le matin, en train de mettre mes rollers pour esquiver les bullies. Il fallait être vif pour ne pas se faire dépouiller les tickets de repas de midi par les plus grands. Imagine devoir jouer à Horse après l'école pour essayer de récupérer tes cartes de baseball que ton voisin ne veut pas te rendre. Imagine être constamment en haute alerte, peur de te faire tester par n'importe qui à n'importe quel moment de la journée à cause de ta petite gueule de blanc-bec. Imagine t'endormir la nuit avec des bruits de sirènes et de règlements de comptes, des cris de douleur, des bruits de chaînes et de coups de battes de baseball. Ça forge le caractère et ça booste le QI de rue, mon pote. On apprend vite à lire le body language des gars en face de toi. On s'adapte vite à son environnement.

Je me rappelle vouloir me faire pousser les cheveux pour les faire partir en arrière, puis vouloir les teindre pour me faire passer pour un cholos dans le quartier, peigne dans la poche arrière. Aujourd'hui, tous les ateliers et garages de voitures qui pimpaient toutes ces belles vieilles caisses américaines dans les alentours sont devenus des bureaux de start-ups et des lofts loués sur Airbnb hors de prix, ciblant des employés de chez Google. Le quartier a trop changé.

Shit done changed comme dirait Biggie.

Je remercie encore régulièrement mes parents d'avoir eu les couilles de tout plaquer en Suisse en 1979 pour conquérir la Bay Area, alors qu'ils n'avaient même pas 30 piges. Ça ne se faisait pas, mais c'étaient des esprits libres et sans crainte, à la chasse au American Dream.

J'étais impressionné par la confiance en soi des gamins autour de moi. Ce démerde-ism. Cette attitude en mode "I'm fresh" et "you can't fuck with me" que la rue alimente. Les smooth démarches, ce flow corporel si à l'aise. Tout ceci m'a immédiatement parlé. En voyant cela, l'âme est touchée, les tripes sont prises, l'esprit est marqué... Et surtout, ça donne envie de faire partie du mouvement.

Plus de 20 ans après cette grosse claque culturelle, me voici en face de Bambaataa lui-même en Suisse. Il était l'invité de notre émission Downtown Boogie, le 26 août 2005. Jiggy Jones et moi étions en maillot NFL XXL ce jour là. Les deux en 49ers de San Francisco, comme par hasard (rires). L'émission était en direct. Bambaataa, accompagné de quelques B-Boys de Lausanne, des membres de la Zulu Nation Suisse. Le promoteur était peut-être aussi présent, je ne m'en souviens plus. Par contre, je me rappelle très bien de l'état de Bam ce soir-là. Le gars était un peu spaced-out dans les étoiles pendant l'interview. Disons que la lumière n'était pas allumée à tous les étages et que l'acide peut laisser de sacrées séquelles (rires).

Le souvenir que j'en garde : son manque de panache, une attitude encore plus bizarre que l'orthographe de son nom, et des réponses un peu décevantes. Le gars était sur une autre planète, sans mauvais jeu de mots. Les sujets étaient pourtant là et préparés : le Bronx, le passé d'ex-leader des Black Spades, la Zulu Nation, les block parties, Grandmaster Flash, Kool Herc, Planet Rock, Soulsonic Force, Kraftwerk, le fait d'avoir été le premier à mettre un discours de Malcolm X sur un beat... voilà quoi !

Autre souvenir marquant : son mix rempli de morceaux bizarres, dénués de sens... Mais bon, qui suis-je pour le critiquer ? Mais là où Bam a marqué le coup, c'est par les super virgules faites pour DJ Green Giant en fin d'émission. Le fameux "Green, Green, Green, my man Green Giant" que le Géant Vert continue d'utiliser à ce jour. Une virgule qui a traversé les décennies, dans ses mixtapes et projets. J'étais heureux de voir mon gars heureux. Avec une vraie virgule personnalisée, ultra puissante, qu'il a longuement cherchée avant ce vendredi d'août 2005.

Au-delà de la prestation et de l'état de Bam, l'ambiance de ce soir-là à la radio était aussi slimey. Principalement à cause des rapports affichés entre ce dernier et son équipe : le truc glauque, quoi ! Bam donnait des ordres à l'un de ses MCs new-yorkais, qui lui était soumis durant toute la soirée. C'était marquant, car le gars était super balèze mais agissait comme un gosse sous l'autorité de Bam. Ambiance chelou, truc super bizarre !

Son séjour suisse a aussi été marqué par une rumeur qui a longtemps erré dans les rues de Lausanne... Une rumeur comme quoi Bambaataa, en after chez un B-Boy local, aurait proposé à lui et ses amis de se masturber tous ensemble au salon devant un film de cul ! Tu visualises le délire ?! Le gars posé chez toi à 4h du mat à manger des pâtes au beurre avec ses potes, puis le Moïse du Hip Hop te propose ça, normal (rires) ! Hyper malaisante comme histoire... Avec le recul, surtout après les accusations répétées des B-Boys new-yorkais, les pièces du puzzle se sont mises en place. Ces rumeurs n'étaient pas juste du "on-dit". C 'était le début d'un tsunami : longue liste de témoignages hardcore, des rumeurs étouffées, des silences gênés, jusqu'au témoignage de Solo, fondateur d'Assassin. Bam est passé de légende au tonton paria de la famille. De l'idole à l'homme qui dégoûte

AFU-RA

Influential, scientifical power
My mental violence will shower
Devour, at a crazy rate…

La première fois que j'ai entendu Afu-Ra, c'était sur Mental Stamina de Jeru The Damaja. Ah, comme j'adorais ce track. Produit par Preemo, évidemment. Extrait de son excellent album The Sun Rises in the East. Marrant comme ce "lyrical, miracle, spiritual" style de rap est complètement played-out aujourd'hui (rires). Body of the Life Force d'Afu-Ra est sorti en 1999. Je me souviens d'une énorme hype autour de cet album. J'aimais 2-3 tracks vite fait sur le projet. Je pense à D&D Soundclash, Mic Stance, Mortal Combat, Whirlwind Thru Cities… Mais j'étais plutôt déçu de l'album, un peu overhyped selon moi, perso. Disons qu'il m'a vite saoulé (rires).

C'était une période où j'en avais marre des gars, genre graphistes, qui écoutaient du MF DOOM en faisant leurs flyers (rires). Tu sais, ces semi-skateurs / étudiants d'école d'art et de design qui prétendent aimer le Hip Hop… vouloir flirter avec "notre" culture de rue sans vivre le Hip Hop pleinement à 100 % (rires). Comme s'ils venaient se servir dans le rap pour être cool. Pour qui se prenaient-ils ? (rires). Ils sont là avec leurs casquettes five-panel et leurs lunettes de nerd, avec un livre sur les fonts dans le sac à dos ! Ils font des études pendant que nous, on est dans la street (rires). Afu-Ra faisait typiquement du rap qui plaisait à ce genre de gars, et ça m'énervait trop… J'étais ridiculement trop con avec ces pensées de puriste à deux balles, je sais (rires).

Afu est venu à la radio avec sa petite vibe végétarienne/je mange du tofu car je suis plus woke que vous (rires). Il y avait plein de posters signés pour faire gagner dans notre émission. Cool, bien joué. À un moment donné pendant l'interview, Dynamike lui demande s'il médite régulièrement.

"I'm meditating right now" il dit… Non mais wtf gars ?! Tu médites que dalle là, t'es juste hyper high off notre super weed qu'on t'a fait fumer là (rires). À la fin de l'émission, on lui a proposé de balancer un freestyle dans le studio d'à côté pour avoir du contenu supplémentaire. On demandait souvent aux artistes de poser des freestyles après les émissions pour avoir des exclus pour des futures émissions, des futurs projets, genre compilations ou mixtapes.

Donc, Afu pose son petit truc, qui ne cassait pas des briques. Un peu bof, moyen quoi. Après avoir enregistré son couplet, il y a son hype man, hyper chaud, qui est venu poser à son tour… Mais lui, son passage était à fond mortel. Énergie, flow, lyrics, jeux de mots, hyper stylé. Il termine son truc, nous rejoint et reçoit nos applaudissements et nos big ups en sortant de la pièce. Mike bricole quelques détails à la régie, façon montage propre. On réécoute le truc dans les grosses enceintes et baaam, de nouveau les mêmes réactions : trop fort, dope, mortel…

Et là, je lâche un "Putain tu as tué Afu là." Sans pitié ! Le hype man était super flatté, humble, réservé et surtout un peu gêné… Afu n'a pas du tout kiffé ma petite remarque (rires)… On a ressenti le compétiteur en lui. Après tout, c'est ça le Hip Hop. Afu demande de reposer un couplet… Il repart dans la cabine et repose un truc. Pas mal mais toujours moyen. Ça ne cassait toujours pas de briques. Il ouvre la porte pour nous rejoindre en espérant recevoir des compliments et… eh ben non, pas trop… Un petit "That's cool" de la part d'un Mike pro et un poil trop enthousiaste peut-être, qui, poliment, ne veut pas plomber l'ambiance (rires).

AKHENATON

Whoa ! AKH, science de la rime. Par où commencer tant les anecdotes sont nombreuses ?

Mon premier souvenir marquant remonte à un concert d'IAM à Genève en 1991, probablement à l'Usine. L'amitié Marseille-Lausanne était déjà forte. Je représentais la relève, le rookie du rap lausannois. Encore timide, avec quelques apparitions scéniques, c'était avant ma première partie d'IAM à Montbenon avec mon groupe LAW. J'étais encore en apprentissage, dans tous les sens du terme, autant dans le rap que professionnellement (rires). Je sortais avec une des danseuses de Sens Unik. Le groupe lausannois XBS avait un énorme buzz régional. Ils m'avaient pris sous leur aile. Leur origine italienne a créé une connexion immédiate avec AKH (rires). Salutations à Paulo, Osvaldo, Enzo et Aldo, des souvenirs impérissables.

Je peinais à entrer seul, alors que mon crew était déjà en loges avec IAM. Une foule tentait de se faufiler par une porte arrière. Je galérais au milieu du tas, évidemment sans téléphone portable. Je voyais le bus d'IAM se décharger sans reconnaître personne. La patience me testait sévère, puis, sorti de nulle part, j'ai vu Chill apparaître : «Yo Chuck, par ici !». L'impuissance fit place à la fierté : AKH lui-même m'a sauvé ! Les aspirants devant l'entrée ont été témoins de la scène, ça puait la jalousie (rires). En dix secondes, ma street cred est montée en flèche (rires).

J'ai toujours admiré ses allers-retours Marseille–New York dans les années 80 avec DJ Keops, bien avant IAM. Ils séjournaient parfois des mois chez Tony D, producteur de Veronica de K Love (1985). Vivre à New York, au cœur du Hip Hop authentique des 80's, force le respect.

Je pense aussi à This is the B-Side (1988), produit par Chubb Rock, sa première apparition sur vinyle sous le nom de Chill Phil. Son couplet sur ce posse cut de Choice MC fut enregistré en une prise, en pyjama (rires). Bref, un puriste depuis le début.

AKH est un peu le Rakim français. Ses textes abordent tous les sujets et, humainement, il est exceptionnel : il répond aux e-mails, remercie pour tes playlists, offre des places, accueille chaleureusement en backstage et invite sur scène. Un vrai passionné qui a toujours œuvré pour les siens et pris des risques. On raconte qu'il a hypothéqué sa maison pour créer La Cosca, label qui a révélé La Fonky Family et les Psy 4 de la Rime.

Je me souviens aussi du clip réalisé pour la compilation de Vincz Lee en 2009 à Marseille, pour CV, un titre inédit d'IAM obtenu grâce à nos relations avec le groupe et son management. Le deal c'était de placer le titre sur Invinczible et financer le clip, qui serait réalisé par une maison de prod locale, chez eux.

À Marseille, avec Vincz, nous avons rejoint Chill et Faf Larage à La Cosca. Ils nous ont fait écouter leurs dernières créations. Du lourd ! Des débats de passionnés ont suivi, notamment sur The LOX : qui était le meilleur MC ? Chill a sorti des couplets méconnus de Sheek Louch, appuyés par les arguments pertinents. Un vrai fan qui étudie le rap, s'en inspire et se nourrit de son énergie, de son flow et de sa musicalité.

Autre souvenir : une interview téléphonique pour DTB, le 19 octobre 2001, après le 11 septembre, pour Sol Invictus. L'entretien fut excellent. Il était détendu, sans réponses formatées.

Nous avons parlé de ses débuts, de l'anecdote du pyjama, de New York, d'Eric B. & Rakim, de Marley Marl, des samples, de La Coupole de Bienne, de ses textes, de ses techniques, de son état d'esprit en studio, des deux versions de L'École du Micro d'Argent, de ses influences égyptiennes, de l'OM. Nous avons même évoqué la géopolitique. Il m'a parlé de ses motivations, de ses influences (Sy Scott, Planet Asia, entre autres). Il m'a confié sa sensibilité et ses larmes devant un documentaire sur des massacres en Algérie. Une sincérité touchante. Ces moments où l'artiste se livre sont précieux. Nous avons bien sûr parlé de son album, avec plus de 50 titres enregistrés pour n'en garder que 19. Interrogé sur son titre préféré, il a répondu sans hésiter : Mes Soleils et mes Lunes. Aujourd'hui papa, cette chanson métaphorique sur l'amour parental me touche profondément.

ALCHEMIST

Jadakiss, Styles P, Ras Kass, Action Bronson, Boldy James, Jay Worthy, Earl Sweatshirt, Drake, Kendrick, Westside Gunn, Benny The Butcher, Conway, Sean Price, Roc Marciano, Curren$y, Freddie Gibbs, 2 Chainz & Larry June, Erykah Badu… et j'en oublie certainement encore une poignée !

La liste des artistes que Alchemist a produits depuis que je l'ai interviewé est impressionnante. Le gars en est à sa 4è carrière dans le game et il ne cesse de se renouveler. J'ai presque envie de le couronner en tant que GOAT avec tout ce qu'il fait depuis tant d'années, avec une telle constance.

Il rappait déjà à l'âge de 14 ans sous le nom de Mudfoot avec Scott Caan (Ocean's Eleven, Hawaii Five-0, Entourage). Ils formaient le groupe The Whooliganz, les petits hooligans de Beverly Hills (rires). C'est Evidence de Dilated Peoples, un pote d'enfance de Venice Beach, qui les avait présentés à QDIII (producteur et fils de Quincy Jones) pour enregistrer leur première démo. B-Real de Cypress Hill les a ensuite pris sous son aile en les intégrant aux Soul Assassins avec Funkdoobiest, House of Pain et évidemment Cypress Hill.

J'ai un très bon souvenir de cette interview. J'ai même ressorti le mini-disc pour la réécouter !

C'était le 14 décembre 2006. 30 minutes de bonheur. L'interview s'est déroulée dans sa chambre d'hôtel au Petit-Chêne à Lausanne. Mon gars Sebb Bash m'avait accompagné. Ils se connaissent bien.

C'était après le concert de Mobb Deep au D! Club. Prodigy (RIP) était malade et ne pouvait pas assurer cette mini-tournée européenne. Alchemist avait donc une double mission : DJ et rappeur, reprenant tous les passages de Bandana P pendant le concert. Décevant pour les vrais fans de Mobb Deep, certes, mais compréhensible compte tenu des problèmes de santé de P. Alchemist s'en est plutôt bien sorti dans ce rôle.

Au milieu d'un épais nuage de cannabis, Al répondait à mes questions avec enthousiasme.

On était dans cette chambre d'hôtel. Il était très tard. Sebb roulait joint sur joint dans un coin et n'arrêtait pas de les passer. Alchemist était hyper down to earth. Très cool. Simple, ouvert. Il s'exprimait très bien pour quelqu'un qui venait de fumer un gros sachet après son concert… et il n'était pas prêt de s'arrêter (rires).

On a parlé de son nom d'artiste, du livre de Paulo Coelho, de ses débuts en tant que MC, des Soul Assassins, de B-Real, de Muggs, de sa relation avec Will 1X (devenu Will.i.am, leader des Black Eyed Peas), du milieu underground de la scène rap à LA, des producteurs qu'il admirait, de ses machines préférées (Ensoniq ASR-10), du vinyle, des achats compulsifs de DJ Lethal à l'époque où il recevait des chèques à gogo avec House of Pain (paraît qu'il achetait des magasins de vinyles entiers !), pour ensuite les écouter dans le tour bus entre les concerts.

Al m'a parlé de son déménagement de Beverly Hills à New York, de Prodigy, de Mobb Deep, de son expérience en tant que DJ de tournée pour Eminem, des groupies, de l'accident de bus lors d'une tournée avec Shady Records. Je lui ai demandé de me parler de la production de We Gonna Make It de LOX, vendue également à Ras Kass, ce qui avait créé un petit beef. On a évoqué les histoires de labels, les malentendus, les galères pour placer des prods et le mindset nécessaire pour réussir dans le business.

Il a raconté plein d'anecdotes sur la création de certains classiques : Win or Lose de Mobb Deep, The Forest de Ghostface Killah, Worst Comes to Worst et Back Again de Dilated Peoples (censés être pour Juelz Santana), Keep It Thoro de Prodigy, Desire de Pharoahe Monch… Il m'a raconté la fois où il a eu honte lors d'une session avec Nas : Large Professor est venu au studio et a vu Alchemist en train de looper une boucle sur Pro Tools. Al était gêné, c'était du blasphème pour Extra P, le puriste !

Bref, c'était un excellent moment de rap nerdism. Pouvoir échanger avec une telle légende n'a pas de prix. Ça me rappelle pourquoi j'aimais autant faire ça. Être au cœur du truc. Je suis reconnaissant d'avoir pu vivre ces moments privilégiés.

Extrait d'interview :

Cite-moi 5 albums absolument incroyables.

- Le premier album d'Organized Konfusion
- Ain't a Damn Thing Changed de WC & The MAAD Circle
- Tous les albums de Gang Starr, mais surtout Step in the Arena
- The Great Adventures of Slick Rick
- Mecca and the Soul Brother de Pete Rock & CL Smooth

5 beats que tu aurais aimé avoir produits ?

- Lay Low – Snoop Dogg (Dr. Dre)
- Running – The Game (Hi-Tek)
- N.Y. State of Mind – Nas (DJ Premier)
- Eric B. for President – Eric B. & Rakim (Eric B. & Marley Marl)
- So Watcha Sayin' – EPMD (EPMD & DJ Scratch)

5 de tes prods préférées ?

- Keep It Thoro – Prodigy

- Worst Comes to Worst – Dilated Peoples
- Backwards – Mobb Deep (The Cutting Room Floor, 1st Infantry Mixtape)
- Bang Bang – Capone-N-Noreaga
- Bring It On – Fat Joe (album Terror Squad)

5 personnes avec qui tu aimerais collaborer ?

Biggie ! Jay-Z, Rakim, Alicia Keys, Quincy Jones… puis Dr. Dre, N.W.A…

5 personnes qui t'ont impressionné en studio ?

- Big Pun : Il rappait toujours assis.
- Stat Quo : Il m'avait montré des techniques d'enregistrement de voix apprises de Dr. Dre.
- Snoop Dogg : Il fume et freestyle en écoutant le beat. La première chose qui sort de sa bouche devient le refrain.
- Mobb Deep : Le flow et le placement de mots parfois peu orthodoxes de Prodigy.
- Nas : Travaillant sur Stillmatic, le morceau Book of Rhymes et son exécution si professionnelle.

ANDRÉ 3000

Voilà un artiste que j'aurais trop voulu rencontrer. Lui, je le vois trop dans un de mes t-shirts You Are Not Dead Yet. Le respect que j'ai pour lui artistiquement est inexplicable, même si j'avais voulu des flûtes, j'aurais été au supermarché dans le rayon snacks, entre les chips et les pistaches (rires). La gars nous nargue depuis des années. Il apparaissait encore vite fait en featuring par-ci, par-là il y a quelques années, mais là, c'est sûr: il ne sortira plus de morceaux de rap. Par contre, se balader partout avec sa flûte à deux balles, ça oui (rires)... et malgré tout ça, je serai à jamais un Stan absolu de ce génie.

Je me souviens de la première fois que j'ai entendu Outkast. Jusque-là, le rap était très binaire : West Coast et East Coast. Impressionnant comme ces Atliens se sont incrustés sur la carte. À ce moment, à part Jermaine Dupri et Kriss Kross, je ne vois pas qui d'autre venait d'Atlanta dans le rap. Il y avait des artistes R&B chez LaFace Records comme Tony Braxton et Babyface.

On est au printemps 1994. Sacrée année. Je t'expliquerai dans 5 min. Southernplayalisticadillacmuzik vient d'arriver dans nos oreilles. Cette fraîcheur de la Dungeon Family et Organized Noize… Les flows de Big Boi et André… cette musicalité, l'instrumentation, toute la vibe, ce funk groove que ça dégageait, un vrai bol d'air frais. Je les placerais quelque part entre Dogg Pound, Souls of Mischief, Tribe et Bootsy Collins. Très funk, très 808, très live band avec des scratches de DJs pour encore amplifier la dynamique.

J'admirais l'artwork sur le compact disc chaque fois que je l'insérais dans le lecteur. Ce dessin funky de la meuf avec ses cheveux en afro puffs nous mettait déjà dans le mood. Il y avait le trou du CD qui couvrait son nichon droit. Elle était entourée de rayures colorées de vert, rouge, jaune et noir. C'était au printemps. Le soleil commençait à apparaître. On saignait Player's Ball, Southernplayalistic, Funky Ride, Git Up, Git Out feat. The Goodie Mob, puis Crumblin' Erb.

Ils avaient enregistré l'album à l'âge de 18-19 ans. Ils n'avaient même pas 20 ans quand il est sorti… *The South got somethin' to say* !!! Le single Player's Ball était pour un projet de Noël à la base, donc techniquement, on pourrait le considérer comme "best Christmas song ever". Je crois même que Puff avait réalisé le clip du morceau.

Donc oui, là je te parle de 1994. Année mythique pour moi. Je venais de m'installer dans mon premier appartement. J'avais 20 ans, je volais de mes propres ailes. Mes parents n'ont rien vu venir. Du jour au lendemain, je leur annonce que j'allais partir sur Lausanne. J'en avais marre de rentrer à Moudon avec le dernier bus à 22 h. Marre des trajets, marre de faire du stop (rires).

J'avais un salaire, un bon job la journée où je vendais des sneakers pour la boutique la plus hype de Loz', puis le soir je montais à la radio pour animer mon émission de rap. Je ne pouvais pas demander mieux. J'étais en place, *livin' my best life*. J'avais trouvé un modeste 3 pièces à la rue du Nord, juste à côté de l'hôtel de police, puis à quelques centaines de mètres de la mythique Dolce Vita où avaient lieu tous les concerts et soirées de rap qu'on adorait tant :
MC Solaar, Redman, Das EFX, Gang Starr, Jeru, OC, Big L, The Roots, Common, Company Flow, Ice T, Diamond D… les soirées Soul Clap Sound. Les gens venaient de Genève, Yverdon, Neuchâtel, Berne, Zurich, Mulhouse, Paris pour ces rendez-vous. Il faut bien tenir compte qu'à cette époque, aucun club ou discothèque (comme on les appelait) ne bookait du rap, c'était impossible.

Suite à quelques coups de fil de mon pote d'enfance en Californie, j'ai vite compris que Jmu était dans une spirale dangereuse. Je lui ai demandé s'il était prêt à plaquer sa street life en Cali pour venir rapper avec moi ici en Suisse. Il me confirme que oui. Il m'explique qu'il était wanted par un gang rival. Qu'il était devenu le bras droit d'un gars qui avait tiré sur un mec en self-défense, histoire de deal. Sauf que ce mec qui s'est fait tirer dessus voulait se venger. Étant donné que son binôme s'est sauvé à Hawaii, Jmu a pris la place sur leur liste de vengeance. Je t'épargne les détails, mais mon gars dormait avec un fusil sur le toit pendant plusieurs jours, persuadé qu'ils allaient arriver la nuit… Il devenait parano. Après quelques conversations avec son père, je lui ai acheté un billet aller simple pour la Suisse avec un matelas pour l'accueillir dans mon nouveau chez-moi.

J'avais récupéré un vieux canapé brun foncé en forme de "L", énorme, trop confortable. Il y avait toujours du monde dessus… Des after, des before, des heures de rhum, weed, Uno, des disputes les plus folles en jouant à NBA Jam et Street Fighter sur Sega Genesis. Des jeux volaient par la fenêtre, balancés par les mauvais perdants parfois (rires). Des milliers d'heures de musique, de trash-talking, fous rires, débats et d'écoutes d'albums passionnants. Et beaucoup d'écriture de lyrics… des cahiers et des cahiers se remplissaient.

Ce 3 pièces devient vite The Nuthouse (rires). J'appelais mon entourage le Sick Sirkle. C'était vraiment un cercle de barges (rires). Je vivais au 3e étage, sans ascenseur. Les voisins d'à côté venaient et partaient très rapidement. Il y avait un turnover impressionnant (rires)… Peut-être qu'ils ne supportaient pas la musique (rires). On écoutait tellement fort. On répétait pour les concerts, on bossait nos textes, on écoutait du Wu, Dogg Pound, Boot Camp, Nas, Biggie, Kokane, Alkaholiks, Redman, Gang Starr, Jeru, ensuite Mobb Deep a sorti Infamous… pfff, laisse tomber. Il y avait des skateurs cool qui vivaient en dessous de nous. Ça puait toujours la weed dans les escaliers (rires). Il y avait un arbre qu'on décorait comme un sapin de Noël, mais à la place des boules brillantes, on balançait des strings et des soutiens-gorges depuis la fenêtre. Merci d'être passées (rires). Il y en avait tellement, ahh les rires ! Quand Jmu est parti, c'est mon gars Léo de La Mafia Underground qui a pris sa place sur ce matelas. C'était reparti pour quelques tours… mais comme on riait !

Nous voici en septembre 2021. Avec pas grand-chose à faire, je me lance dans un vrai délire pendant le Covid. J'ai créé un album solo de 3 Stacks. Oui, tu as bien lu (rires). Je l'ai réalisé de la tête aux pieds, mais dans mon imaginaire, évidemment (rires) : 18 titres de pure magie. 62 minutes de putain de chair de poule. Un rêve absolu qui porterait le nom de Between The Notes, titre inspiré par la fameuse citation de Claude Debussy : La musique est le silence entre les notes. Ce dernier suggérait que la musique ne se trouvait pas dans les notes mais dans le silence entre celles-ci. Une idée d'album, née après l'écoute du magnifique morceau Life of the Party où, une fois de plus, André 3000 justifie sa place dans le Top 10 MC incontesté.
Peep game :

Between The Notes tracklist:

Thank You for Waiting
Oxygen feat Black Thought
Ni**as With Gratitude feat Jay Electronica
Throught Your Eyes (Blink) feat Erykah Badu
Peaches feat Big Boi
Château Fortia feat Royce Da 5'9"
Eargasm
Keep on, Keepin' on feat Devin The Dude
Sh!t Happens feat Freddie Gibbs
Between the Notes
Cherry Pie feat Tyler The Creator
Heaven's Trumpets
Peace Pipe Melody feat Lil Baby
Bare Foot on Sunset Blvd feat Frank Ocean
Hip
Under the Stars feat Young Thug & Future
Trust me, I'm Good feat Kendrick Lamar
One

Between The Notes - Critique et décorticage de l'album :

À travers cet album fictif, André déferle et s'infiltre dans toutes les brèches possibles. André place ses rimes sur les snares, tel un Michael Jordan qui dribble ses adversaires avant le dunk. Il s'insinue dans les plus petits espaces et ne rencontre aucun obstacle ni résistance. 3 Stacks a un don naturel pour tout rendre limpide. Son flow, aux phases complexes par moments, se déroule avec tellement d'aisance. Il gère son timbre de voix avec force et maîtrise. Il rappe comme il respire. Il a un truc avec les mots tout bonnement inexplicable, mais dans lequel on se retrouve tous. Il croit en nous et nous croyons en lui… à juste titre. Nous sommes honorés de voir notre introverti préféré s'ouvrir à nous. Il respecte l'art sans jamais faire dans la surenchère.

Il a beau remplir son flow de pensées du quotidien et de gestes auxquels on s'identifie tous, il reste toujours aussi humble, unique et mystérieux. Il transforme chaque couplet en rimes de l'année. On sourit face à une poésie délivrée sous sa forme la plus pure, qui porte en elle les épreuves et souffrances de la vie, ainsi que l'empathie et les petits doutes logés au tréfonds de nos âmes. Intelligence émotionnelle, spiritualité et écriture sont inégalées dans ce projet. La dernière apparition sur disque d'André 3000 était dans un morceau de Kanye, divulgué par Drake à la sortie de Donda. Un leak où il parlait des brins d'herbe le chatouillant, probable métaphore de l'esprit de sa mère.

Il nous parlait de la toux simulée quand sa mère allumait une cigarette, et nous n'attendions pas moins de cette œuvre en termes de beauté et de partage.

Between The Notes est consolidé par une dream-team de collaborations et de productions : The Dungeon Family, Pete Rock, Kanye West, Tyler The Creator, 9th Wonder. Le LP voit les participations de Frank Ocean, Jay Electronica, Kendrick Lamar, Tyler The Creator, Lil Baby, Young Thug, Future, Freddie Gibbs, Black Thought, Devin The Dude, Q-Tip et Erykah Badu.

1) Thank You For Waiting:
Ça commence bien. Il nous remercie pour notre patience, depuis le temps qu'on attend ça ! L'album démarre avec Thank You for Waiting : 64 mesures de rimes féroces, furieuses et pleines de funk. André évoque sa quête personnelle avant de partager au monde sa grandeur. Il mentionne l'importance du temps et de la patience. Le timing, qui est crucial dans la vie. La paix intérieure. Tout est mis en perspective : le vrai amour qui trouve toujours son chemin, la gloire de Dieu, la foi, les attentes, les prières, la cruauté animale, le tofu, la hausse des prix du carburant, la citronnelle et les rides à vélo comme J. Cole.

2) Oxygen feat. Black Thought:
Qui comprend le fameux "Oxygen, I can't breathe, mad tricks up my sleeve" de Biggie. Un classique issu du mythique Unbelievable. Le titre offre un bel échange avec Black Thought, avec une complicité comparable à celle de Styles P et Jadakiss. Ils parlent de tout : de la préservation des arbres, du CO2, du changement climatique, de la guerre, des relations étouffantes et de l'importance de performer dans son écosystème. Du lyrisme de haut vol, sur un beat lourd de 9th Wonder.

3) Nias With Gratitude feat. Jay Electronica:**
Ils ont repris la partie de N.W.A dans Real Niggaz Don't Die, où ils disent "I'm a muthafuckin' Ni**as with an attitude" pour la transformer en "I'm A Muthafuckin' Ni**as with Gratitude". Jay Elec fait des incantations ésotériques et décompose les atomes de l'univers pendant qu'André scande un mix parfait de joyaux de vie et de paroles de sagesse.

4) Through Your Eyes (Blink):
Un morceau à propos de la co-parentalité. André et Erykah parlent de la fierté qu'ils éprouvent pour l'homme qu'est devenu leur fils Seven. Un sentiment de fierté couplé au cheminement dans leurs rapports respectifs, avant, pendant et après leur relation. Un titre sur le respect et la compréhension de l'autre. Un titre sur l'amour inconditionnel et la foi. La partie (Blink) est inspirée par le livre de Malcolm Gladwell, sur le savoir sans savoir, la pensée sans penser et la part de confiance en notre instinct. On y retrouve la même vibe que dans Love Below, dans une version 2.0, produite par André 3000.

5) Peaches feat. Big Boi: Un hymne Dirty South / Georgia / Atlanta avec Big Boi, où l'on ressent le soleil et l'hospitalité du Sud. Les fruits, la saveur et les paires de fesses sont la thématique. Ce titre sera certainement joué partout pendant tout l'été, du strip-club à l'église, de la Cadillac du "Sweet Dick Daddy" au Uber commandé pour ta sidechick qui rentre chez elle.

6) Château Fortia feat. Royce Da 5'9":

Un titre qui passe à la loupe le self-control, l'évolution personnelle, la puissance de l'esprit, le partage, les blessures émotionnelles inspirantes. Ils décrivent leur amélioration avec le temps, à la manière du vin rouge. Le duo piétine les imposteurs comme des grappes de raisin dans la vigne Hip Hop. Le beat est signé The Dungeon Family. André et Royce mentionnent l'explosion de saveurs en bouche, au moment de savourer le funk liquide et les rimes addictives qu'ils délivrent dans nos palais et papilles gustatives. Une performance qui nous fait tendre nos verres vides pour une seconde tournée.

7) Eargasm:

André fait l'amour à la musique pendant que nos oreilles épient avec lubricité chaque coup de rein lyrical. "It's that Pimpadelic paragraphic paraphernalia, nailin' ya… raw… tap ya jaw… deep throat flow" comme il le dit. Il y donne sa vision des relations actuelles, du changement de mode opératoire dans la manière de se rencontrer et d'interagir. Nous avions l'habitude de choper les numéros de téléphone et d'appeler les filles à la maison pour pécho, là où maintenant tout le monde glisse dans les DMs et applications genre Tinder… Des jeux de mots malins et un incroyable beat flip que l'on ne voit pas venir. Une belle surprise qui s'explique avec le sample de Freaks of the Industry par Digital Underground qui s'invite dans le titre. Q-Tip vient (jeu de mots volontaire) pour la finition, nous rappelant pourquoi les fans de tous genres sont tombés amoureux de sa voix unique et de son flow iconique d'ATCQ.

8) Keep On, Keepin' On feat. Devin The Dude:

On y voit Devin The Dude chanter un de ces refrains posés dont il a le secret. La chanson met à l'honneur la persévérance, le fait de rester fidèle à ses principes, être original et accepter les challenges. Pour ceux qui se souviennent de la collaboration avec Snoop à l'époque… C'est la même chose mais en mieux.

9) Sh!t Happens feat. Freddie Gibbs:

Flow furieux de Freddie Gibbs sur une grimey prod d'Alchemist. Bardé de changements époustouflants dans le drum pattern. La manière dont le beat change du tout au tout est dingue, excellemment bien exécutée. Le track commence avec de gros scratchs issus du "Three Thou', poster child for big dick ni**a raised by their mothers", une rime qu'André 3000 a balancée dans Life of the Party. Freddie montre aussi qu'il n'est pas là pour la figuration, en nous rappelant qu'il ne joue pas, mixant l'inconséquence Hip Hop aux pensées mystérieuses de Benjamin. Les schémas de rimes qui jouent sur les temps de la production donnent envie de revoir le binôme dans de futurs projets.

10) Between The Notes:

Un des rares morceaux sans invités. Nouvel exemple de la facilité pour Stacks de balancer des pépites verbales sans le moindre effort. Certaines rimes sont hors des codes, tout en étant déposées avec douceur. C'est comme lire un texte de Prodigy : on ne voit pas la chose arriver jusqu'à l'atterrissage dans le beat. Voici 3 Stacks à son meilleur, la preuve ici :

Music is the space between the notes / La musique est l'espace entre les notes

Hats off Monsieur Debussy, for this beautiful quote / Chapeau bas Monsieur Debussy pour cette belle citation

Sometimes beauty surrounds itself with emptiness / Parfois la beauté s'entoure elle-même de vide

Mask off in the booth, how did we get to this ? / Bas les masques dans la cabine d'enregistrement, comment sommes-nous arrivés là ?

Sometimes we just gotta let the wind resonate / Parfois nous avons juste à laisser le vent résonner

We're all sensitive souls, lost in space, / Nous sommes tous des âmes sensibles, perdues dans l'espace

808, vibrate, appreciate every day, / 808 (nombre des anges ou boite à rythme), vibrons, apprécions chaque jour

To many skeletons in the closet, accumulate, / des erreurs du passé cachés, accumulées,
As long as we breathe, we can create / tant que nous pouvons respirer, nous pouvons créer
I feel so alone sometimes, clean slate / Je me sens si seul parfois, comme une page blanche
Bobby McFe' told us to smile, not mean face / Bobby McFe(rrin)' nous dit de sourire, pas de tirer la gueule
Note for note, dope is dope, hope is hope... / Mot pour mot, dinguerie pour dinguerie, l'espoir pour l'espoir

11) Cherry Pie feat. Tyler, The Creator:
Avec un Tyler tout droit débarqué de son Call Me If You Get Lost, album qui a sa place au sommet du top 2021. Les gentlemen nous rappellent ce qui fait d'eux des inclassables. Dans une constante création, toujours à bousculer les codes avec passion, sans jamais avoir peur d'être vus comme marginaux, ils nous ordonnent de rêver. Le dur labeur paye, comme le dit le refrain : la vie est plus douce que la tarte aux cerises de ta maman.
12) Heaven's Trumpets:
Avec un tel nom, ce titre ne pouvait qu'être produit par Pete Rock ! Le monsieur connaît les cuivres. Preuve en est avec le mythique sample de saxophone dans T.R.O.Y.. Le morceau commence avec un extrait d'une citation d'André sur Life of the Party : "ain't no such thing as heaven's trumpets / il n'y a pas de trompettes au paradis". Une plongée en profondeur dans les griefs et les échecs. Une réaction à la manière dont le titre a fuité, et au sentiment de trahison qu'André a ressenti en apprenant que Kanye rappait à propos de Drake sur un morceau qui aurait dû honorer la mémoire des mères qu'ils ont tous deux perdues. Il passe en revue les sept trompettes de l'Apocalypse, parle du Livre de l'Exode, se balade au bord du Nil, écrit sur de vieux papyrus. Il compare le Covid à l'une des sept plaies d'Égypte. Stacks s'occupe avec les cuivres cuisinés par Pete Rock, découpe les mots avec sa langue, plus affûtée que les lames en acier inoxydable utilisées par ton shawarma favori.
13) Peace Pipe Melody feat. Lil Baby:
L'album transite doucement vers une mélodie du calumet de paix pacifique avec Lil Baby, produit par Twysted Genius... Un délire de torturés émotionnels. Ils parlent de paix sur Terre et de guerre dans les rues. Lil Baby se confesse pour tout le mal qu'il a causé dans le quartier où il a grandi. André parle de son époque Outkast et s'excuse une fois de plus auprès de Big Boi. Pensez à Sorry de T.I. où Stacks disait : "This the type of shit that'll make you call your rap partner and say hey sorry for being awkward, my fault for fuckin' up the tours, I hated all the attention so I ran from it..." C'est le genre de trucs qui te fait appeler ton partenaire de rap pour lui dire : "Hé, désolé pour les maladresses, mea culpa pour avoir foiré les tournées, j'ai détesté toute l'attention qu'on me portait, donc je l'ai fui..."
14) Bare Foot on Sunset Boulevard feat. Frank Ocean:
En collab' avec Frank Ocean. Tous deux abordent le passage à l'âge adulte. André se remémore son déménagement de East Point Atlanta à Hollywood. Il nous rappelle à quel point la vie est fragile et tout peut basculer en un battement de cil. Il parle d'équilibre. Il partage l'histoire touchante d'un sans-abri qu'il a rencontré un jour à Sunset Boulevard. Le SDF était le président d'une multinationale qui a tout perdu dans les jeux d'argent et les coups du sort, l'entraînant dans une spirale infernale. Frank Ocean dissèque avec poésie l'avidité des générations actuelles pour l'argent, la popularité, le sexe et la drogue.
15) Hip:
Un titre reprenant le fameux couplet d'ouverture dans Rosa Parks : "I met a gypsy and she hipped me to some life game to stimulate and activate the left and right brain said baby boy, you only funky as your last cut you focus on the past your ass will be a has-what" "J'ai rencontré une gitane qui m'a ap-

pris la vie, elle m'a fait réfléchir en activant mes deux hémisphères. Elle m'a dit : Mon garçon, tu n'es aussi funky que ton dernier morceau, Si tu te concentres sur le passé, tu seras un vaurien qu'on aura oublié." 3 Stacks s'explique sur la raison du temps de préparation de cet album, ainsi que son retrait de la scène. Tout en se mettant à jour sur le jargon actuel et les nouveaux schémas rythmiques et mélodiques dans le rap, il donne tout son sens au mot Hip (le savoir / le fait de rester à jour) dans Hip Hop. Une tribune sur la constante évolution du monde, sur l'embarras ressenti quand on est déconnecté, sur le fait de voir des compétiteurs prendre leur retraite trop tard. Tu ne peux pas le feindre : tu es hip ou tu ne l'es pas. Le tout sublimé par un beat d'Organized Noize.

16) Under the Stars feat. Young Thug & Future:

André est probablement le seul rappeur capable de rendre l'arrosage de plantes cool. Son amour pour le jardinage est le terreau de ce titre. Il parle dans la même phrase de son statut d'ex-vegan et de la capote oubliée dans son portefeuille. Il évoque aussi le futur toujours plein de promesses et l'alignement des étoiles en 1994, quand le premier album d'Outkast est sorti. La beauté du ciel et toutes ces bénédictions passées et à venir font qu'il ne changerait pas la moindre chose dans sa vie, tout en regardant l'avenir la tête haute. Young Thug fait l'extra-terrestre avec des mélodies inédites dans le deuxième couplet, alors que Future vient clôturer le cipher en replongeant dans ses early Dungeon Family Days, quand ils l'appelaient encore Meathead avant qu'il ne devienne le mumble rappeur qu'on connaît aujourd'hui. Bel exercice de complémentarité et d'alchimie.

17) Trust Me, I'm Good feat. Kendrick Lamar:

Il faudra attendre l'avant-dernier titre de l'album pour entendre la collaboration et le passage de témoin. L'album est parfaitement acheminé dans ce sens. Le sens du détail est primordial pour les projets de cette trempe. Kendrick parle de comment André l'a inspiré, et vice-versa. André salue Kendrick pour avoir repris le flambeau et l'avoir porté vers de nouveaux sommets. Textuellement Louvresque !

18) One :

On capte vite la vibe similaire au What? de Low End Theory, on pense sans mal au classique de Q-Tip. De la poésie urbaine de premier ordre. La répétition du mot One maintient le cap du morceau. De l'intro à la conclusion, le déroulé est parfait, à la hauteur d'un album aussi anticipé. Le final adéquat à un tel travail d'orfèvre, que l'on a attendu toutes ces années. Les scratchs non crédités de Preemo pendant toute la durée du track relèvent également du génie. Des scratchs qui nous font compter le nombre de rappeurs et références glissés par les doigts du titan, qui s'est amusé à compiler les "One" les plus célèbres du rap. On en retrouve quatre signés Nas issus de One Love, One Mic, le grand "One Life, one love" extrait de The Message. Chuck D est invité dans le morceau à travers son massif "One, One, One, One…" pioché dans l'éternel classique #1 de Public Enemy. Sans aller plus loin dans le spoil/décompte, on peut mentionner le One Love de Whodini et One Blood de Junior Reid.

ÄRSENIK

Tsh tsh, tsh tsh

On avait interviewé Calbo par téléphone pour Downtown Boogie. C'était pour l'album Quelque Chose à Survivre. J'étais un peu déçu que l'entretien ne soit pas avec Lino (rires). Calbo répondait aux questions au volant de sa voiture. Je me souviens des bruits de klaxons au téléphone alors qu'il était coincé dans les bouchons à Paris. C'était assez marrant. Il me semble aussi que ça coupait plusieurs fois et qu'il fallait rappeler à chaque fois, ce qui cassait le flow de l'interview, évidemment, mais c'était très cool. Ça donnait vraiment une ambiance radio.

Kenzy, le cerveau du Secteur Ä, venait parfois incognito à Lausanne. Il aimait ce côté plus calme comparé à Paname. Donc, un petit passage sur Downtown Boogie était tout à fait logique. Là, on est en 2002. Il était lié avec Daniel Ewané de Kobra, que je big up au passage pour avoir mis en place sa petite structure. Le rap lausannois en avait vraiment besoin.

Le producteur Lil Master, signé chez Kobra, puis en éditions chez Secteur Ä à l'époque, avait placé un Helvetic Touch remix sur leur morceau P.O.I.S.O.N., track produit par Sulee B. Wax et mixé par Philippe Weiss, aussi de chez nous à la base. Ärsenik est venu tourner le clip ici, en Suisse romande, près de Montreux, dans un lieu royal : le Théâtre de l'Alcazar à Territet. Décor incroyable. C'était un énorme power move historique pour le Hip Hop suisse. Des collaborations de ce genre ne se faisaient pas encore par ici à l'époque. C'est Daniel qui avait coordonné tout ça. Ils avaient mis les moyens pour ce clip : grosse production, du vrai matos. Ça donnait des images spectaculaires, un clip façon Hype Williams (rires). Des caméras avec des effets de travelling révolutionnaires, quarante optiques à la fois, etc. Du jamais vu encore à cette époque dans les clips de rap français. Il est sur YouTube, ce clip.

J'ai énormément de respect pour Ärsenik, d'abord parce que Lino figure dans mon top 10, si ce n'est pas dans mon top 5 des rappeurs français de tous les temps. Et pour Calbo, parce qu'il avait conservé l'autocollant Downtown Boogie que je lui avais collé sur sa veste en cuir rouge lors du tournage (rires). D'ailleurs, si tu regardes bien, tu vois un petit rectangle noir/blanc/rouge sur son côté droit de la veste, à mi-hauteur (rires).

On me voit aussi avec mon gars Jiggy Jones à la fin du clip. On mériterait un Oscar pour notre "acting display" (rires). Le scénario du clip me fait encore marrer. On est dans un coin VIP, ambiance soirée. Il y a une fille qui passe devant Jones ; il lui met la main aux fesses. Aujourd'hui, on serait vite fait cancel pour ça (rires). On n'a fait que suivre le script, promis (rires). C'était il y a mille ans, bien avant le mouvement #MeToo (rires). Bref, la fille se retourne et lui brise une bouteille sur la tête. Et là, ça part dans des effets 360° façon Matrix. Je crois que c'est Kommando Toxic qui se lève pour vouloir lui montrer qui est le patron, puis elle lui met un coup de boule (rires). Ensuite, moi, j'arrive par derrière en maillot des Warriors, avec mon surnom *P'utiful* dans le dos, white tee façon XXL, casquette qui couvre mon visage, et je lui attrape sa queue de cheval (rires). Elle se retourne et me balance un coussin dans la gueule, qui explose. Encore un monstre effet Matrix… Des plumes qui volent partout. En gros, elle nous terrasse comme Wonder Woman. *Acting skills off the hook,* smh (rires).

THA ALKAHOLIKS

It's the L.I.K.S.
What makes dem muthafuckaz so damn fresh ?
It's The Liks, baby, it's The Liks !!

Tha Alkaholiks étaient signés chez Loud Records avec Xzibit, Wu-Tang, Mobb Deep, Big Pun, Beatnuts, M.O.P., Dead Prez et quelques autres grands noms dans les années 90. Label indépendant de Steve Rifkind, distribué par RCA. Loud Records avait révolutionné la façon de promouvoir la sortie d'albums grâce à leur street team. Le marketing urbain consistait à placarder des affiches partout en ville, à poser des stickers et à créer le buzz dans la rue. Se faire remarquer, faire du bruit : Loud portait bien son nom. Une philosophie originale, agressive, stratégique et très intelligente.

Autre idée de génie que Loud Records avait eue était pour la promo de leur single Daaam!, par exemple. Là, il s'agissait d'un carton surprise avec le logo Loud qu'ils avaient généreusement distribué à tout le monde. A l'intérieur, des bombes puantes qui explosaient dans le visage dès qu'on ouvrait la boîte. Grosse fumée verte qui puait le caca chimique, de quoi te faire vraiment dire Daaaam!! (rires). Oui, ils ont osé. J-Ro, Tash et E-Swift forment le meilleur groupe de party time / rhyme spittin', autrement dit, un trio de fêtards qui mettait toujours l'ambiance. Les Liks se faisaient inviter chez Mike Tyson, avec Stevie Wonder à gauche et Mary J. Blige à droite. Tu vois le niveau, quoi. Un groupe de Los Angeles qui revendiquait la joie et la bonne humeur avec un pur esprit Hip Hop. Deux MCs et un DJ qui rappent, produisent des beats et assurent derrière les platines. It's the Liks, baby ! Du gros son avec plein de punchlines et de jeux de mots amusants dans leurs textes, une vraie fusion de styles entre NY et LA. C'est le genre de groupe that will get you out your seat quicker than a car jacker (te font sauter de ton siège plus vite qu'un carjackeur). Ils faisaient aussi du service public : "I never drink and drive 'cause I might spill my drink..." (rires). Ils abordaient aussi l'éducation sexuelle : "I might fuck an ugly bitch but only when I'm drunk" (rires). Oui, de vrais héros de ma jeunesse qui maîtrisaient leur sujet, respectés par tout le monde dans le milieu.

Ils ont longtemps été mon groupe préféré, je les adorais : super flow, dope lyrics divertissants, hard beats that thump. Excellent groupe en live. Ils arrivaient sur scène avec des bouteilles gonflables en plastique géantes. Ils faisaient monter des filles pour danser sur scène, faisaient participer les fans avec des beer drinking contests et d'autres jeux marrants, des red cups alignés sur une table. Il faut toujours penser à ce que ton public reste bien hydraté, c'est très important (rires). Et surtout, ils rappent vachement, vachement bien. Ils ont failli se faire virer de la tournée avec A Tribe Called Quest et De La Soul une fois. Q-Tip s'était fâché contre eux parce qu'ils aspergeaient de la bière et du champagne tout le temps, sur la scène et sur les moniteurs de retour. Une fois, ils ont même pété un moniteur de retour, et c'était fichu pour le concert d'ATCQ qui passait après The Liks (rires).

Je les ai rencontrés à plusieurs reprises. La première fois, c'était en 1997. On m'avait proposé de faire leurs premières parties pour deux dates à Lausanne et Zurich : Dolce Vita et Palais Xtra. Deux salles mythiques. Petit aperçu de la vie de rock star. Intense (rires). J'avais mis sur pied un projet avec mes homeboys MOH et Osez de Sens Unik pour qu'on propose un show de 30 minutes bien carré. Des bouteilles ont été bues et des connexions se sont faites. Que des bons souvenirs, malgré quelques trous de mémoire. Tout est un peu flou quand il s'agit des Alkaholiks, je ne sais pas pourquoi (rires).

Ensuite, il y a la fois où je me suis retrouvé avec un Tash super bourré quelque part à Berne avant leur concert. On était dans un festival Hip Hop le 8 mars 2003. Je ne me rappelle vraiment plus des détails. Je ne sais plus comment je l'avais abordé. Ce qui est sûr, c'est que Tash était mon rappeur préféré pendant quelques bonnes années de jeunesse et il fallait absolument que je lui parle. Avec quelques verres déjà dans le nez, je l'ai vu faire le pitre dans les backstages. Il se marrait avec tout le monde. Il était cool mais un peu agité. Je me suis dit que c'était maintenant ou jamais. Soyons stratégique. S'il y a bien un truc que j'ai appris avec toutes ces rencontres, c'est qu'il faut agir vite sinon on passe à côté. Je vais vers lui et me présente. Je lui rappelle notre connexion de 1997. Il est réceptif. Je décide de lui demander un petit freestyle. On a du mal à s'entendre parler. On n'entend que la grosse basse et le DJ qui braillait dans le micro pour chauffer le public. À un moment, j'entends un mec faire du beatbox. C'est tellement suisse-allemand, ça (rires), ce beatbox local qui fait sa petite démo dans un festival de rap.

Je pensais à la maigre chance d'avoir quelque chose d'audible pour la radio avec tout ce cirque. J'entendais mille bruits dans mon casque pendant mon réglage du son de micro. J'étais plus que sceptique concernant la qualité du son. On s'est réfugiés dans le camping-car de loge qui se trouvait juste devant la salle. "Yo Tash, wanna bust a quick freestyle for all the party people in Switzerland ?" Baaaam ! Il commence direct : "Ready ?" Il parlait des glaces à l'eau à base de vodka, des filles à travers le monde, de sa technique de rap irréprochable, de son Alkaholik crew intouchable, du soleil de Los Angeles... Plein de petits bouts de textes par-ci par-là que, sur le moment, je ne connaissais pas mais qui apparaîtraient sur de futurs morceaux. Le gars m'a lâché un a cappella mortel. Il s'arrêtait de temps en temps pour se recaler par rapport au son du DJ qu'on entendait depuis la scène d'à côté. Bref, je vois que Tash est chaud et pas pressé. Bon feeling. Il capte que je capte... J'improvise quelques questions. On parle de Cali, de ses années de lycée et de ses premiers joints, du climat, de la violence des gangs à LA, de son président Bush, de Kurupt et des projets à venir... Je termine en lui demandant quelle radio il écoutait quand il était en Suisse et il me répond : "I listen to you, muthafucka!!" comme un pro...

Évidemment, comme je le craignais, il y avait tellement de bordel autour qu'on ne pouvait rien utiliser à la radio. Trop de bruit, voix saturée, la totale... Mais tant pis, j'ai un moment inédit dans mes archives. L'avoir en face de moi en train de freestyler comme un dingue pendant dix minutes non-stop, entre quelques bières et pouvoir parler de la vie m'a donné le hoquet.

On s'est revus en juillet 2004. Cette fois au Montreux Jazz Festival avec Erick Sermon et Downtown Boogie. Alcool toujours à flot, fous rires dans les backstages. Salle archi-pleine, ambiance de ouf, et évidemment quelques trous de mémoire.

Ensuite, j'ai linké avec J-Ro pour l'album Invinczible en 2007. C'était un projet réalisé avec mon gars Vincz Lee quand je travaillais chez Ledge Records. Un album avec une tracklist impressionnante: Oxmo, IAM, JoeyStarr, Disiz, les Psy 4, Rim-K du 113, Sako des Chiens de Paille, Stress, MAM, ainsi que plein d'artistes qui kickaient du lourd de chez nous. Que des exclus et quelques remixes inédits. J'avais mis toute mon âme dans ce projet. On avait booké un studio à Bienne pour enregistrer Keith Murray (on y reviendra plus tard) et J-Ro pour une chanson chacun.

C'était un sacré coup de jonglage ce soir-là. Les deux artistes étaient confirmés au Festival Royal Arena. Grâce à nos contacts, joli duo pack : big up aux promoteurs Mos Music que je salue au passage. Donc, Keith Murray était en train de poser ses rimes dans la cabine comme un fou pendant que J-Ro écrivait son texte dans ma Golf sur des bouts de flyers qui traînaient dans ma caisse. J'aurais dû les garder pour mes archives, merde ! Je regrette de ne pas les avoir récupérés en souvenirs, ça mérite sa place dans un musée (rires). Il lui fallait un endroit calme pour écrire sur une instru faite par notre gars Mr F de Lausanne. Je voyais bien J-Ro dessus, car la boucle ne tournait pas rond. Il y avait un effet un peu déséquilibré, un peu "bourré", justement (rires). L'effet asymétrique était hyper cool. Quand j'avais pitché le beat à J-Ro, je lui ai dit : "Tu bois tellement d'alcool que même le beat est bourré." Une heure plus tard, je l'entends balancer "I'm a 100 proof, punk, I even get the track drunk." Ce petit clin d'œil vaut toutes les bouteilles au monde (rires).

A$AP ROCKY

I be that pretty muthafucka
Harlem's what I'm reppin'
Tell my niggaz stop the bitchin', we gonna make it in a second
Never disrespected, plus I'm well connected
With this coke that I imported, just as important as your president…

Chez les A$AP ce n'est pas "As Soon As Possible" mais "Always Strive And Prosper", puis le gars s'appelle quand même Rakim… respect à sa maman pour ça (rires) ! La première fois que j'ai entendu parler de lui, c'était sur un blog Hip Hop. À la vue du clip de Peso, j'ai tout de suite compris que ce gamin allait réussir. J'avais pressenti qu'il avait ce petit truc en plus. Il était sur le guidon d'un BMX dans les rues de Harlem. *Swagged out !* J'avais kiffé direct et j'ai bien capté son realness. Je n'aurais jamais imaginé qu'il allait pécho Rihanna, même si je sentais qu'il avait le potentiel de devenir un grand dans ce game (rires)…

Ma première rencontre date de fin 2012 à Genève. Je venais d'arrêter Downtown Boogie. Rocky est venu faire un showcase pour l'anniversaire d'un Russe blindé au Java de Genève. Le gars s'est fait plaisir, joli cadeau à lui-même (rires). C'était un événement très discret. Je n'avais vu aucune promo, pas de flyers, aucune pub nulle part. Très sous les radars. Quasi personne n'était au courant la veille. C'est mon gars Blaise, un des videurs avec qui je faisais du foot à UGS à l'époque, qui m'avait donné l'info la veille. J'ai donc préparé mon enregistreur, mon micro et mon casque en espérant pouvoir lui poser quelques questions pour ma nouvelle webradio. J'avais aussi rempli mon sac à dos de t-shirts de ma nouvelle marque, Cotton & Bass, pour lui en filer quelques échantillons. Le gars a toujours été super fashion forward, je le voyais porter ma came. Genre, une soirée, une pierre, trois coups (rires).

Je suis arrivé devant la boîte hyper tôt pour éviter les prises de tête à l'entrée. Je suis rentré facilement grâce à mon pote, tranquille. En arrivant, j'avais posé mon sac derrière le bar dans un coin. J'attendais que ça se remplisse. Je scanne le lieu, j'observe les visages. Il y avait un public un peu bizarre : beaucoup de fils à papa en chemise, plein de petites pétasses, pas mal d'expats, quelques têtes à claques, tous riches. Public étrange (rires). Je crois qu'il venait de sortir son premier album officiel Long Live A$AP. Énorme buzz. Goldie et Fuckin' Problems tournaient déjà à fond. Everything Is Purple, c'était du real trill shit ! J'étais agréablement surpris. Souvent, dans ce genre de clubs, la sono part en vrille et ça devient vite n'importe quoi. Mais là, le showcase était super dope et le public était hyper hype. Rocky avait assuré. Après le show, je me suis présenté à son DJ. On a parlé un peu. Je m'approche du coin VIP pour choper Rocky. Il était cool, relax. Je me présente, je lui file mon sticker You Are Not Dead Yet. Il kiffe. Je lui dis que j'ai des t-shirts pour lui dans mon sac vers le bar. Grosse erreur : toujours avoir sa came sur soi. Parfois, la petite fenêtre ne dure que deux minutes et si t'es pas prêt, c'est trop tard… Bref, il est chaud. Ça s'annonce bien. On continue à parler un peu. Je lui dis que je vais devoir chercher mon sac à l'autre bout du club. Il me dit "No problem, I'm right here." Je sens que c'est cool et décide de rester encore quelques minutes pour small talk avant d'y aller.

Pendant ce temps, je vois tout son entourage faire la fête. Ils étaient une dizaine, parmi eux quelques copines de NYC. Ça rigolait, ça s'enjaille. Pas de groupies saoulantes ni de relous qui filment. Les videurs étaient calmes. Je pensais avoir mon quart d'heure, easy. Sauf que là, d'un coup, un de ses gars a cru être dans Studio 54 (rires). Il est monté sur le canapé, façon Rick James dans le sketch de Dave Chappelle (rires). Verre dans chaque main, il dansait debout sur le canapé. Tout le VIP s'éclatait. Je ne sais pas qui du A$AP Mob c'était. Ce n'était pas Ferg, j'en suis sûr. Peut-être Ant, Ty Beats, Twelvyy, Nast ou un autre, aucune idée. Tout ce que je sais, c'est que le gars est tombé du canapé et s'est mangé le sol. PAAAAAAAFFFF. Il s'est éclaté la tête. Grosse gifle sur le bitume. OOOH SHIIIIIT ! Le bordel. Rocky a foncé, la sécu aussi. Ils se sont mis à plusieurs pour le soulever et l'amener dans les loges. Je les ai suivis jusqu'à la porte, je suis retourné chercher mon sac, puis je me suis posté à la porte des loges pour les attendre avec peu d'espoir. J'ai vite compris qu'ils n'allaient pas sortir et que c'était mort…

Retour trois ans plus tard, grand-huit émotionnel. On est juillet 2015. Je pousse mon projet de fringues qui tourne plutôt bien depuis trois ans. Je voulais le choper au Montreux Jazz Festival pour lui filer quelques échantillons. Déjà-vu, n'est-ce pas ? (rires)… Downtown Boogie était aussi booké ce soir-là. J'ai pu obtenir un bracelet backstage. Son concert était mortel, vraiment fat. Je me souviens de ce ressenti pendant qu'il faisait Holy Ghost sur scène. On a tendance à sous-estimer lyriquement ce petit beau gosse, mais dans ce morceau, il balance plusieurs lyrics assez deep. Il parle des églises et pasteurs corrompus, des pactes avec le diable que certains humains font, des rappeurs et de leur mentalité d'esclave. Il parle de la force des prières. Je me rappelle très bien de ce moment, car c'était une période difficile où je priais constamment. Ma femme était enceinte de notre premier fils. Il y avait pas mal de soucis: problème de placenta et d'autres complications embêtantes. Il est décédé dans nos bras 37 jours après sa naissance.

Issey forever, lion-hearted, thank you for turning me into a man. Je t'aime !! Je me souviens encore du feeling mystique ressenti quand A$AP a rappelé sa dernière phrase : "I got my own relationship with God."

Cette épreuve difficile avec notre premier enfant m'a fait grandir spirituellement. J'ai appris des choses que je ne saurais exprimer avec des mots justes. Ce qui est sûr, c'est que le Saint-Esprit est bien réel. Donc, en voyant Rocky devant son pied de micro, en véritable rock star, contrôler son public sur scène, ça m'a beaucoup touché. Il n'en faisait pas trop, contrairement à ce que font souvent certains rappeurs dans ces moments-là. Lui, non, il n'a pas surjoué. C'était parfait. Je souriais, les larmes aux yeux. Puis je repensais à la première fois que j'ai vu le clip de Peso et je réalisais tout le chemin parcouru jusqu'à ce moment, en live, face à moi au Montreux Jazz Festival. J'étais fier d'avoir vu juste en 2011, fier de lui comme s'il était un gamin de quartier que j'ai vu grandir alors qu'il venait de Harlem, l'autre côté de la mer salée.

Donc, en 2012 à Genève, il était super abordable, et trois ans plus tard, c'était une méga superstar qui se réfugiait direct dans sa loge après le concert (rires). Il a un garde du corps/road manager/armoire à glace/psycho rigide qui fait le flic devant sa loge. Il ne veut rien savoir. Il veut trop bien faire son taf, ce gars (rires). On est au Montreux Jazz Festival, tout le monde est cool ici. Apparemment, il n'a pas reçu le mémo (rires). Je m'explique : après son concert, je m'incruste comme d'habitude dans les loges pour tenter un contact avec ce bouclier. Il me met un vent. Je réessaye un peu. Il m'ignore. Je retente. Il me snobe et tente de m'expulser en m'étourdissant. Gars, je connais ta routine, j'aimerais juste cinq minutes avec lui, promis, il kiffera. Je me rends vite compte que je n'ai plus le mojo d'autrefois. Soit ça, soit je suis vraiment tombé sur un os. Je m'impatiente rapidement.

J'insiste encore un peu avec le meuble Ikea sourd devant moi. Il me dit d'attendre. Je m'exprime peut-être mal et je pense l'avoir froissé. D'habitude, j'avais la petite phrase qu'il fallait, les bonnes vibes pour glisser dans les loges. Là, apparemment, je n'étais pas dans mon élément. En tout cas, le mec ne m'a vraiment pas kiffé. En vérité, c'est lui qui s'est impatienté avec moi (rires). Il me menace de me jeter dehors si je continue à parler. C'est là que j'ai trop forcé. Je pensais avoir le clout et le savoir-faire que j'avais pendant toutes ces années, mais non. En plus, je ne reconnaissais plus personne du staff MJF autour de moi. D'habitude, j'étais chez moi dans ces situations, mais là, je me sentais trop seul (rires). Avant, j'étais intouchable sur mon terrain de jeu. Les temps ont changé. J'étais peut-être arrogant, un peu bourré, un peu con ce soir-là, je ne sais pas, sûrement un peu des trois (rires). Je n'ai pas su *read the room*, comme ils disent. En tout cas, le gorille m'a viré des backstages sans pitié. D'habitude, dans ce genre de moments, quelqu'un calme le jeu et se porte garant pour moi, si on peut dire. Là, il n'y avait personne (rires). Putain ! J'avais travaillé chaque année, comme MC, host ou artiste, sur au moins une scène du MJF de 1997 à 2012, et là, plus personne pour sauver le Soldat Baby Blu (rires). Le manager exige qu'on me sorte immédiatement. C'était radical. Un peu la honte. Oui, énorme défaite, j'avoue (rires). C'était la seule et unique fois que ça m'arrivait. J'ai compris que je n'avais plus ce mojo, j'étais fatigué. Je n'avais plus ce flow, je lisais mal le jeu. Trop de kilomètres dans les jambes. Bref. J'ai dû repartir dans l'autre salle pour la soirée DTB avec mon sac de sport plein de fringues, queue entre les jambes (rires).

A TRIBE CALLED QUEST

A Tribe Called Quest, represent, represent !!

Récemment intronisés au Rock & Roll Hall of Fame, une consécration plus que méritée. Ils rejoignent Run DMC, LL Cool J, les Beastie Boys, Public Enemy, NWA, Grandmaster Flash & The Furious 5, 2Pac, Biggie, Jay-Z, Eminem et Missy Elliott.

A Tribe Called Quest, ce sont les Beatles à nous, niveau impact et originalité. Ce trio repoussait sans cesse les limites de la créativité. Si subtils, si cérébraux, et pourtant tellement Hip Hop ! Leur approche novatrice du sampling, puisant dans les vinyles de jazz, a révolutionné le genre. De véritables pionniers artistiques. Je n'oublierai jamais l'impact de la première écoute de leur premier album, People's Instinctive Travels and the Paths of Rhythms, avec sa pochette si colorée. Je relisais sans cesse le titre et le nom du groupe, en boucle. J'ai alors compris l'importance de l'authenticité. Leur audace d'être différents et originaux, cette capacité à aborder les choses sous un angle unique, à être décalés tout en restant percutants. Ces grooves, cette vibe si singulière. La voix suave de Q-Tip sur des boucles de jazz fluides, des mélodies cool sur une rythmique percutante… une formule magique. Et puis, la perfection de The Low End Theory. L'affirmation de Phife au micro, lui qui avait peu participé auparavant, hormis sur Can I Kick It ?. Cette boucle de Walk on the Wild Side de Lou Reed, un morceau que je connaissais par cœur depuis l'enfance grâce à mon père, fan de Lou Reed, Velvet Underground, Brian Eno, Talking Heads… Lou Reed avait exigé 100 % des royalties et des droits d'édition de Can I Kick It ? pour l'utilisation non autorisée de son sample. Jive Records, qui n'avait pas géré les droits avant la sortie du single, a commis une grave erreur, privant ATCQ de tout revenu sur ce hit.

The Low End Theory est le premier CD que j'ai acheté C'était dans le vieux Rôtillon à Lausanne dans un petit shop qui s'appellait Obsession en 1991.

ATCQ a évité le fameux sophomore jinx. Un artiste a toute sa vie pour créer son premier album, mais le deuxième est soumis aux attentes du label, des fans et à la pression. L'emploi du temps se charge, le temps en studio se réduit. Un piège que ATCQ a su déjouer. Réussir un tel enchaînement est rare. Ice Cube, Outkast, De La Soul, Nas, Kendrick et Kanye l'ont fait. De plus, recevoir deux fois la note maximale de cinq mics dans The Source pour leurs deux premiers albums est exceptionnel.

J'ai souvent ce débat avec des amis : "Midnight Marauders est-il meilleur que The Low End Theory" ? Comme "Illmatic vs It Was Written" de Nas, c'est une question d'âge. Les anciens comme moi préféreront peut-être plus Illmatic et Low End, tandis que les plus jeunes pencheront souvent pour It Was Written et Midnight Marauders. Au final, il n'y a pas de mauvaise réponse (rires). Q-Tip a déclaré que Straight Outta Compton de N.W.A les avait inspirés pour The Low End Theory. Dr. Dre a ensuite dit que The Low End Theory l'avait inspiré pour The Chronic. Une véritable Inception Hip Hop !

Je suis retombé aujourd'hui sur le clip de Hot Sex, un morceau sous-coté de la bande originale du film Boomerang. Q-Tip y porte un masque bleu et ne montre jamais son visage. Une rumeur raconte que c'est dû à une altercation avec un membre de Wreckx-N-Effect suite aux paroles de Phife dans We Got the Jazz : *Strictly hardcore tracks, not no New Jack Swing.*

Ce beef de 1993 a créé une panique à New York. L'histoire est connue : la Nation of Islam a dû intervenir pour calmer les esprits. J'ai appris récemment, grâce à une interview de Phife par Melloe Won sur White Label Radio (septembre 2014), un détail que j'ignorais :*"Quand j'ai écrit 'Me sweat another, I do my own thing, strictly hardcore Hip Hop not a New Jack Swing', ce n'était pas un manque de respect envers Wreckx-N-Effect. Cette phrase m'est venue en lisant les crédits des albums. Beaucoup de producteurs copiaient le style de Teddy Riley. Wreckx-N-Effect a cru que je les visais. J'aurais dû m'exprimer différemment. Je voulais que les gens arrêtent de copier Teddy. Il n'y a qu'un Redman, qu'un Busta Rhymes, qu'un DMX. Quand j'ai grandi dans le Hip Hop, copier était interdit. On se faisait frapper pour ça. Un soir de 1993, il y avait un concert au Radio Music Hall avec Run DMC, Naughty By Nature et SWV. Q-Tip, moi et d'autres étions présents, avec Chris Lighty. On croise Wreckx-N-Effect, qui veulent des explications. Heavy D, ami commun et collaborateur de Teddy Riley, a calmé le jeu. Mais l'entourage était incontrôlable. Plus tard, Q-Tip est sorti seul. Wreckx-N-Effect avait aussi des problèmes avec Prince Po d'Organized Konfusion. L'entourage a attaqué Prince Po également du Queens. Q-Tip est intervenu et a reçu un coup de poing. Les médias ont dit que Wreckx-N-Effect avait frappé Q-Tip alors qu'il défendait un ami."*

Je n'ai jamais interviewé ATCQ, mais j'ai vécu un moment intense à la fin de Soulitude 2018. DJ Rasta Root, le DJ de Phife, nous a ému aux larmes. Trente personnes en pleurs. J'ai retrouvé le texte que j'avais écrit pour Audiomatic qui retrace bien ce moment magique:

Dimanche 18 novembre 2018.

15 h 04 : dernier jour de Soulitude. Ambiance chaleureuse. Quel honneur d'avoir Jarobi et Rasta Root à mes côtés pour parler d'ATCQ, les Beatles du Hip Hop. Le groupe le plus sophistiqué, smooth et équilibré, débordant d'ondes positives. Devant un public ravi après un brunch délicieux sur fond sonore d'Alpha alias LGTDZ. Le menu était préparé par Jarobi lui-même ! Un régal. Chef Jarobi avait concocté un menu sur mesure : Southern Soul Food à la sauce suisse : poulet frit, gaufres, bettes à carde, polenta, chou à la crème de crevettes et gruyère. Un mix digne de Bob Powers.

Je relis mes questions. L'interview approche. Comment interviewer les managers/amis de Phife, qui l'ont connu à différentes étapes de sa carrière ? Jarobi, proche de Phife jusqu'au milieu des années 90, incarnait l'équilibre face au leadership exigeant et parfois abstrait de Q-Tip, et au côté plus "homeboy" de Phife, parfois frustré. Rasta Root a managé Phife après la séparation du groupe, à Atlanta, une période plus "vénère". Comment aborder les débuts de Tribe, leurs trois classiques consécutifs, dont les deux premiers avaient reçu cinq mics dans The Source ? Comment poser des questions pointues sans lasser le public ? Aborder les sujets sensibles (leurs egos, la séparation, le décès) sans plomber l'ambiance ? Rester divertissant et concis en moins d'une heure… une mission plutôt réussie, je crois.

17 h 38 : DJ Rasta Root a enchaîné les classiques. Ambiance familiale, mélange de générations et de sons, de Biggie à Jhené Aiko, de Kendrick à Mary J. Blige et Snoop, sans oublier Tribe. Un mix impeccable.

19 h 13 : fin du festival. Il ne restait que le staff, quelques ultras fans. OCee a annoncé la fin. Puis Rasta Root a pris le micro pour un dernier remerciement… avec une surprise : le dernier morceau enregistré par Phife de son vivant, Forever. Un morceau non masterisé, produit par Nottz, enregistré trois jours avant le décès du Five Foot Assassin. Witty wordplay, flow précis, péchu et toujours aussi on point, j'entends un homme en paix avec son vécu. Il retrace sa vie et remercie ses fans et son groupe.

La voix d'Andre 3000 en refrain, presque déstabilisante : "forever, forever-ever, ever-ever" qui tourne en boucle. Une vingtaine de personnes autour du DJ, hypnotisées par le realness de ce moment unique. La magie de l'amour dans ce présent, ce now absolu. Les yeux humides, j'ai regardé Alpha. Même émotion. On s'est pris dans les bras. Jarobi a baissé sa garde, des larmes de joie ont coulé parce que Phife était resté authentique jusqu'au bout. Rasta Root a craqué à son tour. Les accolades ont suivi. Quelques anecdotes intimes ont été partagées pendant un quart d'heure. Le morceau s'est terminé, mais le souvenir sera là forever, forever-ever, ever-ever, ever-ever… Un moment précieux, gravé à jamais."

ASSASSIN

Le métaphysicien de l'écriture en action
De Paris 18e, je t'envoie cette potion …

La Formule Secrète est un de mes titres de rap français préférés de tous les temps. Voir un petit Blanc kicker ainsi en 1990 m'avait motivé (rires). Ça m'avait donné envie d'écrire des textes sévères (rires). Par contre, je ne me souviens pas du tout de l'interview de Rockin' Squat. Je crois que c'était à Couleur 3 il y a mille ans, à l'époque où on enregistrait encore sur bande. Il était venu pour son projet solo. Ça me dit vaguement quelque chose, mais je n'ai aucune trace ni archive. J'ai un vague souvenir de son côté woke et antisystème. Il avait déjà une dégaine à la Manu Chao, avec ses locks de chez Wish (rires). Mais je l'ai toujours respecté à fond. RapAttitude est sorti en 1990. Les mecs donnaient des leçons de rap avant tout le monde, big up !

Je me souviens de ce concert mythique d'Assassin à la Dolce Vita de Lausanne. Ça devait être en 1990–91. Note mon nom sur ta liste venait de sortir. Ça tournait dans tous les Walkman. Les cassettes se prêtaient entre nous en cours. J'étais en apprentissage chez Schaefer Sports à Lausanne. Ils sont entrés dans le magasin à trente l'après-midi avant le concert. Le 93 en force ! On aurait dit Ali Baba et les 40 voleurs (rires). Ils étaient tous stylés de haut en bas : Troop, British Knights, Nike Air Flight dans des couleurs inédites aux pieds. Des sneakers que je n'avais encore jamais vus. Grosses vestes en cuir avec capuche en fourrure. Des ceintures *name-plates*. Des hoodies XL. Des holsters à la mode. Que des fringues qu'on ne trouvait qu'à Londres, Paris ou New York. À l'époque, pas de Zalando (rires). On ne pouvait pas commander en ligne. Il fallait prendre l'avion pour tes outfits. Fallait être un vrai, fallait le mériter… Et savoir se défendre, car tu te faisais dépouiller si t'étais un sucker. J'étais trop jaloux de leurs coupes de cheveux stylées, leurs casquettes et chapeaux stylés, leurs bérets penchés, assortis à leur démarche qui déboîtait. C'était un vrai show de mode urbain. Hyper impressionnant. L'aura parisienne a tout retourné. Ils avaient même essayé de chiper des trucs en douce. Je les ai repérés direct (rires). Ils m'ont vu avec mes Fila montantes rouges en daim. À cette époque, on se reconnaissait comme ça. On voyait tout de suite si t'étais dans le move selon ta démarche et tes kicks.

Ensuite, ce fut le concert de fou. Première fois : entassés comme des sardines à la Dolce Vita, comme tant de fois après. Show mythique. Lieu mythique : alternatif, rebelle, cru et authentique. Je me rappelle que Solo portait ce débardeur en filet jamaïcain. Tout transpirant, il sautait comme un dingue sur scène. Le Hip Hop en chair et en os. Grosse claque !

Solo est un vrai B-Boy depuis 1983 ! Il a tout fait, tout vécu. Je me souviens d'une house party qu'une pote avait organisée dans la maison de ses parents, dans la campagne fribourgeoise. Notre homegirl Olivia, que son âme repose en paix. Vraie fly girl. Toujours souriante et down avec nous. Elle nous avait invités pour une grosse fête à l'ancienne. Ça devait être en 1994. Il y avait toute la Lozane Family : Sens Unik, XBS, All Access, Tracks, Tuff Times. Tous les crews, tous les activistes de Lausanne réunis dans la même maison, avec quelques Parisiens et mes homeboys de Zurich (JB, Dialectiks, Damian, whadup !). Grosse sono, bon son toute la nuit. Ça roulait, ça fumait, ça buvait, ça mangeait, ça dansait, ça breakait, ça mixait, ça rappait ! Aucune embrouille, que du love et du respect. À un moment, un gros cypher s'est formé. Pas de micro. Solo a proposé de brancher le gros jack du casque à la place : il nous a fait une "Reverse Uno carte" en live (rires). Le Hip Hop avec ses plans B in full effect (rires). On crachait nos lyrics dans la grosse oreillette qu'on tenait chacun notre tour dans la paume de la main, comme des morts de faim. Ça freestylait, ça improvisait, ça rappait sec. Petit à petit, les gens se sont éclipsés. Il restait moi et mes Zurichois, et Solo en face, dans le cercle, qui ne nous lâchait pas d'une semelle. Dur à cuire (rires). On se passait le "mic", chacun son tour, entourés par le public qui applaudissait et réagissait vivement à nos punchlines et flows décalés. Je me souviens que Solo était impressionné et qu'il m'a donné ses props. Ce qu'on faisait, c'était pour obtenir le respect, pour qu'on parle de nous le lendemain dans la rue. C'étaient nos étoiles sur le maillot. On ne lâchait rien. C'était la splendeur du Hip Hop avec ses plans B.... Putain de bon vieux temps.

BEATNUTS

J'ai un excellent souvenir de cette interview, pas seulement de l'échange, mais aussi de son enregistrement. D'habitude, j'avais l'artiste en face de moi à l'antenne, ou je les attrapais avant ou après un concert dans les coulisses. Parfois dans un hôtel, parfois par téléphone depuis un studio de la radio. En général, j'avais un collègue qui gérait la technique. Pour cette interview, je ne sais plus pourquoi, mais je l'ai faite depuis le QG du Green Giant, aka Le Château. Son frère, colocataire, m'avait bricolé un boîtier avec un câble permettant d'enregistrer la prise téléphone directement dans mon Minidisc, tel MacGyver.

Pouvoir parler Hip Hop avec Junkyard Juju des Beatnuts depuis chez eux, c'était énorme. The Beatnuts sont un duo de producteurs/rappeurs latinos du Queens. Méga-puristes dans le diggin' game. Juju est Dominicain, Psycho Les Colombien. Ils faisaient partie du Native Tongues crew. C'est la crème de la crème en beatmaking. Les diggers les plus respectés au monde. Ultra marrants mais aussi complètement fous. Des gars qui avaient souvent des flingues sur eux : "parce qu'on ne sait jamais quand ça va chauffer", comme le disait Juju lui-même.

Je me souviens de l'histoire folle qu'il m'a racontée sur Lucien le Parisien, parti à NY fin des années 80. Le track Luck of Lucien sur le premier album d'A Tribe Called Quest parle de lui. Je me souviens que Juju mangeait pendant l'interview. Il avait les poches pleines : liasses de dollars, bouteille d'eau, stylo, fruit (rires). Il me racontait ses achats de vinyles, ses dépenses les plus folles, etc. Il m'a parlé de l'importance de la batterie d'un morceau. J'ai adoré ça, car j'ai toujours été hyper sensible à la rythmique.

J'avais fait cette interview le 25 avril 2001. C'était une période où le son du rap avait changé. Tout basculait vers le synthétique. Le rap perdait un peu son grain analogique. Ces boucles et ce groove poussiéreux disparaissaient. Les beatmakers utilisaient de plus en plus des sons d'usine dans leurs machines et la majorité des producteurs samplaient moins pour des raisons de droits d'auteur. Mannie Fresh et le son Cash Money de la Nouvelle-Orléans arrivaient comme un tsunami. Swizz Beatz avec son clavier (rires), Les Neptunes, etc. La couleur musicale changeait beaucoup… C'était super intéressant d'avoir l'avis d'un puriste sans concession.

C'est certain, c'est toujours plus cool d'avoir l'artiste en face de soi pour ces discussions. Par téléphone, il y a des décalages, la connexion peut être mauvaise. Mais là, ça s'est très bien passé. Le tour manager m'avait passé Juju au bout du fil. Je me suis présenté, lui ai expliqué qu'il s'agissait d'une émission pur Hip Hop, qui s'écoutait en Suisse, en France et partout sur internet, 5 jours par semaine, etc et bam…

Beatnuts interview 25.04.01 avant un concert à Zurich

Yo Juju, comment tu vas ? Prêt pour le concert ce soir ? Parle-nous de tes inspirations quand tu étais petit…

C'est le grand frère d'un pote à moi en 1979. Il ramenait toujours des disques à la maison. Il achetait dans Harlem Underground Records et ramenait des vinyles comme The Breaks, King Tim III, The Fatback Band. À l'époque, on appelait la danse "rockin'", le terme "breakdance" n'existait pas encore. Ensuite, j'ai grandi avec le bon rap des années 80, toutes ces block parties. C'est de plus en plus rare aujourd'hui. Je suis vraiment heureux d'avoir grandi à cette époque pour vivre tout ça. J'étais aussi influencé par plein de DJs de quartier. Leur énergie m'a tellement inspiré.

Est-ce que ça fait du mal au Hip Hop que le rap soit devenu si commercial aujourd'hui ? Vous avez sorti votre premier EP en 1993. À cette époque, le rap avait un son bien analogique, poussiéreux. Tout le monde samplait des vinyles, il y avait une grosse vague jazzy avec ces contrebasses. Que penses-tu du son actuel, tout synthétique, bien propre ?

C'est clair que ça a bien changé, il n'y a presque plus de samples... Personnellement, je trouve ça mauvais. Il y a peu de producteurs que j'apprécie maintenant, et pour moi, la musique est importante. Heureusement qu'il y a des gars comme DJ Premier, Alchemist (qui monte en puissance) et Hi-Tek. Donc, il en reste quand même quelques-uns !

Que penses-tu de tout ce son synthétique dans le Hip Hop actuel ?

Je n'en sais rien, ce n'est pas ma tasse de thé. Je trouve que ce n'est pas bon pour l'âme, c'est ennuyeux, déplaisant. Il n'y a pas de feeling. C'est brusque. Par contre, je me réjouis d'entendre de nouvelles productions de vrais gars comme Alchemist et Truemaster.

Que penses-tu de Napster ?

Je déteste cette merde. Ça nous a niqués parce que tout notre album s'est retrouvé dessus avant même de sortir. Il était mixé, masterisé. Je n'ai rien contre les mecs qui font leurs affaires, mais faire ça, c'est du vol pur.

Que penses-tu de toutes ces compilations avec des tracks samplés qui tournent partout ces temps-ci ?

C'est super wack, ça aussi ! Ça va contre tout ce qu'on fait et notre état d'esprit. C'est contraire au "code de la rue"...

Décris-nous une bonne journée pour The Beatnuts...Comment ça se passe ? Tu te lèves quand ?

Déjà, pouvoir me réveiller, c'est une victoire.

Parlons de votre nouvel album. Pourquoi ce titre Take It Or Squeeze It ?

C'est notre état d'esprit. Si tu ne nous connais pas après tout ce qu'on a sorti depuis 1993, vas te faire... *squeeze mes couilles* tu comprends ? (rires)

On sait que les Jungle Brothers vous ont pris sous leur aile. Est-ce que ça vous a beaucoup aidés ?

C'est ça qui a lancé ma carrière. Si je n'avais pas connu les JBs, je ne serais peut-être jamais arrivé là. Ce sont eux qui nous ont pris en tournée, car, à l'époque, je ne faisais que creuser des vinyles. J'avais un petit sampler, mais ils m'ont montré comment travailler en studio pour être un vrai producteur. Ils m'ont donné l'occasion de produire pour eux, pour les Stereo MC's, pour Monie Love et Chi Ali. Ça a ouvert plein de portes.

Vous étiez signés chez Relativity, ensuite racheté par Loud Records. Loud est connu pour son street marketing. On dirait que ça marche mieux pour vous, non ? Ça fait du bien d'avoir Watch Out Now dans les Billboard ? Parle-nous de cette transaction ...

Ça fait du bien, bien sûr, mais maintenant tout le monde nous demande ce que ça fait d'être commercial, et moi, je ne sais pas ce que ça veut dire. Quand on entre en studio, l'objectif est de sortir un album solide, que les gens nous respectent comme producteurs et que nos fans kiffent ce qu'on fait. Sinon, Loud, c'est de la merde. Ils n'ont plus la même street team. Relativity, Loud, c'est pareil. Quand il n'y a pas un problème, c'en est un autre. Tant que les fans apprécient, on continue.

Et en ce moment, tu kiffes qui comme rappeur ? Qui balance selon toi ? Qui remplit tes attentes ?

Bonne question. Il n'y a pas beaucoup de mecs. Le dernier album qui a vraiment nourri mes attentes, c'était Ghostface Killah. J'aime aussi le nouveau Cappadonna, surtout les deux premiers morceaux. Sur l'album précédent, on avait beaucoup produit. Sur le nouveau, on est plus compacts, plus concentrés sur les beats. Objectif : douze hits. Si je sens qu'un beat n'a pas le potentiel d'être single, je ne l'amène même pas en studio. C'est pour ça que cet album est si bon : chaque chanson est incroyable, pas de remplissage. Le seul "remplissage", c'est "Mayonnaise"...

Qu'est-ce qui rend un beat addictif ?

Il faut de bonnes oreilles...

Ahhh, bonne réponse, mais encore...

Et une bonne batterie !

Comment cet album est-il différent du précédent ? Pourquoi autant de featurings sur cet album ?

Dingue, j'ai même pas l'impression qu'il y en a beaucoup. Il y a Marly Metal et Moon, deux nouveaux artistes signés sur mon label Junkyard Music. Il y a Greg Nice, très proche de mon partenaire Les. Les deux traînent à Uptown. Moi, je traîne avec Tony Touch à Brooklyn. Il y a Willie Stubz, que je connais depuis 1990, du Queens. On traîne tous les jours. Les seuls sur l'album avec qui on ne traîne pas, c'est Method Man et Fatman Scoop. Même Fatman Scoop est pote depuis longtemps. Ça fait longtemps qu'on devait faire quelque chose ensemble.

Parle-moi de tes aventures de digger. La plus folle anecdote sur un vinyle que tu t'es procuré ?

Je suis allé à une convention au Texas une fois. Pure folie. Je suis revenu avec une montagne de vinyles. Si je te disais combien j'ai dépensé, tu ne me croirais pas.

Combien ?

Trente mille dollars !

Ching ching, bling bling !...

Tu connais Sound Library à New York ? Ces mecs ont dépensé plus de 150 000 $. Ce sont deux gars de New York. Rob et Steve m'ont poussé à claquer mes 30 000 $.

Et maintenant, t'as combien dans la poche ?

Là, sur moi ? Je sais pas, j'arrive même pas à accéder à ma poche. (Il est en train de manger une pizza.) Je dois avoir 2 000 $ environ. Je suis au bout du monde. J'ai des chèques, des cartes de crédit. Tout ce qu'il faut. J'ai même une orange et une bouteille d'eau...

Pour quel rappeur as-tu préféré bosser ?

Big Pun en premier, puis Ghostface en deuxième.

Quels tracks as-tu produits pour eux ?

J'ai produit "Beware" (sur l'album Capital Punishment) et "Whatcha Gonna Do" feat. The Terror Squad sur l'album du Terror Squad. J'ai aussi produit "One" pour Ghostface sur son album Supreme Clientele.

Tu connais des rappeurs français ?

"Voulez-vous coucher ? Chevrolet, fabriquer..." Ça te va ? (rires)

(rires) Pas mal, hein. Tu connais des rappeurs français ?

Je connais Lucien. C'est mon pote. Un vrai lascar. Une tête brûlée qui mérite le respect. Je le connais depuis 15 ans, avant même ma femme. Un vrai ouf. À la fin des années 80, il est descendu de l'avion, pris une grosse Ford, traversé la vitrine d'un Gap à Manhattan, rempli la voiture de fringues et est reparti rapidos ! Vrai thug ! C'est le plus vrai que je connaisse. Aujourd'hui, il ne peut plus rentrer aux States à cause de ça...

BENJAMIN EPPS

J'ai un profond respect pour lui. Je suis heureux de voir son évolution, le voir dépasser son côté Westside Gunn m'a fait plaisir. Il a le flow, les paroles. Il y a une vraie introspection, des rimes qu'on ressent et surtout, le gars, il rap !

Je l'ai rencontré le 14 juillet 2021 grâce à son ancien manager Sindanu, un OG sur Paris, avec qui je suis toujours sur la même longueur d'onde dans les débats Hip Hop sur Twitter, par exemple. Avec quelques amis en commun, la connexion s'est fait naturellement. Real recognize real, comme on dit.

On a passé un bon moment après le concert d'Epps à Fribourg. C'était lors d'un festival en plein air, en plein centre-ville. Il pleuvait des cordes et j'étais en short, mais je voulais absolument le voir en live.

Le gars portait un t-shirt rouge avec la croix suisse (rires). Il était seul sur scène, accompagné de son DJ derrière les platines. J'ai tout de suite senti ce côté Hip Hop, ce début de leur process live. Il n'était pas encore en tournée à travers toute la France. Là, il travaillait sa gamme, aiguisait le déroulement du show et prenait ses marques. Il se débrouillait bien sur scène : pas de gimmicks, juste du flow et des punchlines à la chaîne. Bon contrôle vocal, présence, de bonnes "rapper hands", une vraie présence, et il interagissait bien avec le public quand il le fallait.

J'ai rapidement senti qu'Epps était un vrai *student of the game*, affamé d'apprendre le rap. Quand il écoute, il absorbe le knowledge. Il a eu un sacré parcours, big up à lui ! Venu du Gabon, il n'est en France que depuis 2015. En 2022, il a reçu le prix du meilleur flow international aux BET Hip Hop Awards.

Je lui ai conseillé de poser un freestyle de cinq minutes sans refrain, pour remettre les pendules à l'heure. Pour tous les rageux qui le critiquaient sur son côté Griselda. Qu'il fasse taire tous les haters.

"Tu devrais balancer un truc non-stop, sans refrain, sur le beat de All About the Benjamins. Imagine, toutes les vingt mesures, tu balances la phrase : 'It's all about the Benjamins, WHAT !!!' Et tu reprends, bam ! Encore vingt mesures. Tu kickes ça pendant cinq minutes sur cette guitare légendaire, tu les allumes tous, je te dis !... Pour l'artwork, tu pourrais mettre ta tête sur des billets qui volent à la place de Benjamin Franklin, imagine le délire."

"Waouh ! C'est une bonne idée !", me répond-il. Sindanu aussi, il capte. Je l'ai vu dans ses yeux (rires). J'insiste : "Hell yeah, mon gars, ça serait trop dope, fais-le !"

Dommage qu'il ne l'ait jamais fait. En plus, je sais qu'il kiffe trop Biggie. La cartouche est là, qui sait, peut-être un jour (rires). En tout cas, je suis hyper fier de lui. A mon avis, c'est le meilleur en France actuellement. Depuis notre rencontre, il a des featurings avec Jadakiss, Styles P et Conway. It's all about Benjamin, WHAT ?!!!

BIG DADDY KANE

Kane. BDK. The Prince of Darkness. The Smooth Operator. Dark Gable. Blackanova. Count Macula. Un des plus grands rappeurs de la Golden Era. Le Jay-Z des années 80. Showman. Sex-symbol. Bête lyrique. Membre de la Nation of Islam et du Juice Crew.

Sa punchline : *Put a quarter in your ass 'cause you played yourself* résonne encore (rires). On parle de 1988, extrait de son couplet sur The Symphony de Marley Marl. Quelle claque ! Avec Craig G et Kool G Rap. Un posse cut mythique, trop rare aujourd'hui.

Kane a aussi été parmi les premiers à rapper sur du new jack swing façon Teddy Riley avec I Get the Job Done (1989), peut-être précédé de peu par Heavy D.

BDK maîtrisait l'équilibre entre égotrip et rap conscient, comme dans Erase Racism. Il savait parler aux femmes, incarnant l'un des premiers sex-symbols du rap avec LL Cool J. Son photo-shoot aquatique avec Naomi Campbell et Madonna à Miami en 1992 pour le Sex Book de la Material Girl – une main sur les fesses de Naomi, la mannequin la tête entre les jambes de la chanteuse – l'ont élevé au rang de héros (rires). Le Smooth Operator y a certes perdu sa crédibilité de rue, mais qui sommes-nous pour le critiquer ? Kane a fingerbang la plus grande pop star face à des haters. Un échange rentable à mon avis (rires).

DJ Daddy Rich de 3rd Bass racontait qu'en tournée avec Queen Latifah, 2Pac, Digital Underground, EPMD, MC Lyte et Big Daddy Kane au début des années 90, à la fin des concerts, Kane aimait dire à la foule où ils séjournaient. Ça créait des émeutes dans les parkings et halls d'hôtels. Deux à trois cents nanas hystériques qui tentaient d'approcher Kane, imagines le bordel. Scoop et Scrap Lover, les danseurs mythiques de Kane se baladaient avec leurs bites dans des boîtes à pizza pour pécho des chaudasses (rires).

J'ai une autre anecdote qui me concerne. En 2008, je voulais absolument booker Biz Markie en Suisse. Légende du rap et DJ incroyable, mais impossible de l'avoir directement, sauf via Big Daddy Kane, qui m'avait donné son numéro après notre interview. Tentons le coup. Je compose. À ma surprise, ça décroche.

"Hello ..." Kane répond avec sa voix de playboy (rires). Je l'avais réveillé. Je m'excuse, me présente, lui demande comment il va, puis si, par hasard, il a un contact pour Biz. Il lâche un "Yo, man... Are you serious ??? Come on, man !" le plus smooth que j'aie jamais entendu. Gêné, puis mort de rire de ma propre audace (rires)... Biz Markie ! Une légende pour qui j'étais prêt à me griller auprès de Kane. RIP Biz !

Le 27 mars 2005, concert à Lausanne, au premier étage de l'Atelier Volant au Flon, un lieu peu connu pour les concerts. Je craignais le pire, plus excité pour l'interview. Quelle erreur ! Un show exceptionnel. Kane transpirait dans son costume, hypnotique devant son pied de micro. Un monstre, un James Brown du rap. Routines de danse millimétrées, arrangements subtils avec un super live band, flow précis, puissant. Un show carré, interaction avec le public. Le Smooth Operator porte bien son nom. Après le concert, j'ai eu un quart d'heure en loges. J'avais perdu ma voix à force de crier.

Je lui ai demandé ses rappeurs préférés du moment. Surprise, il cite Eve et Beanie Sigel. On a parlé des beefs et de 50 Cent. Il a évoqué la culture des battles, souhaitant que les artistes gagnent de l'argent plus intelligemment, via pay-per-view plutôt que règlements de comptes violents. Il a parlé de son respect pour Rakim, de Marley Marl qui lui a appris le business, de la première démo de Biggie et des appels à la fin de sa carrière pour des conseils. En réécoutant l'interview, je suis déçu de ne pas avoir approfondi certains sujets. J'aurais dû profiter davantage de cette opportunité.

Extraits :

Comment s'est passé l'enregistrement de Show And Prove avec ODB, Jay-Z et Sauce Money ?
Kane : Sauce Money a retouché son couplet neuf fois, jamais satisfait. ODB l'a enregistré avec des béquilles, s'étant cassé la jambe en fêtant un disque d'or du Wu-Tang.

Anecdotes sur Biz Markie ?
À Toronto, avant nos albums, Biz a filé 50 $ à Cool V et moi. Le lendemain, Biz s'est réveillé en retard, on a raté le vol. Changer le billet nous a coûté 35 $ chacun, Biz a refusé de payer même si c'était sa faute. On a dormi à l'aéroport pour le vol du lendemain (rires).

Anecdotes avec Masta Ace ?
Une fois, Masta Ace est arrivé à un concert avec un sac énorme, comme s'il amenait son oncle. Il avait pris toute sa garde-robe pour une seule date (rires).
(Interview datée de 2005, époque d'explosion d'Internet. Les collabs se font souvent par e-mail plutôt qu'en studio.)

Les collaborations semblent plus rares, alors qu'avant, il y avait une vraie synergie en studio, comme avec toi, Ice Cube et Chuck D sur Burn Hollywood Burn.
Exactement. Chuck D exposait ses idées et sa vision. Il voulait que chacun aborde le même thème sous un angle différent. C'est la meilleure méthode. Pareil pour The Symphony : quatre en studio. Le couplet de Kool G Rap était si long qu'il a utilisé toute la bande. Au lieu de couper, il a réécrit. Avec Patti LaBelle, elle m'a invité à Philadelphie, elle avait cuisiné un festin pour la session. J'étais là pour chaque enregistrement et vice-versa. Après l'avoir entendue, j'ai écrit un deuxième couplet sur place. C'est pour ça que les artistes devraient bosser ensemble en studio. Sinon, c'est un patchwork sans âme.

Pourquoi les rappeurs s'investissent-ils moins dans l'écriture ?
Avant, c'était par amour. Maintenant, avec l'argent en jeu, ils pensent plus aux gains qu'à l'artistique. La créativité n'est plus prioritaire.

Ça ne te dérange pas que la nouvelle école reprenne ton image et ton style ? Tu avais déjà champagne et belles femmes avant eux. On dirait qu'ils ne te rendent pas toujours hommage.
Merci. Ça fait plaisir, mais que faire ? Être aigri ? Ça ne changerait rien. Je vis ma vie, et ceux qui savent, savent.

BILAL

J'avais réussi à me glisser dans les loges avant son concert au Montreux Jazz Festival. J'avais interviewé Common et Rahzel des Roots le même soir. On est le 6 juillet 2002. Bilal avait un single produit par Dr Dre, Fast Lane, que j'adorais. Il y avait Jadakiss en featuring sur le remix, je l'écoutais en boucle. Le morceau cartonnait. Bilal était au top, un artiste super, un peu perché, mystique. Il avait à peine 22 ans et sonnait comme personne. Je ne sais pas comment l'expliquer.

Je l'ai interviewé debout dans un coin. Il y avait du mouvement derrière nous, mais on restait assez tranquilles. Bilal était dispo. Je le félicite pour son excellent album sorti chez Interscope. Il était décontracté, très joyeux, flûte de champagne à la main.

Il n'avait pris le chant au sérieux que quelques années auparavant, au lycée. Il m'a parlé de ses inspirations, notamment avoir chanté avec la chanteuse de jazz Betty Carter. Ensuite, à l'université, il a étudié les légendes du jazz : John Coltrane, Miles Davis... Il m'a expliqué qu'un musicien de Mtume jouait pour Miles Davis à l'époque. Il décrivait le jazz comme un "bordel organisé", structure libre et improvisée. Il a parlé de Jelly Roll Morton, cet ancien maquereau qui jouait dans un bordel dans les années 1920 pendant que ses prostituées travaillaient à l'étage. Le terme "Jelly Roll" désigne un gâteau roulé à connotation sexuelle. C'est un argot pour "vagin" (rires).

Ce monsieur, se présentant comme "l'inventeur du jazz" sur ses cartes de visite, d'après Wikipédia... Ses arrangements aérés laissaient la place aux improvisations des pianistes. Bilal m'a aussi parlé de la communauté musicale de Philadelphie. Je lui ai demandé la genèse des Soulquarians. Il m'a dit que tout avait commencé avec un photoshoot. Puis, il a évoqué son pote Common qui faisait écouter sa démo à Erykah Badu. Il m'a expliqué qu'il avait rencontré Damu Mtume (fils de James Mtume) grâce à son coiffeur. Ces deux rencontres ont été cruciales pour lui.

Un moment très marquant de l'interview : je le félicitais sur son talent vocal et, trop en confiance, j'ai comparé ses notes aiguës à celles de Prince, ce qui était vrai, mais je suis allé trop loin en disant qu'il est "plus funky que Parliament et toute la clique de George Clinton" (rires). Sur le coup, j'ai réalisé que j'avais exagéré (rires). Il m'a arrêté net et m'a corrigé :

"Whoa whoa whoa, calme-toi, personne n'est plus funky que Parliament, MAN !"

Il m'a pris en flagrant délit (rires). J'étais trop en train de le dick ride (rires). J'ai voulu lui jeter des fleurs et je me suis pris le pot sur la tronche (rires).

BOBBITO GARCIA

Bobbito Garcia, alias Kool Bob Love,
alias DJ Cucumber Slice Slice Slice ...

En 1994, j'ai rejoint la radio pour animer les DJ sets de Sebb dans l'émission mythique Métissages du vendredi soir sur Couleur 3, grâce à Sebb Bash, appelé encore simplement DJ Sebb. Ces interventions sont rapidement devenues le Sebb Show, puis le RTS Show avec l'arrivée de Ron T. Green Giant est venu remplacer Sebb, parti à New York en 1997. Peu de temps après, avec le Géant Vert, nous avons proposé une émission intitulée "Boombox Boogie". Cette idée s'est concrétisée en "Downtown Boogie" en 1999, chaque émission de la grille de Couleur 3 devant avoir un lien avec l'urbanisme dans son nom, d'où le "Downtown". Ensuite, Dynamike a débarqué. J'ai pu ouvrir une petite fenêtre pour que Jiggy Jones puisse rejoindre l'aventure... et peu après, Vincz Lee est venu prendre le relais de Ron T. Vincent Steudler, directeur de la chaîne à l'époque, a cru en nous et nous a proposé une émission d'une heure, d'abord quatre fois par semaine, puis cinq, parfois six, avec une émission le samedi soir. Il a eu des couilles. Merci, Vincent ! Nous étions lancés. Avec Sebb, avant Downtown Boogie, l'ambiance était encore "College Radio" : du son brut, sans concession, ponctué de scratchs extraterrestres, avec la touche unique de Sebb, subtile, précise et très avant-gardiste, pure Hip Hop. Mes interventions au micro étaient très ricain, très MC, pas très animateur radio FM de chez nous car je n'étais pas très à l'aise avec le français (rires). Nous nous inspirions de l'émission de nos héros, Stretch & Bobbito, qu'on écoutait parfois sur cassette, avec leurs freestyles légendaires et leurs discussions nocturnes sur les ondes new-yorkaises. Mythique!

En 2017, Soulitude organisait sa deuxième édition. J'ai eu l'honneur d'interviewer donc l'une de mes idoles : DJ, animateur radio, auteur, réalisateur, directeur artistique, journaliste, affilié au Rock Steady Crew, passionné de sneakers et de basket. J'étais nerveux, mais préparé.

Dès le début de l'entretien, j'ai senti son assurance ! J'ai fait abstraction de son attitude : j'étais honoré et concentré. J'avais beaucoup de questions : son implication avec DOOM, sa relation avec lui sous le nom de Zev Love X dans KMD avant son fameux masque, la maquette de Nas envoyée à Def Jam (le label ne voulait pas signer Nas, trop proche de Kool G Rap selon Russell Simmons, qui a préféré signer Warren G à la place), son amour pour Stevie Wonder, les sneakers, le basket, le vinyle, ses rappeurs préférés, l'importance des lyrics, du flow, du charisme, le Stretch & Bobbito Show et leur humour, anecdotes sur les freestyles, l'arrivée d'Internet, la nouvelle consommation de musique, son absence de smartphone, le resell de sneakers, etc. Je me souviens de son admiration pour O.C., Nas et Pharoahe Monch, que je partageais. Malheureusement, j'ai oublié le reste. Je regrette de ne jamais avoir réécouté cette interview : je n'ai jamais reçu de copie, dommage. Normalement, les organisateurs l'envoient d'office. Ça archive mes prestations, ce qui me paraît normal, bref, certains n'ont pas la même fibre.

Autre souvenir particulier ce soir là: l'une des choses les plus étranges que j'aie jamais vues de ma vie (rires). Après l'interview, Bobbito a voulu manger son repas en plein milieu de la salle, sous les yeux de tous, au lieu d'être tranquille à l'étage réservé aux artistes. Il a fait installer une table presque au centre de la piste de danse (rires). Les gens venaient pour des photos, des autographes, le dérangeait pendant qu'il mangeait pépère... et il avait l'air de trop kiffer ça (rires).

BOOBA

J'ai toujours été fan de Booba. Mauvais Œil de Lunatic est mon album de rap français préféré. Avec Temps Mort, il tenait le rap français d'une main de fer. Repose en Paix a été ma sonnerie pendant des années et Indépendants… une véritable prise d'étranglement sur le rap francophone.

Il me semble que Mauvais Oeil est le premier album de rap français indépendant à avoir obtenu un disque d'or... puis il enchaîne l'exploit en solo avec Temps Mort, juste derrière!

Contrairement à certains, j'ai toujours préféré Booba à Ali à l'époque de Lunatic. Mauvais Œil est un chef-d'œuvre qui a propulsé le rap français et inspiré plus d'une génération entière.

Je l'ai rencontré la première fois en hostant un mini-festival de rap à Bienne avec Jiggy Jones et Dynamike. The Boogie Squad MCs, ça c'était quelque chose !!! Aaaaah les bons souvenirs, dingeries galore !!! Cet event était organisé par Karim de Top Billin', sauf erreur. Il a fait venir Jeru Da Damaja le même soir. Booba était venu avec Maleka Morté. C'était aussi l'anniversaire de Jiggy Jones. Ses 30 ans… Ses putains de 30 piges !!! Je te laisse juste imaginer notre mindset ce soir-là (rires). Déjà, pour arriver sur les lieux, c'était un truc de fou. Là, il faut que je te raconte toute l'histoire, car on est dans du high-level !! (rires)…

Donc, on part de Lausanne avec ma caisse. On est le 8 décembre 2001. C'est même marqué sur la photo, regarde… C'est Jiggy qui conduit, car lui ça a toujours été le driver !!! Je lui fais confiance avec ma vie, que ce soit un mardi soir en allant à Zurich pour voir Aaliyah ou un samedi soir à Bienne, le jour de son anniversaire. C'est notre Schumi du crew, peu importe. Donc, on roule direction Bienne, ma petite Peugeot vibre à mort à cause du caisson de basse qui prend toute la place dans le coffre. Truc de fou. On est évidemment en retard pour le rendez-vous. On doit hoster l'event, il y a donc quand même un timesheet à respecter. Ma caisse avait déjà quelques soucis au niveau du moteur. Il ne fallait donc pas abuser avec la vitesse, mais comme tu peux l'imaginer, les petites voix dans nos têtes étaient déjà ailleurs (rires). On trace sur l'autoroute comme des dingos. Il y a de la neige partout autour de nous, mais la route est nickel. Je dis à Jiggy à quelques reprises de faire attention avec le moteur, mais Schumi Jones est déjà dans sa course (rires)… Parfois il faut rajouter de l'huile, mais là on pensait être safe jusqu'à la destination… sauf que, oooops, mauvais calcul. Le moteur a serré en sortant de l'autoroute de Bienne. On finit par pousser la caisse jusqu'à un parking de garage, qui par chance n'était pas loin de notre petit pépin. On appelle Karim pour le prévenir, il nous fait venir un chauffeur pour nous récupérer. Je vide la caisse avec mes quelques affaires sachant que je ne vais pas pouvoir rentrer avec ce soir. Je ramasse mes deux pulls Jordan, quelques CD, un filofax, et quelques bricoles vite fait. Je mets tout dans un sac en plastique que je pose en arrivant dans les backstages de la soirée. C'est pas ça qui allait niquer notre fête quand même (rires). On host entre les concerts, fait gueuler le public comme on sait faire. C'est là qu'on rencontre Booba et sa clique. Temps Mort sortait le mois prochain. On saignait déjà Repose En Paix, puis Indépendants à fond depuis des mois.

C'est du très très lourd. On est hype. Bref, on le félicite, real recognize real, il fait son show, il nique tout, tout va bien. Pareil avec Jeru. On le croise, on lui show du love à lui et ses Dirty Rotten Scoundrels, puis on continue à faire la fête tout en restant pro, évidemment. Fin de soirée arrive, on se prépare à se faire ramener chez nous à Lausanne, puis je remarque que quelqu'un a pris mon sac en plastique avec toutes mes affaires. Bref, je ne bad pas, tant pis, whatever. On se fait ramener par le chauffeur dans sa Mini Cooper toujours bloquée à 80 km/h. J'en pouvais plus… quand ton cerveau va encore mille à l'heure et ton chauffeur va à 80 pendant tout le trajet d'un peu plus de 100 km, tu pètes un plomb. La torture, t'as pas d'idée. Bref, j'arrive enfin chez moi, vais me coucher alors que les oiseaux chantent. Une heure après, j'ai les flics qui tapent à ma porte assez agressivement.

- Bonjour !
- Bonjour ! C'est vous, Monsieur Winter ?
- Oui c'est moi… (je pue encore l'alcool, j'ai toujours les yeux bien dilatés..).
- Veuillez nous suivre, s'il vous plaît.
- C'est pourquoi ? Ah, c'est à cause de la voiture ? Ok, j'arrive…

Je réponds même à mes propres questions tellement mon cerveau fuse encore… et là je vois le regard des flics qui change… mais je ne pige pas encore pourquoi. Je remarque juste qu'ils ne m'aiment pas alors que je n'ai rien à me reprocher. On arrive au poste. Ils sont hyper agressifs avec moi. On me demande de leur expliquer ce que j'ai fait la veille.

- Je suis allé à Bienne pour animer un festival. Ma voiture a serré sur la route. On a travaillé. Je suis rentré et voilà…
- Vous n'avez pas oublié un petit détail ?
- Je suis allé à Bienne pour animer un festival. Ma voiture a serré sur la route. On a dû pousser la voiture jusqu'à un garage pas loin. J'ai parqué comme j'ai pu. On a travaillé. Je suis rentré et voilà…
- C'est tout ? je sens que le flic commence à être agacé.
- Je suis allé à Bienne pour animer un festival. Ma voiture a serré sur la route. On a dû pousser la voiture jusqu'à un garage pas loin. J'ai parqué comme j'ai pu. On a travaillé. On a fêté les 30 ans d'un ami. Oui, j'ai bu un peu, puis je suis rentré et voilà…
- Recommencez !!

Là, il commence à vouloir me mettre un coup de pression…

- Je suis allé à Bienne pour animer un festival. Ma voiture a serré sur la route. On a dû pousser la voiture jusqu'à un garage pas loin. J'ai parqué comme j'ai pu. On a travaillé. On a fêté les 30 ans d'un ami. Oui, j'ai bu un peu… ok, j'ai aussi un peu fumé… puis je suis rentré et voilà…
- Vous êtes sûr que vous n'avez pas oublié un petit détail ?

J'en pouvais plus…

- Ok, d'accord. Je suis allé à Bienne pour animer un festival. Ma voiture a serré sur la route, car on allait sûrement trop vite. On a dû pousser la voiture jusqu'à un garage pas loin. J'ai parqué comme j'ai pu, sans déranger qui que ce soit. Ensuite, on a animé un festival entre les concerts… Oui, on a fêté les 30 ans d'un ami. Oui, j'ai beaucoup bu… ok d'accord, on a beaucoup fumé aussi… on a même tiré un peu, ok ! mais c'est tout. Je ne sais pas quoi vous dire d'autre…

Chaque fois je leur donnais un peu plus… mais je voyais dans leurs yeux qu'ils cherchaient autre chose… Puis mon téléphone sonne. Je réponds, mais le flic en face de moi me dit de raccrocher alors que je suis au bout du fil avec un autre flic de Berne, mais lui est tout cool et tout peace ! Twilight Zone. Le flic de Lausanne, d'un côté, me dit de raccrocher tout de suite, alors que le flic de Berne est en train de m'expliquer qu'ils ont trouvé une voiture volée avec mes affaires dedans... apparemment, la voiture volée s'est prise un arbre au bord d'une route. Il y a eu un délit de fuite. Et cerise sur le gâteau, ils ont trouvé les coupables... Holy Shit, je n'en croyais pas mes oreilles...

Encore une histoire de dingue que je vais pouvoir raconter un jour dans un livre (rires). Puis, le lendemain, je suis allé récupérer mes affaires chez les keufs de Berne. Évidemment, il n'y avait plus mes pulls Jordan dans le sac en plastique. Il ne restait que mon Filofax pourri et quelques CD bidons. Je suis allé voir le garagiste pour lui expliquer ce qui s'est passé avec ma petite 205 GTI.

- Désolé pour le dérangement, j'espère que ma voiture ne vous a pas trop dérangé là, mais c'était un week-end un peu compliqué...

- Easy, man, me dit-il avec son accent biennois. Puis il me propose un moteur d'occasion un poil plus puissant, en état nickel, juste à côté, prêt à être remplacé dans l'heure si je voulais... J'en revenais pas, le bol de fou... voilà, une petite soirée qui m'aura coûté CHF 1'500.- (rires).

Sinon, pour revenir à Booba... (rires)... Je l'ai croisé un lundi soir à Miami, par hasard, dans un énorme strip-club en 2011, quelques années après l'avoir interviewé. Au King of Diamonds, avec sa bande d'Haïtiens. J'étais avec mon ami Redbioul, que je présentais comme mon garde du corps (il mesure presque deux mètres) aux nombreuses thots que nous croisions (rires). Avec deux amies genevoises et un dealer canadien qui allait régulièrement chercher sa marchandise à Miami, nous avions notre coin de Frenchies. Des danseuses plongeaient de dix mètres glissant sur leur pole, des chicken wings à gogo, alcool à volonté, des distributeurs automatiques de billets partout, des dollars qui pleuvaient et étaient ramassés à la pelle. Des sacs poubelles remplis de liasses, des combats de boxe féminine dans un ring, des DJs qui criaient au micro sur du gros son : " Make some noise for Le'quysha, she got kids to feed. Come on now don't be stingy. Make it rain on dat ass so she can pay dem bills". Ne faites pas les radins, faites pleuvoir les billets (rires). C'était l'époque de I'm a Boss de Meek Mill et de I'm On One de DJ Khaled avec Rick Ross, Drake et Lil Wayne. Le meilleur lundi soir de ma vie (rires).

Revenons à l'interview. Le 11 mai 2006, aux Docks de Lausanne, après son soundcheck. J'attendais ce face-à-face avec impatience. Nous nous étions déjà croisés, mais jamais pour une interview pour Downtown Boogie. Je sentais son intelligence et sa maîtrise du rap game. Malin, pro, connaisseur du Hip Hop, il respecte le rap américain. Un étudiant du rap game qui s'inspire intelligemment des meilleurs. J'ai toujours apprécié cela chez lui, et j'ai toujours suivi ses projets avec intérêt, observant sa progression et sa domination. Ouest Side venait de sortir. Son troisième album solo, le plus abouti. Garde la Pêche a été un carton. Notre Yvan national (Double Pact) a même placé une production. Booba est passé dans une autre dimension, une superstar française invitée sur les plateaux télé. Ses clips étaient des films. Il vendait du rêve. On le voyait au Zapping de Canal+ et dans les magazines pour adolescents. Fan de ce métis café-crème MC cappuccino depuis Le Crime Paie, j'avais compris sa maîtrise, même s'il s'était inspiré du flow de Smif-N-Wessun (rires). Mais c'était en 96, et c'était tentant à l'époque. Tout le monde se prenait pour Boot Camp, Method Man et Mobb Deep (rires).

Voici l'interview :

Décris-nous Booba en cinq mots.

Pertinent, hardcore, cru, vérité, flow.

Si tu devais comparer ton style à un film classique ?

Je reviens du Brésil, je vais dire La Cité de Dieu (rires).

D'où vient cette brutalité poétique ? Tu étais bon à l'école ?

Pas particulièrement. J'étais bon en anglais. J'aimais les poèmes, mais je ne pensais pas écrire un jour. Ça vient de la vie et je transcris avec mes mots.

Ta maîtrise de l'anglais t'a aidé à comprendre le rap américain et à créer des jeux de mots à l'américaine, rares en français ?

C'est sûr. Ça m'a aidé à comprendre les textes américains. J'allais souvent aux États-Unis. J'ai la culture du rap américain.

Et le rap français ? Il repose toujours en paix ?

C'est un peu bof, mais il y a plus de bonnes choses qu'avant.

Ça ne te dérange pas de voir des "petits Boobas" partout ?

Non, tant qu'ils ne sont pas meilleurs que moi… (sourire)

Quels rappeurs français respectes-tu ?

Ceux que j'ai invités sur mon album : Tandem, Kennedy, Intouchable, Mafia K1 Fry, 92I.

Comment les as-tu découverts ?

À la radio, dans les émissions spécialisées, en les rencontrant. Quand j'écoute leurs morceaux, je me retrouve dans leurs paroles. Je ne me mélange pas beaucoup, car peu de gens me donnent envie de collaborer.

Comment choisis-tu tes apparitions et tes featurings ?

Au feeling. Il faut que j'aime le style, une bonne instru, un bon morceau…

Un projet Time Bomb un jour ?

Malheureusement, c'est fini. Chacun sa route. Je vais peut-être faire un morceau avec Oxmo. Ill ne rappe plus, je crois. Hi-Fi est chez 45 Scientific…

Ton top 5 des rappeurs américains ?

Au début, c'est dur…Public Enemy, Ice T, Mobb Deep, Smif-N-Wessun, NWA… Tupac, Notorious BIG, Dipset… J'aime aussi le Sud : Three 6 Mafia, Young Jeezy, T.I., Lil Wayne, B.G.

Tu as commencé comme danseur. Un déclic pour le rap ?

Aucun. Je n'ai jamais rêvé de ça. C'est GeGe (Egosyst aka Aarafat) qui a écrit mon premier texte. J'ai toujours aimé le rap, mais sans vouloir en faire.

Où te vois-tu dans cinq ans ?

Avec un ou deux albums de plus, plus en producteur qu'en rappeur.

Et Unkut ?

Je m'occupe du stylisme, je valide les modèles, je donne mes idées. J'ai toujours aimé la mode.

Le clin d'œil à Malcolm X sur la pochette de l'album ?

Armen *(Armen Djerrahian, le photographe)* disait, par rapport à la jalousie et aux haineux, que ce qui m'arrivait ressemblait à Malcolm X. Comme disaient les X Men, « Je bosse pour mon peuple, m'efforce d'ouvrir leurs yeux, mais tu sais comment sont les négros entre eux. » Malcolm X a tout fait pour sa communauté et c'est elle qui l'a assassiné.

Ouest Side, par rapport à ta banlieue ?

Mes origines, oui. Banlieue ouest. Afrique de l'Ouest.

En grandissant métis, quelles difficultés ?

On a le cul entre deux chaises. Ni blanc, ni noir. Mais quand on t'insulte, on te traite de sale nègre, pas de sale blanc. On comprend vite son camp. L'adolescence est compliquée, mais ça m'a permis d'avoir deux cultures et de bien les comprendre.

Tu dis que tu te fiches des commémorations de l'esclavage et que c'est l'argent qu'il faut.

Commémorer, c'est bien, mais il faut payer, réparer.

Comment mettre un prix sur ces crimes ?

Il n'y a pas de prix. Il faut aller sur place et voir ce qu'il y a à faire : des dons, de la nourriture, construire des routes, l'électricité partout, rénover. C'est incalculable.

Tu redonnes à ta façon ?

J'y retourne parfois, mais je ne construis pas encore d'hôpitaux ni de mosquées.

Par contre, des featurings avec Tony Parker (rires). À la mi-temps de l'All-Star Game…

Je suis fan de basket. Tony Parker voulait un Américain ou un Français. Il a pensé à moi. Je trouvais ça amusant de le faire.

Pronostic pour les finales NBA ?

Je vois Detroit – San Antonio en finale.

(Les Spurs de San Antonio ont perdu contre les Dallas Mavericks en demi-finale de Conférence Ouest. Et les Detroit Pistons ont perdu contre les Miami Heat en finale de Conférence Est.)

Pronostic pour la Coupe du Monde ?

Brésil ! Sans hésiter. C'est mon équipe depuis toujours.

(Le Brésil a été éliminé par la France en demi-finale, qui a ensuite perdu contre l'Italie en finale.)

Et si tu pouvais choisir n'importe quelle personne dans le rap game pour un featuring, mort ou vivant, tu voudrais bosser avec qui ?

Tupac !

Sur ton nouvel album, tu as encore évolué lyricalement. Tu as encore su adapter ton flow sur chaque prod.

Ben oui, obligé. C'est ça qui est intéressant. D'écrire sur son propre morceau. C'est ça qui te fait avancer. Le flow, tu le trouves. Il vient par rapport à la musique. C'est la musique qui t'inspire. T'es obligé de t'adapter. Mais ça, c'est quand tu deviens un professionnel. (Rires)

Oui, c'est ce que j'allais dire. Y'a pas tout le monde qui est capable de le faire. Tu utilises ta voix comme instrument et tu te places vraiment où il le faut, même si parfois tu prends des risques aussi.

Ben ouais. Enfin, pour moi, c'est pas des risques. Je kiffe. J'aime bien innover et ne pas refaire chaque fois ce que j'ai déjà fait.

Si on te donnait la responsabilité de changer des choses dans les banlieues, tu ferais quoi ?

Je ne sais pas trop. Je mettrais école le matin et sports l'après-midi déjà, pour commencer (rires).

Et si tu pouvais être président à la Maison-Blanche pendant un mois, pour changer le monde ?

Je détourne le plus de dollars possible et je m'arrache. (Rires)

BRAND NUBIAN

Difficile de voir ce groupe se séparer après l'énorme classique All For One. Un des rares albums à avoir reçu 5 mics dans The Source. Un album intelligent et uplifting qui abordait les problèmes sociaux des jeunes Afro-Américains avec des productions raffinées avec un groove hypnotisant. Grand Puba, Lord Jamar et Sadat X se complétaient à merveille. Un trio authentique, politiquement engagé et stylé. Chaque membre avait son propre flow et sa cadence, une rareté. Et puis, le drame : le départ de Grand Puba en solo. Il était mon rappeur le plus inspirant (avec Guru peut-être) en 1992. Son album Reel To Reel, son single What Goes Around, ses featurings sur Skinz (Pete Rock & CL Smooth) et sur le premier album de Mary J. Blige, What's The 411, sont des chefs-d'œuvre. Puba était l'incarnation du swag avant l'heure. Son passage à Yo! MTV Raps avec son sac à dos reste mémorable. Tommy Hilfiger et les jeans Girbaud lui doivent une fortune (rires). Tout le monde portait ces marques grâce à lui. Un véritable influenceur 1.0, avant les réseaux sociaux (rires).

L'interview date de 2000. À une époque de séparations, ils se sont reformés pour un album et une tournée. Ils venaient de sortir The Foundation. Les revoir ensemble sur scène à Zürich et les interviewer dix ans après leur chef-d'œuvre était surréel. Jiggy Jones m'accompagnait le 12 mai 2000. Après un super concert new-yorkais, nous les avons interviewés dans leur chambre d'hôtel. Ils étaient tous là, enthousiastes et ouverts. Ils ont évoqué les difficultés de leur reformation : la paperasse des labels, le management, les agendas, leur amitié intacte, les différences entre les deux époques, les changements dans l'industrie du disque, leur évolution artistique, la production, le temps de réalisation, les problèmes internes de leur label (Arista), les Adidas Superstars, Prada, Gucci, la mentalité américaine, l'amour des fans européens et, bien sûr, beaucoup de rap.

Petit extrait :

Si vous pouviez changer une chose dans le Hip Hop, quelle serait-elle ?

Grand Puba : J'enlèverais toutes les arnaques. Je ferais en sorte que tous les artistes aient de bons contrats.

Lord Jamar : Je changerais les critères de succès. Brand Nubian serait au top. (Rires)

Sadat X : Je suis d'accord. Beaucoup manquent de talent comparé à d'autres.

Quelle est votre relation avec les autres artistes ? Y a-t-il de la jalousie ?

Lord Jamar : La plupart sont cool. La marijuana nous relie aussi. Elle a toujours brisé la glace. Si je croise quelqu'un en club, je le salue. Tant qu'il est humble. Je ne serai jamais jaloux du succès d'un autre.

J'aime vos chansons comme « Love vs Hate » qui parlent de vraies valeurs.

Lord Jamar : Il faut être authentique. Sinon, ça sonne faux. On n'aime pas l'arrogance. Même si on a des bijoux, ce n'est pas ce qu'on veut véhiculer. L'important est de nourrir sa famille. Beaucoup ont des millions et des bijoux, mais ne sont pas heureux. Le bonheur est intérieur.

Trois rappeurs, trois styles, trois personnalités... Puba, décris Sadat en trois mots.

Grand Puba : Un type cool, décontracté et humble.

Sadat, décris Lord Jamar.

Sadat X : Intelligent, droit et sage.

Lord Jamar sur Puba ?

Lord Jamar : (Rires) Subtil, marrant, sérieux et super cool. C'est pour ça qu'on est encore ensemble. On se reconnaît et on ne se prend pas la tête.

On ressent vos personnalités dans votre flow et vos textes.

Lord Jamar : Ce sont des génies. Leurs textes sont incroyables. Je suis fan. Quand je les accompagne sur scène, je rappe leurs paroles comme un fan, même si je suis dans le groupe.

Grand Puba : On dit des choses vraies. C'est presque de la science. On étudie un sujet avant d'en parler. C'est ça la différence.

Puba, tu es sur le premier album de Mary J. Blige, à l'époque, c'était rare. Comment ça s'est fait ?

Grand Puba : C'est plutôt elle en featuring sur un de mes morceaux, What's The 411. Elle débutait. Puff voulait que je travaille avec elle. Le morceau est sur son album et en est devenu le titre. J'ai écrit les parties rap. Elle a cartonné. Son flow est inné.

Qu'écoutez-vous en voiture ou sur Walkman ? *(Nous étions en 2000)*

Grand Puba : Ghostface.

Lord Jamar : Le nouvel album de Nature, avec deux de mes featurings.

Sadat X : D.I.T.C., Black Rob... et Chronic 2001.

Lord Jamar : Dead Prez. Beanie Sigel. Et des inédits, mes productions ou celles d'amis, ou de gars inconnus.

BUSTA FLEX

Busta Flex avait créé un véritable buzz avec son freestyle chez Cut Killer. Il avait sorti Je Kick Avec Mes Nike en 1997. De l'interview elle-même, je n'ai que peu de souvenirs. Je crois que c'était en direct à l'antenne, le soir. On essayait toujours de conclure par un freestyle pour tester les rappeurs sur le moment. Le DJ balançait une instru et les MC se lançaient. Je me rappelle qu'il assurait. Il était connu pour ses improvisations, un art maîtrisé par peu de rappeurs en France à cette époque. Respect. Il était sous l'aile de Kool Shen, il me semble. Son nom m'a toujours amusé. Un peu wack, selon moi (rires). Busta Flex... sérieusement ? Ça ne veut rien dire (rires). Mais le gars savait rapper. Un passionné de rap américain qui prenait ça très au sérieux. Son album Job À Plein Temps est sorti en 97, je crois, en pleine vague du boom du rap français. Dans son clip, il se tenait d'une main au panier de basket, avec des gros plans de sa tête zoomant à la Busta Rhymes. Ça m'agaçait un peu (rires).

Sinon, je me souviens qu'on était booké ensemble pour faire des showcases lors d'une soirée du Nouvel An dans un centre commercial à La Borde à Lausanne par N-Pro. Bon concept, mais le son était catastrophique. Ça résonnait contre les vitres des boutiques dès le soundcheck. On a passé la nuit à boire du champagne avec des filles sur les genoux et à danser à la place (rires)

CAMP LO

Voici un duo du Bronx. Sonny Cheeba et Geechi Suede, connus pour leurs super morceaux Coolie High et Luchini aka This Is It. Une prod que Jay-Z et Biggie voulaient chacun dans leur coin, en scred, sans succès. Jay-Z leur avait même proposé 7000 $ selon Camp Lo (rires). C'est sorti début 1997. C'était produit par Ski Beatz. Ski Beatz était dans le groupe Original Flavor, qui était managé par Dame Dash à l'époque. Il s'est fait découvrir par DJ Clark Kent. Il avait produit aussi Feelin' It, Politics as Usual ainsi que Dead Presidents. Trois énormes tracks qui finiront sur Reasonable Doubt de Jay-Z. Politics as Usual et Feelin' It étaient aussi pour Camp Lo à la base. La démo de Feelin' It existe sur YouTube avec le même refrain avec la meuf et tout. Pour la petite histoire, Dead Presidents était pour Ma$e à la base, mais Biggs (Kareem Burke, cofondateur de Roc-A-Fella) n'aimait pas la tonalité de sa voix sur la prod. Là aussi, le refrain avec la phrase de Nas samplée était déjà en place quand Jay-Z l'a entendue. Il aimait bien arracher des bonnes prods des mains des autres, celui-là, sacré Hov (rires).

Dead Presidents contient un sample envoûtant de Lonnie Liston Smith, Garden of Peace, qui est absolument éblouissante comme chanson. Je l'avais dans mes ringtones à l'époque, en sonnerie d'alarme le matin pendant des années, avant de passer à Mermaid de Sade. Encore aujourd'hui, trente ans plus tard, je n'arrive pas à départager Dead Presidents I du II. Lyricalement, les deux ont leurs arguments. Les stand out lyrics selon moi dans la première version seraient : "Hit with the RICO, they repo your vehicle, everything was all good just a week ago" puis "Bout to start bitchin', ain't you? ready to start snitchin', ain't you? I forgive your weak ass, hustlin' just ain't you", alors que dans la 2 il y a les suivants : "We don't just shine we illuminate the whole show", "Murder is a tough thing to digest, it's a slow process and I ain't got nothing but time", puis la fameuse "I was crazy straight still spending money from 88"... Même track mais différents textes.

Je me demande si certains ici ont même compris que Hov a tout changé pour la version de l'album sur Reasonable Doubt, sortie quelques mois plus tard. La première version était donc juste un single promotionnel avec le clip. J'ai jamais compris pourquoi avoir fait ça, d'ailleurs. J'avais trop le seum de ne pas retrouver la même version sur l'album. Ça m'avait rappelé la chanson Cab Fare en 93 avec la boucle de Taxi, sitcom américain avec Danny DeVito dans les années 80s, qui n'a pas paru sur l'album de Souls of Mischief. Je l'avais tellement saignée sur une mixtape, celui-là, qualité toute pourrie pendant des mois. Je voulais trop qu'il apparaisse sur leur CD. Donc là, c'était un peu pareil. J'étais hyper déçu de ne pas avoir cette première version de Dead Presidents sur l'album comme j'avais souhaité. Je me disais : "Je vais devoir encore écouter cette nouvelle version de Dead Presidents 100 fois pour la connaître par cœur" (rires).

En tout cas, ça avait bien fait parler dans la rue. D'habitude, ça se faisait, mais dans l'autre sens. Ils changeaient ou remixaient la prod pour le maxi single qui suivait l'album. Là, Hov a fait l'inverse en sacrifiant tout un texte, comme ça. Parfois je m'enchaîne les deux versions, histoire de. Le terme dead presidents est le slang pour des dollars. Sur chaque billet vert, on trouve le visage d'un président mort. Benjamin Franklin est sur le billet de 100 $, et weh, *it's all about the Benjamins, baby*... t'as capté ou pas ?!... Donc oui, Dead Presidents contient la phrase de Nas samplée de The World Is Yours : I'm out for dead presidents to represent me. Dans Takeover, quand Hov parle à Nas, il dit bien : "So yeah, I sampled your voice, you was usin' it wrong, you made it a hot line, I made it a hot song".

Camp Lo sont passés sur DTB la même année, je crois. Ils étaient en concert dans les parages, me rappelle plus où. Il y avait encore Ron T avec nous à l'antenne, sauf erreur. Je me souviens juste d'avoir été un peu déçu d'eux pendant l'interview. Je ne sais même plus pourquoi exactement, d'ailleurs. Il n'y a rien qui me vient à l'esprit là, je crois simplement que c'était un peu fade. J'ai un vague souvenir d'avoir voulu parler un peu du Blaxploitation avec eux et que ça n'a pas suivi. Pourtant, Dynamike connaît très bien le sujet. Ça n'avait rien donné d'excitant avec eux en face. Ils avaient juste le look… style Shaft, veste en cuir, cure-dent dans la bouche et quelques bons samples, mais c'était qu'une façade pour faire genre.

Quand je pense à leur album Uptown Saturday Night, je pense surtout à deux choses : la première étant évidemment la chanson Luchini aka This Is It, qui se déguste encore aujourd'hui comme un bon verre de champagne haut de gamme bien frais. Parfaite mélodie, toute en finesse, pour t'accompagner au coucher de soleil. La deuxième chose à laquelle je pense est cette couverture de l'album si vivante. Énorme clin d'œil à I Want You de Marvin Gaye, qui, lui, était déjà inspiré d'une adaptation d'un tableau intitulé The Sugar Shack, réalisé par l'auteur, acteur, artiste et ancien joueur de NFL, Ernie Barnes, dans les années 60. Si tu regardes bien cette pochette d'album de Marvin Gaye de 1976, tu verras que tout le monde sur la cover danse sauf une personne, assise, peut-être trop déprimée pour se lâcher sur la musique.

Extrait de la chronique Under Cover réalisée par Dynamike en février 2019 pour la RTS :

"I Want You a été écrit dans sa totalité par Arthur "T-Boy" Ross, le frère de Diana Ross, et son partenaire d'écriture Leon Ware. La pochette reprend presque intégralement un tableau du peintre américain Ernie Barnes.

On retrouve les mêmes personnages : au premier plan, des femmes aux visages semblables, peintes dans des poses lascives qui représentent bien l'ambiance qui régnait dans les shacks, de minuscules cabanes en bois transformées en clubs. Tous les personnages du tableau s'y amusent pour oublier leur condition d'hommes et de femmes noires dans une Amérique blanche et puritaine.

Assis au bord de la scène, on trouve le seul personnage qui ne participe pas à la fête. Ses soucis sont trop pesants pour qu'il réussisse à les oublier dans la transpiration et la musique. Il connaîtra peut-être une fin tragique à l'issue de la soirée. En effet, elles se terminaient souvent en rixes au couteau.

Sur la scène, l'artiste représente un groupe qui pourrait être celui de Marvin Gaye. Marvin rencontra le peintre Ernie Barnes. Il était l'amant de la mère de sa future femme, Janis. Certains des morceaux de l'album s'adressent directement à elle.

Le tableau original d'Ernie Barnes trône aujourd'hui... dans le bowling privé de l'acteur Eddie Murphy !"

CEELO GREEN

Who's that peeking in my window ?
Pow, nobody now…

Savais-tu que CeeLo Green assurait les chœurs aussi sur Waterfalls de TLC ? Bref, je suis déçu de ne plus retrouver l'interview de Cee Lo dans mes archives.

CeeLo était venu avec Danger Mouse pour leur projet Gnarls Barkley au Montreux Jazz Festival en 2008. Pour interviewer un artiste, il fallait en principe obtenir l'accord des maisons de disques. C'était souvent compliqué, car les artistes ne venaient pas à Montreux en mode promotionnel, ce qui entraînait souvent des refus. Je devais donc improviser des plans B : mon bagout et mon réseau me permettaient de me frayer souvent un petit chemin. Convaincre le tour manager d'accorder quelques minutes après le spectacle est un art (rires). Ça se joue au feeling. Il faut qu'il te sente cool. Parfois, ils refusent. Parfois, il faut insister. Ça m'est arrivé avec Angie Stone, par exemple. On aborde le tour manager qui se prend pour un videur à l'entrée des loges. On montre qu'on connaît son sujet avec un peu de small talk ciblé. Subtilement, on prouve qu'on gère le sujet. Il vous fait entrer discrètement. On fait rire la star et hop (rires). On flatte un peu son ego en le félicitant pour un projet, tout en sortant son micro et en appuyant sur l'enregistreur. Quelques questions pertinentes, des relances spontanées. On obtient un contenu exclusif pour l'émission. Bam ! La star repart en se disant : "Putain, ils sont real en Suisse, ils connaissent leurs trucs." Tout le monde est content.

Avec CeeLo, c'est une des rares fois où le manager a catégoriquement refusé l'interview. Je l'ai donc un peu clashé (rires) : "C'est bien une des rares fois qu'on me snobe." Le gars ne voulait rien entendre. J'étais furieux (rires). Je me suis lancé : "J'interviewe tout le monde ici depuis des années. Je suis le Larry King suisse du Hip Hop, t'es fou ou quoi ? C'est toi qui perds ! "Mon petit Jedi mind trick avait fonctionné, car CeeLo a fait un signe de tête au manager, genre "Laisse-le entrer." Et hop, j'ai pu poser quelques questions (rires). Cinq minutes plus tard, le manager est revenu en disant que ça suffisait. Je lui ai rétorqué qu'on ne coupait pas une interview en plein milieu, que c'était inadmissible (rires). Il est reparti stupéfait, l'air de dire : "Il est fou, ce type." Je pense qu'il m'a détesté (rires). J'ai ainsi gagné quelques minutes. Je ne me souviens même plus de quoi on a parlé. En plus, l'interview n'était pas terrible. J'aurais mieux fait d'interviewer Danger Mouse pour parler rap, samples et productions à la place (rires).

CIARA

C'était bien avant sa relation avec Russell Wilson et leurs chorégraphies sur TikTok. Bien avant son enfant avec Future. Nous sommes en 2007, je crois. Une jeune chanteuse R&B de 22 ans, mignonne, qui dansait bien. Elle était dans le même registre que Destiny's Child, mais en solo. Texane comme Beyoncé. Elle était signée chez LaFace Records, distribuée par Sony Music. Je m'en souviens car je me sentais un peu obligé de faire l'interview pour leur rendre service, pour marquer des points et entretenir de bonnes relations avec les promoteurs. *A favor for a favor,* comme dirait Nas. Du payola à petite échelle (rires). Ce n'est pas comme si nous passions Ciara en boucle sur Downtown Boogie. Mais nous étions en peu la seule plateforme qui diffusait du R&B à cette époque. Et puis, cela ajoutait une artiste R&B de renom à mon CV. Plus de 23 millions d'albums vendus, selon sa page Wikipédia, tout de même.

La pauvre, elle subissait des rumeurs monstrueuses de transsexualité à l'époque (rires). On disait qu'elle était née garçon. La rumeur publique est impitoyable (rires). De plus, elle avait sorti le titre Like a Boy, un véritable carton avec plus de 200 millions de vues sur YouTube.

Je me souviens encore de mon introduction à l'interview, qui s'est déroulée par téléphone. Je suis arrivé à la radio bien en avance un vendredi après-midi pour préparer mon intervention. J'avais fait quelques recherches sur elle et j'étais agréablement surpris : nominations aux Grammy Awards, actrice, chanteuse, compositrice... J'ai mis le paquet dans ma présentation, j'ai vraiment boosté le truc. Je me souviens qu'elle était touchée et qu'elle m'avait remercié. J'étais tout heureux à l'autre bout du fil. Elle était adorable, humble et reconnaissante. On sentait, à travers ses réponses lisses et politiquement correctes, qu'elle était bien coachée pour les médias. On sentait la grosse machine Sony derrière.

Elle était très professionnelle. À la fin de l'interview, je lui ai demandé d'enregistrer quelques phrases pour l'intro de l'album de Vincz, sur lequel nous travaillions. Je lui ai présenté le concept : plusieurs artistes essaient de joindre Vincz, mais tombent sur son répondeur téléphonique. Pour ceux qui ne le savent pas, Vincz aime dormir (rires). Et pour ceux qui ne connaissent pas les répondeurs, c'était une machine utilisée avec les téléphones fixes où on laissait des messages à l'époque (rires). J'ai repris le concept qu'on trouve sur le premier album de Mary J. Blige, mais en mieux (rires). Ciara a joué le jeu à fond. Je suis très fier de cette intro ! Might be the greatest intro ever (rires). On y retrouve également Kool Shen, Ghostface, Erykah Badu et Redman. Allez écouter, ça vaut le détour !

CLIPSE

Clipse s'appelait à l'origine Full Eclipse mais ont décidé de raccourcir leur nom en découvrant que Fat Joe avait déjà un crew du même nom, avant de le rebaptiser Terror Squad. En 1999, Clipse était signé chez Elektra. Leur single The Funeral n'ayant pas rencontré le succès escompté, le label a refusé de sortir leur album Exclusive Audio Footage. Pharrell les a aidés à se libérer de leur contrat. Avant de signer chez Arista, ils avaient même envisagé No Limit de Master P. Un cauchemar ! Imagine les pochettes kitsch (rires). Au lieu de Jésus à l'arrière sur Lord Willin', on aurait eu un tank, des hélicoptères et des briques de coke en forme de croix catholique (rires). J'ai appris récemment que Pusha sort son propre café, Grindin' (rires). Grinding coffee = moudre du café. Malin le type ! Yuugh!

Avant sa carrière solo chez GOOD Music et son rôle de directeur artistique chez Adidas, Pusha T rappait avec son frère aîné, Malice (devenu No Malice). Leur retour semble imminent.

Clipse. Un nom percutant, jeu de mots entre "clips" (chargeur) et "éclipse". Un de mes duos préférés. J'adore leurs textes sur les prods des Neptunes. Frais, crus et groovy. J'appelle ça du crack hop ; du cocaine rap sur des batteries qui claquent. Ma came ! Du rap de rue, corrompu avec grâce. Jalousie, trahison, envie, honte et persévérance. Leurs textes : un combat entre décevoir leur mère et fournir la rue en "bonne blanche". Une brique dans une phrase, Dieu et la foi dans une autre. From days I wasn't able (Abel) there was always Caine (Cain). Des jeux de mots constants avec la drogue et la Bible, du génie. Entre temps, The Neptunes se sont splitté, et Pharrell a produit leur dernier album Let God Sort 'Em Out à lui tout seul…dommage!

Originaires de Virginie, comme Pharrell, Timbaland, Missy Elliott, Mad Skillz, Teddy Riley, Chris Brown et même Das EFX, ils ont forcément vendu quelques bricoles. Des briques pour Escobar ? Non. Dans Young Boy, ils évoquent leur environnement imprégné de drogue. Leur mère et grande-mère dealaient un peu. Un cousin était heavy in the dope game aussi. C'est ce que Drake souligne en 2019 dans Duppy Freestyle lors de son beef avec Pusha T.

J'ai interviewé les deux frères. La première fois, pour Lord Willin'. J'ai rencontré Malice après un concert à Winterthur, fin janvier 2003. Ils étaient en première partie de Jay-Z. Imagine Jay-Z et Clipse dans une salle de gym, avec un son nickel au fin fond de la Suisse alémanique (rires). Ils étaient hyper carrés sur scène, pros et précis. J'étais vraiment surpris en bien.

Malice était cool et détendu. Étonné de ma connaissance de leur musique, il était content de parler avec quelqu'un qui appréciait les punchlines et les jeux de mots dopés. J'étais aux anges. Il parlait de ses origines dans le Bronx et de son enfance bercée par Eric B. & Rakim, Large Professor, Kool G Rap et le Juice Crew. Il expliquait les différences entre New York et la Virginie, plus relax. Il y a des plages. La région dépend du tourisme et des out-of-towners. D'où le commerce de drogue (rires). Je lui ai demandé les avantages et inconvénients de rapper avec son frère et pourquoi Chad des Neptunes était en retrait par rapport à Pharrell. "Chad ne cherche pas la célébrité. Il n'est pas showbiz. Il préfère le studio et sa famille." me dit-il.

L'interview s'est bien passée, mais il restait discret sur la drogue. Je n'ai pas insisté. Il préférait le mystère. Malin. Ne pas trop en dire et laisser les auditeurs rêver. Sauf que ça ne me suffisait pas (rires). Après l'interview, *off the record*, je lui ai demandé : "N'as-tu pas peur de trop dévoiler dans ces textes et de vous faire arrêter pour votre passé ?"

À cette époque, la Hip Hop Police était très active (rires). Une brigade qui enquêtait sur les rappeurs d'après leurs textes. Beaucoup se faisaient arrêter pour des broutilles. Imaginez être flic et devoir analyser des textes de rappeurs qui prétendent avoir vendu de la coke (rires). Malice m'a répondu tranquillement que non, il n'était pas inquiet, avec son sourire malicieux. Trop confiant. Soit c'était du bluff, soit ils avaient un masterplan à la Walter White dans Breaking Bad. J'y ai repensé en 2010 quand leur manager, Anthony Gonzalez, a pris 30 ans pour trafic de drogue. Cerveau d'un réseau à 20 millions de dollars. C'était donc lui leur filet de sauvetage. Je lui avais parlé plusieurs fois en 2009. On était sur le point d'avoir un couplet de Pusha T pour l'album de Vincz Lee, mais on avait déjà explosé notre budget (rires). On a fait un mauvais calcul sur ce coup. On n'aurait jamais dû passer à côté de Push. Ça me hante encore aujourd'hui de ne pas avoir mis les billes moi-même, mais bon, *shit happens*...

C'est grâce à l'interview de Pusha que j'ai obtenu son numéro, puis celui de leur manager/baron de la drogue (rires). C'est rare que les rappeurs utilisent leur phone privé pour des interviews. Leur deuxième album est sorti fin novembre 2006 chez Re-Up Records, via Jive Records, via Star Trak Entertainment (Universal). Ils avaient eu des problèmes avec Jive pendant la création de l'album. Des procès et des complications contractuelles avaient tout retardé. Ils ont créé le Re-Up Gang avec Sandman et Ab-Liva des Major Figgas et sorti les mixtapes Re-Up Gang: We Got It For Cheap pour rester présents.

En 2006, l'album sort et Pusha est en plein beef avec Lil Wayne. Ce beef avec Drake ne date pas d'hier. Birdman de Cash Money n'avait jamais payé Clipse et Pharrell pour What Happened to That Boy. Un banger intemporel. Ils n'ont pas été payés et ont vu Lil Wayne copier leur style en portant du Bape. Selon eux, Lil Wayne avait jacké tout leur swag. Sur leur deuxième album, Mr. Me Too est un diss envers Lil Wayne. Drake est signé chez Lil Wayne, lui-même signé chez Birdman, qui arnaque tout le monde (rires). Birdman prétendait avoir un contrat de distribution 90/10 avec Universal pour Cash Money. Du jamais vu, même si c'était plutôt 80/20. Pusha en avait marre et savait que ça ferait du bruit.

Petite parenthèse : ce deal de Cash Money s'est fait grâce à la consultante/manageuse Wendy Day de chez Rap Coalition. Wendy est une espèce de Robin des Bois dans le Hip Hop qui se bat pour les artistes depuis 1992. Elle disait que les négociations pour les royalties Cash Money commençaient à 75 000 $, un an plus tard c'était dans les millions. Le deal s'est conclu à 30 millions de $.

Donc me voilà, quelques jours avant Noël 2006, je monte à la radio pour l'interview téléphonique avec Pusha. C'est le matin chez lui. La maison de disques me donne un numéro. D'habitude, des numéros de promo. Là, c'était le numéro personnel du manager, Anthony Gonzalez, le fameux cerveau criminel qui, selon The Virginian-Pilot, aurait écoulé plus d'une demi-tonne de drogue en 5 ans depuis sa boîte de nuit, l'Encore Lounge, avec l'aide de Tim Montgomery (médaillé olympique) et Marlon Reed (ancien chef de gang des Bloods).

J'ai vite senti que Pusha n'allait pas s'étendre. Je pensais qu'il était en mode promo, mais j'ai compris après quelques questions. "Je fais les cadeaux de Noël pour mes enfants, know what I'm sayin' ?" Multitâche. C'était divertissant. Check it out :

Hell Hath No Fury, c'est court pour le proverbe du XVIIe siècle : "Hell hath no fury like a woman scorned" *(Il n'y a pas de furie comme une femme méprisée... ou plutôt, "une femme*

qui se met en colère est pire que l'enfer") **pourquoi ce titre d'album ?**
Pusha T : Il n'y a pas de furie comme une femme en colère. Certaines femmes, quand tu les énerves, viendront chez toi pour lancer une brique à ta fenêtre. Elles diront à ta vraie femme qu'elle est cocue. Nous, on fait pareil. Clipse vient balancer des briques sur vos fenêtres pour parler de notre situation dans le business du rap avec furie.
Vous étiez parmi les premiers à parler de drogues, de deal et du lifestyle qui va avec. Il y a quelques années, personne ne vous calculait et aujourd'hui tout le monde vous copie. Comment savoir qui est vrai et qui est faux ?
Je n'essaie même plus de savoir qui est vrai ou pas. Ceux qui sont bons sont bons. Il y en a certains qui me divertissent et d'autres qui sont nuls. C'est comme ça. On sera toujours The Clipse et je pense qu'on aura toujours une longueur d'avance sur les autres car on parle de notre vie.
Vous parlez de ces sujets délicats avec une énorme conscience. Vous parlez de kilos de cocaïne que vous vendez et, la phrase d'après, de votre karma. Comment assumez-vous cette façon de vivre ?
Beaucoup de gens nous comprennent et font pareil. Je fais uniquement de la musique pour ceux qui nous comprennent et qui connaissent la culture des drogues, les problèmes qui vont avec et la vie de rue en général. Il n'y a pas que du bon pour le karma, tu sais, mais nous ne vivons pas dans un monde parfait. C'est pour ça qu'on parle du bien et du mal.
Et qu'est-ce que tu écoutes ces temps-ci, dans ton iPod ou dans ta voiture ?
Tu sais quoi, en ce moment, dans ma voiture, j'ai l'album de BIG, Life After Death, j'ai aussi le nouvel album de Jay-Z (Kingdom Come)...
Que penses-tu de cet album de Jay-Z... j'entends des avis très partagés...
C'est bien ! C'est très bien, c'est tout.
Parle-nous de ta situation avec Lil Wayne, il s'est passé quoi exactement ?
He's a little bitch.
Comment ça ?
C'est une petite salope, c'est tout...
(Il ne me donne rien là ! Va falloir plonger dans mes jokers. Il expédie tellement vite mes questions que je n'ai pas assez de matière pour mon émission. En plus, il me reste encore quelques minutes. Il me faut plus de contenu. Abordons-le sous un autre angle...)
Quelles sont les choses que vous a apprises Pharrell dans un studio d'enregistrement ?
Pharrell et Chad nous ont appris à prendre des risques. Rien de plus, rien de moins. Prendre des risques...
(OK, bon, ça n'a pas trop marché non plus... Je tente un autre joker...)
Quel beat des Neptunes qui est parti chez un autre rappeur aurais-tu voulu avoir pour toi ?
Je dirais le beat pris par Jay-Z, Allure, sur son Black Album.
(Je vais peut-être parler de ça...)
Vous êtes nés dans le Bronx. Vous avez grandi en Virginie du Nord, qui est beaucoup plus dans le Sud que New York... Étant donné que le Hip Hop est aujourd'hui très tendance Sud, est-ce que ça va faire profiter The Clipse ?
The Clipse profitera toujours du fait que nous sommes différents des autres. Quand tout le monde part à droite, nous partons à gauche, ce qui permet de tracer notre propre chemin.

(Oh merde, ultra joker time !!!)

Peux-tu nous citer cinq choses qu'il te faut pour écrire des lyrics et faire de la bonne musique?

Non ! Cinq choses dont j'ai besoin ?... J'ai besoin de ma voiture, de la radio, de ma douche... Voici trois choses qu'il me faut. J'écris dans ma voiture et sous ma douche avec la musique qui tourne...

Tu as des stylos imperméables ou quoi ?

Même pas, c'est juste que beaucoup de mes textes se font dans ma tête d'abord.

(Bon allez. Je lâche l'affaire, je vais terminer avec un esprit de fête de fin d'année.)

Comme c'est bientôt Noël, je vais en profiter pour te demander ce que toi, tu as demandé au Père Noël cette année ?

Juste du bonheur et que tout le monde soit heureux...

Et des résolutions pour 2007 ?

De constamment sortir de la bonne musique. Que ce soit pour la rue ou du commercial, peu importe, Re-Up Gang Records !

Comment est-ce que ce deuxième album se différencie du premier ?

Il est beaucoup plus cru. Pendant le premier, on était super heureux et on faisait la fête. Sur le deuxième, il y a plus de colère et de chaos. On fait ce qu'on ressent sur le moment. On était beaucoup plus en colère à cause de cette situation avec le label.

DJ CLUE

Le véritable fondateur du party DJing serait DJ Hollywood. Il serait le premier DJ à vraiment ambiancer au micro derrière les platines. Ensuite, Kid Capri a pris le flambeau à la fin des années 80 et au début des années 90. Lui, c'est le king, le Michael Jordan des DJs selon certains, avec sa puissance amplifiée. Après, il y a eu Ron G, S&S, Doo-Wop et Clue.

Ron G était réputé pour ses blends : il mettait des a cappellas de R&B sur des productions de rap bien lourdes. Imagine les chants de En Vogue sur une prod de Main Source. After 7 sur So Whatcha Sayin d'EPMD. Sexual Healing de Marvin Gaye sur The Bridge Is Over de BDP. C'était de la folie ! En plus, le gars était connecté avec les conducteurs de taxi gitans à New York. Chaque yellow cab jouait ses mixtapes un temps (rires). Pure street promo. Exceptionnel. Doo-Wop était connu pour ses raps dans ses intros de mixtapes. S&S était réputé pour ses exclus. Le gars avait réussi à se connecter avec les stagiaires et ingés son qui faisaient le mastering des tracks dans les studios pour les labels. Ils payaient ces gars pour avoir des tracks des mois et des mois avant tout le monde. Par exemple, il avait sept des neuf tracks de Illmatic sur sa mixtape des mois avant que l'album sorte. Imagine la haine. S&S avoue même s'être fait frapper par Naughty By Nature et Redman un jour dans le New Jersey pour avoir leaké Hip Hop Hooray six mois avant la sortie officielle (rires).

Toutes ces mixtapes étaient enregistrées en une prise, sans edits. Pur, cru, New York shit ! Eux, ils criaient à tout va sur les tapes, encore plus que Kid Capri. Ça hurlait des dédicaces à tout va. C'était exagéré mais aussi très intelligent de leur part car ils mettaient tout le monde dans leur poche (rires). Ils abusaient avec les réverbes et les échos sur leurs voix. J'adorais ça ! Trop stylé. Quand tu avais leurs mixtapes dans ta voiture, t'étais le boss. Cette énergie que les effets dans leurs voix fournissaient... Ça rajoutait une nouvelle dimension inexplicable.

Ces gars, c'étaient mes idoles au niveau hosting quand je commençais la radio avec DJ Sebb dans Les Métissages en 94. Aucun MC ne faisait cela par ici. On était très peu à avoir des tapes de ces gars, j'avais donc une petite longueur d'avance (rires). C'est eux qui me donnaient envie d'ambiancer sur des tracks à l'antenne et d'appuyer sur certains mots rappés avec plein d'effets sur la voix, de faire des dédicaces pendant les refrains et de balancer des gimmicks entre les enchaînements des DJs.

J'avais entendu ma première tape de Clue en 92-93 grâce à mon pote Damian de Zurich qui venait du Queens et n'arrêtait pas de nous parler de ce gars. Il me disait qu'il allait tout exploser. Quelques années plus tard, effectivement, Clue s'est imposé dans le circuit comme le DJ le plus *hot in the streets* grâce à des tracks inédites qu'il arrivait à obtenir sur ses tapes. Il était sous l'aile de Steve Stoute, qui était très bien placé. Il y avait de sacrées connexions.

D'habitude, les DJs mixaient uniquement des morceaux existants qu'on kiffait, comme si c'était une soirée. Clue avait des freestyles exclusifs de rappeurs sur ses tapes. Au début, c'était des 16 mesures de tel ou tel sur un beat de tel ou tel. Ensuite, c'étaient des morceaux entiers. Des exclusivités qui leakaient sur ses tapes que personne n'avait encore entendues. Du genre Who Shot Ya de Biggie qui n'existait pas encore sur vinyle ou CD avait fait son apparition sur une Clue tape.

Funkmaster Flex et Kid Capri avaient déjà sorti des projets sur des majors mais c'est Clue qui a propulsé cette formule en mainstream. Le gars a pu sortir un album officiel via Universal avec ce format de mixtape comme personne auparavant. C'est cette formule qui avait ensuite permis à 50 Cent de venir à son tour révolutionner le mixtape game. Lui, il prenait les beats existants de tout le monde pour carrément refaire les morceaux à sa sauce. Du vrai hijack ! Il a transformé la mixtape en street album. Ça, c'est 50 Cent.

Ce genre d'album/compilation en forme de mixtape nous avait motivé. On a pu sortir un projet semblable avec mon Downtown Boogie crew en 2003, Boogie Bangerz vol1 chez EMI, mixé par DJ Green Giant et Vincz Lee et hosté par The Boogie Squad MCs, à savoir Dynamike, Jiggy Jones et moi.

Ensuite, il y a eu la descente de flics chez DJ Drama et Don Cannon qui, eux, avaient encore poussé le game plus loin avec leurs millions de CD gravés, ça avait pris encore une autre ampleur. Voilà pour la petite histoire. Tu peux googler si tu veux plonger plus dans le délire.

Donc, Clue est passé de DJ régional (Tape Kingz, Fat Beats) à DJ international en major via Def Jam, qui roulait avec Roc-A-Fella. Il y avait son émission sur Hot 97 et il avait tous les bangers en exclusivité avant tout le monde. Il était chaud bouillant et dominait le game.

J'ai pu l'interviewer un soir lors de la sortie de The Professional 2 en 2001 pour notre émission. On est le 21 mars. Il m'explique que c'est Irv Gotti de Murder Inc. (RIP) qui l'avait mis en contact avec Dame Dash et Jay-Z. Irv est un gars dont on ne parle pas assez souvent, mais il a fait énormément dans l'ombre ces années-là, surtout pour Def Jam. C'est à la suite de cette rencontre que la carrière de Clue avait pris une nouvelle ampleur. Eux, ils cherchaient un débouché parallèle pour sortir des morceaux et Clue cherchait des inédits, ça tombait bien. Connexion faite.

Il me dit qu'il avait beaucoup appris côté "business" entre ces deux albums, The Professional (sorti en 1998) et The Professional 2, sorti il y a à peine un mois. Il m'a parlé de l'importance de bien connaître la démographie de son public pour réussir. Avoir des artistes de New York, c'est cool, mais il fallait taper partout. Avoir des featurings de gars du Sud et de la West Coast était essentiel pour vendre des disques. Il fallait un bon équilibre. Le networking prenait aussi beaucoup d'énergie, c'est un hustle à plein temps. Sans oublier les heures investies niveau paperasse pour gérer tout ce qui concerne son label Desert Storm.

Jeune, il écoutait Big Daddy Kane et EPMD. Il appuie sur les différents aspects qu'il fallait jongler : les bookings en clubs, les tournées, son émission de radio, ses mixtapes et comment s'adapter à ces différentes branches musicalement. Il mentionne son premier artiste signé sur son label, Fabolous, et me cite aussi un jeune Joe Budden qu'il allait signer aussi sous peu… Si j'avais su qui était Joe Budden à ce moment-là, mon dieu, je ne l'aurais pas lâché (rires). Ce n'est qu'en 2003 que j'ai pris son Pump It Up en pleine gueule. Je pense qu'il avait un tel buzz suite à ses mixtapes underground que Def Jam est venu le signer entre-temps.

COMMON

J'avais acheté son premier album sur cassette quand il était encore Common Sense. C'était en 1992, quand je suis retourné en Californie. Avoir du common sense en anglais veut dire avoir du bon sens. Un excellent nom d'artiste qui lui collait à la peau jusqu'à ce qu'un autre groupe du même nom porte plainte. Suite au succès de son deuxième album, un groupe de surf/reggae demanda à Common de changer de blaze. Pas très irie tout ça, seen (rires) ?! En 92, Common Sense était un jeune de la rue en baggy jeans qui parlait d'alcool et de ses plans cul. Il observait ce qui l'entourait. Des rimes malines et des jeux de mots subtils. Une ambiance jazzy. Can I Borrow A Dollar était produit par No I.D., (mentor de Kanye West), sauf un morceau réalisé par The Beatnuts. L'album est passé sous le radar, quasi inaperçu. Ce même No I.D. a ensuite produit l'album 4:44 de Jay-Z, par exemple.

En 94, Common sort son deuxième album, Resurrection. Et là, ça démarre, notamment grâce à ce morceau I Used to Love H.E.R., aussi produit par No I.D. Un des meilleurs morceaux conceptuels de tous les temps. Il parle du Hip Hop comme si c'était son ex. Il parle de l'amour qu'il a pour elle, de sa jeunesse, de son parcours et de ses faux pas à travers les années. Il parle aussi de sa naïveté ainsi que de son évolution, de ses fréquentations au fil du temps, et évidemment de sa rencontre avec le gros méchant gangsta rap une fois arrivé sur la West Coast, et tout ce qui va avec : le funk, fumer des blunts et la glorification des flingues. Suite à ce morceau, Ice Cube, encore patron de la Côte Ouest, a mal pris certains lyrics et a riposté avec son pote Mack 10 et leur Westside Connection. Ça avait déclenché un sacré bordel. Et pour être franc, il n'y a pas grand monde qui peut tenir face à un Ice Cube fâché derrière le micro. Sauf que Common a tenu bon. Il ne faut pas oublier que Cube avait pris à lui tout seul tous ses anciens gars de N.W.A ainsi que leur manager sur No Vaseline. Il peut briser des carrières. Common n'a peur de personne. Il a même répondu avec The Bitch in Yoo, sans complexe, produit par Pete Rock. Ça prenait tellement d'ampleur que Louis Farrakhan a dû intervenir pour calmer le jeu. Tout s'est bien terminé car Common a ensuite joué dans le film Barbershop 3, réalisé par Ice Cube.

Common ne plaisante pas quand il s'agit de rap beefs. Il y a eu aussi son petit moment avec Drake en 2012. Je crois qu'il y avait Serena Williams au milieu de tout ça. Encore une histoire de meuf (rires). Drake et Common sont donc des Eskimo Brothers (rires). C'est ce qu'on appelle les gars qui ont eu des meufs en commun (rires). Bref, Common a vite fermé la bouche à ce petit Canadien sur la prod de Stay Schemin' (rires). Tout ça pour dire que Common ne plaisante pas avec le Hip Hop. Il a l'air super gentil avec sa peau métisse, son joli sourire et son crâne rasé, mais le gars est un monstre avec sa plume et très sûr de lui. C'est un vrai B-Boy dans l'âme, qui va faire des moulins et d'autres figures de breakdance sur scène pendant son refrain en plein concert pour ensuite rapper son prochain couplet sans même perdre son souffle, comme si de rien n'était.

Je me souviens aussi de cette vieille rumeur qui circulait à Lausanne au milieu des années 90, suite à son concert à La Dolce Vita un mardi soir. Des membres de son crew se sont fait arrêter pour tentative de cambriolage. La rumeur dit qu'ils auraient essayé de péter la vitrine d'un magasin de hi-fi alors qu'il y a un poste de police à même pas 100 mètres du magasin (rires).

Je me retrouve donc face à Common dans sa loge au Montreux Jazz Festival le 6 juillet 2002. J'étais choqué par son physique. Il était tout maigre. Pas un pet de gras. Il portait des pantalons en tissu bizarre et tout serrés. On est dans un moment du hip hop où la mode vestimentaire était du XXL à tout va, ça m'a donc vraiment marqué (rires). Common était vraiment le premier, à ma connaissance, à avoir troqué ses baggy jeans pour des slims (rires). Le gars sort un coup avec Erykah Badu et devient végan (rires). Elle a dû lui lancer un sort, c'est pas possible (rires). Le gars a troqué son Big Mac et sa 40 ounce de St. Ides pour du tofu, des graines de chia et des bâtons d'encens (rires)... Mais quel avant-gardiste, celui-là (rires). Et le gars avait cette voix rauque. Ce fameux grain. Il avait un regard lumineux, une énergie claire, saine et confiante.

Je commence par lui demander un petit mic check pour l'interview. Je sens directement qu'il est posé, sûr de lui, à l'aise. Je commence par lui dire que je suis sa carrière d'artiste depuis Can I Borrow A Dollar. Que je me souviens d'un méga freestyle improvisé qu'il avait fait sur KMEL à San Francisco au milieu de la nuit, et que j'admirais son évolution de *backpack battle rapper* à artiste spirituel qui transmet cette nourriture pour l'âme et l'esprit. Je lui dis que je suis heureux de le voir enfin reconnu à sa juste valeur dans le mainstream. Il me parle de gratitude et du timing de la vie. Il me dit qu'il travaille toujours aussi dur. Qu'il a beaucoup appris dans le business à travers toutes ces années. Il dit être heureux d'avoir pris tant d'années pour y arriver car ça lui a permis de grandir en tant qu'artiste, en tant qu'être humain. Il a appris à persévérer, à être reconnaissant d'avoir percé dans l'industrie de la musique. D'avoir une carrière, une voix qui résonne auprès du peuple. On a parlé d'Ice Cube, de KRS-One, de Nelly, de J Dilla, des Neptunes, de DJ Premier, de Canibus, de la différence entre des dope lyrics et une bonne chanson. Le tout a duré 30 minutes bien cool.

Voici quelques extraits :
Tu voulais devenir quoi il y a 20 ans ?
Common : Je voulais devenir administrateur en business ou joueur de basket. J'aimais toujours le rap, mais je ne pensais pas pouvoir en faire carrière. Devenir rappeur était juste un rêve fou que j'avais au fond de la tête.
3 différences entre Chicago et New York ?
Premièrement, Chicago est à l'origine de vrais gangsters. Les vrais gang bangers viennent de chez nous, désolé, mais c'est la vérité. Deuxièmement, Chicago est une ville merveilleuse malgré sa ségrégation. Et troisièmement, la plupart de nos racines viennent du Sud, comme le Mississippi et l'Alabama. C'est une ville de campagne. C'est plein de campagnards avec des mentalités de ville.
Comment décrirais-tu ton style à quelqu'un qui ne te connaît pas ?
Libre. Je change de style sans arrêt. Je suis constamment en train d'évoluer avec un ton révolutionnaire.
Ça me fait penser à ta phrase "If the revolution had a movie I'd be the theme music, my music, you either fight, fuck or dream to it" *(Si la révolution avait un film, je serais sa bande sonore, sur ma musique tu peux te battre, baiser ou rêver)* **mais en parlant de révolution, tu en penses quoi du gouvernement américain ?**
On connaît tous leur agenda. Ils n'essaient même pas de corriger les problèmes que nous avons dans notre propre pays. Ils ne sont pas pour la paix. Ils disent "God Bless America", mais il faut que Dieu bénisse le monde entier, pas que les États-Unis. Ils ne font rien pour leur propre peuple défavorisé. C'est du capitalisme à l'état pur. Ils ne pensent qu'à l'argent. C'est ce qui me motive à faire mes textes et mes chansons. Pas seulement faire de la vraie musique, mais vraiment faire du bien autour de moi comme je peux.
Suite au classique I Used to Love H.E.R., que penses-tu de la direction que prend le Hip Hop actuellement ?
J'adore le Hip Hop. J'ai compris que pour aimer quelque chose, il faut lui laisser la liberté de grandir et d'évoluer. Le Hip Hop a besoin de passer par là. Je me suis plaint dans I Used to Love H.E.R. et j'assume tout ce que j'ai dit, mais maintenant, en tant qu'adulte, je comprends que ce style de musique va passer par différentes étapes, évoluer, changer, etc. Forcément, ça ne sera pas toujours ma tasse de thé, mais j'apprécierai toujours sa beauté. J'aime le fait que le Hip Hop ait élevé toute une génération, l'ait rendue plus consciente, lui ait appris à être indépendante financièrement, à devenir des entrepreneurs. À avoir une voix qui résonne à travers le monde entier. À influencer toute une planète. J'adore le Hip Hop et c'est le peuple qui décide de la direction qu'il prend. Ce sont les créateurs de cette culture qui la font avancer.

On connaît ton amour pour cette culture, maintenant, arrives-tu à me citer trois choses que tu détestes dans le Hip Hop ?
Je déteste qu'aujourd'hui tout le monde prétende être rappeur et qu'ils croient tous que tout leur est dû. Je déteste que les grosses corporations aient autant de pouvoir. Les artistes sont prêts à changer leur style musical pour avoir une chanson en rotation. Je déteste aussi qu'il y ait autant de séparations entre les artistes. Que les gens nous mettent dans des cases. Les gens qui veulent donner différents noms au Hip Hop. Même si tel groupe fait tel genre de Hip Hop et un autre groupe fait tel autre genre de Hip Hop, ça reste du Hip Hop. Chaque groupe s'exprime comme il veut, mais ça reste du Hip Hop.
Donne-moi trois raisons pour lesquelles le Hip Hop ne mourra jamais.
Ça a été créé par Dieu et Dieu vit dans chaque expression de ces personnes qui savent canaliser cette énergie révolutionnaire. On ne mourra jamais. Les peuples noir et latino ne mourront jamais. On continuera à s'exprimer, à se propager partout. Maintenant, il y a aussi nos camarades blancs et asiatiques. Nous sommes tous ensemble, impossible que ça meure. C'est un phénomène trop vivant pour que ça s'arrête.
Tu arrives à nous citer tes 5 MCs préférés de tous les temps ?
Big Daddy Kane, KRS-One... laisse-moi réfléchir...aïe...hummm... Nas... et humm... honnêtement, je vais devoir mettre Ice Cube sur ma liste aussi... qui d'autre... laisse-moi réfléchir... qui d'autre... *(10 secondes de silence)*... je mets... et je dirais Rakim...
T'en penses quoi du beef entre KRS-One et Nelly ?
Évidemment, j'ai grandi en écoutant KRS et je l'adore, mais Nelly a un truc qui me plaît. Tout le personnage. Je vois à ta tête que tu n'es pas trop d'accord avec moi (il a un fou rire)... Mais tu sais, Nelly est un bon gars alors je ne peux pas mal parler de lui. Le Hip Hop, c'est une chose, mais je ne peux pas mal parler d'un autre homme...
Mais comment peut-il manquer de respect au Teacher ? T'as pas le droit de faire ça, non ?
L'un n'a pas aimé ce que l'autre a dit sur lui, alors il a répondu. Et c'est honorable. Imagine, tu t'entraînes pour devenir un maître et un des maîtres t'attaque, tu ne te défendrais pas ?... Ton objectif est de battre ton maître, non ? C'est le maître qui t'a appris pendant toutes ces années à faire ainsi et à être un guerrier, alors pourquoi ne pas l'être quand il t'attaque, tu vois ce que je veux dire ? Mais tu sais que j'ai un respect éternel pour KRS... mais cela ne me regarde même pas, pour te dire, je n'ai même pas entendu leurs diss tracks.
J'adore ta collaboration avec Canibus. Malheureusement, on dirait qu'il lui manque ce petit truc pour exploser. Il a des lyrics de fou, mais j'ai l'impression qu'il lui manque un producteur pour le guider...
Il faut qu'il apprenne à faire des chansons. Les gens aiment les dope lyrics, mais avant tout, ils veulent une bonne chanson. De bonnes paroles sur une bonne prod, avec un bon refrain qui donne envie de chanter. La musique doit créer une certaine vibe. Parfois, on veut des rimes qui tuent. D'autres fois, tu veux groover sur une vibe festive pendant que tu te prépares à sortir en soirée. Des fois, tu veux un truc de rue à la Mobb Deep. Si vous êtes avec des filles, vous voudrez peut-être danser et faire la fête sur du Busta Rhymes. Donc, il faut dégager la bonne énergie et la bonne vibe sur la bonne chanson. C'est facile à dire, mais difficile à faire.
Qu'est-ce que Premier ou J Dilla t'ont appris dans un studio d'enregistrement ?
Ils m'ont appris à faire de la bonne musique (rires). Ils m'ont surtout donné envie de venir avec

les meilleurs textes que je puisse écrire. De mettre la barre plus haut lyriquement. Ils m'ont inspiré plus qu'autre chose. Les deux m'ont appris comment faire de vrais morceaux, car ce sont de véritables producteurs. Ils ne laissent rien passer et savent mettre les petites touches pour compléter une chanson. Ce sont des Quincy Jones, des grands producteurs. Questlove est aussi un grand producteur. Les Neptunes, Dr. Dre, pareil, ce sont tous de grands producteurs.

En parlant de ton inspiration, je sais que De La Soul a sa part de responsabilité aussi, n'est-ce pas ?

De La Soul, A Tribe Called Quest, Jungle Brothers, Black Sheep. Tout le Native Tongues m'avait donné envie et le courage de devenir moi-même. Ils m'ont tous inspiré à être créatif. À être moi-même et à ne pas vouloir copier quelqu'un d'autre. De La Soul, Tribe et les JBs sont les pères de toute cette musique qui inspire des gars comme moi, Mos Def, The Roots, D'Angelo, Erykah Badu. Tu n'as pas idée à quel point je suis fier d'avoir pu faire des chansons avec eux. C'était un véritable rêve devenu réalité. Je voulais toujours que De La Soul, A Tribe Called Quest et KRS-One me remarquent... (il commence à chanter un refrain que Bilal est en train de chanter sur scène pendant l'interview)

Et les Soulquarians dans tout ça, ça a débuté comment ?

C'est Questlove en bossant avec James Poyser et des gars comme D'Angelo. Ensuite, il y a eu l'arrivée de J Dilla. Ensuite, Erykah Badu qui se fait produire par eux. Ensuite, ils sont sur mon album à moi. Bilal était dans les parages. C'était un véritable noyau joyeux et créatif, tous avec les mêmes objectifs et l'envie d'amener une nouvelle fraîcheur dans l'industrie.

(Précision : Questlove, J Dilla, James Poyser et D'Angelo sont tous Verseaux, Aquarius en anglais, d'où le nom Soulquarians).

Et ton prochain album sentira comment ?

Ça sentira la liberté, ça sentira funky, la beauté. Ça sentira Electric Wire Hustle Flower (un futur titre qu'on trouvera ensuite sur Electric Circus, sorti en 2002 justement). Ça sentira l'amour, la révolution. La lumière, ça sera soulful. Je pense appeler mon album The Izzness pour dire it is what it is. Car même si je pars ailleurs musicalement, ça sera toujours du Hip Hop car à la base, je suis un MC avant tout. La musique reste de la musique. Faire de la musique naturellement sans forcer. Il y aura Questlove, J Dilla, James Poyser, The Neptunes...

Ça sent le Grammy...

(rires) Hahaha, oui, mais c'est funky avant tout. On ne fait pas les choses en calculant les futures ventes de disques. J'essaie de créer en toute honnêteté. Il faut que je puisse me regarder dans le miroir en disant qu'on a fait juste. Je veux qu'on entende ma musique dans une soirée et que ça fasse groover les gens, tu piges ?

CONWAY THE MACHINE

I needed West and Daringer, I couldn't do it alone
*'Member that fuck ni**a pulled up using his chrome*
*Hit the back of my head and neck, I should've died ni**a*
*I feel like my ni**a Dunce kept me alive, ni**a*
*Slapping my face like, "Bruh, open your eyes, ni**a"*
*Shaking my head like, "fuck that, you can't die, ni**a"*
*Only real shit what I provide, ni**a*
*I wrote this shit with tears in my eyes, ni**a*
*Now they gotta consider me Top Five, ni**a*
*You hearing my shit, is you surprised, ni**a?*
You know what's funny, I wanted to quit
After I got shot in my head, I seen my face like "I'm done with this shit"
Trying to spit my verses and mumbling and shit
Face twisted up looking ugly and shit
That Bell's Palsy had me looking like I had a stroke
But every bar raw like a slab of coke..."

Tu ressens cette douleur ? Cette souffrance mélangée à cette fierté dans ce couplet ? Tu t'imagines ? Voir tes yeux dans ton visage, tout fucked up et tordu, dans le miroir ?

Son passage sur The Cow de Westside Gunn est le realest shit jamais écrit, alors c'était évident que je devais le rencontrer pour lui filer un de mes t-shirts. C'est mon gars Oumar qui m'a fait accéder aux loges de l'Alhambra lors du concert organisé par The Spot ce soir-là. Lieu culturel de Genève qui organise aussi des concerts maintenant. On avait créé l'association ensemble il y a quelques années avec mon gars Marc de Audiomatic, Oumar et Thibault de Colors et Omar de Soulitude.

Bref, je voulais absolument rencontrer Conway, juste pour lui serrer la main et le féliciter pour toute cette raw dope shit que cette Griselda wave nous a amenée ces dernières années.

J'avais un t-shirt avec les lyrics de Nas, ceux qu'il avait balancés sur son premier featuring sur vinyle. C'est sur l'album classique Breaking Atoms de Main Source, Live at the Barbeque, où il dit *When I was twelve, I went to hell for snuffin' Jesus* (quand j'avais 12 ans, je suis allé en enfer pour avoir tué Jésus) devant, et l'énorme slogan *you are not dead yet* au dos.

On est le 23 avril 2024.

- Yo Conway, my name is Chuck and I make dope t-shirts. I don't wanna bother you and take up too much of your time but since you got shot in the head 5 times and didn't die, I think you might like this here. I brought you something, I think you might feel.

(*Yo Conway, je m'appelle Chuck et je fais des t-shirts cool. J'ai pas envie de te déranger et de prendre trop de ton temps, mais étant donné que tu t'es pris 5 balles dans la tête sans mourir, je pense que tu vas kiffer ceci.*)

Il déplie le t-shirt, voit le devant et le derrière et me balance un :

- Yo that shit's hard.

- Real shit, right?, je réponds.

- Yo, c'est du lourd ça, très puissant, merci beaucoup, me dit-il en me regardant droit dans les yeux. Il me serre la main comme un vrai OG. Je lis son regard, faisant abstraction de son visage marqué par la paralysie faciale. Hardcore.

- J'ai perdu mon fils à l'âge de 37 jours. Craziest shit ever. Il est mort dans mes bras après plusieurs complications, je connais la douleur que tu ressens, ayant perdu ta fille…

Je savais que sa femme venait de faire une fausse couche en février. Là, on se resserre la main et on se prend dans les bras. Il me regarde dans les yeux. Je sens sa sincérité. On continue à parler un peu. Je lui demande si on peut prendre une photo ensemble, sans vouloir le déranger plus longtemps. Il me dit oui direct. Son manager prend quelques photos avec mon iPhone. On continue à échanger quelques phrases. Un gars bourré nous interrompt. Conway le remet en place direct : "Yo, tu vois pas que je parle avec mon gars là ?", et se retourne vers moi. J'ai souri, un peu gêné, mais en même temps j'étais super fier et hyper heureux de pouvoir vivre cet instant si vrai. Une capsule temporelle que personne ne pourra m'enlever. C'est pour ces moments-là que je vis. Tant que je ressentirai ces vibrations profondément, je continuerai à promouvoir ce you are not dead yet shit, même si certains haters essaient de me cock block (rires). Le plus grand compliment, c'est quand un artiste que tu respectes à mort *fuck with your shit*. Ce petit slogan a créé des micro-moments magiques et inexplicables dans ma vie et ça, ça n'a pas de prix, c'est de l'or pour mon âme.

CRAIG MACK

Craig Mack, 1'000 degrés
You'll be on your knees, and you'll be burning, begging please
Brother freeze! This man's undisputed
In deep-rooted funk smoke that leaves your brains booted...

RIP Craig Mack ! Mort du sida en 2018 à 46 ans, alors qu'il le savait, mais refusait de se faire traiter. Craig Mack est le *dopest ugly muthafucka* à avoir craché dans un micro sous notre couche d'ozone. Sa gueule, par contre, venait vraiment d'une autre dimension, d'une autre sphère physique. Jay-Z, KRS-One et Biz Markie n'ont qu'à bien se tenir, ce sont des George Clooney à côté (rires).

Craig Mack avait ce "robotic futuristic George Jetson spaceship flow", ainsi qu'une énergie de dingue. Il t'hypnotisait avec ses "crazy rapper hands" pendant qu'il balançait son "flavor bidder badder, chitter chatter" dans tes oreilles comme un extraterrestre (rires).

Flava in Ya Ear doit sûrement être le banger le plus ovni jamais atterri sur Terre. Ça avait cartonné dans les charts, les clubs et sur la radio. Véritable missile balistique… Yeah boyyy ! Respect éternel à Easy Mo Bee pour cet undisputed classic. Morceau trop stylé, trop original, trop authentique. Toujours pas la moindre ride. Soniquement, lyricalement, énergétiquement, ça slappe toujours autant aujourd'hui.

Pourtant, Craig Mack détestait l'instru et ne voulait absolument pas poser dessus. Puff Daddy a dû faire un énorme forcing. Ça le rendait dingue. Il donnait des coups de pied dans le mur et tout, de frustration, car Craig Mack ne voulait rien entendre (rires). Puffy a quasiment dû faire du chantage, genre : "Si tu ne rappes pas sur cette instru, je te vire du label !" Il a dû faire pareil avec Biggie pour qu'il pose sur l'instru de Juicy aussi, d'ailleurs (rires).

Easy Mo Bee doit être le producteur le plus sous-estimé de Brooklyn et pourtant, il est la seule personne à avoir produit pour Craig Mack, Tupac et Biggie. Il a créé l'instru un matin en caleçon en sortant de son lit, encore à moitié endormi, en 25 minutes (rires). Étant un méga fan de Marley Marl et du Juice Crew, il a voulu créer une ambiance à la Droppin' Science de Craig G. Flava in Ya Ear ne ressemble à rien. Véritable soucoupe volante à deux notes avec un bout de guitare samplé et six tonnes de réverbération.

Quelques mois après la sortie du morceau, Biggie sort Ready to Die, puis c'est le début de la fin pour ce "bad MC with stamina like Bruce Jenner". Craig Mack était censé être la star de Bad Boy. C'est avec lui que tout a commencé, mais Biggie lui a très vite volé la vedette. Pourtant, c'est Craig Mack qui avait le charisme pour aller avec son arrogance, alors que Biggie était beaucoup plus laid back. Tu m'étonnes que Puffy ait sauté sur l'occasion. Il venait de se faire virer d'Uptown Records. Il voulait lancer son propre label, mais n'avait pas encore d'artistes signés. Il rencontre Craig Mack un soir dans un club et lui demande de lui rapper un petit truc. Craig Mack freestyle direct sans hésiter. Puffy lui propose un contrat, mot pour mot il lui dit : "Je te signe sur mon label si tu poses sur le remix de You Don't Have to Worry de Mary J. Blige pour lui donner un deuxième souffle au morceau." Marché conclu !

Donc, ouais, apparemment Biggie et Craig Mack ne s'entendaient pas très bien. Biggie le disait ouvertement dans diverses interviews, qu'il ne pouvait pas le saquer, ce Craig Mack. Ils se sont même clashés sur Flava in Ya Ear Remix (rires). Donc, vrai "beef" croisé sur le même morceau entre labelmates. Si ça, ce n'est pas Hip Hop (rires) !! Je pense qu'il y avait de la jalousie derrière les rideaux. Biggie a pris toute la lumière avec la sortie de Ready to Die.

Je pense aussi à ce fameux moment sur Yo! MTV Raps où Craig Mack apprend en direct que son deuxième album allait sortir sous peu. Puffy lui balance l'info devant les caméras, en direct. La tête de Craig Mack veut tout dire quand il entend Puffy balancer la news, sur le fait accompli.

Quelle belle époque, ces mid 90's quand même. Il fallait vraiment assurer. Savoir rapper et être créatif. Les jeunes boutonneux sur TikTok d'aujourd'hui ne connaissent pas ça (rires). Même au niveau promo. Les labels aussi devaient assurer. Il y avait des street teams qui faisaient de la street promo : coller des milliers de stickers, distribuer des flyers, poser des affiches avec des bidons de colle, des sprays et des pinceaux. Pas juste balancer une story sur IG et taguer quelques noms. On ne payait pas pour des likes. Ça passait des mixtapes à la main à des centaines de personnes dans la rue. Ça distribuait des cassettes promo. Fallait trouver des stratégies de marketing originales. Par exemple, Jeru the Damaja donnait des barres de savon et des capotes pour la sortie de Come Clean (rires).

Puffy a trouvé cette idée incroyable de sortir la B.I.G. MACK promo tape dans un emballage de hamburger à la McDo, campagne de marketing inoubliable. Sur la cassette promo, il y avait une face consacrée à Craig Mack et l'autre face à Biggie. Il me semble qu'il y avait genre six ou sept morceaux sur chaque face. Il y avait la version originale de Me & My Bitch de Biggie qui n'est jamais sortie. Elle contenait un sample de la chanson Take a Little Trip de Minnie Riperton qui n'a jamais été "clearé". L'intro aussi contenait Got to Give It Up de Marvin Gaye à la place de Superfly de Curtis Mayfield.

Avant de se faire signer chez Bad Boy, Craig Mack portait les bagages pour Erick Sermon dans les débuts de EPMD. Ils étaient au lycée ensemble. Ils étaient aussi ensemble chez Sleeping Bag Records. Il s'appelait MC EZ à cette époque. C'est bien avant K-Solo, Das EFX et Redman. Craig Mack avait un morceau qui s'appelait Get Retarded. On entend clairement l'inspiration de Biz Markie.

J'ai entendu Sermon dire lors d'une interview pour Take It Personal que Craig Mack devait rejoindre le Hit Squad, mais que le crew s'est séparé avant qu'il puisse créer son album. C'est suite à cette séparation du Hit Squad qu'il a rencontré Puffy.

Craig Mack est venu pour un concert chez nous à Lausanne en 1995. Je ne vais pas spoiler le truc. Check la lettre que j'ai attachée à ce chapitre, ainsi que la photo. Tu vas comprendre ! Histoire de fou (rires) ! Il avait même écrit des lyrics pour une pote américaine à moi qui vivait à Genève à l'époque, pendant ces quelques jours de séjour par ici. La meuf me ramenait toujours des chocolate chip cookies au taf quand je bossais dans la boutique des Pâquis à Genève à l'époque. Un jour, elle vient me voir en me montrant des lyrics que Craig Mack lui avait écrits. Je ne croyais ni mes yeux, ni mes oreilles. Shit was slammin' ! Je ne sais pas s'il l'avait pécho, mais en tout cas, dans l'écriture, ça se voyait que ça venait bien de lui.

Il y a une autre question que je me pose : pourquoi tous les artistes chez Bad Boy finissent mal ? J'ai fait une liste de noms qui ont travaillé avec Puffy. Ils ont quasi tous fini en taule, morts d'une crise cardiaque, d'une pneumonie ou par balles. C'est un truc de fou. On dirait que les seuls à ne pas se faire avoir par le "Bad Boy curse" sont The Lox. Le Free The Lox Movement avait marché. Les menaces en live lancées depuis Hot 97 lors d'une interview chez Angie Martinez étaient très efficaces (rires). Peut-être Puffy n'avait tout simplement pas envie de ramasser un frigo volant depuis le haut d'un immeuble, comme Jadakiss avait suggéré s'il ne libérait pas le trio de Yonkers de leur contrat (rires). On revient toujours aux artistes et à leurs contrats de merde. *Only thing worse than a coward is a coward with power* comme dirait Jadakiss dans Show Discipline.

Liste Sombre des Affiliés de Puff

Kim Porter (secrétaire chez Uptown Records, ex et mère de trois enfants de Puffy) : morte d'une pneumonie à l'âge de 47 ans, alors qu'elle était en train de terminer son "tell all book" sur sa vie avec Puffy.

Andre Harrell (fondateur d'Uptown Records, a lancé la carrière de Diddy, Heavy D & Mary J. Blige) : arrêt cardiaque à l'âge de 59 ans.

Heavy D (rappeur chez Uptown Records) : mort d'une pneumonie à l'âge de 44 ans.

Chucky Thompson (producteur des Hitmen chez Bad Boy) : mort du Covid à 53 ans.

2Pac (qui a envisagé de signer chez Bad Boy Records avant de finir chez Death Row Records) : mort par balles à l'âge de 25 ans.

Biggie (rappeur chez Bad Boy) : mort par balles à l'âge de 24 ans lors de sa Life After Death album promo tour.

Craig Mack (rappeur chez Bad Boy) : mort du sida à l'âge de 47 ans. Il avait rejoint une communauté religieuse après la rupture houleuse avec Puffy. Une espèce de secte avec un gourou accro au sexe, pédophile, violeur en série, dans la Caroline du Sud.

Black Rob (rappeur chez Bad Boy) : a fait six ans de prison pour vol de bijoux dans un hôtel. Il était sans-abri les dernières années, puis nous a quittés après un arrêt cardiaque à l'âge de 52 ans.

Loon (rappeur chez Bad Boy) : il s'est converti à l'islam suite à un voyage à Dubaï en 2008. Il est devenu Junaid Muhadith suite à un voyage en Arabie saoudite. Il s'est ensuite fait prendre pour trafic de drogue (plusieurs kilos d'héroïne) lors d'un détour en Belgique en 2011. Il est sorti en 2020.

G-Dep (rappeur chez Bad Boy) : il a connu les barreaux de Rikers Island. Il s'est fait arrêter plus de 25 fois pour divers actes criminels depuis 2003. En 2010, il a carrément "auto-snitché" sur lui-même, à trois reprises, pour un meurtre qu'il avait commis 17 ans auparavant. Les flics ne l'ont pas cru les deux premières fois. Sorti en avril 2024, il prétendait se sentir plus libre en prison que dehors, à côté de Diddy.

Ma$e (rappeur chez Bad Boy) : l'artiste triple platine a préféré tout plaquer chez Bad Boy pour rejoindre une église. Il a troqué Puffy pour servir Dieu en devenant pasteur. Ça fait plaisir de le voir en pleine forme à côté de Cam'ron dans leur émission It Is What It Is.

Shyne (rappeur chez Bad Boy) : il a fait dix ans de prison pour tentative de meurtre, un crime qu'il n'a jamais commis. Le fameux incident a eu lieu dans une boîte de nuit suite à une dispute. Il est tombé pour possession d'armes et agression alors qu'il était avec Puffy et J.Lo. Il est devenu juif orthodoxe, puis un homme politique et chef de l'opposition de la Chambre des représentants du Belize.

… et là, je ne cite même pas Justin Bieber, Usher, Cassie, Dawn Richardson, les artistes de Making The Band, etc. Ils ont dû en voir des choses dingues à côté de cet ego maniac de Diddy. Tu te dis qu'il y a quand même un truc qui tourne pas rond chez ce psychopathe quand tout le monde se plaint des contrats, tout le monde pète un plomb, tout le monde va en taule… Ça tombe comme des mouches. Et là, je ne parle même pas de toutes les plaintes pour agressions sexuelles, que je préfère ne pas aborder alors qu'on est en plein procès…

Article (lettre) écrit pour Audiomatic en 2018, traduit par Litou Wyss

Salut,

Tu te souviens peut-être de mon apparition dans le clip Flava in Ya Ear Remix. Craig et moi, on était comme cul et chemise, inséparables. Partout où il allait, j'allais. Il avait une confiance aveugle en moi. Craig prenait soin de moi et m'aimait par-dessus tout.

Il m'a abordée devant un magasin Uptown, à peine signé chez Bad Boy. C'était le coup de foudre direct. On tutoyait la notoriété. Les strass et paillettes. Les shows et les groupies. On était ensemble depuis quelques mois. Il venait de quitter l'autre Claire, pour moi. J'étais sa seule, l'unique. C'était que moi et ses maillots de hockey NHL. Il aimait ma silhouette, adorait ma "shape". J'étais lisse et harmonieuse, mais aussi épaisse et rugueuse. Il frimait devant ses potes en caressant ma peau foncée et douce. Nous dansions devant son miroir en pleine nuit noire. Il posait des freestyles dans mes oreilles sur des beats d'Easy Mo Bee, pendant des heures à répétition. On tournait dans le monde entier. Chaque soir, une nouvelle ville. C'était l'amour fou entre le décalage horaire et le stress. On partageait tout, il ne m'abandonnait jamais. Il ne me quittait pas des yeux. Je me sentais si protégée et en sécurité dans ses bras, tant aimée. On était Bonnie and Clyde du Hip Hop. Nous étions jeunes et naïfs. Je me souviens de cette dernière soirée comme si c'était hier. Après cette nuit, on serait séparés à jamais :

Début 1994. Nous avions une date en pleine nuit d'hiver dans une ville perdue au milieu de l'Europe. Je connaissais mon rôle. Corps à corps, je le gardais bien au chaud. Je le mettais en confiance. Je l'ai accompagné sur scène pendant qu'il brûlait tout devant le public en folie. Son "funk flow" futuriste foutait le feu à chaque concert. Ce soir-là, il s'agissait du Dance Factory à Lausanne, en Suisse. Ils avaient booké Mad Lion pour leur soirée de Nouvel An, on pensait que l'organisation était sérieuse.

DJ K-La Boss faisait le taf derrière les platines. La température a vite grimpé, Craig s'est mis à transpirer comme un bœuf. Du coup, entre deux morceaux, Craig a décidé de se séparer de moi et m'a déposée à côté de la scène. Sorti de nulle part, un type a tendu le bras et m'a prise avec lui. Craig ne m'a pas vue partir, occupé à faire bouger la foule. Quelques rimes plus tard, il s'est aperçu que je n'étais plus là où il m'avait déposée. Il a tout de suite arrêté le show, mais c'était trop tard. J'avais déjà été volée. Un type m'a pliée en quatre et m'a foutue sous son pull pour traverser la foule et éviter la sécurité. Tout m'est inconnu. J'entends deux types discuter en français – ils se marrent, sont un peu shootés par l'adrénaline du vol qu'ils viennent de commettre. Le type m'enlève de sous son pull et me jette dans le coffre de la voiture de son pote. Ma vie ne sera plus jamais la même après cet incident. Je me retrouve seule avec le portefeuille de Craig et un "afropic" dans ce parking gelé de la Suisse romande. Le type qui m'a prise est retourné écouter le concert de Craig.

Craig a demandé à ce que la sécurité ferme la salle et fouille toutes les personnes présentes. Il a également annoncé, au micro, que j'avais été kidnappée. Malgré tous leurs efforts, ils ne m'ont jamais retrouvée et je n'ai plus jamais revu Craig Mack. Je suis passée de la vie d'une superstar à la vie d'une bohème : mon "mac" est maintenant un adolescent qui ne connaît même pas le refrain de Get Down. Je suis passée d'interviews sur MTV à des commissions à la Migros. Ces Suisses me font tourner comme un putain de bedo. Je pue le thé froid. La voix de Craig Mack et les rues crasseuses de NYC me manquent terriblement. Craig n'était pas le plus beau, mais mon Dieu, le gars savait rapper, il adorait l'art et la culture Hip Hop. Je pense que Craig a dû emmerder Puffy en évitant de se joindre à la réunion de Bad Boy l'année passée. Peut-être que Puffy est derrière tout ça. Il sait que je sais tout.

Pourquoi tout le monde sur son label est soit entre quatreplanches, entre quatre murs ou en train de louer Dieu ? Je m'égare. 24 ans plus tard, je me vois postée et repostée sur Instagram. Les gens partagent mon histoire avec Craig. J'ai entendu la triste nouvelle sur Twitter.

J'ai toujours espéré que Craig me retrouverait et que je ferais mon retour aux US. Secrètement, je rêvais que le type qui m'a volée aurait essayé de me vendre sur eBay. J'étais curieuse de savoir à combien je partirais sur PayPal. Peut-être que Puffy m'aurait trouvée en ligne et m'aurait renvoyée dans les bras de Craig Mack. Qu'on serait à nouveau réunis. Mais les miracles n'existent pas. Je suis abandonnée à côté d'une veste de ski qui prend la poussière dans une sombre armoire sur les hauts de Lausanne. Tout ce que j'ai envie de dire, c'est que Craig Mack me manque.

Que tu reposes en paix,
Signé : La veste en cuir préférée de Craig Mack.

CUT KILLER

Quand je pense à Cut Killer, je pense à ses wristbands Nike autour des poignets qu'il porte depuis toujours (rires). Je pense à ses fenêtres ouvertes dans le film La Haine, en train de scratcher "That's the sound of the police" et non pas "assassin de la police" comme le pensent la plupart des Français qui ne connaissent pas la chanson Sound of da Police de KRS-One (rires).

Je pense à son public en soirées, parfois un peu bof et maladroit avec les filles (rires). J'ai vu plusieurs gars prendre des vents dans ces soirées (rires). Je pense aussi à l'impact de ses émissions de radio sur Skyrock et à ses mixtapes qui tournaient partout pendant des années. Je pense à la fois où j'ai mangé au McDo avec lui et une promotrice de Zurich avant une soirée que je devais animer.

Je pense à Double Pact qui avait court-circuité Rubest des Petits Boss pour placer leur morceau Ranch Saga sur sa compilation Opération Freestyle alors que c'était son plan à lui de base, selon certains (rires). C'était la fin des Petits Boss, Rubest devenu Fidel Escro, devait se placer sur un track avec Double Pact sur cette compilation, si mes souvenirs sont bons. Le tout était mixé par Cut en 1998, distribué par Sony Music... c'est sorti en CD et tout. Chose très rare pour cette époque. Ça a montré aussi que le rap romand commençait doucement à se réveiller. Ça nous a tous motivés.

Je pense aussi à la fois où je lui ai présenté mon projet télé. Un quiz Hip Hop qui avait attiré la curiosité de l'animateur de télé Sébastien Cauet et de Seb Farran, manager de JoeyStarr.

Donc oui, Cut venait souvent en Suisse pour ses soirées, les sorties de ses compilations et autres. Le gars est un vrai passionné de Hip Hop. Il s'inspirait des grands DJ américains et a plus que bien tracé son chemin dans le game français. Respect !

Mes Ad-libeurs Préférés :

James Brown
Michael Jackson
Flavor Flav
Freaky Tah des Lost Boys
Sen Dog de Cypress Hill
Pete Rock
Westside Gunn
DMX
Jeezy
Uncle Murda

Mes Ad-lib Signatures Préférés :

le "YUUUUCK" de Pusha T
le petit "Ahaaa" rire de Jadakiss
le "Ahhh" aiguë de Lil Fame de M.O.P.
le "Gyeaaah" de MC Eiht
le "Biiiiatch" de Too Short

CYPRESS HILL

Sawed off shotgun, hand on a pump
Left hand on a forty, puffin on a blunt
Pumped my shotgun, ni$$as didn't jump
La la la la, la la la laaaaa

Avant de s'appeler Cypress Hill, ils s'appelaient DVX : Devastating Vocal Excellence (rires). Avant de rencontrer B-Real et Sen Dog, Muggs, Italien d'origine, adopté par une famille norvégienne, était dans le groupe 7A3, un groupe assez connu à l'époque. Ils avaient sorti un album intitulé Coolin' in Cali en 1988. Un certain Brett Bouldin, fondateur du groupe, avait ensuite écrit Hand on the Pump de Cypress Hill quelques années plus tard, sur ce classique album de Cypress. Ce même Brett avait aussi appris à B-Real comment structurer une chanson et transformer un texte en hit. Ce Brett avait bossé ensuite pour Interscope, EMI, DreamWorks, etc.

L'impact de ce premier opus, whoa, c'était vraiment impressionnant. J'adore cet album. Classique sans hésitation !!! Ça parlait de beuh et de fusils à pompe ! La voix nasale de B-Real avec les adlibs pêchus de Sen Dog se mariaient à merveille. Un mélange de voix cartoonish, mais avec des paroles hardcore sur des prods uniques de Muggs. Ce même Muggs qui a eu l'idée de génie, ainsi que les mots, pour convaincre B-Real de changer sa voix de rappeur pendant leurs premiers enregistrements. Ils avaient Rammellzee du film Wild Style comme référence. Lui, c'était un artiste bien obscur. Le vrai barge ! Autant sculpteur que graffeur, qui cartonnait les trains de New York avec plein d'alias différents dans les années 80. Il était aussi pote avec Basquiat. Par la suite, il est devenu le premier artiste à collaborer avec Supreme. Il est aussi apparu dans le film de Jim Jarmusch Stranger Than Paradise, sorti en 1984. Ce gars avait la particularité de rapper avec plusieurs types de voix, surtout une très basse puis une très punchy dans les aigus. B-Real s'inspire de lui pour mieux se distinguer sur les beats, à côté de Sen Dog qui portait une voix basse. B-Real n'était pas très convaincu au début. Il ne se kiffait pas trop avec ce flow nasal. Il doutait. Il pensait que tout le monde allait se moquer de lui en enregistrant la première chanson, Real Estate, avec cette voix-là. Ensuite, ils ont enregistré How I Could Just Kill a Man !! Et là, inutile de dire qu'il était impossible de revenir en arrière après cette bombe.

Sur le podcast de Joe Rogan, B-Real avoue qu'il a galéré à maîtriser cette voix dans les concerts pendant les premières années de tournée. Il était même allé voir une coach d'opéra pour mieux gérer sa respiration. Breath control !! Il a appris à aller chercher la puissance depuis son diaphragme et non pas dans la gorge comme certains le font, pour mieux préserver ses poumons. Technique impérative pour les concerts.

Here is something you can't understand, How I could just kill a man !!! Mon Dieu, la claque.

De voir Ice Cube et Q-Tip dans le clip qu'on regardait en boucle sur MTV. B-Real avec son pull Champion mythique, capuchon conique sur la tête. On aurait dit des membres du KKK, tu te souviens (rires) ? Avec leurs bucket hats et leurs bonnets dans les rues de Harlem. Destination inhabituelle mais stratégique pour tourner un clip d'un groupe de la côte ouest à cette époque. Leur démarche et leurs gestes devant la caméra pendant tout le clip, sur cette prod de Muggs complètement psychédélique de ouf. On voulait trop être comme eux. On est allés chez All Access pour acheter les mêmes sapes direct derrière (rires). Genre chemises à carreaux par-dessus le pull à capuche. Tu vois le délire ? C'était trop stylé, putain, la belle époque.

Là aussi, je ne trouve plus aucune trace de l'interview. Énorme regret. C'était dans les loges du Montreux Jazz Festival, le 7 juillet 2003 selon Google. J'étais impressionné par B-Real en face de moi. Je ne faisais pas le malin. J'étais étonné de sa grosse voix posée quand il parlait. Le contraire de ce flow nasal comme sur les disques. Dégaine West Coast de haut en bas. Triple OG, sûr de lui. Bandana, toujours en chemise à carreaux et Chuck Taylors aux pieds. C'était une armoire à glace. Vraiment le tonton de quartier latino qui sait ce qu'il vaut. Le gars qui a vécu des trucs, mais qui n'a pas besoin de te prouver quoi que ce soit. Un vrai muthafuckin' vato (rires). Je me souviens qu'il était cool, tout relax, et qu'il n'arrêtait pas de fumer des joints pendant tout l'interview, comme par hasard (rires).

D'ANGELO

Techniquement, c'était l'interview de D'Angelo, mais c'est Questlove qui a fait tout le taf (rires). Encore un moment magique au Montreux Jazz Festival. C'était pour son deuxième album, Voodoo. On est en 2000, en pleine journée, le 28 juin.

Ce qui m'avait frappé tout d'abord, c'est qu'il était tout petit (rires). À côté de l'afro de Questlove, qui était énorme, c'était assez drôle à voir. Les deux, côte à côte, en face de moi, j'avoue que ça fait son effet. De pouvoir les avoir autour de mon micro pour parler musique, c'est juste légendaire ! Ces génies qui nous inspirent tant, qu'on écoutait littéralement au quotidien.

On s'est retrouvés dans une petite pièce, debout, sans chaises, sans table, comme des idiots (rires). D'Angelo était tellement timide et mal à l'aise qu'il n'arrivait pas à me regarder. Il arrivait à peine à répondre à mes questions. Pourtant, j'étais bien préparé pour celui-là. Ce n'est pas comme si je lui lançais des questions bidon à la figure pour un journal à scandale. J'étais donc doublement gêné ce jour-là. Une fois pour moi et une fois pour lui (rires). C'est carrément Questlove qui a fait la bouée de sauvetage. C'est Questlove qui a dû répondre à presque toutes les questions. Je savais bien que D'Angelo n'avait jamais été un type extraverti, mais là, il faudrait qu'il aille voir un psy, mon pote (rires). Le gars se met torse nu dans son clip How Does It Feel, où les filles embrassaient littéralement l'écran de leur télé chaque fois qu'il passait sur MTV (rires), mais par contre me regarder dans les yeux pendant mes quelques questions, ça, impossible, hein ?! (rires). Bref, le voir en face de mon micro l'après-midi en mode autiste, qui arrive à peine à m'aligner trois mots de suite, puis ensuite le voir enflammer la salle Stravinski au MJF le soir même comme James Brown à l'Apollo... Clark Kent et Superman. C'était une vraie dinguerie. Situation bipolaire. Le gars devant son piano, torse nu, en train de tout déchirer, en train d'orchestrer toute une salle pleine et de faire vibrer mille âmes en pleine extase avec son génie, alors que quelques heures avant, au milieu de l'après-midi, le gars était en mode Nicolas Cage dans Birdy (rires).

DANTE ROSS

Dante The Scrub !!! Un "scrub" est un boloss, un loser sans argent ni ambition. Un mot très new-yorkais dans les 80's et 90's. Rappelle-toi de la chanson de TLC (rires). C'est ainsi que les gars de De La Soul l'appelaient sur la chanson Can U Keep a Secret. La chanson se trouve sur leur premier album. C'était une belle vengeance d'ailleurs, car à la base, c'est Dante qui n'arrêtait pas de les traiter de scrubs suite à un match de basket. Apparemment, ils étaient tellement nuls et pas sportifs (rires).

Il y a une phrase de lui que j'adore : *Creativity fixes everything, that's my greatest gift. I can be creative to solve my problems. There is always an answer.* La créativité peut tout résoudre. C'est mon plus grand don. Être créatif pour toujours trouver une solution à mes problèmes.

Dante Ross est un véritable architecte de l'âge d'or du Hip Hop. Il est un des plus grands A&R de tous les temps. Et là, tu me dis : "Mais il fait quoi, un A&R, au juste ?" Un A&R se trouve entre l'artiste et le label. Il découvre le talent, puis le signe. Ensuite, il doit cadrer, conseiller, motiver, surveiller, créer et surtout superviser les projets. Il vérifie que le budget des enregistrements est respecté. Que l'artiste a les bons producteurs. Que les délais soient respectés. Il supervise tout le processus de l'enregistrement, puis même le rollout de l'album, à savoir tout ce qui concerne la présentation du produit final au public.

Le bon A&R se bat pour l'artiste. Un bon A&R feel la musique. Il doit faire confiance non seulement à ses oreilles, mais aussi et surtout à son instinct, puis il doit avoir les bons contacts dans le business. Il doit aussi mettre l'artiste en confiance pour qu'il ose se lâcher. Il faut savoir prendre des risques, être créatif, visualiser et vraiment oser sortir de sa zone de confort. Il faut s'entendre avec les managers pour la direction musicale et être prêt à saigner pour ses convictions tout en sachant mettre son ego de côté quand il le faut pour le bien de l'artiste.

Dante Ross était pote avec les Beastie Boys avant qu'ils n'explosent. Il était à fond dans la scène punk et skateboard du Lower East Side de Manhattan dans les early 80s. Dans ses années A&R, il se bagarrait souvent et buvait beaucoup. *He never gave a fuck.* Il s'est fait former par Lyor Cohen et Russell Simmons à la fin des années 80 chez RUSH Management. Peu après, il passe chez Tommy Boy où il a propulsé, découvert et/ou travaillé pour/avec Queen Latifah, De La Soul et Digital Underground.

Ensuite, il part chez Elektra et signe Grand Puba et Brand Nubian, Pete Rock & CL Smooth et KMD, qui est le premier groupe de MF DOOM avant qu'il ne perde son frère DJ Subroc et qu'il ne porte son fameux masque en métal. À cette époque, DOOM s'appelait Zev Love X. Dante avait aussi signé Busta Rhymes avec Leaders of the New School, Del tha Funkee Homosapien, puis Ol' Dirty Bastard. Rien que ça (rires).

Le gars a aussi produit pour 3rd Bass, ainsi que pour Santana et Everlast (après House of Pain), où il a reçu des Grammys. Il a aussi aidé Macklemore à trouver un contrat, Action Bronson, puis il a aussi signé Lil Dicky. Il a aussi écrit un super livre intitulé Son of the City... bref, Hip Hop Royalty, carrière aussi incroyable que fascinante.

On est le vendredi 17 mai, 2024. The Spot fête ses 5 ans. Dante Ross est devant un public curieux. J'arrive à la fin de l'interview, je ne connais pas les sujets qui ont été abordés. Je vais donc vers lui pour me présenter après l'interview et lui demander de signer son livre. J'étais sûrement un des seuls à l'avoir déjà lu (rires). Je l'avais acheté en précommande pile un an auparavant. La couverture était toute froissée. Il a pris du sable et de l'eau à plusieurs reprises pendant mes vacances d'été dernier.

Livre super touchant. D'un côté, il drop plein de jewels et d'anecdotes concernant l'industrie du disque et de l'autre, il s'ouvre avec une grande sincérité sur ses défauts et ses faux pas. Il y a aussi cette relation très compliquée avec son père. Je me permets de lui poser directement une question pour tâter un peu le terrain et voir comment il me répond.

- Quel artiste regrettes-tu de ne pas avoir pu signer ? Et là, le gars me dit qu'il avait amené Too $hort chez Def Jam avant la sortie de son album Born To Mack et que Def Jam le trouvait nul (rires). Il me parle aussi d'un énorme regret qui lui pince encore le cœur à ce jour. Je suis tout ouïe.

- Ne pas avoir pu signer A Tribe Called Quest. Ça me dérange encore aujourd'hui, ça. Tommy Boy n'a pas pu offrir la somme nécessaire et a perdu la guerre des enchères contre Jive Records, me dit-il avec un regret au fond de la gorge.

Quand j'ai demandé à Dante si c'était vrai que Biz Markie avait produit des titres pour EPMD à leurs débuts, il a répondu :

- Je pense que cela fait partie de la légende de Biz ; on ne sait jamais trop ce qui était réel et ce qui ne l'est pas.

On a continué sur plein de choses. On a abordé plein de rappeurs. Ceux qui sortent du lot. Ceux qui le font vibrer. Ceux qui osent être différents. Il adore Kendrick, Tyler, The Creator et Earl Sweatshirt par exemple, mais est saoulé par Griselda et trouve que ça tourne en rond chez eux. On partage notre admiration pour Busta Rhymes. Et là, il enchaîne sur les débuts des Leaders of the New School et leur énergie contagieuse et leur show de scène au-dessus des autres. De là, il part sur une routine précise de LONS qui faisait sauter le public chaque fois en criant "jump, jump", il poursuit:

- Tu sais que Jump, Jump de Kriss Kross vient de là ?

Je lui réponds par la négative, avec un grand sourire, prêt à recevoir encore une belle anecdote en pleine face. Apparemment, House of Pain s'est inspiré de cette fameuse routine de LONS sur scène pour créer un refrain qui fasse sauter les gens dans Jump Around, sauf que le producteur Joe *The Butcher*, qui a aussi cofondé le label Ruffhouse, sur lequel se trouvait donc Cypress Hill, avait entendu le morceau par DJ Muggs avant que le morceau ne sorte.

Ce petit requin de Joe "The Butcher" avait réussi à produire un morceau avec Jermaine Dupri pour Kriss Kross, aussi signé chez Ruffhouse. Ils ont sauté sur l'occasion direct. Jump, Jump de Kriss Kross, c'est plus de 2 millions de copies vendues en 1992 rien qu'aux États-Unis. Ce morceau était même numéro 1 chez nous en Suisse pendant un petit moment. Folie !

- C'est pour ça qu'Everlast, dans l'outro du morceau, il termine en disant 'Yo, this is dedicated to Joe *The Biter* Nicolo, grab the bozack, punk' (rires).

Biter, évidemment le mot qu'on utilise pour désigner un pompeur de style. C'est la pire insulte dans le Hip Hop (rires). Le mot vient du verbe to bite, à savoir "mordre" en anglais (terme utilisé pour dire "pomper de style") et non pas de "bite" comme pénis, même si dans ce cas de figure, ça irait sur mesure. Oui, car "bozack" est un terme qui vient de "ballsack", genre, tiens mes couilles (rires).

Je rebondis du coup sur le roster de Ruffhouse Records. Je me souvenais qu'il y avait ce groupe The Goats que j'avais vu à La Dolce Vita de Lausanne en 91-92. J'avais fait l'after avec leur batteur Derek aka D. Wreck qui était super fan de De La Soul aussi. Je l'avais amené dans le studio de Just One au Flon après leur concert, je crois, avant d'être allé à leur hôtel pour bouffer des midnight snacks (rires).

Dante cite ensuite The Fugees. Ruffhouse avait aussi signé Lauryn Hill et Wyclef Jean. Il y avait du monde sur ce label. Il y avait DMX pré-Def Jam, Kool Keith, Tim Dog, Pacewon des Outsidaz. Même le single Halftime de Nas était sorti chez eux, ainsi que Beanie Sigel en 2012.

Après, on est partis sur Cypress Hill. Dante me dit que Tommy Boy n'osait pas s'approcher d'un single comme How I Could Just Kill A Man. Je lui dis à quel point ce clip m'avait mis une claque. De voir Ice Cube et Q-Tip dedans. De voir Muggs, blanc comme moi, down avec ces lascars, m'avait trop inspiré quand je rappais avec LAW en 1991.

Quel classique, ce premier album de Cypress, quand même. On n'en parle pas assez. Il mérite plus de props. De là, Dante part sur le premier promo tour de Cypress Hill à New York. Cypress Hills avec un "s" est un quartier dans l'East Brooklyn. Certains pensaient que le groupe était de là-bas.

Pendant un concert, B-Real s'est fait ouvrir le front par une bouteille que quelqu'un lui avait balancée depuis le public. Le rappeur pissait le sang et c'est Dante qui l'a amené à l'hôpital pour se faire recoudre.

C'est là où il replonge dans ses souvenirs avec un petit sourire en coin.

Putain, c'était rough à cette époque. Je traînais avec des fous. Je portais 50 000 dollars de chaînes en or autour du cou et je m'en foutais. Je n'avais rien à faire. Moi, j'étais fou, mais mes gars, c'étaient des fous aussi, me dit-il de manière convaincante.

La fois d'après où Cypress devait venir à New York, B-Real avait insisté pour que je lui trouve des flingues. Sinon, ils n'allaient pas bouger, no way.

Dante appelle donc son pote Derrick qui avait toujours tout ce qu'il fallait. Et là, Dante se transforme en Rambo avec ses gestes et me fait des mimiques de fou avec ses bras croisés, flingues invisibles dans ses mains (rires).

Derrick, que son âme repose en paix, m'avait trouvé quelques guns jamais utilisés avec les numéros de série limés, intraçables, ready to go si besoin (rires). On les avait passés à Cypress pour qu'ils soient bien protégés et tout était cool.

DE LA SOUL

Alors là, j'ai une belle histoire pour toi. Mais tout d'abord, sache que je suis un ultra fan absolu de De La Soul. Ce sont des demi-dieux avec leur style décalé et bien à part, comme je kiffe. De La Soul est certainement le groupe le plus original et le plus créatif dans le monde du rap. Tu connais sûrement déjà les significations de leurs noms, Posdnuos et Trugoy? Posdnuos à l'envers, c'est Sounds Op, comme opérative… du genre opératoire, opérationnel, applicable ou fonctionner. Trugoy, c'est yogurt à l'envers… Il paraît qu'il mangeait vraiment beaucoup de yaourts de façon obsessionnelle dans sa jeunesse (rires), que son âme repose en paix.

La première fois que j'ai entendu le trio de Long Island, c'était Me, Myself & I qui passait sur la radio Couleur 3. Je venais d'arriver de Californie au fin fond de Moudon. Tout en haut d'une colline, au milieu du brouillard, à 700 mètres d'altitude. Il n'y avait rien à faire. La télé, c'était pourri. Pas de câble, pas de satellite, rien. On avait les 3 chaînes suisses, puis A2, aujourd'hui France 2. Couleur 3 était la seule bonne radio qu'on captait là-haut. Alors quand j'ai entendu ce morceau me taper dans la gueule, j'ai halluciné. Déjà que ça passe sur une chaîne plutôt rock, sur une radio suisse ?... puis, quel morceau de fou !!! Le sample, la prod, le refrain, ce flow décontracté à la cool, les paroles... Ils n'arrêtaient pas de mentionner "plug one, plug two" à tout va. Quand ils disent "you say Plug One and Two are hippies, No we're not, that's pure plug bull", ça m'intriguait. Ou quand Pos dit "shovel chestnuts in my path", j'étais là : "Mais de quoi parlent-ils ?" (rires). Je ne captais pas toutes leurs métaphores, mais je voulais absolument rentrer dans leur club fermé en voulant déchiffrer leur argot. Ça m'intriguait trop. C'est un peu les élitistes du rap game et ça m'attirait grave. Je les écoutais en boucle pour tout comprendre. Ils étaient dope et authentiques. Futés et drôles, intelligents et astucieux. Tout ce qui me plaît.

Jusque-là, même si j'ai eu une petite période Dire Straits,Talking Heads, Peter Gabriel et Bruce Springsteen, j'écoutais principalement du Run-DMC, les Beastie Boys, LL Cool J, Public Enemy. Aussi beaucoup de Prince ainsi que du P-Funk : Roger Troutman, George Clinton, Zapp, Parliament, Funkadelic, Atomic Dog, Funky Worm des Ohio Players, Rick James. J'adorais tout ce groove. Je voyais des gens faire du smurf et du pop locking dans les rues de Frisco. Les gens dansaient sur leurs patins à roulettes dans le Golden Gate Park. Alors quand j'ai entendu ce sample de Knee Deep et la petite voix du Funky Worm avec du rap à la cool et une touche d'humour décalé dans leur texte, j'étais complètement à bord.

3 Feet High and Rising !! Le titre, la pochette, le visuel. Les sons. Les interludes. Tout l'album est complètement incroyable. Chaque titre, chaque interlude, chaque clip, chaque featuring qu'ils invitent sur chaque album. Chaque concert. Énorme carrière. Énorme parcours. Ce rap adulte, mature et intelligent, pour des esprits vifs, avec leurs paroles pas toujours faciles à décoder. Il mérite d'être souligné que De La est aussi un des seuls groupes, à travers toutes ces années, à ne pas se séparer et à ne jamais laver leur linge sale en public. Respect ! Carrière irréprochable. Chapeau bas, et RIP Dave (Trugoy the Dove).

Donc, fast forward quelque part au début des années 2000, à ce festival à Bienne que je devais animer. En gros, je me retrouvais sur scène à chauffer le public, à ambiancer le truc entre les concerts. À un moment donné, je me retrouve dans la loge à ouvrir le frigo et à plonger ma main dans un paquet de chips. D'un coup, il y a une petite fille métisse faussement mignonne qui m'approche avec plein d'attitude et un anglais tout pourri. Déjà ça, ça m'énerve (rires). Son accent suisse allemand la rendait tout de suite plus laide (rires). Elle commence à m'embrouiller du genre "Il ne faut pas être dans les loges, c'est réservé pour De La Soul..." Je lui dis tranquillement que je suis l'animateur pendant le festival et que c'est aussi ma loge. Elle veut faire sa star et insiste, hyper désagréable. Je lui répète en lui montrant mon badge que les organisateurs m'ont bien précisé que c'était aussi mon petit espace pour la soirée. Là, elle devient toute agressive. Monstre attitude de connasse (rires). Du coup, je commence à me foutre de sa gueule avec son anglais tout cassé. Je répète ce qu'elle vient de me dire comme un perroquet mais avec un accent encore plus abusé que le sien (rires), puis je perds patience. Je lui balance un "*OK, I think it's time for you to get out of my face, b!tch*" comme je savais bien le faire, façon Doughboy dans Boyz N The Hood (rires). Elle n'apprécie pas du tout et fait demi-tour. La fille est allée chercher le manager de De La Soul. Un gars qui s'appelle Corey Smyth. Un vrai blaireau (rires). Il était assez actif sur l'album The Stakes Is High et il bossait aussi avec Mos Def, avant de bosser avec Talib Kweli. Je crois même qu'il avait aidé Vince Staples à ses débuts. Bref, le gars pèse dans le biz, mais ça, je l'ai su après coup (rires). Il commence à me rentrer dedans en me disant "you disrespect my girl, you disrespect me". Je lui dis que je suis le MC de la soirée et que j'étais en train de bosser, et que sa petite copine n'a pas à me parler comme ça... Il continue à faire le chaud. Je m'éclate de rire et lui réponds "*Your girl ? Hahaha dude, what are you even talking about ? How the fuck you gonna let this chickenhead from Bern get you sprung like that?*". Bref, on s'embrouille un peu, il fait le gars énervé. Je lui montre que je n'ai rien à faire de lui et de sa petite connasse. Bref, quelques concerts et plusieurs verres plus tard, De La Soul termine leur show et j'essaie de les avoir pour une mini-interview comme je fais d'habitude. Et là, qui revient faire le cow-boy ? Eh oui, ce con de Corey Smyth qui mélange son ego avec son travail et me dit : "Ah non, désolé, ils ne pourront pas faire l'interview." Je lui demande pourquoi, et il me répond qu'ils ont bu un peu trop et qu'ils ne sont pas en état de répondre à des questions. "Alors celle-là, je ne l'avais encore jamais entendue." Hahahaha. Je lui dis qu'il était encore plus nul que je ne le pensais. Qu'en quinze ans d'interviews, je n'avais encore jamais entendu cette excuse-là. Pourtant, j'en ai vu des artistes passer. Jamais on ne m'avait sorti une excuse pareille. Bref, il s'est bien vengé (rires).

Je les avais aussi vus à l'Usine de Genève quelques années plus tard. Je pense fin 2017. Je voulais absolument leur filer un de mes t-shirts Cotton & Bass qui rendait hommage à Phife Dawg de manière originale. Tu te rappelles de sa tête avec ces yeux chelous dans le fameux clip Buggin' Out ? Que son âme repose en paix. Bref, Pos a adoré le t-shirt.

La première chose que je leur ai demandée en rentrant dans la loge, c'était s'ils avaient toujours le même manager (rires). Ils m'ont dit que non. J'étais content de ne pas avoir à faire à lui (rires). Je leur raconte ma fameuse prise de tête avec lui et sa Bernoise reloue dans les loges de Bienne. La façon dont ils rigolaient me disait qu'il devait avoir d'autres marrantes (rires).

La première fois que j'ai pu interviewer De La Soul, c'était au Paléo, le 23 juillet 2002, bien avant toutes ces histoires. Grande conférence de presse deux heures et demie avant leur concert, dans une tente remplie de journalistes. Un lieu rempli de quelques vrais gars ainsi que quelques bidons qui bossaient pour des torchons qui ne connaissaient pas vraiment le groupe plus que ça. Il n'y a pas eu grand monde qui a osé poser des questions, du coup j'ai balancé presque toutes les miennes.

Vous êtes comme le vin rouge, vous vous améliorez avec le temps. Avec une telle carrière, de quoi êtes-vous les plus fiers ?

Dave (Trugoy) : Je pense à notre constance à travers les années. On a su rester honnêtes envers nous-mêmes, sincères et authentiques. On essaie de faire abstraction des tendances autour de nous. Si tout le monde parle de bijoux et d'alcool, nous, on parlera plutôt de notre quotidien. Se réveiller le matin, préparer nos gosses pour l'école. Faire notre lessive. C'est sûrement notre franchise qui a fait que le groupe reste ensemble après tant d'années.

Quelles sont les grandes différences dans le Hip Hop entre 1989 et aujourd'hui ?

Posdnuos : C'est surtout le côté business qui a changé. L'industrie et les grandes corporations veulent imposer leurs intérêts. Ce qui peut parfois pénaliser le côté artistique de certains. Cette musique reflète une culture qui a pris de l'ampleur et qui a grandi depuis toutes ces années, qui influence aujourd'hui tant de gens partout à travers le monde. Les sujets des textes n'ont pas changé. Jay-Z se la raconte comme le faisait Slick Rick à l'époque. De La Soul essaie de faire passer des messages tout comme Grandmaster Flash and The Furious Five.

Dave : Le rap évolue. Les styles changent. La mode se remplace. Il y a des tendances qui viennent et qui disparaissent. On a eu énormément de succès commercial avec nos deux premiers albums. Nos deux albums d'après, un peu moins, car le grand public s'intéressait à autre chose. Il y a toujours une nouvelle vague. Une relève qui vient avec autre chose. On ne se focalise pas sur les chiffres quand on crée. Oui, on a une carrière et oui, on aime vendre des disques, mais on pense avant tout à notre fanbase. On essaie de satisfaire notre clientèle fidèle avant tout.

Qu'est-ce que Prince Paul vous a appris ? Est-ce que c'est son sens de l'humour avec les skits, par exemple ?

Pos : On faisait déjà des skits et des interludes avant de travailler avec Prince Paul. C'est quelque chose qu'on avait en commun. Mais nous avons énormément appris de Prince Paul. Il nous a appris comment construire à plusieurs. Que chacun puisse apporter des idées. Contribuer au projet tous ensemble. Il avait cette compréhension de comment impliquer tout le monde. De toujours être à l'écoute. Respecter les visions de chacun. Il nous a aussi appris l'importance des imperfections. De laisser parfois des choses telles quelles, de ne pas toujours corriger certaines choses pour garder le côté naturel et spontané du moment.

Maseo : Il nous a aussi permis d'explorer le côté technique au studio d'enregistrement. La plupart des producteurs, à cette époque, ne voulaient pas que tu participes au processus et que tu touches à certains boutons. Paul nous a laissé découvrir les sampleurs et les autres machines dans les lieux sans restriction.

Qui a trouvé ce nom de groupe aussi génial, De La Soul ?

Dave : On s'est tous mis ensemble. On voulait quelque chose qui reflétait comment on faisait de la musique. Quelque chose qui nous représentait. Quelque chose qui vient du cœur et de l'âme.

Lyriquement, quelles étaient vos inspirations étant gamins, et qui écoutez-vous aujourd'hui ?

Dave : Ultramagnetic MCs, KRS-One, Run-DMC, T La Rock. Aujourd'hui, on écoute du Jay-Z,

The Roots, Mos Def. On écoute tout le monde car il faut rester ouvert d'esprit. Il y a de l'inspiration partout. Il faut savoir transformer ces petites choses qu'on apprécie et les mettre à sa propre sauce.

J'adore Devin The Dude. Ça m'a fait plaisir de le voir en featuring sur votre morceau Baby Phat. Comment êtes-vous connectés ?

Pos : Baby Phat existait déjà partiellement. DV Alias Khrist avait posé des voix témoins pour le refrain. Le but était d'avoir Nate Dogg, mais comme il était en train de signer un nouveau contrat avec Elektra Records, ils l'avaient déjà mis sur plein d'autres projets. Dave nous a tout de suite suggéré Devin The Dude. On a fait les coups de fil à son management. Devin est un gars super cool et relax. Il est très old school. Il a tout de suite accepté. Il était flatté. Ça s'est fait super facilement.

Maseo, peux-tu nous décrire Posdnuos en 3 adjectifs ?

Pos ? Quel con, celui-là (rires) ! Non, je rigole. Pos, c'est mon frère. Un vrai chic type. Il est honnête, spirituel. Il me casse les pieds parfois, mais c'est vraiment un bon gars. Il ne boit pas, ne fume pas. Ça fait des années qu'on essaie de le faire boire, mais il ne veut rien savoir.

Dave, tu peux faire pareil pour Maseo ?

Maseo est un vrai bosseur. Il persiste. C'est toujours un plaisir d'être à côté de lui. Il est toujours en train de rigoler. Il met toujours de la bonne ambiance. Mais c'est surtout quelqu'un d'assidu qui va toujours au but.

Pos, tu peux faire la même chose pour Dave ?

Dave est un gars excentrique avec un talent incroyable d'écriture. Sans réfléchir, sans effort, le gars te pond des textes. Il m'épate à chaque fois. Chaque tâche qu'il doit effectuer pour le groupe, il te la fait sans effort. Ça reste un gars assez discret qui se dévoile parfois dans sa musique de façon incroyable.

10 Dope Rappers de Long Island :

DE LA SOUL
PUBLIC ENEMY
RAKIM
EPMD
MF DOOM
BUSTA RHYMES
CRAIG MACK
BIZ MARKIE
KEITH MURRAY
ROC MARCIANO

DEFARI

D to the E, F to the A, R to the I…
Six million is what it cost them
To put back together that cat Steve Austin
Now Defari is Bionic
Over six million tracks with ten million topics
I'm fiber optic, crystal clear with my projection
Wack MCs get clotheslined when they walk across my intersection
They need protection, some guidance, some right direction
A job center with an application for a new profession
Never settle for nothing less
I blaze contests and set shop for paydays
In strange ways life twists and turns
Word to Gang Starr, in this business skrilla's hard to earn
I format attack new knack technique
Speak with a passion on wax and tape and CD
*Mad ni**az front for paper*
And switch like a bitch, in and out, like a crossfader
All I know is how to rock shit
*They say the hotter the MC, the hotter the spot get**

Et dire que le gars a été prof d'histoire et de géographie à Inglewood High School. Il a eu son bachelor à Berkeley et son master à Columbia, à New York. Defari, membre du Likwit Crew. Le gars qui se compare à l'homme qui valait 3 milliards. D'ailleurs, pourquoi en France il valait 3 milliards et aux États-Unis, il valait 6 millions ? C'est quoi le taux de change pour l'ancien franc français (rires) ? Tu as connu les francs français, toi ? Mon Dieu, mais quel morceau !!! Ça, c'était quelque chose. Ce flow sur la prod d'Evidence, tout planant et mystique ! E-Swift qui scratche cette phrase classique de Raekwon dans 7th Chamber : Lock - shit - down !!

Va sur YouTube tout de suite et écoute-moi ça !!! Quand il dit : "Make you believe like an Evangelist, That real MCs are coming to reclaim Los Angeles." C'est vrai ! On est en 1997. Tupac vient de nous quitter. C'était un peu la fin de Death Row.

Dogg Pound n'est plus ce que c'était. Il y avait Xzibit et Tha Alkaholiks ; sinon, le rap de LA, ce n'était pas trop ça, alors que de l'autre côté, tu avais Biggie et le Wu-Tang qui sortaient leurs doubles albums. Jay-Z, Puffy, Ma$e, EPMD qui se reformaient.

À part ça, je ne me souviens de rien de l'interview. Trop flou, tout ça, pour le coup. C'était à Couleur 3, un soir de direct pour Downtown Boogie, ça, c'est sûr. C'était sûrement pour annoncer son concert dans les parages.

DIAM'S

La première fois que j'ai rencontré Diam's, c'était chez DJ Stee- V à Bienne pour une mixtape. Il avait invité plein de rappeurs à poser des freestyles chez lui pour ce projet, dont mon groupe à l'époque, La Hanah Club. Ça devait être en 1997-98. On était en train de kicker nos textes devant les enceintes. On était trois, Blu, Person et MOH. On était trop chauds. On avait trop de jus, trop de flow (rires), on avait la vraie vibe, du pur Hip Hop et on se complétait hyper bien, bref... Dans un coin, il y avait une petite jeune femme toute discrète en train d'écrire dans son cahier de rimes pendant qu'on enregistrait nos couplets. Son premier album n'était pas encore sorti. Elle avait déjà fait un énorme buzz en France, mais ça, je ne le savais pas encore. À la fin de notre enregistrement, elle nous a félicités. Elle nous a dit qu'on défonçait la plupart des rappeurs parisiens avec ce qu'elle venait d'entendre. Ça nous a mis la banane, c'était motivant.

Des années plus tard, j'ai interviewé Diam's pour Downtown Boogie dans une suite à l'Hôtel Angleterre à Genève. C'est pour te montrer le niveau. J'étais avec Vince Lee, Green Giant et le promoteur de chez EMI. Ils avaient loué une suite juste pour des interviews avec les médias du coin à la chaîne. Grosse machine. Elle n'avait pas de concert dans les parages, rien de prévu. C'était le 16 février 2006. Ça date bien avant son diagnostic de bipolarité, avant sa tentative de suicide et avant de se convertir à l'islam. Là, elle a déjà un disque d'or et une Victoire de la musique pour son deuxième album, Brut de Femme, sorti en 2004. Son troisième album venait de sortir il y a deux semaines. Elle était numéro 1 en France. Elle était en pleine promo. Heureuse, soulagée et un peu fatiguée. Elle s'apercevait que le public kiffait. Pourtant, elle s'était posé des questions pendant plus d'un an et demi pendant l'enregistrement de son album.

Là, il n'y avait plus de doute. Elle venait de s'allumer une cigarette.

Rien que dans l'intro, on sent la souffrance, la fierté, la sensibilité, la hargne. Quels sont peut-être les autres sentiments qu'on peut trouver dans ta boule ?

Je pense que tu as à peu près tout dit. Il y a une passion aussi. Une passion pour le rap et l'écriture. C'est vrai que la hargne, c'est ce qui me traîne encore. Même si demain j'ai tout, je voudrais encore plus. La déception et la tristesse sont des choses qui m'inspirent. C'est en moi, donc voilà. Il y a une certaine solitude aussi dans tout ce bordel, donc voilà...

Tu dis avoir peur de retourner dans l'ombre, peur de ne plus plaire. Explique-nous cette rime.

Au moment où j'écrivais "Petite Banlieusarde", ça faisait déjà plus d'un an que j'avais quitté la scène, entre guillemets. J'ai fait des apparitions dans le milieu du rap, mais je n'étais plus là en mon nom. C'étaient que des featurings à gauche et à droite. Au moment d'écrire ce morceau, ben, j'ai dit la vérité. J'avais peur que tout d'un coup ma musique ne plaise plus, que les gens ne me suivent plus, que mon public passe à autre chose. Il y a toujours eu tellement de phénomènes de mode, des artistes qui se sont plantés après leur succès. Les gens m'ont saoulée avec leur "tournant". Moi, je vais tout droit, c'est vrai. C'est la vie que j'aime. Faire du rap tous les jours, parler de rap tous les jours, être appelée par des rappeurs tous les jours et faire des compilations et des mixtapes, c'est ce que j'aime. J'ai peur que tout d'un coup tout s'arrête et que je me retrouve à faire un travail que je n'aime pas pour gagner ma vie.

Est-ce que ta maison de disques te laisse plus de liberté maintenant que tu as confirmé artistiquement et commercialement, ou est-ce que tu as une ligne directrice à bien respecter ?
Je n'ai jamais compris cette histoire de maison de disques. J'ai toujours été libre. J'ai toujours fait ce que je voulais. Les maisons de disques me signent pour des maquettes à la base. Ils m'ont toujours signée pour du rap. Je fais ce que je veux. Maintenant, ils s'aperçoivent qu'il y a un potentiel et qu'il y a des morceaux exploitables, et ils se régalent. Mais derrière ça, il n'y a personne de ma maison de disques qui vient au studio avec moi. Des fois, c'est moi qui les appelle pour qu'ils écoutent ce que je fais. Ce sont des gens avec qui je travaille, il y a des passionnés de rap. Il faut savoir que chez Hostile, il y a des avantages. Je ne suis pas signée dans une maison de disques qui ne connaît rien au rap. C'est quand même eux qui ont sorti les premières grosses compilations, ils ont Rohff, ils ont eu IAM très longtemps. Ce sont les premiers à comprendre l'importance d'un vinyle, même si ça ramène zéro franc à la maison de disques en soi. Je suis très bien là-bas. Le côté business ne m'intéresse pas. Mon intérêt n'est pas de faire du chiffre, mais de vendre des disques, de kiffer et d'avoir des gens à mes concerts. À partir de là, je suis très bien chez ma maison de disques.
Parle-nous de l'évolution entre tes albums et des choses que tu as apprises entre ces années.
Franchement, j'ai appris énormément de choses. J'ai déjà beaucoup appris sur moi. Je me suis énormément calmée. J'ai rencontré des gens d'autres milieux. J'ai ouvert les yeux sur plein de choses. J'ai fait des rencontres artistiques qui m'ont vraiment marquée, bouleversée. J'ai vécu aussi le succès de "DJ", qui a été un énorme tube, et qui a été aussi une perche tendue à toutes les attaques dans tous les sens par rapport à ce titre, et beaucoup de gens m'ont bannie. Et là, lundi, on rentre numéro 1 avec 50 000 disques vendus en une semaine, je me dis qu'ils doivent pleurer, eux. Ça me fait bien plaisir, parce que, à la fois, ce n'est pas parce que j'ai un titre qui tourne à la radio que je ne sais plus rapper. Et même si je fais deux mille tubes, j'aime trop le rap. J'écoute du rap français tous les jours, c'est la musique qui me parle et qui me touche. Maintenant, c'est vrai que je suis dans ma petite bulle en train de faire mon truc. J'ai la chance d'avoir bien vendu Brut de Femme, ce qui me permet de pouvoir bosser avec qui je veux. Si je veux un son de Kilomaître, ils ne réfléchissent pas. Si j'ai envie d'avoir un musicien au studio au moment où j'y pense, ils n'hésitent pas. Je ne pense pas aux coûts de mon disque et c'est un putain d'avantage, au même titre que quand mon titre arrive, ils mettent les moyens. Notre street marketing est énorme. Ils commencent un mois avant la sortie, alors que beaucoup commencent une semaine avant seulement. J'ai beaucoup plus les moyens de faire vivre ma musique aujourd'hui. En studio même, ça se ressent. Dans l'expérience aussi. J'ai une plus grande ouverture musicale. J'assume beaucoup plus la musique que je fais aujourd'hui, de pouvoir proposer un piano-voix, ou une guitare-voix. Un morceau comme Vénus (titre sur Brut De Femme) a permis à Par Amour (titre sur Dans Ma Bulle) d'exister. Peut-être que si tout le monde avait dit que Vénus était de la merde, peut-être que le piano-voix, je le garderais pour moi. Je me suis vraiment fait plaisir sur cet album. Et l'expérience fait qu'aujourd'hui je suis beaucoup plus professionnelle. J'écris beaucoup plus chez moi qu'au studio. Je réfléchis beaucoup plus à mes thèmes et concepts à la maison. J'ai co-composé sept titres sur ce nouvel album et je suis donc beaucoup plus investie dans ma musique aujourd'hui.
En parlant de piano-voix, ça me fait penser à ta prestation acoustique chez Fogiel Marianne.

Avais-tu peur des conséquences potentielles ? As-tu reçu des lettres de menaces ?
Je n'ai pas eu peur car je l'ai mis dans mon album. Je ne fais de mal à personne. Je fais de la musique. Je dénonce. S'il y a des trucs qui m'énervent, j'en parle. S'il y a un truc qui me fait rire, j'en parle si ça m'inspire. Je n'ai pas tué quelqu'un. Il y a beaucoup de blabla. On fait du divertissement aussi. Je ne suis qu'une petite artiste. Je ne suis pas médecin sans frontières. Je ne vais pas changer la face du globe. J'ai fait un morceau que j'aimais bien. Le fait de l'interpréter en piano-voix pour un pays comme la France, qui a été un pays très fermé au rap pendant longtemps, ça les a surpris. D'un coup, ils se sont dit "merde, c'est de la musique". Une meuf, un soir, qui va devant des millions de téléspectateurs dire qu'elle emmerde le Front national. J'ai trouvé ça mortel. Je n'ai pas pensé aux répercussions ou aux risques. Ils prennent la parole aussi et ils disent ce qu'ils ont à dire, moi c'est pareil, je m'exprime juste à ce sujet.
Et quand tu dis que tu t'exprimes, tu fais comment face à ta feuille blanche s'il te manque de l'inspiration ?
Il faut savoir que la musique, c'est toute ma vie et c'est ce qui fait que je tiens debout aujourd'hui. J'aime vraiment ça. Je m'aperçois bien que je n'ai pas d'autres passions que ça et que le jour où je me suis retrouvée face à ma feuille et que je n'arrivais pas à écrire au début de l'album, je me suis dit que je ne devais pas être heureuse dans ma vie. J'ai un peu tout foutu en l'air, c'est vrai. J'ai dit à mon mec de se barrer. J'ai dit à tout le monde : "Laissez-moi tranquille, je n'ai que le rap et si vous n'êtes pas contents, c'est pareil." C'est ce qui s'est passé. J'ai écrit ce morceau et à partir de là, tout s'est ouvert. J'ai écrit tout l'album juste derrière. En prenant le temps, bien sûr. J'avais plein de thèmes dans la tête, comme "Petite Banlieusarde" ou "Ma France à moi", qui finalement sont venus directement après ce titre, en fait. Ce sont vraiment des morceaux qui sont nés bizarrement très facilement après ça. Vu que j'écris à la première personne et sur la réalité, et que je ne suis pas trop dans la fiction, je me suis aperçue que je ne vivais plus. J'étais enfermée dans mon petit monde, toujours à la maison à écouter du son et finalement je n'étais plus du tout comme une jeune de mon âge. Je vivais comme une vieille qui écoutait sa musique et basta. Je me suis aperçue que ma vie ne m'inspirait plus… et… je me suis remise à vivre, en fait. À sortir, à voir des potes, à rigoler. À faire des trucs de gens normaux qui ne restent pas enfermés chez eux 24 h/24 et ça m'a inspirée.
C'est vrai qu'on sent cette souffrance…
J'ai 25 ans, je suis une fille. Je ne suis pas de nature à raconter des trucs que je ne maîtrise pas. C'est vrai qu'à mon âge, il y a des thèmes qui commencent à être récurrents. J'ai aussi les yeux grands ouverts sur ce monde. Je suis quelqu'un de très cérébral. Je réfléchis beaucoup. Peut-être même trop pour ce monde, justement, où tout est devenu assez fictif, où finalement les rapports humains ont gravement changé. Il y a beaucoup d'intérêt partout. Beaucoup de détresse aussi et j'ai l'impression que c'est un peu chacun pour sa gueule. Chaque fois que tu veux tendre la main à un autre, tu ne sais pas s'il a une arme dans le dos ou s'il va tendre les deux mains. C'est clair que tout ça me travaille. Ce n'est pas ma nature de me méfier. Je suis devenue paranoïaque avec le temps, je deviens même paranoïaque sur mon avenir. Ce sont des questions que je me pose. Ces peines et ces angoisses sont un vrai moteur pour écrire. Je pense que le jour où je serai heureuse, j'arrêterai de faire du rap sinon je vais mentir à tout le monde.

Et si le rap n'existait pas aujourd'hui, tu ferais quoi ?

Ce serait de la merde. Autant je suis hargneuse et ambitieuse, autant là, je ne saurais pas quoi faire. Il n'y a que le rap que j'aime. Je ne subirais pas la vie, ça, c'est hors de question. J'ai envie de m'en sortir et ma mère aussi. Je lui dois beaucoup. Mais quoi qu'il arrive, je me bougerais le cul, c'est tout ce que je suis.

Quand tu dis de ne jamais subir, tu en penses quoi de la situation actuelle en banlieue pour les femmes ?

Oh, je pensais que tu allais me parler du rap, toi. Mais oui, effectivement, il y a une femme qui meurt tous les quatre jours sous les coups de son mec et c'est vraiment grave. Je me suis engagée auprès d'Amnesty International par rapport aux violences subies par les femmes en France. Par contre, il faut arrêter de toujours tout ramener à la banlieue. Tu peux marcher sur les Champs-Élysées et te faire insulter aussi. Le mec qui t'insulte, il est con, c'est tout. J'ai l'impression que c'est très stigmatisé, tout ça. J'ai l'impression qu'aujourd'hui, c'est encore plus difficile pour un mec que pour une fille d'être jeune en France. Dans le sens où quand tu es une nana avec une belle gueule, tu arrives encore à trouver vite du travail. C'est triste à dire, mais c'est comme ça. C'est délicat. La société est en train de changer énormément. Les moyens de discussion ont changé. Les rapports aussi. Je me dis juste qu'il ne faut pas subir. Ce qui est triste, c'est que même le gars qui a ramé dur pour son diplôme en hautes études ne trouve pas de taf aujourd'hui. Quand il rentre au quartier, il doit dire quoi aux jeunes, "va à l'école et fais des études"? Dix ans d'études pour devenir chômeur, c'est quand même grave. Je n'ai pas la solution et ce n'est pas moi qui vais sauver tout le monde. C'est juste un constat et un état des lieux. Je les entends parler d'inégalité des salaires entre les femmes et les hommes… Tout ça, ce ne sont que des problèmes de riches. En attendant, il y a des gens qui n'ont toujours pas de taf, et pour qui il va falloir trouver une solution…

DISIZ

Disiz est un gars super cool, toujours l'esprit vif. Rappeur, acteur, écrivain, directeur artistique. Un vrai artiste. Intelligent et marrant. C'est mon gars, je le respecte trop, lui et Étienne, son ancien manager. Je les adore ! Je les connais depuis Poisson Rouge et Jeu de Société. Je me souviens de l'avoir félicité pour son nom d'artiste quand ils sont venus sur Downtown Boogie la première fois : Disiz La Peste. J'aimais bien ce jeu de mots : "This is" avec l'accent français, mais aussi "Disease", à savoir le mot maladie en anglais, suivi par la Peste.

Il a bossé avec tous les bons. Tout ce qu'il fait est réfléchi. Lucide, Extra-Lucide, Transe-Lucide. Il ose prendre des risques. Il aime casser les codes et sortir outside of the box. Son parcours musical le prouve bien. Il sait s'écouter. Il évolue constamment. De Rimeurs à Gages à J'pète les Plombs, à son projet Rouge à Lèvres avec Grems, en passant par une Victoire de la Musique, le théâtre, le cinéma, Def Jam France, jusqu'à son label Sublime. Le gars se bat toujours pour l'art, pour l'amour, pour lui-même, que ce soit Disiz, Peter Punk, Electro Pimp ou Séringe.

J'ai pu bosser avec Disiz pour l'album de Vincz Lee qu'on était en train de réaliser chez Ledge vers 2007. J'étais directeur artistique là-bas pendant quelques années. C'était Hip Hop. Label, studio d'enregistrement et école de danse. Hyper ambitieux comme truc. Big up à Juicy de m'avoir donné l'opportunité de réaliser tous ces projets. Le premier single de l'album s'appelait Danse. Un super morceau clippé par notre pote Brian (Brillantine). C'était un bon délire. On avait pris plein de profs de danse de chez Ledge et Brian a fait un super montage avec plein d'animations en post-prod pour un rendu visuel hyper frais.

On a pu placer Disiz sur un plateau de télé de la TSR (avant de devenir la RTS) dans une émission culturelle de l'époque animée par Pierrick Destraz. On l'a fait venir pour un showcase au D! Club. Je lui ai même fait les bacs pendant son show (rires). Puis Couleur 3 nous avait donné le feu vert pour mettre en place une espèce de festival de rap en plein air à la Place de l'Europe devant des milliers de spectateurs. C'était bien fat, il y avait du monde partout. Le Grand Pont était bondé de gens. J'avais peur qu'il se casse en deux pour de vrai. Du jamais vu pour 2009 !! Oxmo, Disiz, La Fouine, Stress, M.A.M et d'autres bons rappeurs de chez nous. Presque tous les artistes sur l'album de Vincz sont passés sur scène pour un show gratuit en plein centre-ville de Lausanne. Sacré projet ! *For the culture* !!

Il y avait donc une période où Disiz venait assez régulièrement à Lausanne. Chaque fois qu'on se voyait, on délirait ensemble. On parlait rap américain, on débattait sur des opinions et on partageait nos avis sur les dernières sorties, etc. Il me posait souvent des questions sur des paroles et les traductions de certains rappeurs. On kiffait trop. Real Hip Hop shit !! Je me rappelle aussi avoir renversé du thé froid partout sur son ordi, sans faire exprès bien sûr. J'étais tellement désolé. Je lui ai niqué son MacBook... la honte.

La meilleure anecdote, c'est quand je l'avais ramené à Genève une fois après le big show de Lausanne. On s'est arrêtés au Burger King sur le chemin. On était en pleine décortication de rap américain. Petit pit-stop sur l'autoroute pour grignoter un truc. Je crois que je lui traduisais des paroles de Nas en parquant la voiture. Le gars décide de se taper un délire. On sort de ma caisse et il switche d'un coup. Il ne parle plus qu'en anglais. Ce qu'il faut savoir, c'est qu'il ne parle pas anglais (rires). Quelques petites phrases, vite fait. On rentre dans le fast-food et le gars se prend pour Jimmy Johnson du fin fond du Wyoming (rires). Il se rapproche du comptoir et fait sa commande tout en anglais hyper cliché. Son accent m'avait flingué (rires), les "let me get a burger, yeah, know what I'm saying, barbecue sauce, ok ok, that's right". Performance monumentale, Oscar worthy ! Césarial, trophée emoji (rires)... La meuf à la caisse hallucinait. Je ne sais pas si elle avait compris le délire, mais moi, j'étais mort de rire. Elle avait les yeux grands ouverts. On voyait qu'elle hésitait. C'est lui, c'est pas lui ?... "C'est une blague ? Il est sérieux ? Y a une caméra cachée, c'est quoi le bug là ?" J'imaginais juste la meuf chez elle le soir après son taf en train de raconter l'histoire à table à son chéri. Du genre : "Tu sais pas ce qui m'est arrivé aujourd'hui au taf ? Y a Disiz qui est rentré et qui m'a commandé un Whopper mais il parlait qu'en anglais... Je te jure, le type lui ressemblait trop. Je suis sûre que c'était lui, mais c'est bizarre, il parlait qu'en anglais." Et son mec qui devait lui répondre du genre "Ouais ouais, c'est ça meuf, tu délires là, passe-moi le sel s'il te plaît..." (rires).

DJ DRAMA

Gangsta Grizzilz ! C'est Lil Jon qui lui a balancé cette virgule mythique, d'ailleurs. DJ Drama, le roi des mixtapes, est à ne pas confondre avec DJ Kay Slay, "The Drama King" ! Drama, de son vrai nom Tyree Simmons, est aussi connu sous les surnoms de Mr Thanksgiving, Barack O'Drama ou encore Dram Cruise.

J'ai eu l'occasion de le rencontrer en mars 2010, lorsqu'il est venu sur DTB avec son poulain Gillie The Kid pour promouvoir un projet dont je ne me souviens plus exactement. Ça s'était très bien passé. Je me rappelle qu'il était super pro, les pieds sur terre, hyper cool et relax. Ils l'ont ensuite fait revenir trois ans plus tard pour l'anniversaire de DTB au D! Club. Je dis "ils" car j'avais quitté le navire DTB en 2012 et Drama est venu fêter nos 14 ans en novembre 2013. Une célébration d'anthologie !

Pour l'anecdote, au printemps 2023, il a recréé les scènes mythiques du film culte Juice avec les acteurs originaux pour une série de vidéos promotionnelles de son dernier album, I'm Really Like That. Incroyable ! Il y a la scène devant le club avec Queen Latifah pour l'audition de DJ, la fameuse scène dans le magasin de disques où ils volent les vinyls pendant que Q drague la vendeuse, Bishop qui rend visite à Q au lycée et apparait derrière le casier, et bien sûr la scène de DJ battle dans le club.

En parlant de cette fameuse scène derrière les platines dans Juice, savais-tu que c'est en tombant dessus un soir, dans une chambre d'hôtel, que Joe Budden avait enfin trouvé le refrain de Pump It Up, alors qu'il galérait depuis plusieurs semaines à en trouver un ? *Pump, Pump, Pump, Pump It Up !* Véridique !

Ces cinq vidéos de DJ Drama ont toutes été réalisées par Jim Jones et WillC. Je vous les conseille vivement, ça vaut le détour sur YouTube car c'est une campagne publicitaire Hip Hop hyper originale et divertissante que j'ai beaucoup appréciée. Que dire de plus sur Drama ? C'est un vrai Hip Hop head. Il aime tout ce qui est bon. Il adore autant Souls of Mischief que Dr. Dre, Outkast que The Roots, De La Soul et A Tribe Called Quest, Gucci Mane et Jeezy. Il dit aussi que Ice Cube et Ice-T étaient ses rappeurs préférés back in the day, donc respect à lui pour ça aussi. C'est un vrai business man. Directeur artistique chez Atlantic Records, il est en grande partie responsable du succès de Lil Uzi Vert et Jack Harlow. Il a gagné un Grammy bien mérité pour l'album de Tyler, The Creator, Call Me If You Get Lost, qui était mon projet préféré de l'année 2021. Et puis, il y a ses 150 mythiques mixtapes Gangsta Grillz qu'il "host" et réalise depuis plus de 20 ans avec des artistes comme Lil Wayne, Gucci Mane, Jeezy, Nipsey Hussle, 50 Cent, Snoop Dogg, Jadakiss, Pharrell Williams, etc.

Drama est un métis juif originaire de Philadelphie. Il est descendu à Atlanta pour faire ses études et est devenu le roi des mixtapes. Il a étudié la communication à la Clark Atlanta University en 1996. À cette époque, il vendait ses mixtapes à l'arrache entre les cours, genre "1 pour 5$, 2 pour 7$".

C'est à l'université qu'il a pris conscience de l'importance des diverses démographiques aux Etats-Unis et de la nécessité de plaire à toutes ces différentes régions lors des soirées qu'il animait. Un gars du Texas n'avait pas la même culture qu'un New-Yorkais. À New York, par exemple, il fallait toujours jouer un petit quart d'heure de reggae, alors qu'à Philadelphie, on demandait plus de tracks uptempo à la Tuff Crew.

Il était inspiré par DJ S&S, Ron G, Doo Wop, Tony Touch, DJ Clue et Green Lantern, qui régnaient sur les rues avec leurs mixtapes dans les années 90. DJ Drama a repris le concept et l'a mondialisé. Le timing était parfait avec l'explosion du World Wide Web ! Internet des années 2000... Napster, Limewire et le fameux blog era où tous les artistes sortaient des mixtapes et où tout se téléchargeait à tout va. Le roi des mixtapes était bien en place et ça en dérangeait plus d'un. Tellement qu'en 2007, les flics ont débarqué chez lui avec des M16. Il y avait même des hélicoptères! On lui a bloqué ses comptes en banque, tout son business s'est mis en stand-by. Une nuit en taule... Tout ça pour des mixtapes. Certains oublient que les mixtapes font partie de la promotion essentielle pour un artiste de rap.

On est bien avant les playlists Rap Caviar sur Spotify et les vidéos sur TikTok ! À cette époque, le buzz se créait par des freestyles inédits, des vrais "rap beefs" avec des vrais paroles. Je pense notamment à certains textes que Jadakiss avait écrits à l'époque contre The Roc et qu'il a utilisés presque 20 ans après pour "punir" le Dipset lors de son Verzuz légendaire. Je pense évidemment aussi à l'impact des mixtapes de 50 Cent et Lil Wayne et comment elles ont transformé un buzz en hype incontournable. Déjà dans les années 80, Kid Capri enregistrait ses DJ sets et les revendait pour 30-40 dollars. Les mixtapes ont toujours alimenté la rue.

Mes premières cassettes contenaient aussi des chansons enregistrées directement depuis la radio. Un soir, je voulais absolument entendre Roxanne, Roxanne de UTFO. Là, je te parle de 1985 en Californie. C'était l'heure des requests sur radio KMEL; j'avais appelé l'antenne pour faire ma demande. J'ai attendu 30 minutes avant de pouvoir enfin appuyer sur le bouton REC de mon tapedeck et l'enregistrer sur ma propre cassette. Puis, il fallait être vif vers la fin de la chanson aussi pour appuyer sur PAUSE au bon moment pour éviter des jingles kitsch, la voix du DJ qui déannonce le titre, ou encore pire, une pub avec un type qui hurle sur des canapés en soldes à 50$ sur Van Ness Street "jusqu'à épuisement de stock" ce qui aurait gâché tout ton opération (rires). Voilà mes premières mixtapes à moi. Pourtant, à cette époque, personne ne parlait d'infractions des droits d'auteur pour ces enregistrements, alors que c'était pareil. On prenait une chanson pour la dupliquer sur une autre bande, bref...

Le charme aussi d'une mixtape, c'est que tu ne dois pas "clearer" des samples. Tu fais rapper un gars sur une instru qui existe déjà et voilà. DJ Clue a été le premier à avoir des morceaux exclusifs qu'on ne trouvait que sur sa mixtape du mois. Drama a repris ce concept et lui a donné des ailes. Il a transformé le mixtape game à jamais. En plus, sa façon de hoster ses tapes est légendaire... C'est un super bon shit talker.

DJ ENUFF

Qui est DJ Enuff ? C'est Hot 97, c'est Tape Kingz, c'est Heavy Hitters. C'était le DJ de scène de Biggie et de Kanye au début de sa carrière, quand il portait du Ralph Lauren plein de couleurs avec son petit sac à dos (rires). Si vous regardez bien les pochettes de ses cinq premiers albums, vous verrez le logo de Heavy Hitters au dos de ses CDs. DJ Enuff, c'est aussi *Brooklyn all day*. Le gars a produit le remix de Get Money de Junior M.A.F.I.A. avec Lance "Un" Rivera et Biggie lui-même. Ça s'appelait Gettin' Money (The Get Money Remix). J'adorais cette version ! Ils ont samplé Don't Look Any Further de Dennis Edwards. Il a aussi participé à la production de You're Nobody (Til Somebody Kills You) de Biggie. Et pour la petite histoire, il est le père de RIOTUSA, le producteur de Ice Spice, qui a explosé sur TikTok avec sa chanson Munch (Feelin' U), un titre qui a plus de 57 millions de vues sur YouTube au moment où j'écris ce paragraphe.

Ron T a fait venir DJ Enuff pour un super événement à Lausanne en... j'ai envie de dire 1994. Je dis ça avec un air hésitant. En tout cas, le rendez-vous de ce concept mortel avait commencé le samedi après-midi. Journée ensoleillée pour accueillir un mini-tournoi de streetball 3 contre 3 avec un DJ set pendant les matchs, à la piscine de Bellerive à Lausanne. Déjà ça... Incroyable ! Puis, cerise sur le gâteau, le soir, il y avait la suite avec DJ Enuff dans une salle perdue dans les hauteurs de Lausanne. Ron T avait le don d'organiser des événements dans de nouveaux lieux encore vierges de Hip Hop. Évidemment, il n'y avait pas beaucoup de gérants de clubs prêts à proposer leurs salles pour de telles soirées dans les années 90.

J'avais pété un câble ce soir-là en entendant le remix de Kaught In Da Ak de Das EFX fait par DJ Premier. *Breaker one nine, breaker one nine, mayday... the crew is from the sewer and the crew is Das EFX*... on hurlait comme des dingues en dansant comme des sauvages (rires) !

A cette époque, on allait dans les soirées pour pécho, pour networker, pour se montrer, pour représenter, pour danser... pour exister ! Pas de portable, pas de Snapchat, pas de story sur Insta. Que le DJ qui te faisait groover jusqu'à l'aube... Et la clope dans les soirées, on en parle? C'est complètement fou quand on y repense. Ça fumait dans les clubs, normal (rires).

Un nuage de nicotine flottait au-dessus de la piste de danse jusqu'au dernier morceau, qui donnait des effets visuels mystiques à chaque soirée. On puait le cendrier jusque dans nos sous-vêtements. L'odeur de la clope de la tête aux pieds. Les douches embrumées d'alcool, avec les murs de la salle de bains qui tournaient à mille à l'heure, à six heures du matin, pendant que tu essayais d'enlever l'odeur de Camel incrustée dans tes cheveux (rires). Il fallait aussi aérer ta veste Nautica pendant plusieurs jours. Après, c'était une vibe (rires).

J'ai entendu une interview de Enuff chez Juan Ep is Life (Cipha Sounds et Peter Rosenberg) il n'y a pas longtemps, où il disait que cette date en Suisse était sa première en Europe et que c'est grâce à elle qu'il a ensuite rencontré DJ Cut Killer. Il expliquait avoir reçu la demande pour ce booking par fax (rires). Il racontait l'anecdote en imitant un vulgaire accent nigérian (rires). J'ai tellement ri quand je l'ai entendu parler de ça, car je suis certain qu'il imitait notre ami Ron T (rires). Ron T était tellement ahead of the game à cette époque. Vrai visionnaire. Respect, Ron !

D'ailleurs, Ron avait même essayé de me faire une passe décisive dans les 16 mètres (rires). Il avait parlé de moi et de mes rappin' skills à Enuff. Comme j'ai louché ce jour-là (rires) ! J'avais vraiment foiré. Enuff était curieux et voulait m'entendre. On était donc au téléphone ensemble et je commence à rapper mes trucs. J'avais un de ces anciens téléphones fixes à la maison avec un monstre câble d'au moins 10 mètres de long (rires). Je balance mes quelques mesures dans son oreille à l'autre bout du fil. Il y avait des bouts de textes, un peu d'impro, bref... Je ne me rappelle plus ce que je lui avais balancé comme freestyle, je me rappelle juste que pendant que je rappais, je me disais "Mais t'es en train de faire quoi ? Tu fous quoi ? Applique-toi !" (rires). C'était mauvais, hahaha... J'entendais Enuff à l'autre bout du fil en train de dire "OK, OK...". Il essayait d'être réceptif, mais c'était un peu wack... J'ai même pas cadré mon tir, j'ai même pas pu contrôler mon ballon (rires). Je m'en voulais un peu après, complètement conscient que j'avais foiré mon truc, mais bon, c'est comme ça, c'est la vie (rires).

ERIC & RAMZY

Impossible de leur faire sortir une vraie phrase sérieuse pendant toute l'interview. Im-possible (rires) ! Les deux ensemble, c'était pipi-caca tout le long. Ils nous ont mis la misère. Si ma mémoire est bonne, ils sont d'abord passés chez Valérie dans son émission, ensuite on les a enfermés dans un studio pour essayer d'avoir quelques minutes de sérieux dans notre émission pour parler rap. Ou inversement, peu importe, c'était un échec total (rires) ! De vrais gamins, on aurait dit Beavis et Butthead ! Pour eux, l'objectif principal, avant tout, c'est de faire rire l'autre. Ils s'en battaient les steaks de tout le reste. Personne d'autre n'existait quand ils étaient ensemble tous les deux dans la même pièce.

C'était en 2007, peut-être en 2008. Ils étaient au sommet, en tournée, avec un petit passage à Lausanne. J'avais chopé des invitations pour leur spectacle. On a pu leur parler un peu dans les loges après leur show. J'étais avec Vincz Lee. Les gars se couraient après dans tous les sens dans les coulisses comme des gosses. Je leur avais demandé combien de leur show était de l'impro. " Zéro %", me répond Eric, du tac au tac. Bouche bée, je n'en croyais pas mes oreilles ! Encore aujourd'hui, j'ai de la peine à croire ce qu'il m'a dit. Je ne sais toujours pas s'il me trollait ou s'il était sérieux.

EPMD

EPMD ! Erick and Parrish Making Dollars !!! Ce nom de groupe ! Ces quatre lettres majuscules en bloc ! Tellement puissant. Tellement de force. Dans Clap Your Hands, le morceau d'A Tribe Called Quest, quand Phife Dawg dit "My favorite rap group in the world is EPMD...", j'étais là : "Mais ouiiii, c'est tellement ça, c'est tellement juste !"

Parrish le Mic Doc, tout sérieux, all business, qui contrebalance avec le style d'Erick, le Green Eyed Bandit, cheveu sur la langue, un poil plus marrant, légèrement plus décontracté au micro, qui chantonne parfois à la Biz Markie. Ils se complétaient tellement bien. Groupe légendaire qui s'est malheureusement séparé en pleine tournée Hit Squad en 1992. Quelle tristesse ! Ça m'avait brisé le cœur de voir ce crew se séparer : EPMD, Das EFX, Redman, K-Solo. Trop de puissance ! Tu te rends compte ? T'es au top avec ton groupe, tu viens de finir de tourner le clip de Head Banger (prod à la base faite pour Ice Cube qui n'est jamais arrivée à ses oreilles, selon Sermon) avec ton crew, qui fait partie des cinq meilleurs posse cuts de tous les temps, et le lendemain, il y a les flics chez toi parce que ton frangin t'accuse d'avoir engagé quelqu'un pour cambrioler sa maison. Le groupe se sépare direct. Ils ne se parlent plus pendant cinq ans, puis se remettent ensemble suite au décès de Biggie. Encore aujourd'hui, en écrivant ces mots, je n'arrive pas à croire qu'un cambriolage serait la cause de leur rupture. Je ne suis pas sûr de croire cette théorie, mais bon.

C'est DJ Dice de Das EFX qui avait pris l'initiative pour qu'Erick et Parrish se reparlent au téléphone. Ensuite, l'album Back in Business sort en 1997 sur Def Jam, juste avant que Sermon sorte El Nino avec Keith Murray et Redman. C'était une période où Ja Rule et DMX dominaient sur ce label. EPMD avait réussi à se maintenir parmi les big dogs qui régnaient sur les charts. Les tracks Never Seen Before, The Joint et Richter Scale étaient aussi en heavy rotation dans mes enceintes for real, for real à cette époque. Richter Scale était aussi devenu le jingle pour la série H sur Canal+, petite anecdote qui plaira aux plus anciens qui lisent ceci (rires).

J'ai eu la chance de voir le Hit Squad en concert à San Francisco juste quelques mois avant qu'EPMD ne se sépare officiellement. Le même soir, sur scène, il y avait aussi Pete Rock & CL Smooth et Organized Konfusion, qui sont arrivés sur scène en rollerblades (rires). À cette époque, Pharoahe Monch était encore bien plus enveloppé qu'aujourd'hui (rires). Das EFX avec leurs dreadlocks, Redman en pleine montée de puissance. Mythique ! T'as pas idée ! Tout ça devant un public qui apprécie trop le funk et les grosses lignes de basse, je t'explique même pas l'émeute que ça avait foutue !

Ce n'est que des années plus tard que j'ai pu enfin voir EPMD en concert, par contre. C'est Karim de Top Billin qui les a fait venir à Genève. C'était au Palladium, une salle considérée comme maudite dans le milieu à une époque pour tous les problèmes systématiques de son. Mais là, pour EPMD, c'était nickel. À part le fait qu'ils ont refusé de sortir de leur chambre d'hôtel tant qu'ils n'avaient pas leur enveloppe (rires). Oui, la rumeur dit qu'ils ne voulaient pas monter sur scène avant d'avoir tout leur cash. C'est "Strictly Business" pour de vrai chez eux. Erick and Parrish Making Dollars ! (rires). Imagine le cauchemar du promoteur ! Courir à gauche et à droite pour rassembler la totalité du cachet alors que tu n'as pas encore ramassé les caisses du bar, etc. Mais bref, concert mortel !

Et leur concept de mettre le mot Business dans chacun de leurs titres d'albums (Strictly Business, Unfinished Business, Business as Usual, Business Never Personal, Out of Business, Back in Business...) extraordinaire !

Sermon a pourtant bien rebondi après la rupture décevante d'EPMD. Il a créé le Def Squad avec Keith Murray et Redman. Sermon n'est pas seulement un producteur sous-estimé, mais aussi un A&R incroyable. Il a toujours eu le flair de s'entourer de nouveaux rappeurs dope, frais et inconnus avec des flows originaux. Je pense à Jamal et Malik de Illegal, Joe Sinister, Shades of Lingo, Khari Santiago, Sy Scott... Et ce n'est que quelques années après cette interview que j'ai capté que sur l'album Erick Onasis, on trouve un gars qui s'appelle Teflon Da Don, devenu Rick Ross après s'être fait signer sur Def Jam par Jay-Z. Oui, je te parle bien de "Rozaaay", ancien gardien de prison qui a ensuite piqué l'identité d'un vrai trafiquant de drogue pour devenir Rick Ross (rires).

Il faut savoir que dans EPMD, Sermon faisait la plupart des productions, alors que Parrish Smith s'occupait plus de la paperasse du groupe. J'ai entendu Erick dire, il n'y a pas longtemps, qu'il touchait plus de 700 000 $ par an grâce à un sample d'un des morceaux qu'il avait produits pour EPMD. Et ça, grâce à seulement 4 % de droits d'auteur ! You're a Customer, tiré de leur premier album sorti en 1988, a d'abord été samplé par le hit de Mario Winans, I Don't Wanna Know, qui a ensuite été samplé par Metro Boomin pour un morceau de The Weeknd avec 21 Savage en 2022, Creepin'. Truc de ouf quand même ! Si ça ne te motive pas à remplir tes feuilles SUISA et SACEM... (rires).

Autre petite anecdote que j'ai toujours kiffée : le fait que la chanson Music de 2001, à la base encore en format démo, avait décollé organiquement par hasard. Le Funklord a récupéré l'a cappella de Midnight Love de Marvin Gaye d'une pote en milieu de la nuit, au fin fond de Brooklyn, alors qu'elle venait de revenir d'Europe avec. Il se met à sampler la phrase de Marvin Gaye sur son synthé Roland W-30, qui ne peut looper que 15 secondes. Ensuite, il pose quelques phrases vite fait pour voir ce que ça pourrait donner, histoire de s'amuser un peu. Jamais il n'aurait pu imaginer que la maquette faite ce soir-là se ferait piquer par un autre pote parti à LA. Ce reference track commence à tourner à la radio et se transforme rapidement en hit international. Erick doit rapidement payer 150 000 $ à la veuve de Marvin Gaye pour le sample utilisé sans autorisation, ainsi que 50 000 $ pour des frais d'avocats.

Malgré ce tacle, il arrive à obtenir 30 % des éditions, chose qu'elle n'était pas obligée de lui donner. Étant donné que le track passait en rotation, il était bien obligé d'allonger ces 200 000 dollars, alors qu'à la base ce track s'est fait juste pour le fun chez lui. Cette chanson n'était jamais censée sortir de son studio. Le track se trouve ensuite sur la BO d'un film de Danny DeVito et Martin Lawrence. Et avant même que Sermon réalise ce qui lui arrive, y'a Clive Davis, président de label, au bout du fil pour le signer chez J Records pour 4 millions de dollars avec un 50/50 split, du jamais vu dans le rap game !

Revenons maintenant à une de mes rencontres avec le Bandit aux yeux verts : après les concerts du Montreux Jazz Festival, Downtown Boogie hostait souvent les after-parties remplies à bloc, avec les securitas complètement débordés (rires). On faisait gueuler, danser, jumper la foule jusqu'au petit matin à chaque fois. Les gonzesses groovent et crient les refrains religieusement. Les artistes apprécient toujours les bonnes vibes ici en Europe. Ça donne envie de rester dans les parages. Ce soir-là, carrément, Erick Sermon a demandé au Green Giant s'il pouvait mixer un peu sur son Serato, tellement la soirée pétait.

Donc, nous voici le 17 juillet 2004, dans les loges du MJF. On est tous bien bourrés. On ambiançait le public entre les concerts de Sermon et Tha Alkaholiks. On a tous la voix cassée. J'arrive à serrer Erick Sermon dans un petit coin du backstage pour une mini-interview. Je fais le réglage du son de mon lecteur MiniDisc. Je l'entends parler avec un de ses gars de l'énergie incroyable du public qu'il y avait pendant The Joint. Erick a ces yeux qui brillent vert fluo. Il est super souriant. On voit qu'il est heureux. Du coup, moi aussi, car il m'avait félicité pour mon travail une fois l'interview terminée, et ça, ça fait toujours plaisir.

Interview d'Erick Sermon:

Erick, pour moi, tu es au même niveau que LL Cool J et Ice Cube en termes d'impact culturel. Tu fais partie de ces pionniers de la deuxième génération qui nous ont tant inspirés à la fin des années 80 et au début des années 90. Comment trouves-tu cette énergie pour être toujours aussi présent dans le rap game ?

Tout d'abord, je suis béni. Dieu m'a donné un talent. J'ai aussi commencé très jeune, j'avais 17 ans quand on a lancé EPMD en 1986. J'avais le même âge que les gars qui perçaient à l'époque. Les rappeurs d'aujourd'hui ont le même âge que moi, donc je n'ai pas du tout l'impression d'être vieux. Je me sens tout frais.

On entend beaucoup de hits aujourd'hui avec les mêmes boucles que tu as samplées avant tout le monde il y a plus de 15 ans avec EPMD (Get At Me Dog de DMX, par exemple). Beaucoup de gens oublient de te citer parmi les meilleurs producteurs de rap. Ça ne te dérange pas trop de ne pas être reconnu à ta juste valeur ?

Ça me dérangeait parfois, c'est vrai. Mon CV parle de lui-même, ça me paraît évident, mais bon... Aujourd'hui, les producteurs sont autant reconnus que les rappeurs, alors que ce n'était pas le cas à l'époque. C'est peut-être aussi ma faute de ne pas avoir eu l'agent ou le manager qu'il me fallait, mais comme je dis toujours, avec le temps, les gens sauront, et j'espère qu'on me reconnaîtra parmi les plus grands, comme Bob Marley. Ce n'est qu'une fois qu'il nous a quittés que les gens ont compris à quel point il était énorme. Alors j'espère que dans l'avenir, les gens comprendront ce que j'ai apporté au rap et à la musique en général.

Tu es le Funk Lord du rap, tu as samplé Funkadelic, George Clinton, Zapp avant tout le monde. Après toutes ces années dans le hip-hop, as-tu dû changer ta façon de produire ou t'adapter au rap d'aujourd'hui ?

Oui, il a changé, car quand EPMD s'est séparé, Dre a sorti The Chronic et Doggystyle. Je parlais encore avec George Clinton hier soir de ça, justement (George Clinton était aussi au MJF). Toute cette bonne heavy funk de Roger Troutman et Parliament était déjà utilisée, et il fallait que je m'adapte. J'ai évolué avec le temps. J'ai produit Full Cooperation après avoir entendu Put Your Hands Where My Eyes Could See de Busta Rhymes. C'est la construction de cette batterie qui a lancé la carrière des Neptunes, d'ailleurs. Je produis ce que j'aime. J'aime faire ce que je ressens. Je suis en plein mode hip-hop.

Ce qu'on aime chez toi, c'est que tu nous as toujours fait découvrir de nouveaux talents : K-Solo, Das EFX, Keith Murray et Redman à l'époque... Aujourd'hui, tu continues avec Khari et

Sy Scott, par exemple. Comment fais-tu pour toujours t'entourer de cette nouvelle énergie fraîche et avoir ce flair pour reconnaître les nouveaux talents ?
C'est une excellente question. C'est vrai qu'on me le fait souvent remarquer. Il faut savoir rester à la page. La raison pour laquelle je suis toujours d'actualité, c'est parce que je m'entoure de jeunes talents qui ont du style. J'aime ceux qui sont frais et différents. J'ai pu bosser avec Redman et Method Man pendant un bon moment. Ça m'a permis de rester dans le game. Quand tu es entouré de gars stylés, tu restes stylé. J'ai pu produire pour tout le monde : Jay-Z, Ludacris, Nas, Busta Rhymes... Ils m'ont tous permis de rester frais.
En parlant de rappeurs frais qui ont du style... Où sont passés Joe Sinister, les L.O.D., Tommy Gunn ?
C'est Redman qui m'a présenté Joe Sinister. Le gars se baladait partout dans les rues de New York avec un sac à dos à ficelle. Il traînait avec Onyx. Redman avait tellement insisté pour que je le rencontre ! Il n'a malheureusement jamais signé chez moi, sinon je l'aurais lancé direct. C'était un artiste de Jam Master Jay. Tommy Gunn s'est fait tuer dans les rues de Los Angeles en 96, juste avant la sortie de la compilation Insomnia. Les L.O.D., ce sont les gars de Keith Murray.
Et Rockwilder dans tout ça ? Il commence à faire énormément de bruit avec ses prods...
Rockwilder est aussi un gars que Redman m'a présenté. C'est un gars qui produisait pour lui, qu'il a ensuite signé. Rockwilder était aussi rappeur. Il faisait partie du groupe Xross Breed avec Napalm. Tu peux l'entendre sur Case Closed de l'album Muddy Waters et sur The Vibe de l'album Insomnia. C'est un gars qui est sous l'aile de Redman... Et Big Kim (soeur d'Erick qui a posé sur l'interlude In The Studio sur l'album Double or Nothing), elle me harcèle sans arrêt pour que je la place sur mes prods. Si je ne le fais pas, c'est ma mère qui va me saouler (rires) ! Elle sait vraiment rapper, elle est vraiment dope. D'ailleurs, même des vrais gars comme Raekwon l'ont félicitée pour son passage sur Double or Nothing.
Pourquoi ce nom "Erick Onasis" pour ton avant-dernier projet ? Tu avais des problèmes de contrats ?
Oui, je n'étais pas encore complètement libéré de mon contrat chez Def Jam. Je ne pouvais pas utiliser mon vrai nom, c'était la seule solution pour sortir le projet.
Revenons aux dope MCs. C'est quoi cette rumeur concernant MC Lyte ? Elle est vraiment officiellement dans le Def Squad ?
Tout n'est pas finalisé, mais MC Lyte arrive. Je sais qu'elle est très fâchée contre moi parce qu'elle n'est pas sur mon nouvel album, mais elle est parmi nous. Il y a aussi Sy Scott, Khari Santiago, Whip Montez, qui est officiellement la première femme du Def Squad. Elle est dominicaine. On la trouve sur le morceau avec Talib Kweli. Il y a aussi mon pote Dre, Alfonzo Hunter, qu'on trouve sur le nouveau single avec Redman, Street Hop. Beaucoup de jeunesse et plein de nouveaux visages à découvrir, même si toi, tu fais vraiment bien ton travail. Tu connais ton sujet, c'est clair. Mais en tout cas, je vais rendre les gens heureux avec ce nouvel album, vous allez kiffer, je te le promets.
En quoi est-il différent de tes autres projets ?
Chilltown est plus lyrical. Je me suis plus lâché sur les textes. J'ai voulu éviter les productions trop commerciales. Je voulais faire une déclaration, contrer le son actuel dans le rap. Mes mor-

ceaux sont vraiment Hip Hop et se vendront moins bien que certaines sorties "rap" actuelles. Si je faisais du commercial, je vendrais 4 millions de copies. Heureusement, il y a l'Europe qui nous donne encore envie de produire du vrai son. Vous nous donnez la pêche. Vous avez encore 75 % de votre culture Hip Hop, comparé aux États-Unis où ce vrai esprit a complètement disparu.

Dernière question, en tant que fan inconditionnel. Je sais qu'EPMD est Out of Business depuis 1999, mais y a-t-il un espoir, par pitié, d'avoir un jour un nouvel album d'EPMD comme au bon vieux temps ?

Je ne sais pas, à vrai dire. Je n'ai pas eu de nouvelles de Parrish depuis plus de deux ans. Je vais d'abord me concentrer sur mon projet actuel pendant un an et demi. Maintenant, si je tombe sur une bonne boucle pour faire une production qui irait bien à EPMD, peut-être que j'avalerais ma fierté. Mais pour que ça se fasse, il faut que Parrish soit aussi motivé. Il faudrait qu'il se concentre sur le rap, qu'il se focalise sur ses textes et qu'il ait vraiment envie de tout donner. Tu ne peux pas sortir un album la tête ailleurs. Tu ne peux pas dire n'importe quoi au micro. Il faut rester concentré et vraiment le vouloir. Mec, t'es Parrish Smith d'EPMD ! *You can be rugged, tough, hard like P...* Il faut que ce soit à la hauteur. Sinon, ça ne sert à rien de faire ça. J'ai pas envie de le faire que pour l'argent et avoir l'air ridicule, ça ne vaut pas la peine...

ERYKAH BADU

Ancienne petite rappeuse toute maigrichonne qui se faisait appeler MC Apples, Erykah Badu ne blague pas concernant les vrais lyricistes dans le rap game. Check la science ; elle a eu un premier fils, Seven, avec André 3000, ensuite une fille, Puma, avec D.O.C., et une 3e fille, Mars, avec Jay Electronica, sans parler de la brève relation avec Common qu'elle avait pécho au passage. Ça fait un sacré crew d'Eskimo Brothers (rires).

6 juillet 2008. Ça y est, la déesse Miss Badu est de retour au Montreux Jazz Festival ! Encore un moment magique. La dernière fois qu'elle était venue, c'était en 2002. Cette fois-ci, le concert a lieu au Casino de Montreux. Évidemment, c'est incroyable, comme toujours. À un moment donné, la musique s'arrête et elle nous fait une petite spéciale. Elle commence à prendre des poses à la Marilyn Monroe en plein photoshoot (rires). Silence complet dans la salle. On est tous sous le charme. Soudain, à côté de moi, mon pote Léo balance un énorme "Mais putain comme t'es bonne !!" Tout le monde éclate de rire. Sans sortir de son personnage, avec un ton un peu naïf et innocent, Badu répond "What did he just say ?" en regardant droit vers nous. Je lui réponds "Homie just said you hella fine". Nouveaux rires. Elle enchaîne avec un joli "Oh, ok... Well then here, this is for you", et elle nous refait une pose de mannequin exagérée pendant plusieurs secondes. Oh mon Dieu, comme c'était beau ! Merci Erykah (rires).

C'était encore mieux que l'année précédente au Gurten Festival, où elle avait enlevé son énorme perruque afro sous la pluie et avait fait du crowd-surfing. J'avais pu toucher sa peau, lisse et glissante comme une fée. J'avais tendu ma main, telle la groupie, pour me faire bénir par ses doigts élégants et gracieux (rires).

Nous voilà donc à Montreux en 2008. Barack Obama, après avoir battu Hillary Clinton, vient d'être élu candidat démocrate à la présidence. John McCain est le candidat républicain. C'est mon collègue Pierrick qui me propose de faire l'interview d'Erykah Badu avec lui pour la TSR. J'accepte direct. Wesh, comme si j'allais laisser passer cette occasion (rires) ! Erykah Badu porte un pantalon rouge très serré. Ça ne l'empêche pas de se baisser devant moi pour ramasser un papier qu'elle vient de faire tomber (rires). Elle est encore plus époustouflante en vrai que dans ses clips. Toujours ce visage hypnotisant, ces yeux, ce regard intense, ce corps. Chaque geste est maîtrisé. Elle contrôle tout, naturellement. Elle dégage une telle pureté. Si sereine... Par contre, elle est moins mystique que je l'aurais pensé. Elle a peut-être juste mis son mode avion (rires). Là, pour l'interview, une bonne heure après son concert, elle est détendue. Elle mange quelques fruits, tranquillement entourée de journalistes, micro à la main.

Interview d'Erykah Badu

Blu : Alors, comment ça va ? Tu es confortable ? Bien installée ? La Suisse te traite bien ?

Oui, la Suisse me traite très bien, comme d'habitude. Je reçois beaucoup d'amour et de bonnes énergies.

Journaliste 2: Après ce concert magnifique, on voit que tu adores vraiment la scène, n'est-ce pas ?

J'adore être sur scène. J'adore échanger mon énergie avec le public. J'adore enregistrer en studio aussi. C'est là qu'on perfectionne une capsule temporelle. Alors qu'être sur scène, c'est créer un moment éphémère. Tu ne fais jamais la même chose deux fois, et ce sont les gens dans la salle qui te donnent une énergie, un feeling.

Journaliste 3 : Tu peux nous dire comment tu adaptes tes morceaux pour la scène ?

Bien sûr. Souvent, je les écris spontanément sur scène. C'est ma façon d'écrire. Il y a du freestyle, comme un MC qui improvise. Il y a toujours la musique d'abord. C'est elle le moteur. Sinon, ce ne serait que de la poésie. J'écoute le rythme avant tout. J'ai mon ordinateur sur scène et je peux rajouter ce que je veux, quand je veux, à chaque instant du concert. Si j'ai envie de mettre des sirènes d'un morceau de J Dilla, je peux le faire. C'est l'esprit jazz, afrobeat et Hip Hop. Mes musiciens et moi jouons ensemble depuis tellement longtemps. On répète ensemble, et il y a une setlist à respecter, mais il y a toujours un côté spontané. Aucun concert ne ressemble au précédent. Chaque jour est différent. Chaque individu a ses sauts d'humeur. Chacun contribue au live. Je fais entièrement confiance à chaque membre du groupe et à ses qualités. Avant chaque concert, on se réunit pour une prière où on se dit qu'on est un seul organisme vivant et qu'on respire ensemble sur scène. Parfois, la chanson sonnera exactement comme sur le disque, parfois pas du tout. Je veux juste faire bouger le public, mettre de l'ambiance. Je veux tout déchirer ! Je veux que tout le monde s'éclate, qu'il ressente les vibes.

Journaliste 2 : Pourquoi avoir passé plusieurs fois A Milli ce soir ?

Ce nouveau morceau de Lil Wayne déchire tout. C'est un MC incroyable, très créatif et innovant. C'est une chanson tellement originale et libre. Elle n'a pas de refrain, pas d'arrangement traditionnel. Il casse toutes les règles, il n'y a pas de formatage. C'est comme ça que j'aime écrire et vivre au quotidien. C'est très inspirant.

Blu : Comment est venue la chanson The Healer ? Elle est très inspirante, avec ce refrain puissant où tu dis que le Hip Hop est plus grand que Dieu et le gouvernement...

Ah oui... Tout part du beat. J'avais entendu la production de Madlib chez Shafiq Husayn (membre de Sa-Ra Creative Partners). J'ai pu chanter directement dans mon ordinateur. Dans la production, on entend un petit chant mélodieux en arrière-plan. Je ne sais pas si c'est bouddhiste, hébreu ou éthiopien. Ça pourrait être les trois. Ça m'a fait penser à tous les noms qu'on donne à Dieu. J'ai commencé à chanter tous ces noms : Allah, Jehovah, Rastafari, Jah, ensuite le feu, la danse, le sexe, la musique, et le Hip Hop aussi, car partout où je vais, je vois les têtes bouger sur le kick et le snare. Partout dans le monde. Chaque continent, chaque ville, chaque salle.

Pierrick : Peux-tu nous expliquer le titre de l'album New Amerykah Part One (4th World War) ?

Quand j'ai terminé d'écrire toutes ces chansons, alors que je n'avais rien écrit pendant si longtemps, j'ai appris que le syndrome de la page blanche n'existe pas. Par contre, il y a un temps pour tout. Parfois, il faut télécharger, parfois ne rien faire du tout. Parfois, il faut vivre d'autres choses en dehors de la musique. En tant qu'artistes – vous, dans cette pièce, je suis sûre que vous êtes aussi des artistes, vous le savez bien – on ne choisit pas toujours quand l'inspiration doit venir. Mais quand elle vient, elle vous traverse, et le timing est toujours juste. J'avais déjà mis mon nom dans mon premier album, Baduizm. Je voulais trouver une nouvelle manière de le faire cette fois-ci. J'ai donc inséré "Erykah" dans "Amerykah". Cette "nouvelle Amérique" était ma vision des changements entre mon premier album, sorti en 1997, et aujourd'hui. 4th World War est entre parenthèses, car, comme je l'ai expliqué sur scène, j'avais vu ce documentaire où l'on parlait de la 4e guerre mondiale comme d'une guerre où les peuples soumis se révolteraient contre les oppresseurs. C'est ce qui va arriver aux États-Unis aussi. Il y a eu une femme contre un homme noir qui se battaient pour devenir président, ce qui n'était jamais arrivé.

Blu : Est-ce que les États-Unis sont prêts à avoir un président noir ?

Oh oui. Le peuple réclame du changement, car le système actuel ne marche pas. Il ne faut pas seulement un nouveau président, mais un tout nouveau système. Obama ne sera que le début. Qu'il gagne ou pas, ça va déclencher de nouvelles idées et une nouvelle façon de penser. Il faut une alternative à ce que nous avons aujourd'hui. Moi, j'ai grandi dans un ghetto où personne ne s'intéressait à la politique. Alors qu'aujourd'hui, tout le monde est curieux. Les pauvres, les défavorisés de toutes les races s'y intéressent : Afro-Américains, Latinos, Asiatiques, Blancs... Tous réclament du changement. Ceux qui sont au pouvoir ne s'y attendaient pas, mais tout le monde se réveille. Ils ont enfin quelqu'un en qui ils peuvent croire. C'est ça le plus important. Qu'il gagne ou pas, Obama a réveillé des gens qui sont plus que prêts à se battre.

Journaliste 3 : Ça va motiver les gens des quartiers défavorisés à voter, à ton avis ?

Oui. Beaucoup ont leur carte d'électeur, mais le système en place fait tout pour rendre la tâche difficile. Tout est mal organisé dans ces bureaux de vote. Les gens ont vraiment perdu confiance en ceux qui gouvernent. Il ne faut pas oublier qu'on est très puissants tous ensemble. Il faut rester organisés et unis, et je ne parle pas qu'aux États-Unis, mais partout sur la planète.

Journaliste 3 : C'est ce que tu essaies de faire sur scène ?

Un peu, oui, mais ce que je fais sur scène n'est pas vraiment calculé. Je vais plus au feeling. Il faut que ça soit naturel.

Journaliste 2 : Sur scène, on a entendu ton message politique. Est-ce que tu te considères comme une activiste pour les droits humains ? Penses-tu pouvoir changer le monde ?

Je suis Erykah, et j'aime utiliser ma plateforme pour partager ce qui me paraît juste. Je pense surtout que la musique et les vibrations qu'elle dégage peuvent changer le monde, oui.

Blu : En parlant de la puissance de la musique, c'est vrai que tu donnes des cours de musique au lycée ?

Oui, mais j'ai fait un break à cause de ma tournée. J'étais prof avant ma carrière musicale. Je travaille aussi pour une association avec d'autres artistes, pour les quartiers défavorisés. C'est grâce au centre communal que j'avais quand j'étais petite que je suis devenue qui je suis. C'est grâce aux plus anciens, qui prenaient le temps de m'aider et de me guider. Mon association s'appelle BLIND : Beautiful Love Incorporated Non-Profit Development. "Blind" car l'amour est aveugle. Peu importe qui tu es, à travers l'art, la musique et le théâtre, on essaie d'éduquer les jeunes de la communauté et de leur donner confiance pour qu'ils puissent s'exprimer, rester créatifs et goûter à la culture. C'est un lieu qui innove, qui résiste et qui s'adapte constamment aux besoins. Ces dernières années, par exemple, on s'est concentré sur les enfants qui ont dû déménager avec leurs parents de La Nouvelle-Orléans après l'ouragan Katrina.

Pierrick : Ton fils Seven a dix ans. Est-ce qu'il te suit en tournée parfois ?

Oui, il est là ce soir. J'ai aussi ma fille, Puma, qui a eu quatre ans hier.

Pierrick : Qu'est-ce que tu dirais à tes enfants s'ils voulaient se lancer dans la musique ? Ce serait plutôt "soyez prudents" ou "allez-y, foncez" ?

Mes enfants pourront faire ce qu'ils veulent. J'essaie juste de leur apprendre les valeurs de base pour être de bons êtres humains. Je leur apprends à réaliser leurs rêves et je les encourage à faire ce qu'ils souhaitent, à devenir ce qu'ils veulent. Je les soutiendrai inconditionnellement. C'est leur vie, ils ne m'appartiennent pas. Je peux juste faire de mon mieux pour les guider dans la bonne direction.

Pierrick : C'était comment de travailler avec Roy Ayers ?

J'avais déjà travaillé avec lui sur Mama's Gun. Il était venu faire des ambiances sur une chanson qui s'appelle Cleva. On a retravaillé ensemble sur la première chanson de mon dernier album, Amerykhan Promise. C'est une chanson qui existe depuis 1976, de son groupe RAMP. Ce que vous entendez, c'est moi qui chante par-dessus le morceau original, qui date de 1974. J'ai demandé à Roy de me laisser utiliser cette chanson, car c'était exactement l'ambiance que je voulais pour commencer mon album, et il a dit oui.

EVERLAST

Pack it up, pack it in, let me begin
I came to win, battle me that's a sin

Non mais… t'as juste pas idée à quel point j'ai saigné ce track en 1992. Je venais de terminer mon apprentissage. J'étais retourné en Cali. C'était les retrouvailles avec toutes les têtes brûlées du quartier. J'étais tellement soulagé de voir les vrais Gs du hood valider ce track Jump Around… Et je te parle même de la baffe du remix de Pete Rock qui avait suivi. Avant de parler de ma petite anecdote avec Everlast, je réalise que j'ai tellement de petites interactions amusantes avec certains artistes que j'aimerais vite partager içi, de façon express, même si ça n'a rien à voir, vite avant que je ne les oublie :

Par exemple, Sulee B Wax, le producteur français prodige qui m'avait vendu sa MPC 60 en 1995. C'est mon pote Léo (Da Maad Fungusth aka John Gali) de la Mafia Underground qui me l'avait ramenée de Vitry. Il pensait bien faire en me l'apportant, sauf qu'on ne s'était jamais mis d'accord sur le prix. Du coup, je me retrouve un peu sur le fait accompli (rires). Léo était chez moi au téléphone en haut-parleur avec Sulee, ce sampleur mythique devant moi, en train de mes faire de gros clins d'oeil (rires). Moi, je pousse un coup de gueule à cause du prix un peu élevé que Sulee demandait pour la bête. Lui, il pète un plomb, persuadé que je lui manque de respect. Moi pareil, j'ai l'impression qu'il m'a pris pour un guignol avec son tarif pour le "petit Suisse"… Et Léo, au milieu de tout ça, en train d'essayer de faire baisser le thermomètre (rires).

Je pense aussi à la fois où le super talentueux Grems ne croyait pas ses yeux en voyant mes Nike Air Stab blanches et beiges cuir lisse, un modèle qu'il n'avait encore jamais vu. Pourtant Dieu sait qu'il connaît le sujet. Ça l'avait rendu dingue (rires). C'était le 24 janvier 2014, on parlait un peu musique et d'autres petits délires vite fait dans les loges après son show à l'Usine. Il n'arrêtait pas de mater mes kicks, en secouant la tête, incrédule. Je lui avais passé un de mes t-shirts préférés que j'ai jamais créés: un Mickey Mouse noir avec un high top, des lunettes style Gazals à la Run DMC, bien rectangulaire à l'ancienne, le tout couronné d'une paire de Jordans 5 aux pieds. C'était évident qu'il allait kiffer le bail (rires).

Quelques années plus tard, il a participé à mon expo You Are Not Dead Yet. Vernissage incroyable. Il y avait un talent fou dans ce projet; Mix & Remix, Pascal Fessler, Jazi, Serval, JP Kalonji, Luluxpo, Oibel, Pancho, Promenade Noire, Jamel Beribeche et plein d'autres esprits créatifs. Plus de 20 artistes, plus de 40 œuvres. Mon pote Emilio se baladait à travers la foule pendant toute la soirée avec son gilet pare-balles avec pleins de balles logées dedans (rires). J'avais dispersé des centaines de douilles par terre. Ça a bien fait son effet. C'était légendaire.

Je pourrais aussi ajouter la fois où N.O.R.E. m'a arrêté à l'aéroport de New Jersey en 2016 pour me complimenter sur ma veste You Are Not Dead Yet camouflage militaire, pensant que c'était une veste Supreme. Il l'avait trop kiffée. Je rentrais sur Genève après quelques jours à NYC avec mon ami Pat de Subdelux (et Promenade Noire), tatoué de la tête aux pieds (rires). Bref, j'ai échangé quelques mots avec N.O.R.E. avant de finir devant quelques verres en attendant nos vols respectifs. Je l'ai surtout questionné sur sa transition du rap au podcast, car c'était un des premiers à avoir fait ce move avec Joe Budden, que je respecte trop.

Donc, ma petite histoire avec Everlast de House of Pain (rires) : là, on parle d'une soirée Downtown Boogie annuelle au Montreux Jazz Festival. Le genre de soirée où les artistes viennent nous rejoindre après leur concert pour s'ambiancer avec nous. Green Giant et Vincz Lee aux platines. Dynamike, Jiggy Jones et moi aux micros, entrain de *rock the party* façon Boogie Squad MCs. Petites routines bien rodées pour faire gueuler la foule, des filles incroyablement jolies qui dansent sur des bangers toute la nuit, des real Gs qui aiment faire la fête, salle toujours sur-blindée, atmosphère bien festive jusqu'à l'aube. Seau rempli de glace et de bouteilles, gros son, fly girls, spotlights, adrénaline in full effect, c'est la formule gagnante à chaque fois.

On est en juillet 2009, ce soir-là, je me retrouve à droite de la scène à un moment donné. A côté de moi je vois un monsieur barbu, lunettes de soleil vissées sur le nez, assis pépère sure une chaise derrière une petite table avec une bouteille de whiskey. J'ai l'impression que c'est un videur qui surveille la foule depuis la scène, sans broncher. Le gars a une vraie gueule de motard. On dirait un Hell's Angel qui chille avec nous. Jusque-là, rien de bizarre (rires).

Puis, au lieu de traverser la scène pour aller vers notre seau derrière les DJs afin de me faire un refill de rhum dans mon verre vide, je pointe vers la bouteille de Jack. Le motard me donne le feu vert. Je me sers un verre, lève mon verre vers lui, "à la tienne mon grand" (rires). Je répète la procédure plusieurs fois, si ce n'est pas toute la nuit (rires). Je tape dans sa bouteille comme si c'était la mienne, sans scrupule, toujours sans savoir qui se cachait derrière cette barbe. Ce n'est que lors du débrief le lendemain qu'un de mes gars me dit:

- Ah, trop cool cette soirée hier, même Everlast est resté jusqu'à la fin, tellement l'ambiance était bonne.

- Comment ça, Everlast ? Il était où, j'ai pas vu moi…(ayant complètement zappé qu'il faisait parti de La Coka Nostra, booké le même soir, tellement j'avais pas calculé ce groupe).

- Ben, à côté de la scène où t'étais toi pendant une bonne parti de la soirée.

Et ce n'est là que je percute. Ce foutu rockeur discret, que j'avais pris pour un Securitas pépère toute la soirée, était bel et bien une de mes idoles en 1992 avec son Jump Around en maillot des Celtics. Au lieu de lui faire une énorme dédicace au micro, lui serrer la main et de le remercier pour tout ce qu'il a apporté à la culture Hip Hop, au rap et aux blanc-becs comme moi, j'ai sifflé sa teille en le snobant toute la soirée… encore une histoire de fou qui mérite ces quelques lignes.

15 Dope White Rappers/Groupes :

Eminem
Beastie Boys
Mac Miller
3rd Bass
Everlast
Russ
Paul Wall
Action Bronson
Evidence
El-P
Bubba Sparxxx
Lil Dicky
G Eazy
Prof
Pat Stay (RIP)

EVIL DEE

Evil Dee is on the mix, come on kick it !

Evil Dee, c'est Bucktown, Bushwick, Brooklyn, Black Moon, Boot Camp Clik, Beatminerz !!

Sur le chemin de l'interview pour DTB, on écoute Who Got Da Props en boucle. On est en 2002. Je suis avec Dynamike et Jiggy Jones. On hallucinait sur ce son qui datait déjà de dix ans et qui était toujours aussi frais. Ce qui est encore le cas aujourd'hui, plus de trente ans après.

On est à Écublens, dans les loges d'une boîte qui s'appelait l'Eclipse. Lieu improbable. C'est le bordel ! Il y a plus de monde dans les loges que dans la salle (rires). Evil Dee est booké comme DJ pour la soirée. Il vient de sortir l'album Brace 4 Impak de Da Beatminerz sur le label Rawkus. Il y a des morceaux avec Black Moon, Cocoa Brovaz (Smif-N-Wessun), Lord Have Mercy, Lord Tariq, Royce da 5'9", Jayo Felony, Ras Kass, Flipmode Squad, Talib Kweli, Total, Freddie Foxxx, Heather B, Pete Rock, Naughty by Nature, Diamond D, etc.

Il y a du bruit partout autour de nous, la musique de la salle fait vibrer les murs. Les gens parlent fort, on s'entend à peine, mais fuck it, on a connu pire, Hip Hop for life (rires).

Il nous parle un peu de l'underground face au succès commercial, de l'équilibre à trouver pour rester dans le game. Il parle de son époque préférée dans le Hip Hop, 1987 à 1992. Il dit avoir commencé à mixer en 1977, à six ans. Il nous explique les embrouilles avec leur label Nervous, chez qui était signé Black Moon, qui les ont obligés à rester en stand-by. Il est donc parti en tournée comme DJ, a produit pour The Roots, Rah Digga, A Tribe Called Quest, De La Soul, D'Angelo, pendant que Buckshot créait Duck Down Records. Ça a permis au Boot Camp Clik d'être encore plus inarrêtable, selon lui.

Il nous explique que Smif-N-Wessun ont dû changer de nom, puis ont gagné le procès contre le fabricant d'armes Smith & Wesson pour pouvoir s'appeler comme ça à nouveau, après des histoires de fou avec les avocats. Il m'a aussi expliqué que Mr. Walt est son frère. Chocolate Ty était son premier MC. Ils allaient à l'école ensemble et vivaient dans la même rue.

Ce nouvel album lui a permis de gagner des points en tant qu'ingénieur du son, et pas seulement comme beatmaker. Il était responsable de toutes les sessions d'enregistrement. Il était plus carré au niveau de la paperasse.

Interview de DJ Evil Dee

Parle-nous de trois de tes inspirations en grandissant, et comment elles t'ont aidé.

Evil Dee : Whoa… OK… Je ne m'attendais pas à ça, mais OK, je kiffe le délire. Je vais d'abord te balancer des noms qui ne sont pas Hip Hop, mais qui, en vérité, le sont à fond. Tu vas comprendre… D'abord, je dirais Norman Whitfield de The Temptations. Il a beaucoup produit pour Berry Gordy et tout le son Motown. Ensuite, je citerais James Brown et George Clinton, parce qu'ils sont funky. Ça fait déjà trois, mais je vais continuer. Il y a DJ Premier, qui m'a beaucoup aidé à progresser. Il m'a amené aux D&D Studios. Pete Rock m'a appris à utiliser le sampler SP-1200… par téléphone ! Q-Tip m'a appris des trucs sur le digging et les disques. Large Professor a été le premier à me féliciter pour mon travail sur ma première vraie production, Who Got Da Props. Ce compliment m'avait beaucoup touché, car c'est lui qui m'avait prêté le fameux SP-1200 que Pete Rock m'a appris à utiliser par téléphone (rires).

Cite-nous trois morceaux que tu aurais aimé produire.

The Bridge de MC Shan et Marley Marl. Nobody Beats the Biz de Biz Markie, produit aussi par

Marley Marl. Et T.R.O.Y. de Pete Rock & CL Smooth.

Dynamike : Tu produis avec quoi ces derniers temps ? T'es toujours sur le SP-1200 ?

Oui, le E-MU SP-1200, et je séquence avec l'akaI S950. Parfois, quand je travaille sur des remixes, j'aime bien mettre les pistes de voix dans la MPC 2000 pour synchroniser avec la musique, mais sinon, je ne l'utilise presque jamais.

Sur ton dernier album, Brace 4 Impak, il y a de super MCs comme Royce da 5'9" et Jayo Felony, qui n'ont pas encore explosé comme ils le méritent. Si tu pouvais travailler avec n'importe quel artiste, autant sur ses productions que sur sa carrière, tu choisirais qui ?

Si je devais choisir quelqu'un qui est sur mon album, je dirais Apani B Fly et Jean Grae. Ce sont mes deux petites sœurs, tu vois. Le morceau Shut the Fuck Up est mon préféré de l'album, avec No Doubt. D'ailleurs, je suis en train de travailler sur de nouveaux morceaux de Jean Grae.

"What makes a dope beat dope ?" ***Qu'est-ce qui rend un beat chanmé vraiment chanmé ?***

Il faut qu'il y ait du soul. Il faut que tu le ressentes dans ta production. Tu sais, j'entends beaucoup de productions partout dans le monde quand je suis en tournée. J'entends des choses qui claquent. Peu importe la langue, si ça flow, je vais comprendre. Je n'ai pas besoin de saisir les paroles. Je suis vraiment très souvent impressionné par les groupes locaux. Donc la langue n'a pas d'importance, il faut juste qu'on ressente le groove et le soul.

T'en penses quoi de tous ces clashs en ce moment ? Jay-Z/Nas, Dr. Dre/Jermaine Dupri, KRS-One/Nelly ?

Tu savais que la production du morceau de KRS-One où il clashe Nelly, c'est moi et mon frère qui l'avons faite ? Tu veux qu'on parle de clashs ? (rires) OK. Tout d'abord, le Hip Hop, c'est le Hip Hop. Je félicite Nelly, même si ça n'a pas toujours le niveau. Ce n'est pas parce que je n'achète pas ses disques que je ne respecte pas son hustle. L'aspect battle dans le Hip Hop est sain. C'est la base, c'est impératif pour la culture. Alors oui, tout le monde sait que Nelly va perdre sévèrement contre KRS-One, mais c'est culotté de sa part. Nelly a trop ouvert sa gueule, jusqu'à ce que KRS-One ne puisse plus s'empêcher de sauter sur ma production. On a fait une maquette chez moi. Il a écrit le texte chez moi, puis enregistré la maquette direct. Le résultat final, c'est ce que vous avez entendu. Il n'est jamais allé en studio pour le finaliser. On l'a sorti tel quel. Ça, c'est du Hip Hop !

Le Hip Hop, c'est quoi d'autre, sinon ?

Le Hip Hop n'est pas juste une mode. Ce n'est pas un truc que tu fais de temps en temps, comme ça t'arrange. Le Hip Hop est une façon de vivre. Je me réveille le matin, je me lave, et ensuite, je me mets derrière les platines pour mixer. Je m'entraîne pendant deux heures. Je fais ça tous les jours. Ensuite, je travaille sur mes productions et je m'occupe de l'administration. Je fais des mixtapes, je mixe gratuitement tous les jeudis soirs dans le quartier, je donne de l'argent aux écoles des environs, car sans mon quartier et mes fans, je ne serais rien.

Tu peux nous parler de la situation avec Rawkus ?

Rawkus a juste pu presser des vinyles avant de mettre la clé sous la porte. On a subi les conséquences. On n'a pas eu de promo ni de budget marketing pour cette sortie. C'est comme ça, tant pis. Tant que les fans ont leur copie, peu importe comment. Je m'en fous qu'ils l'aient téléchargée ou qu'ils l'aient achetée. Je n'ai toujours pas pu remettre la main sur la moitié de ces disques. Quel désastre !

FABE

Il m'a vu jouer au baseball à Genève en Ligue A, en 1991, quand il sortait avec la sœur de ma meuf de l'époque. Nicole, paix à son âme. C'était bien avant son morceau Je n'Aime Pas (rires). Je ne l'ai jamais interviewé, mais on se croisait souvent, car il venait régulièrement à Lausanne. Il était signé chez Unik Records, le premier label indépendant de rap francophone, il passait donc pas mal de temps au Flon. Ce label indépendant lausannois avait signé un gros Parisien, chose énorme pour le Hip Hop romand à l'époque ! On se croisait parfois dans les locaux de Sens Unik. Il m'avait félicité une fois pour un de mes morceaux. C'est Just One qui lui avait fait écouter, je crois. Il y avait un passage où je me plaçais à la Pharcyde, un peu chanté, saccadé, pendant quelques mesures a cappella avant que le beat se reprenne. Ça ne se faisait pas trop à l'époque dans le rap suisse, donc ça m'avait fait plaisir qu'il capte le truc et qu'il me big up.

Je me rappelle aussi de ce pull gris qu'il portait, marqué "Université de Paris". À cette époque, le fan gear universitaire américain était super à la mode aux États-Unis. Tous les rappeurs américains en portaient, de Phife Dawg à Ed Lover de Yo! MTV Raps, absolument tout le monde. J'ai donc bien respecté son petit "fashion statement" (rires). Il s'est approprié le truc avec sa fierté parisienne. On est en 1994, quelques années avant sa Lettre au Président qui contient cette fameuse phrase : *C'est tellement bas que pour en parler faudrait que je me fasse mal au dos.* Phrase que Booba a reprise à sa sauce dans La Lettre : *Je suis tombé si bas que pour en parler faudrait que j'me fasse mal au dos, putain, quelle rime de bâtard.*

D'ailleurs, je n'ai jamais vraiment su comment interpréter la phrase de Booba. Était-ce une pique, un clin d'oeil ou les deux, à ton avis ?

FAT JOE

Là il s'agit d'une production de Ledge. Concert de Joey Crack au Cult Club de Lausanne, un dimanche soir du mois d'août 2006. C'était sa première fois en Europe. Le gars ne prenait jamais l'avion jusqu'à récemment. C'était vraiment une soirée épique. Super ambiance, dope party ! Tout le monde a kiffé. Fat Joe a cartonné sur scène. Il était heureux d'être là et il a mis le feu au Cult Club.

Il y avait DJ Big Kap, ancien DJ pour Biggie un temps, et Ron Artest. DJ Kap (R.I.P.) était un DJ légendaire de New York, qui faisait ses fameuses soirées Mecca au Tunnel le dimanche soir avec Funkmaster Flex back in the days. The Tunnel était un ancien entrepôt où les trains déchargeaient leurs marchandises. Les soirées Mecca du dimanche soir, étaient super dangereuses mais aussi incroyablement festives en terme d'ambiance. Ça dansait encore toute la nuit dans ces soirées malgré la présence massive de thugs venus de chaque borough, de dealers, de directeurs artistiques en quête de la prochaine star et de patrons de labels. Les videurs de là-bas étaient tarés et sans pitié. Tout les plus grands crews y sont passés: Wu-Tang, Bad Boy, Mobb Deep, Ruff Ryders, Dipset, Boot Camp, Snoop & Dre… Les DJs passaient des vrais street bangers qui ne passaient pas à la radio.

J'ai eu la chance de me faire une de ces soirées légendaires le dimanche soir en 1995. Il fallait enlever ses chaussures puis passer un détecteur de métal pour éviter l'entrée d'armes, tu vois le délire ? Une des meilleures soirées de ma vie.

Bref, Ron Artest, le joueur de NBA, rappait aussi, il ouvrait pour Fat Joe pendant toute la tournée. C'était avant qu'il ne rejoigne les Lakers et ne devienne Metta World Peace (rires). Il avait déclenché la troisième guerre mondiale à Detroit un soir en faisant une grosse faute sur Rasheed Wallace, tu t'en souviens ? (rires). Ron Artest et Stephen Jackson dans les gradins... Les chaises pliables qui volaient... Le chaos total ! Malice at the Palace, excellent documentaire sur Netflix que tu connais sûrement déjà.

Tout ça pour dire que j'ai bu du Hennessy avec Ron Artest avant le concert, pendant que Big Kap roulait des spliffs à gogo à côté de lui. On était dans un petit resto-bar au Petit-Chêne. Je demande à Ron Artest s'il veut que je lui trouve de quoi fumer, il me répond : "Non merci, j'ai un contrôle d'urine demain matin" (rires).

Je me rappelle aussi d'un énorme plateau en argent dans les loges, de la taille d'une table, rempli de chicken wings qui a disparu des loges après le concert. À la fin de la soirée, en arrivant dans ma chambre d'hôtel, je vois ce plateau vide avec des centaines d'os bien léchés dans le couloir, devant la porte de Fat Joe (rires). Le gars avait un petit creux, normal (rires).

Quand je me suis présenté l'après-midi avant le concert, il m'avait félicité pour l'interview que j'avais faite pour 20 Minutes deux semaines avant.

Ça m'avait fait plaisir. On a pu discuter un peu. Il était tranquille à table, en train de manger, en train de nous parler, pendant qu'il regardait des montres suisses de luxe qu'un gars sortait une par une d'une petite valise. À chaque montre, il disait : "Yo, that shit's nice !", "Yo, gorgeous !", "That one is beautiful too !", etc. Il avait sa serviette dans le col comme un vieux mafieux italien pour ne pas tâcher sa chemise, j'étais mort de rire.

Un gars super vrai malgré sa réputation de mytho (rires). En tout cas, avec moi, il était super poli et respectueux. Et qui d'autre oserait continuer à marcher droit vers toi en disant "What's up, mothafucka, I'm right here !" alors que tu es en train de lui tirer dessus dans une rue du Bronx en pleine nuit (rires) ? Un vrai gars de la rue qui a toujours su se renouveler dans le rap game. Un ancien b-boy qui graffait avec KRS-One, down avec le D.I.T.C., Terror Squad, Big Pun, Remy Ma, des hits avec Ja Rule et Ashanti, French Montana, DJ Khaled, Drake, Lil Wayne... On oublie parfois le nombre de tubes et de club bangers qu'il a dans son catalogue.

Fat Joe est l'un de ces rares gars, avec peut-être Snoop Dogg et Busta Rhymes, qui arrivent à faire un hit toutes les quelques années depuis plusieurs décennies. Il réapparaît à chaque fois, sorti de nulle part. Il fait ça depuis 1993.

Je viens d'entendre Fat Joe dire dans une interview qu'il était un sacré bully back in the days. Il prétendait avoir dépouillé toute une salle de gym sans flingue au lycée un jour. Il jure avoir pris des walkmans, vestes, et Dieu sait quoi d'autre à plus de 70 élèves (rires). Soi-disant, il y avait même des gens avec qui il s'entendait très bien dans le tas… Il va encore plus loin en disant qu'il avait pris tellement d'affaires qu'il n'arrivait pas à tout porter tout seul et que certaines victimes l'ont même aidé à sortir toutes les affaires dehors (rires).

Interview de Fat Joe:

Comment ça va ? Prêt pour ce concert exceptionnel au Cult Club à Lausanne ?

C'est clair, je représente le Terror Squad, bientôt chez vous. C'est ma première tournée européenne. Si vous avez de belles montres, amenez-les avec vous ; qui sait, peut-être que j'en achèterai quelques-unes dans les backstages.

À quoi doit-on s'attendre ? Décris-nous Fat Joe en concert.

Je ferai les classiques pour les mecs, les hits pour les femmes. Ça sera la fête, avec des freestyles pour faire crier tout le monde. Je me réjouis, ça sera mythique, je vous le promets. Il faut absolument se procurer son billet, car je viens pour tout déchirer.

Quels sont les trois mots qui te viennent à l'esprit quand je dis "Suisse" ?

De belles femmes, des montres et beaucoup de chocolat.

Avec plus de treize ans de carrière, pourquoi avoir attendu aussi longtemps pour venir en Europe ? Est-ce vrai que tu as peur de l'avion ?

Oui, j'ai eu peur de prendre l'avion pendant plus de dix ans. Ça fait seulement deux ans que je vole, donc cette date à Lausanne tombe à pic. Il est temps de faire ce concert pour les fans qui me soutiennent, pour qu'ils puissent enfin me voir. D'ailleurs, ce sont les fans qui me motivent à faire de la bonne musique.

Quel CD prends-tu pour ce long vol ? Qu'écoutes-tu ces jours-ci ?

J'écoute Michael Jackson, Young Jeezy, Kanye West, KRS-One, Biz Markie, Public Enemy. J'aime aussi écouter du R'n'B dans l'avion, comme Sade ou Luther Vandross.

Tu as cité KRS-One, qui vient aussi du Bronx. Dis-nous ce qu'il y a de plus positif dans ce quartier.

Certainement le fait qu'on a inventé le Hip Hop. Cette culture que vous aimez tant vient de chez moi. Le Bronx est la "Terre sainte", et je suis très fier d'être de là-bas.

Tu passes beaucoup de temps aussi à Miami. Le soleil t'attire ?

Contrairement au Bronx, quand tu vas au restaurant à Miami, tout le monde te dit bonjour poliment et avec respect (rires).

Tu as sorti ton premier album en 1993. Qu'est-ce qui a changé dans le Hip Hop depuis ?

L'argent a tout changé. C'est devenu plus commercial. Aujourd'hui, l'industrie t'oblige à avoir un certain formatage pour les radios. Aux États-Unis, il y a beaucoup de contraintes qui limitent la créativité. Techniquement, je trouve que j'ai évolué et que je me suis toujours adapté à la tendance. Je suis le rappeur qui a le plus progressé dans l'histoire du Hip Hop.

Que ferais-tu si le rap n'existait pas ?

Le Hip Hop m'a sauvé la vie. Sans trop tomber dans le cliché, c'est une forme artistique magnifique qui m'a empêché d'être mort ou en prison à vie.

Tu es très "bling-bling". Tu portes combien de bijoux sur toi ce soir ?

En ce moment, j'ai deux chaînes. Rien qu'autour du cou, là, je suis à 600 000 dollars. J'ai environ 150 000 dollars sur mes poignets et mes doigts, et peut-être 80 000 dollars sur mes oreilles. Et je précise qu'aujourd'hui, je me suis habillé léger.

Quelques derniers mots pour convaincre les fans suisses de venir au concert le 6 août ?

Je ne dois convaincre personne. Sortez de chez vous si vous aimez le vrai Hip Hop et faites la fête avec Joey Crack du Terror Squad. Je vous aime tous et merci du soutien.

FATMAN SCOOP

R.I.P. Big Colorado ! Ah putain, celui-là, ça fait mal. Je suis tombé sur le cul quand j'ai appris la mauvaise nouvelle. Lui, c'était l'incarnation du party MCing. Rappeur, hype man, DJ de radio, acteur... Il animait les soirées comme peu savent le faire. Il balançait ses "catchphrases" comme personne. Un vrai artiste ambianceur. Il a influencé plus d'un, ma parole. L'énergie qu'il apportait avec sa grosse voix sur les "party beats" était complètement folle.

Il nous a malheureusement quittés dans une cabine de DJ en pleine soirée dans le Connecticut en disant : *If you came to party, make some noise*.

Il y a une poésie dans cette tragédie, malgré tout. Mourir dans son environnement, sur son lieu de travail, littéralement en train de chauffer le public, c'est ouf… Apparemment, il aurait bu une boisson énergisante juste avant, chose qu'il ne faisait jamais. Au moins, il est parti dans son élément, en pleine soirée, micro en main. Que son âme repose en paix.

Il était respecté par tout le monde. Il a posé pour Timbaland, Missy Elliott, Ciara, Mariah Carey, Bone Thugs-N-Harmony, Elephant Man, David Guetta… Il était Hip Hop new-yorkais à 1 000 %. Tellement humble et généreux, le gars. Toujours le sourire, toujours en train de blaguer. Il adorait l'Europe. Il était souvent booké dans les parages dans les années 2000. Il adorait ses fans. Tout le monde a une anecdote le concernant et/ou une photo avec lui.

Fatman Scoop était un MC avant tout, pour le X-Men crew de Roc Raida à l'époque, avant qu'ils ne deviennent les X-Ecutioners. Il était aussi promoteur pour le label Tommy Boy à l'époque de New Jersey Drive, genre en 1995. J'avais aussi entendu DJ Riz dire que Fatman Scoop était dans un projet avec Teddy Riley, way back in the days. Scoop avait contacté Riz une fois pour faire un *party groove track*, un genre d'instru qui "hype up" le public. Ils appelaient ça des morceaux de transition, que les DJs de soirées aiment passer d'un style à un autre. Ces morceaux m'ont toujours fait sourire, c'est un peu le blasphème pour les DJs de soirées mais hyper efficaces. À l'époque, Riz appelait Scoop à Hot 97 pendant que Scoop faisait ses émissions à l'antenne la nuit à partir de minuit. Ils partageaient leurs phrases, idées et concepts pour leurs futurs morceaux du Crooklyn Clan. Ils piquaient des boucles des party bangers de Busta Rhymes, Peter Gunz & Lord Tariq, Junior M.A.F.I.A., DMX, Bad Boy crew, Total, Benjamins de The LOX, le fameux hit de Faith Evans Love Like This, etc., pour ensuite faire des party remixes qui avaient encore plus la pêche que les originaux. Ces disques AV8 sont devenus un véritable sous-genre dans les soirées.

Je me souviens d'une soirée à l'extérieur d'un château en France voisine où il était booké. Il fallait prendre un car façon navette, les allers-retours toute la nuit. C'était complètement fou. On aurait dit un clip. Il y avait des cracheurs de feu, des femmes déguisées, à moitié nues, qui défilaient. Il y avait de la bouffe partout, et derrière les platines, au micro, Fatman Scoop en train d'ambiancer le public. Encore aujourd'hui, je ne sais pas comment je me suis retrouvé au milieu de tout ça ni qui m'a filé l'invitation. Mystère (rires).

Je me souviens aussi quand il est venu nous rendre visite à l'antenne avant une soirée, une fois. Il était très abordable et lâchait son numéro et son e-mail facilement. Je lui avais parlé de mon émission pilote que j'essayais de vendre. Il avait kiffé le concept de ce Hip Hop gameshow. Il m'avait prévenu des requins dans le bassin de la télévision. Lui, il s'était déjà fait avoir avec une émission de télé-réalité autour de la cuisine. Les producteurs avaient aimé son idée, puis ils lui ont volé tout son concept, mis un autre gros rappeur sur le coup... Au final, ça n'avait rien donné, mais il a bien insisté sur le fait que ce milieu était très dangereux et sans pitié.

FONKY FAMILY

Sans rémission ! La FF était au top. La Section Nique Tout. Ils ont marqué le rap français. C'était quelque chose sur scène ! Il fut un temps où toutes les maisons de disques parisiennes descendaient à Marseille pour trouver les prochains Marseillais qui allaient tout casser.

La Fonky Family, à la base, c'était la fusion entre Le Rat Luciano et Menzo d'un côté (Black & White Zulus), et Don Choa et Sat (Le Rythme et la Rime) de l'autre. Ils se sont réunis pour faire la première partie d'un concert de Sens Unik à Marseille fin 1994. Donc, techniquement, Sens Unik est responsable de la création de la Fonky Family ! C'est dingue, quand même (rires) ! En 1995, la FF apparaît sur l'album d'AKH avec Bad Boys de Marseille. Ce titre a été le premier single de rap à passer sur Fun Radio, NRJ et Skyrock. Ça a changé toute la programmation de Skyrock, selon AKH.

Je les ai aussi interviewés quelques fois. La toute première fois qu'ils sont arrivés dans notre émission, ils étaient tous timides et réservés. Leur premier album venait de sortir. Le buzz en Suisse était tout frais. Je me rappelle que j'avais demandé à chacun de se présenter à l'antenne. Quand je suis arrivé au dernier, j'ai dit : "Et toi, t'es qui ?", en pensant que c'était peut être le weed carrier du groupe avec sa petite sacoche de travers (rires).

- "Le Rat", dit-il discrètement, à voix basse.

Je n'avais pas compris, je lui redemande : "Qui ?"

- "Le Rat", répète-t-il.

Je n'avais toujours pas compris. Je lui redemande encore : "J'ai pas compris, désolé, qui ?"

- "LE RAT LUCIANO... "

- "Ah OK, désolé, j'avais vraiment pas compris. "

Je venais de réaliser qu'il disait "Le Rat ", alors que je m'attendais à ce qu'il se présente en disant "Luciano " avec en peu plus de coffre, tu vois ? Quelle gaffe (rires) ! Je ne l'imaginais pas comme ça, timide. Je pensais vraiment que c'était juste un gars de leur entourage, genre un petit beatmaker (rires). Il ne cherchait pas la lumière. Il était discret, en retrait, il observait et parlait à peine. Mais dès qu'il a pris le micro, il s'est transformé en assassin : L'homme de coeur a tout déchiré. Flow, lyrics... Pfff, laisse tomber ! Le gars tenait le rap français par les couilles pendant un bon moment.

Mario Rodriguez est venu en France pour mixer Si Dieu Veut. La puissance du truc ! Le gars a mixé, entre autres, les albums Hell on Earth de Mobb Deep, Ready to Die de Biggie et Mr. Smith de LL Cool J. À cette époque, les maisons de disques avaient de vrais budgets. Elles nous filaient de grosses piles de CD à faire gagner à l'antenne à la sortie de chaque album. Sony m'avait ensuite envoyé à Paris en TGV pour les interviewer en Mai 2002, pour leur deuxième album Art de Rue. C'était sur le toit de la maison de disques, en plein soleil. Je me rappelle avoir été déçu de ne pas avoir pu interviewer Le Rat Luciano (rires), car j'adorais son écriture.

Nous avions fait leur avant-première au Rocking Chair de Vevey avec mon groupe La Hana Club en novembre 1998. Il y avait Dynamike et Nostra avec nous ce soir-là aussi. C'était quelques mois avant notre concert à la Coupole de Bienne, soir où je suis tombé de la scène en plein show, smh (rires)... Cherche pas, shit happens (rires). D'ailleurs, je ne me rappelle plus de rien, à part qu'il y avait Stretch Armstrong qui mixait le même soir. Mémoire sélective (rires). C'est marrant parce qu'autant je me souviens bien de notre concert au Montreux Jazz avec Roots Manuva et The Roots en juillet 1999, autant pour les deux autres, nada, ni de l'avant-première qu'on avait faite pour Ärsenik en février 1999, maintenant que j'y pense...

Je me demande si on avait déjà notre routine sur scène avec la phrase scratchée d'Ice Cube : *Standin' on stage as I'm grabbin' my nuts*. La phrase était parfaite pour une interlude en plein concert. Cube la balance a cappella en plus, donc parfait. Elle se trouve sur What They Hittin' Foe de son album Amerikkka's Most Wanted. J'avais insisté pour que notre DJ 2D balance la phrase à plusieurs reprises afin que chacun de nous trois puisse mettre la main au sac et le secouer pendant que le DJ scratch la fin de la phrase en harmonie. J'ai toujours eu cette fibre pour la direction artistique avec ces petits détails, mais pour moi c'est important de se différencier des autres groupes avec de telles subtilités. Le public kiffait trop, et c'était aussi une bonne manière de montrer qu'on connaissait nos classiques.

LA FOUINE

Le gars est né le 25 décembre 1981, à Trappes. À l'âge de 10 ans, il était chez les flics pour vol de CD de Benny B (rires). À 14 ans, il quitte l'école pour la musique. En 2011, il est élu meilleur artiste français aux MTV Europe Music Awards.

J'avais toujours trouvé bizarre qu'il ne mette pas plus en avant son talent de chanteur plus tôt dans sa carrière. Le gars joue aussi très bien de la guitare, mais avait préféré se faire passer pour un rappeur pur et dur au lieu de nous proposer des dimensions supplémentaires dans sa musique. Je pense que ça ne faisait pas assez gangster au début de sa carrière (rires). Il préférait se laisser pousser la barbiche sous le menton, à la WC version Wish (rires). Il voulait plutôt se faire passer pour un West Coast gangbanger (rires) au lieu d'être considéré comme un vrai musicien.

Ce n'est que plus tard dans sa carrière qu'il nous dévoile ses vrais talents (rires). Je pense notamment à ce morceau, Du Ferme, où il se pose de façon saccadée en chantant sur tout le titre. Personne ne se plaçait ainsi sur des chansons, en France, à cette époque. Il avait trouvé cette façon de se poser, avec cette rythmique vocale, que je salue. Le morceau avait explosé.

C'est un peu le Fat Joe de la France. Ce que je veux dire par là, c'est que le gars a traversé plein d'époques et de styles de rap différents à travers toutes ces années. Il a toujours su s'adapter à la tendance du moment. Il était toujours dans l'air du temps. Il a bossé avec Omarion, T-Pain, DJ Khaled, Ace Hood. Côté français, il a collaboré avec Amel Bent, Booba, Rohff, Sefyu, Soprano, Youssoupha, Kennedy, etc.

Il était venu chez Ledge pour enregistrer un morceau exclusif avec Stress. Track qui était censé être pour l'album de Vincz Lee. Ça devait être en 2007-2008, si ma mémoire est bonne. C'était cool de les voir bosser ensemble dans notre studio d'enregistrement où je bossais à l'époque. Le morceau s'appelle Les Bitches aiment les euros, il est sur YouTube.

Il est venu dans notre émission pour faire la promo de son album à l'époque des Blackberry (rires). Je me rappelle qu'on s'est échangé nos PIN et que j'étais tout content de l'avoir dans mes contacts (rires). Je ne connais pas sa situation de label aujourd'hui, mais là, il était signé chez Jive/Epic, donc grosse machine Sony… Il avait apprécié l'ambiance de notre émission. Il avait ressenti le real Hip Hop shit qu'on transmettait aux auditeurs sur les ondes.

J'avais kiffé de le voir kiffer le rap. Je l'avais bien ressenti, ça, dans la façon dont il écoutait les sons que les DJ passaient dans l'émission entre les questions de l'interview. C'était un vrai fan de rap. Il était à fond dans le truc. Il suivait tout ce qui sortait, il analysait les tendances, comment les artistes se posaient sur les sons, les flows, les styles. Un vrai passionné. Il étudiait bien le rap game.

Parfois, les échanges hors antenne, entre les interventions à l'antenne, sont souvent plus "rap nerdy " et plus deep que l'échange officiel que vous entendez une fois que le micro est allumé. C'est toujours cool de pouvoir disséquer des chansons, des albums, des tendances avec des vrais passionnés qui sont autant dans le truc que toi.

THE GAME

Le gars s'est quand même fait tatouer un putain de papillon sur la joue avant de le recouvrir avec le logo "LA" (rires).

J'avais pris congé pour monter à Zurich un lundi pour ce gars. c'était le 11 Décembre, 2006. Ce muthafucka m'a fait poireauter devant les loges pendant plus de deux heures (rires). Je n'ai jamais attendu aussi longtemps pour quelqu'un de ma vie. Je crois que c'est aussi l'interview la plus courte que j'aie jamais faite. Je suis monté à Zurich pour quelques miettes. Le soir, je l'ai vu sur scène en train de descendre une bouteille de Hennessy cul sec, presque d'un trait ! Un truc impossible. Encore aujourd'hui, je me demande s'il n'avait pas mis du thé froid dedans à la place, juste pour le spectacle (rires). Ça ne m'étonnerait pas de lui. C'est quand même l'un des plus grands mythomanes du rap. Très divertissant en tout cas. Lui et Fat Joe c'est du pop-corn à tous les coups quand ils parlent dans un micro (rires).

J'ai encore le papier que j'avais écrit pour introduire l'interview à l'antenne :

Mon rendez-vous avec The Game était prévu à 18 h dans les loges de l'X-tra à Zurich, un putain de lundi soir. Pour ne pas galérer dans les bouchons et ne surtout pas arriver en retard, je décide de prendre le train à 14 h 45 depuis Genève. Je suis sans livre, ni magazine, sans rien à grignoter et, pire que tout, sans musique. Je vois les gares défiler. Je traverse le Röstigraben en deuxième classe, imaginant mon face-à-face avec le West Coast King du moment. Armé de deux pages de questions, je me réjouis de voir son fameux tatouage "LA" de tout près. "Pourquoi ce papillon sur la joue ? T'as perdu un pari ?", "Qu'est-ce que Dr. Dre t'a appris en studio ?", "Qu'est-ce que tu aurais fait si N.W.A n'avait jamais existé ?" Voilà quelques questions que je voulais lui poser depuis longtemps. Je m'impatiente comme un gosse la veille de Noël... Allez, plus que deux heures avant de déballer les cadeaux...Mon cul, ouais !

Du train au tram, du tram à l'hôtel... Il est 17 h 45. Le gars d'Universal me confirme que The Game est en route et que j'aurai ma demi-heure avec Jayson Taylor bientôt, dans les loges, avant son concert prévu à 20 h 30. Je prépare mon matos, je vérifie le micro dans ma chambre d'hôtel, juste à côté. Je suis prêt, j'attends le feu vert. 18 h 30... The Game n'est toujours pas arrivé. 18 h 45... J'attends toujours le prochain coup de fil... 19 h, toujours rien ! Mes dernières gouttes de patience s'évaporent. J'ai les fourmis dans les jambes, je décide de quitter ma chambre pour aller rôder près des backstages. Et devinez quoi ? J'attends toujours, comme un con.

Je vois les équipes de sécurité passer dans tous les sens avec leurs talkies-walkies. Je vois des cuisiniers porter des bidons. Les portes s'ouvrent et se ferment. Je commence à sentir la pression, le staff est tendu. Ça panique un peu. Début du concert prévu à 20 h 30... Toujours pas de Game ! 19 h 30, j'ai la dalle. La haine monte. Je suis partagé entre "Stay focused, Blu, tu y es presque" et "Mais qu'est-ce que je fous là ?". Si j'avais su, je serais allé me faire un kebab chez New Point en attendant. Je suis à deux doigts de tout envoyer péter. Un gros doigt d'honneur. 19 h 45... Mister GGGG G-UNOT n'est toujours pas là ! Le responsable d'Universal me rassure en disant que le Compton's Finest sera là pour un quart d'heure d'interview... Il est 20 h, et je n'aurai jamais la demi-heure promise. Dégoûté ! 20 h 09... J'ai perdu tout espoir... Et là, "KA-CLICK !" La porte des loges s'ouvre. Un garde du corps de la taille d'un grizzly apparaît. Il ordonne à tout le monde d'éteindre les cigarettes.

Je ne me sens pas concerné, je m'en fous, je ne fume pas. Ça s'agite. Il y a du mouvement. L'adrénaline monte. Et là, d'un coup, je vois apparaître le gangsta, derrière l'énorme grizzly qui lui ouvre le passage. Incroyable ! Il est presque 20 h 30 et je vois ce fameux cou tatoué comme une oasis dans le désert après un mois de marche sans eau. Enfin ! On me demande de m'approcher et de m'installer sur le canapé. Ça y est, je suis face au "Doctor's Advocate", pour cinq précieuses minutes…

Six Enormes Lyrics de Mythos dans le Rap:

Nas - New York State of Mind: “I don’t know how to start this shit”
(Je ne sais pas comment commencer ce texte)

Jay-Z - Never Change: “Lost 92 bricks, had to fall back”
(J’ai perdu 92 briques de coke, fallait que je me calme)

Jadakiss - We Gonna Make it: “My bathtub lift up, my walls do a 360”
(My baignoire se soulève, mes murs peuvent tourner 360°)

Rick Ross - Super High: “Hawaii hang-gliding in the mountains”
(Je fais du deltaplane dans les montagnes à Hawaii)

Action Bronson - La Luna: “I came out the pussy wearing Tims”
(Je suis sorti d’une chatte en portant des Timberlands)

Ghostface - The Grain: “We at the opera, Queen Elizabeth rub on my leg, had ketchup on her dress from a Whopper”
(On est à l’opéra, la reine Elisabeth me frotte la jambe, elle a du ketchup sur sa robe à cause d’un Whopper)

GHOSTFACE KILLAH

I'm high-powered, put Adina Howard to sleep
Yo, pardon, that bitch been on my mind all week
But, uh, back to you, Maybelline queen, let's make a team
You can have anything in this world except C.R.E.A.M.

Ghostface Killah, aka Tony Starks aka Pretty Toney, a suffisamment d'arguments solides pour figurer au sommet de la liste des membres les plus constants du Wu-Tang Clan. Un flow incroyable, des mots dans des phrases improbables, un style unique et une énergie débordante. Le gars balance des poisonous darts, des véritables flèches venimeuses dans ta face (rires). Quelle carrière ! Ironman, Supreme Clientele 1 et 2, Bulletproof Wallets, Pretty Toney, Fishscale, Wizard of Poetry… sans oublier les mythiques Only Built 4 Cuban Linx et Enter the 36 Chambers, ou encore ses projets avec MF Doom et Styles P.

Un MC versatile. Il peut te raconter une histoire de braquage dans une église ou un règlement de compte dans un hôtel sur une boucle de soul, et ça passe crème. Il peut te balancer des phrases qui ne veulent strictement rien dire pendant tout un morceau, comme Nutmeg sur Supreme Clientele, et faire sonner ça comme le truc le plus extraordinaire du monde. Il se met à nu en larmes sur du Isaac Hayes. Il te tire une balle dans le ventre sur une prod de RZA sortie des égouts, et uplift sa "beautiful black queen" en featuring sur un morceau de Beyoncé sans cligner des yeux. Son spectre de styles est incroyablement large. Le gars est trop authentique ! Personne ne peut fuck avec Ghost ! Je te raconte même pas les menaces de mort divertissantes qu'il avait balancées à Action Bronson à l'époque (rires). Ça avait généré plus de 2,5 millions de vues sur YouTube (rires). Ou la fameuse fois où il s'est lâché envers tous les dirty muthafuckaz sur Twitter en 2010 avec un protocole de douche (rires). Je pense à Ghostface chaque fois que je me lave le fion (rires). Dove aurait dû le signer direct en tant qu'ambassadeur de la marque après ce rant:

Y'all ni**as that be fuckin with that bird bath shit thinkin y'all clean, like you just gonna go in the bathroom & wash your nuts your face
12:05 PM Nov 21st
That's not cleaning yourself. I don't give a fuck how much soap you put on your little bird ass chest ni**a. It ain't working my ni**a.
12:06 PM Nov 21st
Nah mean, get your ass in the shower son. Get between your toes ni**a. Wipe your ass ni**a.
12:07 PM Nov 21st
And when you get in the shower for niggas that don't know how to take showers, wash your fuckin face first man. THEN wash your nuts.
2:09 PM Nov 21st
Don't wash your nuts and then wash your face. You feel me ! You goin' backwards. A lot of y'all ni**as don't know that shit ! Nah mean.
12:10 PM Nov 21st
And scrub hard ! Scrub your balls hard ni**a, scrub your little dirt off your ankles that when you was a lil kid you couldn't get 'em off & shit
12:11 PM Nov 21st
Shit kept sticking there even though how hard you tried haha. For y'all ni**as that got that shit, y'all niggas ain't clean man. Word up man !

12:12 PM Nov 21st
And have a bitch getcha back. 'Cuz your back is dirty son ! The back of your ass and the back of your back. Scrub that shit ni**a.
12:14 PM Nov 21st
Clean your ass with the best soap. The best soap from the heavens above ni**a. That's Dove !
12:15 PM Nov 21st

Trop comique le gars. Une fois, une fille est montée dans son tour bus et a bouffé tout le paquet d'Oréos. Du coup, il a écrit une chanson intitulée Greedy Bitches où le gars balance :

Greedy Bitches, greedy, greedy bitches, come on
Greedy bitches, greedy, greedy bitches, and you
Greedy bitches, greedy, greedy bitches, say what
Greedy bitches, yo, that hos ate the Oreos…
No Domino's, Papa John's and Waffle House
Frontin' on the pussy, you can throw the dick in your mouth

Du pur génie le gars, smh (rires).

Sinon, je pense aussi à cette histoire incroyable qu'il a racontée sur Drinkchamps en 2022. Je crois même qu'il y a un épisode sur le Wu Saga, apparemment intitulé When The Smoke is Clear. Même titre que le track qui apparaît sur son classique Ironman. Il paraîtrait que Ghostface est dans une camionnette de 15 places avec The Delfonics, direction studio d'enregistrement. Sur le chemin, Ghost remarque la voiture de derrière qui commence à les provoquer. Ghostface, bien agacé, commence à lui tirer dessus pendant qu'ils roulaient (rires). Le petit con riposte et tire sur la camionnette de Ghost, avec les vieux soulmen à ses côtés, à son tour (rires). Véritable shootout comme dans un film, bam bam bam (rires) ! Une fois la fumée dissipée, Ghostface s'excuse envers eux, ils finissent par enregistrer leur track, sans rancune…

Je pense aussi à la fameuse fois en 1997 où Ghostdini a dit "Fuck Hot 97" étant sur la scène de The Summer Jam de… Hot 97 (rires). Il se sentait trop disrespecté… Et cela pour plusieurs raisons : d'abord parce qu'il n'était pas d'accord avec l'ordre des concerts ce soir-là. Il y avait Bad Boy qui devait passer en dernier, je crois… et Ghostface was like, fuck that (rires). Le Wu-Tang était aussi fâché que leur hit Triumph n'était pas en rotation sur Hot 97 alors que ce single était double platine, puis l'album Wu-Tang Forever l'était 4× avec plus de 4 millions de copies vendues. En plus de ça, Hot 97 était la radio de New York incontournable… Hot 97 les a bannis direct. Puis, c'était une radio syndiquée, ce qui veut dire qu'ils contrôlaient la programmation des autres stations dans plein d'autres villes partout aux États-Unis. Boycotter le Wu-Tang était un move de ouf, car le Wu-Tang était le Real Madrid à cette époque-là. Genre, les Galactiques de 2003, tu vois ?! Zidane, Ronaldo, Beckham, Figo, tu captes ? C'était la dream team du rap. Mef, Ghost, Rae, GZA, Deck, ODB… laisse tomber ! Ça leur a bien coûté cher ce bullshit, car la radio à cette époque était très powerful. Les jeunes d'aujourd'hui ne se rendent peut-être pas compte de l'importance des airwaves et de l'impact que ça avait dans le passé. Si tu passais pas à la radio, t'étais mort. La radio était impérative pour tes ventes de disques. Donc oui, Ghostface était bien sauvage à l'époque (rires).

J'avais réussi à me faufiler dans les loges du Wu-Tang Clan après leur concert à la Royal

Arena de Bienne pour leur filer mes fringues, merci RSK ;). C'était en 2015. J'avais un hoodie *LIES* qui veut dire mensonges en anglais, en bordeaux que je voyais trop bien sur Ghostface Killah. Le "L" du LIES était en forme de flingue avec des colombes autour. Trop poétique le design, j'te jure! Big up Mark Angelil. "Yo Ghost, check this out, let me pull out this sweet hoodie in burgundy I got for you... You gonna love this, bet !" Et ouais, il avait adoré... il l'avait mis direct pour vérifier la taille. Trois jours plus tard, je vois des photos de lui à Amsterdam en train de fumer un gros spliff dans des loges avec mon pull sur Instagram... Y'a des videos de lui sur scène avec et tout. Ça fait plaisir ça. Quand un de tes idoles kiffe ton shit pour de vrai de vrai. À côté de lui, il y avait Method Man qui a tout de suite mis mon bonnet You Are Not Dead Yet et Raekwon qui a flashé sur mon tee-shirt Black Mickey Mouse. D'ailleurs, j'en ai une bonne concernant Raekwon aussi que je t'expliquerai plus tard (rires).

J'avais aussi interviewé Ghostface Killah une fois à Lausanne au D! Club quelques années auparavant, après son concert avec son Theodore Unit. Il y avait le blanc que je kiffais bien... Shawn Wigs, je crois qu'il s'appelle, et Trife Da God, qui avait fait un bon petit buzz pendant un moment. C'était le 26 septembre 2006. Il n'y avait pas encore de smartphones. J'avais pris mon appareil photo pour immortaliser le moment après une petite interview. Sauf que Ghostface l'a fait tomber sans faire exprès après m'avoir pris en photo avec Trife. *Oh shit, my bad yo, here you go,* avec un grain de honte dans son visage en me tendant l'appareil. Je lui réponds : *Yo dude, t'as cassé mon appareil photo !* en semi-rigolant. Je pensais encore pouvoir le réparer, mais j'ai vite vu qu'une partie du dessous de l'appareil était cassée. Je répète : *Dude, you really broke my shit ?!* en réalisant que mon appareil était vraiment irrécupérable. J'étais même pas fâché en vrai, je trouvais ça plutôt marrant. Je voulais juste prendre une photo avec lui. Ça allait faire une bonne histoire à raconter à mes potes. "Ghostface Killah a cassé mon appareil photo, mes potes ne vont pas me croire." J'ai répété : *Yo man, you really broke my shit* (rires). Il pensait que j'allais porter plainte ou je ne sais pas quoi, parce qu'il s'est barré comme un voleur avant que je puisse prendre une photo avec lui... ça s'est passé en quelques secondes (rires). Il a quitté le lieu "on some now you see me, now you don't, shit". Quick fast, le gars s'est vite sauvé et m'a laissé seul avec un Trife Da God tout mal à l'aise (rires).

Bref, pendant l'interview, le gars m'a parlé de l'importance des paroles dans le rap, des codes OG de chez lui pour grimper les échelons avant de pouvoir même toucher le micro. Il m'a parlé de sa relation avec Dieu, de sa gratitude pour sa réussite dans le rap game et d'être signé chez Def Jam. Je lui avais demandé pourquoi il n'y avait plus de "Killah" sur la pochette de son album Pretty Toney et si c'était Def Jam qui l'avait obligé de l'enlever pour mieux vendre peut-être. *Naw man, fuck that ! The Killah's always gonna be there. Je ne leur avais jamais donné le feu vert pour enlever ce mot de mon nom d'artiste. C'est qui je suis depuis le début. Ils ne pourraient jamais m'enlever ça.* (Sur Fishscale, l'album d'après, le Killah avait réapparu.) Il m'a brièvement parlé de RZA, qui l'avait rejoint en Afrique pendant quelques mois avant de s'attaquer à l'enregistrement de Supreme Clientele. Il n'a pas voulu trop rentrer dans les détails, mais il m'a fait comprendre qu'il y avait encore plein de cuisine interne à régler avant qu'un nouvel album du Wu-Tang Clan puisse éventuellement sortir : problèmes de contrats, d'ego, d'agendas, etc. On le savait bien avant le documentaire sorti en 2019, Wu-Tang: Of Mics and Men, qui est excellent d'ailleurs.

Je lui avais demandé quand il avait pleuré pour la dernière fois. Il m'a répondu "il y a quelques mois" sans préciser pourquoi… j'espérais une réponse un peu plus approfondie (rires). J'aurais peut-être dû insister un peu plus pour obtenir une réponse plus "deep". J'ai pas eu le réflexe.

La dernière fois que tu as chopé un fou rire ?

Il y a quelques jours. C'était dans le quartier. Des blagues à la con entre potes. Tu sais comment c'est quand ça balance entre frangins : "nahmean", "just stupid funny shit"…

Dernier bon livre que tu as lu ?

Le Coran.

Dernier bon film que tu as vu ?

The 40-Year-Old Virgin, yup. Gars ! C'était un film super marrant, "yo, word up" !

Sûrement Mes 10 Ghostface Featurings Préférés:

Criminology - Only Built 4 Cuban Linx: Raekwon
Ice Cream - Only Built 4 Cuban Linx: Raekwon
Special Delivery Remix - We Invented The Remix: P. DIddy
He Comes - The Grind Date: De La Soul
Freek'n You remix - Jodeci 12" vinyl single
Guillotine - Only Built 4 Cuban Linx: Raekwon
New God Flow remix - Cruel Summer: Kayne West
Purple Heart - Mr Morale & The Big Steppers: Kendrick Lamar
4th Chamber - Liquid Swords: GZA
Ooh Wee - Here Comes The Fuzz: Mark Ronson

GRANDMASTER FLASH

Broken glass everywhere
People pissin' on the stairs, you know they just don't care
I can't take the smell, can't take the noise
Got no money to move out, I guess I got no choice

The Message est dans le Top 5 des meilleurs morceaux de rap de tous les temps ! C'est le premier morceau que je connaissais par cœur quand j'étais gamin. Je vivais à San Francisco, étant le seul petit white kid on the block. C'était un peu chaud, mais je kiffais bien. Ça me paraissait normal. Je passais mon temps dehors à jouer au ballon, à grimper les barrières et à faire des conneries avec les potes.

Quand j'entendais Melle Mel parler de la pisse sur les escaliers et les briques de verre partout, c'est comme s'il parlait de ma rue. Quand je voyais le clip, je me disais que ça aurait pu vraiment être filmé en bas de chez moi. J'entendais ce morceau sortir des enceintes de partout, de tous les côtés. Mythique ! Quand il dit : "My son said daddy I don't wanna go to school 'cuz the teacher's a jerk he must think I'm a fool", on aurait dit qu'il parlait de ma prof alcoolique Miss Miller qui détestait nous enseigner (rires). Ce texte m'avait tellement fasciné. Il décrivait le quotidien de la survie en ville. La pauvreté, le crime, la prison et ses conséquences. Ces images peintes avec le pinceau vocal de Melle Mel. Grave, puissant et simple à comprendre. Ces mots si vrais et si précis sur cette musique rythmée, tellement stylée. The Message, Planet Rock de Bambaataa et Sucker MCs de Run-DMC, mon Dieu, ces morceaux m'ont marqué à vie !

Cela dit, Flash m'avait un peu déçu quand je l'ai rencontré le 17 février 2005 (rires). Il ne se prend vraiment pas pour de la merde, celui-là (rires). Je savais déjà qu'il était aigri et fâché contre la new school et que le gars n'aimait pas aborder certains sujets. Après, le gars s'étonne qu'il ait cette réputation qui le suit comme son ombre.

C'est la seule interview que j'ai faite dans une voiture en mouvement, c'était marrant ça (rires). J'étais assis derrière avec mon collègue de la 3, Michael. Flash était assis devant, en siège passager, pendant qu'un membre du D! Club conduisait en direction d'une boîte informatique pour une petite urgence avant son show. À ce moment-là, on ne savait pas trop ce qui se passait. On savait juste qu'on ne devait pas louper l'ouverture pour l'interview et qu'on devait le suivre de très près.

Dans la voiture, je lui demande si je pouvais l'interviewer. Il me demande qui j'étais et ce que j'avais comme questions. Je lui explique vite fait : Baby Blu, Downtown Boogie, Radio Nationale FM Suisse, émission 5 jours par semai… Il me dit OK… je lui demande quand on pourrait faire ça, histoire que je m'organise… il me dit : "Tout de suite…" Michael presse REC direct et me fait des yeux du genre "Vas-y gars, à toi de jouer !" (rires).

Tu étais la toute première personne à utiliser une platine comme un instrument… parle-nous de comment ça t'a changé la vie ?

Ça m'a permis d'exprimer mon art envers le public en utilisant mes mains. Ce que les rappeurs font avec leurs paroles, moi je le fais avec mes deux mains. C'est un cadeau du ciel qui m'a permis de voyager à travers le monde pour montrer aux gens les différents styles de musique tout en m'amusant.

En parlant de s'amuser, pour les malchanceux qui ne pourront pas venir faire la fête ce soir au D! Club, c'est comment une soirée avec Grandmaster Flash aux platines ?

Ooh ! C'est très dur à expliquer. C'est de jouer en s'amusant... Jam ! Jam ! Jam ! Beaucoup de gens ne savent pas comment le Hip Hop est né. Le Hip Hop est né en 1971 (bien deux ans avant la première block party de Kool Herc à 1520 Sedgwick Avenue). Les gens ont tendance à croire que le Hip Hop a commencé avec les sorties de disques, mais c'est faux. D'autres croient que ça a commencé avec les MCs, ça aussi c'est faux. Il faut savoir que tout a commencé avec les pensées d'un DJ. Nous, les DJs, sommes ceux qui créent cette atmosphère musicale qui permet aux breakers de danser et aux rappeurs de rapper. Ce que je vais faire ce soir, c'est de revenir en arrière, à mes racines, avant les sorties d'albums, avant d'avoir connu la gloire. Je vais mixer les disques de l'époque, quand les gens ne connaissaient pas très bien ce qu'était le Hip Hop, et mélanger ça avec quelques nouveautés.

Parle-nous de cette époque, début des années 70, et comment tu as attrapé ce virus du Hip Hop et qu'est-ce qui t'a donné envie de devenir DJ ?

Mon père collectionnait des disques. C'est là que j'ai appris à respecter les vinyles. Ensuite, j'ai vu Kool Herc mixer. Depuis ce moment, mon rêve était de devenir DJ, mais à cette époque, les meilleures parties des chansons qui sortaient avaient des breaks trop courts. C'est là que j'ai inventé ce nouvel art que j'appelle le "cutting". On appelle ça aussi "scratcher" : prendre une partie d'un disque pour la faire répéter en boucle en manipulant les disques. C'est ma contribution au Hip Hop et c'est ce que je vais faire ce soir, je prends des petits bouts de rien pour les transformer en toutes nouvelles choses.

Est-ce que c'est vrai qu'à l'époque, tu avais tes platines dans ta cuisine ?

C'est vrai, c'est là que je les mettais un temps. Il n'y avait jamais de place ailleurs. À l'époque, j'avais un petit appartement...

À cette époque, y avait-il de la compétition entre toi et les autres grands DJs comme Afrika Bambaataa et Kool Herc ?

Sans vraiment le savoir à l'époque, nous étions trois énormes hommes d'affaires. Chacun avait son territoire. Chacun faisait ses soirées.

Est-ce que tu te rappelles de ton premier vinyle et est-ce que tu as un disque préféré ?

Je n'ai pas de disque préféré et mes premiers vinyles, je les prenais dans les armoires des parents des copines avec qui je sortais, il y en avait donc beaucoup, mais je ne me souviens pas du premier.

Fin du round 1. La voiture s'arrête. Grandmaster Flash ouvre sa porte, sort de la voiture et se dirige vers ces bureaux/laboratoire incognito pour corriger le son sur un DVD qu'il utilise d'habitude comme intro de son show. Il a payé 400 $ pour faire venir ce DVD depuis les États-Unis en express et le son est trop compressé. Au chemin du retour, il m'a promis une suite d'interview, sans grande conviction, l'air préoccupé, ce qui est assez compréhensible, j'avoue.

10 minutes plus tard, nous revoilà dans la voiture, direction D! Club pour la fin de son soundcheck... Il a la tête ailleurs, mais j'insiste un peu pour une suite... Je lui demande s'il est

toujours d'accord pour un deuxième round... *"Je répondrai encore à deux questions... "*

Je scanne vite ma feuille pleine de questions, je réfléchis à l'émission, je pense à l'importance de mes questions et de ces éventuelles réponses avant de choisir mes 2 dernières cartouches.

Parle-nous de tes inventions comme la prise synchro pour le casque dans la table de mix, ce qu'on appelle aujourd'hui les retours de platines ?

À l'époque, les DJs passaient des disques en entier sans les couper et je trouvais ça très ennuyeux. Ma théorie était que chaque disque génial avait son passage génial. À cette époque, ces passages étaient toujours très courts. Il me fallait donc trouver une manière de pouvoir entendre un disque sans que les gens l'entendent, pour que je puisse le caler comme il faut, pour pouvoir prolonger les bonnes parties des disques. J'appelais ça le système "peak-a-boo". Les machines électroniques ainsi que les aiguilles, les platines et leurs accessoires ont joué un énorme rôle. C'était très scientifique comme épreuve, contrairement à ce que les gens pourraient penser. Ça m'a pris plus de 4 ans d'études pour développer ces outils qui me permettaient de faire ce que je voulais avec des vinyles.

Dans le documentaire "Scratch", Grand Wizard Theodore prétend avoir inventé ce qu'on appelle le scratch, quand sa mère est rentrée dans sa chambre et qu'il a mis sa main sur le disque pour l'arrêter, quelle est ton explication concernant cela ?

C'est moi qui lui ai appris à manier les platines, alors tu vois. J'ai inventé ce qu'on appelait le "cutting". Le "scratching" est un terme qui est venu bien plus tard, je ne sais pas quand. Tant mieux pour lui s'il dit qu'il a inventé ça, mais c'était un de mes trois élèves à qui j'ai appris à utiliser les platines, car il ne savait pas s'en servir et il n'avait pas de disques à passer. Il était tout petit, comme un bébé. Je le mettais sur une caisse et je lui montrais comment faire des trucs. C'était mon tout premier élève.

Quels sont les DJs que tu respectes aujourd'hui ?

Je les respecte tous car ce n'est pas facile comme travail. Ça demande beaucoup d'efforts. Il faut beaucoup de patience, beaucoup de temps et il faut être discipliné, et ça coûte passablement cher aussi d'être DJ. Il faut acheter les aiguilles, les platines, le câblage et tout le matériel qui va avec. Il faut savoir faire des sacrifices pour devenir un grand, alors je les respecte tous, surtout les nouveaux, où qu'ils soient...

GRAVEDIGGAZ

Groupe composé de Prince Paul, Frukwan, RZA et Poetic (RIP). Rap horrorcore, très sombre avec de l'humour noir. Pense : Geto Boys sous anabolisants (rires). Frukwan et Prince Paul étaient déjà ensemble dans Stetsasonic. Le premier album des Gravediggaz s'appelle 6 Feet Deep mais devait d'abord s'appeler Niggamortis. Jeu de mots avec "Nigga" et "Rigor mortis" (rigidité cadavérique), donc tu vois le délire, ce n'est pas très joyeux.

Je suis retourné écouter l'album vite fait en écrivant ce chapitre et je dois dire que ça n'a pas très bien vieilli tout ça (rires).

C'était ma première interview seul à l'extérieur pour la radio avec le Nagra. L'engin faisait la taille d'une valise. Le Nagra est un enregistreur sonore portable à bande créé dans les années 50. Belle bête qui se portait sur l'épaule comme un de ces sacs Freitag qu'on voit aujourd'hui (rires). "Nagra" signifie "enregistre" en polonais, merci Wikipédia.

C'est Daddy Fred de Couleur 3 qui m'avait lancé. Je venais de commencer à Couleur 3. Sebb Bash mixait parfois dans Les Métissages. Il m'avait demandé de faire le MC dans son set un soir. Après quelques interventions à l'antenne, Éric Grosjean m'a dit : "Bon, ben écoute, t'as le bouton 'On Air' ici, je te laisse te défouler, moi je vais me chercher un verre à la cafétéria…" À partir de là, je me suis dit que c'était parti. Quelques émissions dans Les Métissages se sont transformées en The Sebb Show les vendredis soirs et, de fil en aiguille, Downtown Boogie s'est créé. Je ne vais pas te la refaire pour la millième fois. Tu connais la chanson (rires).

On est donc le 17 septembre 1994. En tout cas, c'est ce qui est marqué sur la vidéo des Scrambling Feet que j'avais vue récemment sur Facebook. Les Scrambling Feet avaient dansé ce soir-là avec Storm d'Allemagne, big up à eux. Il y avait aussi Public Enemy, Ice Cube et Sens Unik sur l'affiche. Je me rappelle avoir eu la trouille, non pas de les interviewer, mais surtout d'y aller seul et de ne pas maîtriser les boutons de l'engin. J'avais peur de louper l'enregistrement avec cet appareil sur mes épaules.

L'interview s'est faite dans les vestiaires de la patinoire. C'était réussi. RZA n'était pas là. Je ne me rappelle plus grand-chose concernant les questions posées, mais je me souviens d'un Prince Paul super cool qui m'a bien mis à l'aise quand je lui avais dit que c'était mon "dépucelage" d'interview pour la radio à l'extérieur (rires).

GROUP HOME

Lil Dap et Melachi The Nutcracker faisaient partie du Gang Starr Foundation. Sacré collectif. Du très lourd. Leur premier album, Livin' Proof, produit par DJ Premier, est un classique absolu. Cet album montre l'importance de la dimension musicale. Preemo leur a produit des instrus tellement bonnes qu'on leur a tout pardonné d'avoir des paroles médiocres (rires). Faut dire qu'ils avaient du charisme et des voix crapuleuses. C'était du grimey Brooklyn shit comme on aime. J'oublierais jamais leur concert à la Dolce Vita avec Jeru et Gang Starr en Decembre 1992! Guru portrait un maillot des Boston Bruins et un bonnet All Access, puis Lil' Dap est arrivé sur scène avec un gilet d'ouvrier orange (rires).

J'ai pu faire leur avant-première au Stufenbau, dans le canton de Berne, je dirais en 97. Lieu mythique des concerts de rap dans les années 90s. J'avais fumé des joints et bu des Heinekens avec The Nutcracker en écoutant une chanson de Maxwell en boucle sur sa petite boombox avant de monter sur scène. Le gars tenait cette boombox dans ses bras comme si c'était son bébé. Son head nod était complètement dingue. La même chanson en boucle pendant plus d'une heure non-stop ! Il n'arrêtait pas de la remettre. J'en pouvais plus (rires). Ça avait niqué mon high. Je me disais : y'a un truc chelou là, il n'est pas normal le gars… C'est là que j'ai compris qu'il avait peut être une fragilité psychologique.

Fast forward à quelques années plus tard. Mon pote Karim de Top Billin' les avait fait venir à l'antenne avant leur concert à Bienne. C'était la bonne époque de Downtown Boogie où les artistes pouvaient passer dans l'émission en direct pour annoncer leur show qui aurait lieu toute à l'heure à telle ou telle heure, à tel ou tel lieu , faire une mini-interview, passer quelques sons, faire un petit freestyle et balancer quelques billets aux auditeurs. Super promo, super live radio comme on adorait. Lil Dap répondait à toutes les questions comme un pro. Il était calme et poli. Lui tout en paix, pendant que The Nutcracker était un peu agressif et pas très focus. Lil Dap balançait des "Yo Switzerland, come check us out in Bienne" pendant que son pote balançait des gros "Fuck you, I'm The Nutcracker" dans le micro avec un gros sourire de Gremlin méchant… Jusque-là, encore rien de trop alarmant (rires).

Ce n'est qu'après l'émission qu'on a compris que ça clochait vraiment quelque part. À un moment donné, Karim, le promoteur et organisateur du concert, a dû quitter les lieux en urgence, discrètement, à la recherche d'une pharmacie ouverte la nuit pour lui trouver ces médicaments. Du coup, moi avec mes gars, on se retrouve avec Group Home et quelques potes de Karim au salon de Couleur 3 en train de jouer à la Playstation (cette même console de jeux qu'un rappeur local avait tenté de voler après une interview, peu de temps avant, smh). On leur a passé les manettes pour qu'ils s'éclatent un peu avec notre jeu de voiture… jusque-là, toujours rien de bizarre. All good in the hood, sauf que là, on a remarqué que The Nutcracker n'arrêtait pas de rouler à contresens avec un monstre smile sur sa gueule. Il était comme un gamin de 6 ans surexcité devant son écran. Je me dis : OK, on a compris, on t'a vu faire ton petit trick là, vas-y maintenant roule dans le bon sens, copain. Sauf qu'il ne s'est jamais repris. Il a continué à rouler à contresens pendant mille piges (rires). Il rigolait comme un fou tout seul.

C'est là que j'ai vraiment tilté. En voyant Lil Dap nous observer. Il lançait des petits regards vers nous avec un œil de grand frère protecteur. Il regardait si on rigolait avec Melachi ou de Melachi — grande différence, t'as capté ? (rires). Il nous observait discrètement.

On avait tous déjà compris, mais il y avait une petite ambiance ambiguë. The Nutcraker devait avoir un liquide qui coulait dans le mauvais endroit de son cerveau. Je n'ai jamais vu un truc pareil.

On est resté cool et relax. On ne se moquait pas du tout de lui. J'étais plutôt bluffé bluffé que sa maladie ne se sache pas plus que ça dans l'industrie.... Qu'ils aient pu garder sa schizophrénie en scred. J'ai mieux compris le pourquoi de la simplicité de ses paroles parfois. Enfin, tu vois ce que je veux dire, non ?

En tout cas, il ne faisait pas semblant dans Words From The Nutcracker, dans Hard To Earn : *Sick thoughts on my mind with no self control, Uplift your soul and make ya brothers wanna roll*... Apparemment, il y a vraiment des pensées incontrôlables dans sa tête parfois, et costaud comme il est, il est capable de bien séparer ton âme de ton corps s'il le veut, vite fait, en deux mouvements. Tu vois le délire ? (rires)...

Le pire, c'est que les médocs n'ont pas servi, ou peut-être simplement que Karim n'a jamais trouvé ce qu'il lui fallait. Quand on les voyait sur scène quelques heures plus tard, c'était la même chose : Lil Dap entre les morceaux, en train de dire "Yo Switzerland, make some noise", et derrière, Melachi en force : "Fuck you, I'm The Nutcracker !", et Lil Dap qui essayait de réparer les dégâts : "Yo Switzerland, we love you, put your peace sign in the air..." Certains n'ont rien dû comprendre. C'était comique et triste à la fois.

GANG STARR

Rap is an art, you can't own no loops
It's how you hook 'em up and the rhyme style, troop
So don't even think you could say someone bit
Off your weak beat, come on, you need to quit
I flip lines and rhymes that never sound like yours
There ought to be laws against you yapping your jaws
Originality overflows in me
And the truth is, that you wish you could live the
Life I live and kick the lyrics I kick
But bear in mind that you can't think this quick
So Premier drops beats for me to say verses to
And if I sound doper, then take it personal

Gang Starr, One of the best yet. Guru R.I.P. ! Gifted Unlimited Rhymes Universal… L'un de mes rappeurs préférés de tous les temps. Cette simplicité, cette sincérité, ces vérités, ce flow, cette voix sur ces productions de Preemo… Il y a eu une période, en 1992-1993, où il a été ma plus grande influence en tant que rappeur. Je l'ai étudié au millimètre près : ses textes, les thèmes qu'il abordait, les rimes, les samples, son comportement, sa démarche, sa présence sur scène, son image dans les clips, son style vestimentaire… Un gars hyper terre-à-terre, qui descendait de scène après chaque concert pour parler avec le public. Il le faisait à chaque fois : Dolce Vita, Stufenbau, Montreux Jazz… Il nous rejoignait dans la foule et se mélangeait avec ses fans. Je l'ai rencontré à plusieurs reprises, et il se souvenait de moi à chaque fois. Il m'avait donné son numéro et m'avait dit que je pouvais le contacter si j'allais à New York. Super abordable. Par contre, je ne l'ai jamais interviewé. Ni pour Gang Starr, ni pour DJ Premier en solo, ni pour Guru avec Jazzmatazz. Dommage. J'ai quand même plusieurs anecdotes marquantes.

Je pense à 1993. J'écoute Daily Operation en boucle dans mon lecteur CD. Quel chef-d'œuvre ! La perfection, jusque dans la pochette : Premier derrière sa flight case en train de fumer un cigare, les vieux livres, Malcolm X encadré au mur, une paire de lunettes de lecture devant des liasses de dollars qui débordent de la valise, un globe terrestre, ce vieux crâne humain et la tête de loup mystique, le livre d'Elijah Muhammad, la vieille machine à écrire qui symbolise l'importance des textes… Tout est placé subtilement. Guru avec sa veste en cuir, son béret un peu de côté, ses quatre lignes dans son sourcil gauche (rires), le petit pendentif pyramide en or… La pochette dégage une ambiance hyper woke street sophistiquée et philosophique, de connaissance de soi et de fierté. Ça hustle mais on s'instruit. Entre mafieux, Black Panther et Renaissance. Ça donnait envie d'apprendre, de lire, d'écrire, de progresser, d'évoluer, en tant que rappeur et en tant qu'être humain. Une énorme source d'inspiration.

C'était le début du Gang Starr Foundation. Group Home et Jeru the Damaja à leurs côtés, entre autres. C'était du lourd. Sacré entourage. On les voyait au dos de la pochette en mode Dernier Repas, version hood (rires). Il y avait le nom de chacun marqué au-dessous de la photo du CD. C'était du jamais vu d'appuyer autant sur l'importance du posse. Ils avaient même cité les membres du crew absents au photo shoot (rires). Je regardais cette photo avec admiration pendant des heures en écoutant cet album en boucle… Biggest Gord, Tommy Hill, Guzmo, Corey, Smurf, Mike Rhone chillin' like Capone, Robinhood, Mo, JT, Mega… Ils étaient au moins vingt (rires). Guru les cite aussi tous dans le super morceau sans refrain ; Soliloquy Of Chaos, histoire simple mais tellement bien ficelée. Un des meilleurs story-telling raps qui existe; Gang Starr débarque pour un show, y'a une dispute entre un gars et sa meuf dans la salle, un autre s'en mêle, y'a un coup de feu qui déclenche une émeute, puis une ambulance vient récupérer un corps alors que Gang Starr n'avait même pas pu encore commencer leur concert.

On est le 10 décembre 1992, j'ai même pas 20 ans. Je travaille dans un sneaker shop à Lausanne. Gang Starr va jouer à la Dolce Vita ce soir et j'apprends qu'il y a un meet and greet avec le groupe dans l'après-midi, à la boutique Tracks au Flon, pas loin de mon taf. Mon premier réflexe ? Partir en courant avec mon CD dans la poche pour me le faire dédicacer par mes héros. Abandon de poste direct (rires) ! J'ai sprinté jusqu'au Flon sans hésiter. Je rentre dans le magasin, je tire la porte et je vois le Hip Hop new-yorkais en chair et en os, comme jamais. Cette énergie… Cette vérité… Ces deux demi-dieux, devant moi, tranquilles… J'aperçois quelques membres de Gang Starr Foundation. Je vois Premier avec un sweat à capuche oversize, en train de mixer. Un gros son sort des enceintes. Guru, super stylé, bouge la tête et rappe les paroles des singles du moment en signant des posters. Je suis face à lui. J'absorbe l'énergie. Je m'approche et me présente. On se fait un gros check new-yorkais, comme dans mes rêves. Je lui explique que je viens de faire un sprint depuis mon travail et que je risque de me faire virer. Il rigole, comprend mon dévouement et me met à l'aise. Il me signe mon CD, on parle quelques minutes, et je repars en courant direction boulot, en nage, refait, mais fier d'avoir foncé. J'ai été hyper impressionné par sa disponibilité. Il était toujours en train de parler avec les fans, toujours abordable. En plus, je ne me suis pas fait virer (rires)…

Je me rappelle aussi d'une autre fois. Je faisais un petit featuring lors d'un showcase de Dynamike dans un club à Genève, pour la sortie de son album solo. MOH faisait ses backs sur scène. C'était en 2001, je crois, au Tasty. On apprend que Guru va nous rejoindre en after. Il y a du bon son, une super ambiance. Petit lieu blindé ! Il y a des potes, des rappeurs du coin : Opee, Strophe le 13ème Salopard… On se retrouve en plein cypher, en train de freestyler avec Guru !! Après quelques passages de micro, il met son bras autour de mes épaules et me félicite. Il me dit que je lui rappelle Kurupt et qu'il aime mon flow. Meilleur compliment du monde ! Cette session a aussi permis à Dynamike de faire le hype man et le traducteur au concert de Guru à Fribourg le soir d'après… avec mon pote Aldo Kapone aux platines. Pour faire court, on a fini la soirée à discuter dans un petit coin, en buvant. Guru n'en était clairement pas à son premier verre. J'ai été étonné de le voir entouré de filles faciles, certaines visiblement à peine majeures. Je lui ai demandé si toutes ces chickenheads ne le dérangeaient pas. Il m'a fait un monologue un peu décevant, en me disant qu'il pimpait des hoes avant d'être rappeur, et que c'est comme ça qu'il se faisait de l'argent à la base. J'ai mis ça sur le compte de l'alcool, car ça me faisait mal au cœur de le voir dans cette vibe. De voir une légende qui m'avait tant appris, sombrer dans un club à Genève au petit matin, entouré de gamines. C'est là que j'ai compris que Guru avait un vrai problème avec l'alcool… Que son âme repose en paix. Damn yo, Baldhead Slick, tu nous manques, que la terre te soit légère above the clouds!

GZA

*Fake ni**as get flipped in mic fights, I swing swords and cut clowns*
Shit is too wift to bite, you record and write it down
I flow like the blood on a murder scene
Like a syringe, on some wild-out shit to insert a fiend

Je ne sais pas si tu réalises la puissance de cette entrée en matière. Ce Liquid Swords est un chef-d'œuvre absolu. Les heures que je passais à écouter ces textes et à étudier ces structures et placements de rimes ! Mais quel génie, ce gars !

Il est le premier membre du Wu-Tang signé en maison de disques avant même que le Wu-Tang existe. Il avait sorti un album intitulé Words From the Genius sur Cold Chillin' en 1991, produit principalement par Easy Mo Bee. C'est aussi le plus vieux du Wu, et celui qui avait appris à son cousin Ol' Dirty Bastard à rapper. Smooth flow qui coule comme le sang sur un lieu de crime. Chaque phrase est remplie de jeux de mots aiguisés comme une épée de shogun. Pas de gimmicks, rien de flashy, rien de superflu. C'est l'introverti par excellence qui défonce tout chaque fois qu'il balance un texte.

Cette poésie de rue rythmée, contemporaine, qui traverse le temps sans prendre la moindre ride. Préservée par des prods de RZA. C'est l'excellence alphabétique : chaque mot est à sa juste place. À étudier dans des classes de littérature. GZA est le vrai écrivain qui réfléchit à l'importance de chaque mot et syllabe de son texte. Il prend le temps de formuler chaque mesure, parfois des semaines et des mois. Y'a pas de gâchis d'encre, pas de phrase de remplissage, que des roundhouse kicks dans ta face, crachés par un maître ceinture noire lyrical. Laisse tomber.

Je l'avais interviewé dans le lobby de son hôtel après son concert à la Rote Fabrik de Zurich, le 16 mai 2003. C'était tard dans la nuit et il fallait faire doucement, surtout pas réveiller les gens (rires). Encore un scénario marrant: je me retrouve en face de ce génie des mots dans ce lieu uber ringard. C'était sombre, déco un peu kitsch à la Suisse allemande, canapé noir moche, cuir lisse qui faisait du bruit chaque fois que tu bougeais d'un millimètre, fausses fleurs en plastique dégueu sur la petite table en verre, sans âme(rires).

Il m'avait dit pouvoir passer des semaines, voire des mois, pour terminer un texte tellement ça lui tenait à cœur. Fait chier que je ne retrouve plus l'enregistrement de cette interview. À me tirer les cheveux !! J'ai retrouvé les questions que je lui avais posées, mais aucune trace de ses réponses nulle part, fuck ! Je me souviens que c'était assez deep. J'avais des questions sur la Bible et les religions, des questions sur la science, sur la nature, ainsi que quelques questions géopolitiques.

Sinon, j'avais fait sa première partie aussi au Stufenbau de Berne pour le coup, je pense en 1997. Je me souviens de deux, trois personnes dans le public m'avoir tourné le dos pendant que je rappais et ça m'avait rendu fou (rires). Mon ego de petit rappeur local avait pris un coup, en plein couplet (rires). Ensuite, GZA ne voulait pas monter sur scène après ma performance... Non pas parce que j'ai trop tué et que je lui ai trop mis la pression, mais parce qu'il était en pleine partie d'échecs dans sa loge avec son gars Killah Priest et ne voulait pas interrompre sa partie (rires) ! Genius, Wu-Tang forever !

HELTAH SKELTAH

Avant de plonger dans celui là… Tu savais que leur nom de groupe avait été inspiré par la chanson Helter Skelter des Beatles? C'était la chanson préférée de Charles Manson.

Bref... Ok, donc voila (soupir…), un de mes rares faux pas dans le interview game (rires). Faute professionnelle royale. Un vrai moment de *I got caught slippin' on this one*. Aïe aïe aïe, la honte, mais j'assume entièrement et en plus, ça fait une anecdote bien marrante (rires).

Tout d'abord, avant de commencer, il faut savoir que je suis hyper fan de tout le Boot Camp Clik. Black Moon, Evil Dee, Smif-N-Wessun (ensuite devenus les Cocoa Brovaz, ensuite les Coco Bs), O.G.C., Heltah Skeltah. Ruck et Rock ! Un vrai duo de crapuleux du fin fond de Brooklyn. Bref, je les suivais de très près back in the days quand j'étais on my Brooklyn shit. Au milieu des années 90, ils régnaient sur le rap new-yorkais pendant un bon petit moment. Leflaur Leflah, Who Got the Props?, Murder MC's, Headz Ain't Ready, I Gotcha Open, Operation Lockdown, No Fear, Hurricane Starang, Da Storm, Figure Four… Bref, super clique.

Ils avaient tout : style, flow, prods, argot, attitude, mode vestimentaire, tout ! C'était du vrai Brooklyn street shit qu'on kiffait à l'époque. Seulement voilà, à un moment, je les avais un peu lâchés. Évidemment, je connais Monkey Barz, Jesus Price et Mic Tyson, mais honnêtement, je ne pourrais pas te citer tous les titres de tous leurs projets solo, même si Sean P restera à jamais un des MCs les plus dangereux de la planète. R.I.P. Sean Da Barbarian aka Kimbo Price.

Donc… (sourire)… J'ai accès aux loges du D! Club à Lausanne avant le concert du Boot Camp. On est en février 2007. Ça s'annonce chaud. Le crew est presque au complet. Il manquait juste O.G.C. Je suis aussi un peu déçu de ne pas voir Dru Ha parmi eux, dommage. Le business mind de la bande est sûrement dans son bureau de l'autre côté de l'Atlantique en train de faire des power moves, comme d'hab.

Je m'introduis backstage. Je me trouve au milieu de toute la team. J'ai bien préparé mon interview. Je suis confiant. Je savais que ça allait être compliqué de garder une ligne directrice avec mes questions au milieu de tous ces rappeurs, mais j'ai fait pire, no sweat. J'ai des questions pour tout le monde. Je vais pouvoir rebondir sur leurs réponses. Je me dis que ça va aller.

Je leur demande ce que ça fait d'être de nouveau réunis, leur force en tant que crew. Je les compare à Wu-Tang. Je prends des nouvelles de tout le monde. Je leur demande des précisions concernant Smif-N-Wessun et le changement de nom. Je rentre gentiment dans le passage Sean Price de l'interview. Je le présente en tant que "Poorest Rapper Alive" (le rappeur le plus pauvre sur Terre), un titre qu'il s'est donné lui-même, qui montre bien son sens de l'humour. Je lui dis que c'est assez ironique comme alias, étant donné que son nom de famille est Price (prix).

Et là, je vois devant moi le grand noir assis en train de me répondre tranquillement comme si de rien n'était. Je vois la réaction de certains d'entre eux. Ils se regardent. Je vois dans leurs yeux qu'il y a quelque chose qui cloche. Je capte bien qu'il y a un truc chelou, mais je continue mon interview comme si de rien n'était, j'essaie de ne pas me laisser déstabiliser. J'ignore les signes… grosse erreur.

Je vois qu'il répond tellement naturellement que mon cerveau s'est fait endormir. Je ne branche pas et je continue à m'enfoncer. Je sens un moment de flottement, un mini malaise, mais je continue à lui poser des questions comme si c'était Sean P (rires).

N'oublions pas que je suis en face d'un demi-cercle d'une dizaine de gars. Je suis en plein milieu d'un méga nuage de fumée. Ils ont des casquettes qui cachent leurs visages, des capuches. Un ou deux sont éparpillés plus loin vers des tables en train de rouler. J'essaie de suivre ma feuille de route sans calculer. En gros, j'ai posé une question à Ruck (Sean Price) et c'est Rock qui me répond à sa place pendant que Sean P roule tranquillement son prochain spliff sur une table, à deux mètres de nous. Je n'avais même pas remarqué qu'il s'était levé et que Rock s'était mis devant moi à sa place.

Tout le monde se marre et me regarde pendant que je poursuis avec mes questions sur ma feuille. C'est Buckshot de Black Moon, très pro, qui reprend la chose... Et encore là, je ne tilte toujours pas à 100 %. Je sens qu'il essaie de recadrer ses gars subtilement... et encore là, je ne capte toujours pas ce qui se passe. Peut-être que c'est mon côté dyslexique, peut-être un poil de stress... Bref, j'enchaîne des questions à tous les membres. Je termine mon interview. On prend quelques photos. On s'échange les contacts. Buckshot me file son e-mail. Je dis au revoir à tout le monde, je fist bump chacun et je leur souhaite un bon show...

Je sors des loges, me trouve une bonne place devant la scène, sur le côté, tout seul, prêt pour un dope concert... Le DJ se met en place pour l'intro... et là, je vois Sean P qui sort sur scène comme un buffle enragé...

"*Yo ! This is for that muthafuckin' journalist that didn't know who the fuck I was backstage...*" (Ceci est pour ce muthafuckin' journalist qui ne savait pas qui j'étais...) et il enchaîne son refrain : "*You know my muthafuckin' name !!! Sean P, you know my muthafuckin' name...*"

Et là, je me sens percé par son micro en plein cœur ! Bordel de merde ! Le gars m'affiche devant tout le monde. Le pire, c'est que personne n'a rien compris, sauf que moi, j'ai bien compris la dédicace privée (rires) ...!!!

Tout ça pour dire que le concert était mortel, les enfoirés ont cartonné. Mais j'allais pas laisser passer ça comme ça (rires). Après le concert, je suis vite allé devant l'entrée des loges. Je fais signe au sécu pour qu'il me laisse passer. Je rentre les voir. Je me dis quitte ou double.

"*Yo ! Dope show, mais what the fuck, yo ! Pourquoi m'avoir affiché ainsi ? C'est pas cool, les gars. Jolie, ta petite intro, tu m'as tué, mais pourquoi m'avoir rien dit pendant l'interview ?*"

Sean P se marre, tout décontracté, avec sa serviette sur la tête...

"*En plus, je sais très bien qui t'es, gars... Si je suis venu vous interviewer, c'est parce que je vous kiffe. J'ai tous vos classiques de l'époque. C'est pas parce que je t'ai pas reconnu direct pendant l'interview que... oui, je vous ai inversés. Rock, Ruck, c'était il y a mille piges, Heltah Skeltah, dafuk !!!*"

Je donne tout ! (rires)... Je suis nez à nez avec Sean P en train de faire le vénère. Mon ego était plus blessé qu'autre chose. En plus, j'adore son sens de l'humour. Fair game, il m'a eu. Ce qui est cool, c'est qu'il m'a compris. Il se marre en m'écoutant et me dit :

"*Gars, tranquille, c'était une blague, sans rancune, mais il faut avouer, c'était drôle, it's all good.*"

Je lui réponds : "*Nah, dude, that shit ain't cool, man.*"

Il ricane un peu, un poil mal à l'aise. "*C'était pour rire, gars, relaxe-toi*", et me prend dans les bras avec sincérité...

Shawn Carter is nice, but Sean Price is the best... il manque ce salopard ! (rires)...

Top 5 Dopest Rappeurs de Brooklyn :

Biggie
Jay - Z
Big Daddy Kane
Sean Price
Mos Def

IAM

La première fois que je les ai vus, c'était à la Coupole de Bienne. Ça devait être en 1990-1991, avant la sortie de De La Planète Mars, puis après leur changement de nom. Il paraît qu'ils s'appelaient B-Boy Stance en 1989. À cette époque, ils se déplaçaient en camionnette ou en train. Ils faisaient leurs concerts, dansaient dans la foule jusqu'à 5 heures du matin, puis repartaient chez eux au sud comme des ovnis. Ce qui me frappait le plus, c'est qu'à chaque concert, ils changeaient leurs instrus. Chaque putain de fois, c'était une nouvelle baffe.

Je pense que Les Tam-Tam de l'Afrique de Shurik'n est le premier morceau qui m'a vraiment donné envie de comprendre le français. Je venais d'arriver en Suisse. J'étais encore cainri dans ma tête (rires) mais j'avais vite compris l'ampleur que leur album prenait. Tout le monde écoutait De La Planète Mars !

Je pensais souvent à eux quand j'écrivais mes premiers textes en anglais. Je comparais toujours mes couplets aux leurs : est-ce que c'est à la hauteur ou pas ? Chill m'avait surtout motivé quand je l'ai entendu rapper en anglais dans la chanson Wake Up. *It's the right minute, right hour to show my power, so let me shine, bloom like a flower…* Je me suis dit que je pouvais faire pareil, si ce n'est pas mieux (rires). Je l'écoutais avec une loupe auditive (rires)... *Stay green like a ping pong table (rires)… Some say my brain is an encyclopedia, I guess it's why I don't lie like the media.*

Malgré son accent, Chill avait d'excellentes phrases. Ça, et les Duty Free de Genève qui rappaient aussi en anglais, m'ont grave donné envie de me lancer pour de vrai quand je les entendais sur Couleur 3 tard le soir, dans l'émission de Just One et Mr Mike.

Je pense aussi à l'énorme classique Demain C'est Loin, qui me donne encore des frissons quand je l'écoute aujourd'hui. 9 minutes d'émotion. Morceau fétiche sur lequel leurs concerts se terminent.

Shurik'n dit avoir attaqué ce couplet dans un studio enfumé à New York en fin d'après-midi, avec Freeman et Le Rat à ses côtés. Il l'a terminé le lendemain matin, quasi sans avoir levé la tête. Ce couplet est un premier jet, jamais retouché, posé d'un bloc le surlendemain. À l'enregistrement, il dit avoir bafouillé une fois au milieu de la première prise, une fois à la fin de la deuxième prise, puis la troisième était la bonne. À la base, il pensait écrire encore une deuxième partie pour placer ce track sur son album solo Où Je Vis, mais l'enchaînement avec Chill fonctionnait trop bien. Il a naturellement trouvé sa place sur L'École du Micro d'Argent.

"Le coup de rebondir en début de rime sur le dernier mot de la rime précédente, c'est venu comme ça. J'ai conservé ce gimmick jusqu'à la fin, sans calculer. Quand j'y repense, c'était presque mystique. Je crois que quand tu t'immerges comme ça pendant des heures, quelque part tu entres dans un état qui s'approche de la transe…"

(extrait : www.groupe-iam-blogspot.com)

Je me rappelle aussi de la grosse claque que le live de Independenza sur France 2 m'avait mise en 1999 lors des Victoires de la Musique. Ils étaient tous cagoulés pour cet attentat culturel. Énorme moment de télé pour le rap français !

IAM, c'est la résilience. Ils ont vaincu, ils ont douté, ils ont été critiqués, mais surtout, ils ont toujours continué. Ils ont représenté d'abord toute une ville, ensuite tout un pays, toute une culture. Ils ont aidé la relève, ils ont représenté sur les plateaux télé, ils ont toujours défendu le Hip Hop. Ils ont pris des risques, mis des maisons en hypothèque pour lancer leur propre label.

Les gars ont plus de 35 ans de carrière. Ils ont tout fait, tout vu. Des séparations, des Victoires de la musique, des morceaux avec Redman & Method Man, avec Beyoncé, des concerts avec Madonna, un concert aux pieds des pyramides.

Ombre est Lumière est le premier double album de rap français, si ce n'est dans le rap tout court. C'est sorti en 1993, donc oui, avant All Eyez on Me de Tupac et Life After Death de Biggie. Il me semble que le premier album de Fresh Prince était un double album aussi, sorti en 1988...

L'école du Micro d'Argent s'est fait avorté à la dernière minute au mastering à New York. Un album richement produit par Nick Sansano (It Takes a Nation of Millions, Fear of a Black Planet de Public Enemy puis Amerikkka'z Most Wanted de Ice Cube) et mixé par Dan Wood, entièrement terminé, jeté à la poubelle. Un album qui a été donc refait car IAM ne pouvait pas assumer ce disque initial "trop étoffé, trop orchestré, trop brillant" comme disait Chill, "un produit sophistiqué raffiné mais congelé". L'album définitif sera piloté par Prince Charles avec un ton beaucoup plus "minimal" comme Chill le souhaitait. Ce chef d'oeuvre est devenu disque de diamant, et surtout le plus grand classique du rap français. Un album qui s'est vendu à plus de 100 000 exemplaires le premier jour de sa sortie!!! C'est l'album qui a ouvert le rap au grand public, et qui s'est vendu à presque 2 millions d'exemplaires.

J'ai eu la chance d'avoir pu ouvrir pour eux une fois à Lausanne. C'était dans le cadre du Festival de la Dolce Vita à Montbenon, en avril 1992, sauf erreur . Ça devait être entre De La Planète Mars et Ombre est Lumière. On était LAW : Lyrics And Wisdom. T'as capté ? Les noms de groupes à trois lettres étaient bien à la mode (rires). IAM, NTM, BDP, N.W.A, XBS, etc. Mon homie Rade aka T Bone, avec qui je rappais, ne pouvait pas venir pour cette date. Il était en Serbie. À cette époque, c'était encore la Yougoslavie... bientôt plus. Je suis monté sur scène, du coup, tout seul. On avait un posse cut qui s'appelait Rock The Show, featuring Cal et Dan. Quel bordel c'était sur scène (rires) ! Ça criait dans les micros, ça oubliait les paroles... Ce que je paierais pour voir ces archives ! Il y avait aussi FFF ce soir-là. Je pense que cette soirée-là était le vrai début de la connexion Marseille-Lausanne qui existe encore aujourd'hui. Ça avait fini en after dans le studio de XBS, puis dans la boutique All Access (whadup, Yves?!) en jouant au baby-foot.

On a partagé une date aussi avec IAM au festival de Leysin quelques mois après, il me semble. Il y avait de la boue partout, c'était un cauchemar. Il y avait aussi James Brown ce soir-là sur la grande scène. Mythique ! On est passés en avant-dernier, à 4-5 heures du matin, devant genre dix-huit personnes dans le public, tellement il y avait du retard avec le line-up... Et sur ces dix-huit personnes, il y avait sûrement un ingé son, un rappeur suisse allemand qui allait passer après nous, un mec qui vidait le frigo, et quelques autres du staff qui n'en pouvaient plus (rires).

Je me souviens aussi de Kheops qui s'est fait choper en flag en train de rayer des vinyles avec une clé dans un magasin de disques à Lausanne (rires). Le gars avait pris trois exemplaires d'un maxi de Brand Nubian pour lui, puis a rayé les trois autres qui restaient dans les bacs afin d'être le seul à les avoir. Truc de fou (rires). Il faisait ça partout dans le monde (rires).

La compétition était rude à l'époque (rires). Ça me fait penser aux B-Boys new yorkais qui balançaient discrètement des punaises au sol pendant que leurs adversaires dansaient pendant les battles de break (rires).

J'ai plein de petites anecdotes avec IAM : enterrement de vie de garçon de Jiggy Jones à Barcelone, Shurik'n qui mettait des coups de tibia à une poutre dans le studio de Just One lors de l'enregistrement de l'album de Déborah (rires), des squattages dans leurs chambres d'hôtel la nuit pour ensuite tuer les buffets petit déjeuner, encore complètement bourrés… J'ai aussi eu le privilège d'avoir été invité sur scène lors du Festival Terre des Hommes en Valais en 2008 et de m'asseoir avec le crew, sur leur célèbre banc, pendant leur chanson emblématique, Demain C'est Loin dont je parlais avant, qui est une sorte de tradition pour clôturer leurs shows.

Sans oublier les nombreuses discussions de rap et de football passionnantes à travers les années, dans les loges et autour des tables, dans divers lieux. J'apprenais des scoops sur Zidane, puis Ronaldinho et le Barça, ensuite Messi, etc. Je me souviens aussi d'avoir fait écouter Successful de Drake à Saïd et Shurik'n en 2009, en leur disant que Drake allait être le prochain à exploser. Ils n'ont pas aimé du tout. Ils ont balancé mon casque de Walkman comme le meme de Mourinho qui circule sur le Net (rires).

On les a interviewés plein de fois évidemment à travers toutes ces années. On les a fait venir en guest surprise pour les 10 ans de Downtown Boogie au D! Club. On a fait fort là (rires). Il y a toujours eu un super respect aussi avec leur management, La Cosca. Aïcha et Fabien, que je salue au passage… toujours hyper cool, que du love.

Grâce à nos bonnes relations depuis toujours, ils nous avaient aussi filé un titre inédit (CV, clip dispo sur YouTube) pour l'album de Vincz Lee. J'avais réussi à débloquer un budget pour la réalisation du clip à Marseille avec tout le crew. Ça aussi, c'était un sacré power move. Merci à Juicy, le patron de Ledge, qui m'avait fait confiance pour réaliser ce projet.

Mais le meilleur souvenir que j'ai avec eux, ça reste nos fameux matchs de foot de l'époque : Lausanne vs Marseille, archive que j'ai encore sur une cassette vidéo !! Oulala la ! Attention, ça touchait en face (rires)… Des rendez-vous de malade ! Des vrais matchs contre IAM et compagnie ! Sur un grand terrain et tout. Des paparazzis et des journalistes au bord du terrain, je te dis ! Petit article le lendemain dans Le Matin et tout (rires). Je me souviens de mon gros tir de 20 mètres qui avait tapé la latte, qui doit trembler encore, avec Daniel de Kobra dans les buts (rires). Je me suis vraiment pris pour Wayne Rooney ce jour-là (rires). On perdait à chaque fois contre eux, mais bon… ça créait des moments inoubliables, qui font encore chaud au cœur.

ICE CUBE

Ice Cube a l'une des phrases d'ouverture les plus percutantes jamais enregistrées dans une chanson de rap : *Straight outta Compton, crazy muthafucka named Ice Cube*. En plus, le gars a du coffre. No joke. Présence sur scène incroyable. Heavy beats. Crazy lyrics. Entouré des vrais triple OGs de L.A. at all times. WC lui faisait des backs. DJ Crazy Toons on the ones & twos. Du vrai N.W.A, Lench Mob, gangsta shit !

Là, c'était l'exemple parfait de comment gratter un quart d'heure avec une légende sans l'autorisation officielle. J'avais réussi à me faufiler entre la porte des backstages grâce à mes connexions.

Un conseil à tous mes gars qui veulent percer dans cet interview game : toujours garder de bons rapports avec les promoteurs, les videurs, ou les DJs en opening act, car ce sont eux tes vrais amis dans les moments les plus sensibles dans ce biz, surtout quand les maisons de disques et les managers ne répondent pas à tes demandes d'entretien. Une petite porte sur place qui s'ouvre et hop, c'est goal.

J'étais en galère, face à son bouclier de manager/garde du corps qui voulait me cockblock (rires). J'allais pas me laisser faire comme ça. J'ai un peu insisté pour me retrouver enfin en face de… Straight Outta Compton, crazy muthafuckin' Ice Cube. Je n'arrivais pas à le croire.

C'était une des interviews les plus passionnantes que j'aie jamais eues. Une interview qui n'est jamais passée à l'antenne, d'ailleurs.

Mais comment est-ce possible ? Oui, j'ai foiré mes réglages, et avec la puissance vocale de Cube, tout est passé dans le rouge, uber saturé. Inaudible. Quel dommage, car Ice Cube m'avait drop tellement de jewels !

Il m'a parlé de cette fameuse théorie des prisons privées financées par des gros requins du music biz, qui ont exprès inondé les ondes avec du gangsta rap, avec des textes négatifs, pour garder leurs prisons bien remplies. Que ce n'était pas dû au hasard s'il y a eu cette grosse vague de rap qui ne parlait que de drogues, de flingues, de meurtres, etc.

Mais où sont passés tous les groupes conscients ? Les X-Clan, les Native Tongues, les Brand Nubians, tous ceux qui upliftaient le peuple au lieu de leur toxiquer les cerveaux avec ces textes destructifs. D'ailleurs, il existe un article qui vaut vraiment le détour à ce sujet sur www.businessinsider.com. Tape "Former Music Exec Describes Scary Meeting That Resulted in Today's Violent Rap Music" dans Google, c'est un truc de dingue.

Voici mon article écrit pour Audiomatic :

Pionnier du gangsta rap, parolier des plus grands hits de N.W.A, devenu producteur de films à Hollywood, O'Shea Jackson, mieux connu sous le nom d'Ice Cube, m'avait accordé quelques minutes dans sa loge, entre son fat blunt et mon micro. Une interview qui n'a jamais été utilisée pour des raisons de qualité de son. Faute professionnelle. Oui, parfois ça arrive : le micro était mal réglé et le rendu était saturé, inaudible pour les auditeurs de Couleur 3. Du coup, nous nous sommes replongés dans les archives pour vous transcrire ce petit moment magique avec AmeriKKKa's Most Wanted.

Lausanne, le 8 avril 2009. Oui, il y a plus de 15 piges. J'étais encore Baby Blu de Downtown Boogie. Nous sommes dans les loges, aux Docks de Lausanne, après un show très puissant. Cube était décontracté. J'avais réussi à me glisser dans les backstages discrètement.

La veille du show, le promoteur m'avait promis de me faire rentrer, mais une fois sur place, il était injoignable. Il courait dans tous les sens – sans rancune.

Passons donc au plan B. On improvise. J'ai convaincu un agent de sécurité de m'ouvrir la porte des loges. Je n'avais aucune autorisation officielle pour cette rencontre. Aucune réponse du management, ni de la maison de disques après ma demande par email, juste un peu de tchatche et d'envie.

Parfois, il faut "hustle your way in", avec du culot et un sourire.

Bref, je suis dedans.

J'aborde son manager. Je check la température. Montagne de muscles. Visage glacial.

Il me dit "OK " pour 5 minutes max, après avoir bien travaillé le gars. Je m'installe. En sortant mon enregistreur, je fais un peu de small talk avec Cube, qui est en train de se rouler un énorme pétard. Je sens qu'il est cool. Abordable. Réceptif. Le gars est pro.

Je choisis mes 3 questions, sachant que c'est du format express. Je me lance direct dans le croustillant...

Alors, après tout ce que tu as fait tout au long de ta carrière, de quoi es-tu le plus fier ?
Je suis assez fier, je dois dire, de ma carrière solo. Quitter un groupe aussi énorme que N.W.A n'était pas facile. Il n'y avait aucune garantie que ça marche. J'ai quitté le groupe dos au mur, je suis très fier d'avoir réussi à faire ça. Si je n'avais pas fait ça, tout le reste n'aurait pas été possible.

Tu as été le premier à avoir quitté N.W.A pour des raisons de contrat. Tu es ensuite parti à New York pour te lancer en solo avec le Bomb Squad, pourquoi ce choix ? As-tu eu des doutes ?
Bien sûr que j'ai eu des doutes. J'ai quitté ma zone de confort. Ce n'est pas très rassurant de quitter un producteur comme Dr. Dre. J'ai perdu le meilleur producteur de la West Coast, mais je préférais encore plus le Bomb Squad à cette époque. J'étais content d'avoir eu les sampleurs les plus talentueux du business. C'est d'ailleurs bien plus que des sampleurs, ce sont de véritables producteurs. Je mets en avant leur talent de sampling car ce sont des fous furieux dans leur façon de faire. C'étaient de véritables magiciens. Je savais que j'étais entre de bonnes mains. Mon premier album solo est exactement comme je le voulais.
Chuck D m'a beaucoup influencé, il m'a montré une nouvelle direction. Un chemin moins gangsta et plus politique. Le fait d'être à New York avec Chuck D, les S1W et le Bomb Squad m'a beaucoup appris sur Farrakhan et la Nation of Islam. J'ai beaucoup appris à ce moment-là et ça m'a beaucoup changé.

(C'est à ce moment précis que son manager me fait signe d'arrêter. Prêt à remballer mes affaires, je remercie Cube pour sa brève mais sincère disponibilité. Cube me dit de continuer et m'accorde encore quelques minutes en disant à son manager "he cool, it's ok, he cool" et continue à tirer sur son blunt… Tiens, dans ta gueule, manager)

Le rap faisait passer des messages à l'époque, ce qui n'est plus trop le cas à l'heure actuelle. Es-tu déçu du rap aujourd'hui ?
Il faut bien comprendre le but des grands patrons dans tout ça. L'industrie du rap a bien changé. Ce n'est pas parce que les rappeurs ont voulu changer leur discours. Je pense qu'entre 1989 et 1992, il y a eu un moment critique. Il y avait beaucoup de gangsta rap, beaucoup de rap politique et conscient…
Il y a eu un album de Dr. Dre chez Death Row qui a ensuite changé la couleur du rap. The

Chronic était un album qui avait peu de samples, mais beaucoup de musique originale. C'était un album 100 % gangsta. Le rap est donc passé d'un rap très engagé à un rap très divertissant. Les patrons des labels ont donc compris que c'était une nouvelle tendance à exploiter. Si tu es patron d'une grande corporation, tu préfères que les enfants soient influencés par Chuck D qui parle de changer le monde ? KRS-One qui parle de ne pas manger de viande ? *(track intitulé Beef sur l'album Edutainment)* You Must Learn et bien d'autres ?

Ou tu préfères qu'ils fassent des tours en voiture, qu'ils fument de l'herbe et boivent de l'alcool ? Des gamins qui boivent et qui fument ne seront jamais un danger pour les grands patrons, contrairement à des gamins qui se feraient influencer par un Chuck D qui veut changer le monde. C'était consciencieusement réfléchi par les patrons de MTV, BET et toutes ces grosses compagnies qui ont voulu que ça soit ainsi. Le rap engagé n'est plus assez sexy. La nouvelle génération ne fait plus de rap engagé car ça ne passe pas à la télé et ça ne vend pas de disques. Alors, ça meurt gentiment…

Les 17 Meilleures Entrées en Matière Contenant le Mot "Fuck" dans le Rap :

Straight outta Compton, crazy muthafucka named Ice Cube – N.W.A, "Straight Outta Compton"

Fuck the Police comin' straight from the underground, a young nigga's got it bad 'cause he's brown – N.W.A, "Fuck Tha Police"

Yo bitch, I fucked your friend, yeah you stink hoe – Ghostface Killah, "Wildflower"

First off, fuck your bitch and the clique you claim – 2Pac, "Hit 'Em Up"

You must wanna be in the Guinness Book of World Records as the dumbest mother-fucker alive – Craig Mack, "Special Delivery (Remix)"

Who the fuck is this, pagin' me at 5:46 in the mornin', crack of dawnin', now I'm yawnin' – The Notorious B.I.G., "Warning"

You lack the minerals and vitamins, iron and the niacin, fuck who that I offend, rappers sit back I'm 'bout to begin – O.C., "Time's Up"

Visualizin' the realism of life and actuality, fuck who's the baddest, a person's status depends on salary – AZ, "Life's a Bitch"

Y'all know the name, Pharoahe fuckin' Monch, ain't a damn thing changed – Pharoahe Monch, "Simon Says"

Fuck the frail shit, 'cause when my coke comes in they gotta use the scales that they weigh the whales with – Jadakiss, "We Gonna Make It"

Well if you gave me ten bitches then I'd fuck all ten, see the homie Snoop Dogg sippin' juice and gin – Kurupt, "Doggy Dogg World"

Muthafuckaz say that I'm foolish, I only talk about jewels, do you fools listen to music or do you just skim through it – Jay-Z, "Renegade"

I be that pretty muthafucka, Harlem's what I'm reppin' – A$AP Rocky, "Peso"

I don't care if you Mobb Deep, I hold triggers to crews, you little fuck, I got money stacks bigger than you – Jay-Z, "Takeover"

When I die, fuck it, I wanna go to hell, 'cause I'm a piece of shit, it ain't hard to fuckin' tell – The Notorious B.I.G., "Suicidal Thoughts"

Yo, shut the fuck up before I blast and Banned From TV your ass – Sheek Louch, "Reservoir Dogs"

I don't give a fuck who you are, so fuck who you are, I don't care about a pretty bitch, watch or a car – Styles P, "Reservoir Dogs"

ICE T

Le créateur du terme OG. Original Gangsta. C'est ma toute première interaction avec une vraie grosse pointure dans le rap game.

J'ai encore le flyer bleu de cette soirée avec plein d'autographes au dos. Ils ont tous signé à l'arrière de ce flyer avec la tête de Wesley Snipes dans New Jack City. C'était un de mes premiers concerts de rap en Suisse. Là, je te parle d'un concert qui a eu lieu en septembre 1991, juste après la sortie de Mama Said Knock You Out de LL Cool J et juste avant la sortie de Cop Killer en 1992.

Ice-T était venu avec le Rhyme Syndicate au Casino de Montreux. Il y avait Lord Finesse, DJ Aladdin, Donald D, Afrika Islam, Evil E, et même Hijack. Everlast qui faisait partie du collectif en tant qu'artiste solo n'était pas présent. On parle bien d'Everlast pré-House of Pain, avant qu'il ne saute dans tous les sens avec son maillot de Larry Bird (rires). J'avais aussi parlé un peu avec DJ Aladdin, qui est juste un des meilleurs DJ de la planète, avant leur concert. Il était down avec WC. Ils ont sorti leur album en tant que duo, Low Profile en 1990.

Je me souviens d'être entré dans le lobby du casino où allait avoir lieu la grosse conférence de presse. J'avais mis mon casque Walkman et pour faire style, j'avais une oreillette de VIP. Ne me demande pas pourquoi (rires). N'importe quoi, je sais (rires). Stratégie ridicule. Mais il y a du monde partout et je m'enjaille. Je ne fais que parler en anglais pour faire genre. Chaque fois que je croisais quelqu'un avec une accréditation, un pass média ou un badge de sécurité, je parlais en anglais dans une de ces oreillettes que j'essayais de faire passer pour un mini micro, alors qu'il n'y avait évidemment personne à l'autre bout du fil. Je voulais apparaître important et je ne voulais surtout pas me faire virer des lieux. Je tournais en rond comme un idiot.

Je n'ai aucune idée de ce que je faisais, mais j'y croyais à fond. Encore aujourd'hui, je ne sais pas ce qui m'avait pris, ni pour qui je voulais me faire passer, mais j'ai réussi à me placer dans le bain des médias devant Ice-T, je ne sais plus trop comment.

Le OG est seul, assis sur un canapé, face à plein de journalistes. Et ça m'intrigue. Je suis là, devant Ice-T, sans avoir vraiment le droit d'y être. Les appareils photo qui flashent, des caméras posées sur des trépieds, des micros et des câbles partout... ça m'a excité !

Là, j'ai capté le pouvoir des *lights, camera, action* (rires). Je n'en pouvais plus. Ça me démangeait. Je n'ai pas pu m'empêcher de lui poser la question, un peu naïvement :

"Hey Ice-T, what do you think about LL Cool J?"

Je pensais être au top avec ma question, je voulais me faire remarquer et obtenir une vraie réaction de sa part. Eh ben, je l'ai bien eue, sa réaction, mais pas vraiment celle que j'espérais (rires) ! Le gars, avant que je ne finisse à peine ma phrase, me sort :

"Yo, you better chill with that, don't ever mention that name in my presence again or I will put my foot up your ass"... ou un truc du genre, bien South Centralish (rires)...

Au début, je pensais qu'il faisait juste son petit show, qu'il était dans le personnage. C'était presque trop théâtral, mais j'ai vite compris qu'il était vraiment très sérieux. Je me suis fait tout petit, le cœur battant à mille à l'heure. Je me suis vite retiré dans mon petit coin (rires)... Pourtant, j'étais tout fier d'avoir été au courant de leur beef et de leurs aller-retours sur disque. J'ai 18 piges, une petite gueule de con pleine de boutons, et lui me parle de me botter le cul devant tout le monde si je prononce son nom encore une fois (rires).

Donc, d'où vient ce beef entre les deux légendes, tu me demandes ?" Tout commence avec LL Cool J qui se proclame meilleur rappeur du monde. Sauf qu'Ice-T n'était pas trop d'accord. Il se retrouve sur la côte ouest et dit : "Non, non, non." Il venait de se placer sur la B.O. de Colors, qui a fini disque d'or. Film avec Sean Penn, Don Cheadle et Damon Wayans. Film réalisé par Dennis Hopper, quand même ! C'est la première fois qu'on voyait des Crips et des Bloods au grand écran, à ma connaissance. Les rues de L.A., fin des années 80, c'était chaud.

Bref, le film cartonne au box-office, et Ice-T estime qu'il a les arguments pour contrer LL Cool J et lui balance une petite pique dans la chanson I'm Your Pusher, tirée de l'album Power de Ice-T. Dans le morceau, Ice-T parle de sa musique qui te rend accro. Il la compare à de la drogue qui sort de tes enceintes. Entre le deuxième et le troisième couplet, il y a un break où il joue un junkie qui en demande de la bonne. Il demande ce qu'Ice-T aurait d'autre à lui proposer comme artistes : Kool Moe Dee, Doug E. Fresh, Eric B. & Rakim, Public Enemy, Biz Markie… Chaque fois qu'Ice-T propose un artiste, le junkie dit :

- "Ah oui, trop bon, j'en veux, j'en veux !" Sauf que lorsqu'Ice-T propose un peu de LL Cool J au junkie, il lui répond :
- "Non merci, tu peux le garder, j'en veux pas !" (rires).

Du coup, LL Cool J se sent clashé et répond avec To da Break of Dawn. To da Break of Dawn de LL Cool J est un des meilleurs diss tracks de tous les temps. LL Cool J attaque Kool Moe Dee dans le premier couplet, MC Hammer dans le deuxième, puis Ice-T dans le dernier, avec des vraies punchlines, notamment : *I took the cover right home to the bathroom (j'ai emmené la pochette directement aux toilettes).*

Cette phrase m'avait marqué, car sur la pochette de l'album dont il parle, on trouve la très sexy femme de l'époque d'Ice-T, qui s'appelle Darlene, en hauts talons, à moitié nue, avec un fusil à la main. En gros, dans le couplet, LL disait que la seule raison pour laquelle Ice T vendait des albums, c'était à cause de sa meuf sur la cover (rires). Ce genre de tackle était inédit. Hyper osé… tout comme la pochette de l'album elle-même qui, pour moi, recto-verso, est une des meilleurs de tous les temps.

J DILLA (MA DUKES)

J Dilla aka Jay Dee. Le Jimi Hendrix de la MPC. C'est le grand Amp Fiddler qui lui avait prêté son premier sampler en 1992, avant de le présenter à Q-Tip en 1994. De là est né The Ummah, un collectif composé de Jay Dee, Q-Tip et Ali Shaheed Muhammad. Grâce à cette connexion, il a pu placer plusieurs prods sur le deuxième album de The Pharcyde, dont Drop — avec ce clip hallucinant de Spike Jonze entièrement filmé à l'envers — qui samplait la voix d'Ad-Rock des Beastie Boys dans le refrain, et Runnin', où l'on entend celle de Run de Run DMC. Deux énormes classiques. Là, on parle des grosses claques intemporelles.

Je n'ai malheureusement jamais pu rencontrer Dilla, mais j'ai eu le privilège d'interviewer sa maman, Ma Dukes, et son petit frère, Illa J, devant un public tout ouïe lors d'un événement Soulitude plus qu'émouvant. Sûrement le *realest sit down* que j'aie jamais fait. Beautiful moment ! Je remercie Omar encore de m'avoir fait confiance.

C'était en novembre 2017. Il ne fallait pas être maladroit. Orchestrer une telle interview. Savoir s'imposer sans prendre trop de place. Trouver les bons mots selon les sujets sensibles. À quel moment placer une question. Quand laisser de l'espace, quand faut-il reprendre pour changer de tempo. Savoir rebondir selon la réponse. Savoir garder le bon rythme et une bonne énergie. Ne pas s'enfermer dans un coin glauque émotionnel. Mettre la personne en face de toi à l'aise et en confiance pour qu'elle puisse s'ouvrir et se confier… Pas sûr que j'aurais pu maîtriser ce genre d'interview il y a quinze ans.

Il fallait donc célébrer son fils. Commémorer ce génie avec sincérité, noblesse et respect. Chaque échange de paroles avec cette dame était un cadeau du ciel. Indirectement, chaque question que je posais saluait délicatement la force d'une maman qui vit avec cette perte, ce vide, ce trou en elle, à chaque instant de sa vie, à tout jamais. C'était un moment inoubliable où même Maseo de De La Soul nous a rejoints sur le plateau pour donner des anecdotes rares à l'improviste. C'était si vrai, si fort et en même temps si fragile, si délicat et si sincère. Il a parlé du making of de Stakes Is High.

Le voir prendre Ma Dukes dans ses bras avec une telle douceur était merveilleux. C'est dans de telles capsules de vie que tout paraît juste. *Where it all makes sense !* Tu es dans le présent, fier de pouvoir apporter ton petit quelque chose à la culture. Ces moments-là n'ont pas de prix, ça reste gravé dans ton âme jusqu'au terminus. D'avoir pu participer à cette petite étincelle d'amour dans cette salle, c'était très touchant. Un moment que tout le monde présent ce soir-là va garder précieusement dans un coin de son cœur.

JA RULE

Je n'ai jamais pu écouter un album de Ja Rule en entier (rires). Sa voix me dérange trop, mais je ne peux que le respecter pour ne jamais avoir reculé face à 50 Cent lors de leur beef à travers les années. Dieu sait à quel point 50 Cent peut être un bully. Il fut un temps où Ja Rule était au top de l'industrie. Il régnait sur les charts. Le gars non seulement jouait dans Fast and Furious avec Vin Diesel, mais aussi avec Steven Seagal. T'inquiète, c'était un film bien wack mais respect quand même (rires).

Je l'ai interviewé par téléphone le 10 mars 2002. Il était à Zurich. Il faisait son European promo run pour la sortie de son troisième album, Pain Is Love. Il m'a dit avoir déjà vendu 3,5 millions de copies dans le monde pour ce nouvel album sorti en octobre. Des chiffres hallucinants, sachant qu'il y avait Napster et d'autres plateformes de téléchargement qui étaient venues révolutionner la consommation de musique depuis quelques années… C'était juste après le 11 septembre, en plus. L'industrie avait changé. New York se remettait gentiment sur pied. Jay-Z venait de sortir The Blueprint. 50 Cent venait de se prendre neuf balles et sortait ses mixtapes. Il n'était pas encore chez Shady/Aftermath. Swizz Beatz était chaud avec les Ruff Ryders. Le rap avait changé de son et de tonalité. Il y avait plus de 808 et de synthés, et moins de samples. Plus de refrains chantés et moins de scratches. T.I., Young Jeezy et Gucci Mane représentaient la trap du Sud. Dr. Dre avait sorti son Chronic 2001. Le Wu-Tang Clan avait essayé de revenir avec Iron Flag.

À un moment donné, durant l'interview, le téléphone a été coupé. On a rappelé et il m'a dit : "Yo Chuck, man, I lost you there for a moment, I thought you didn't wanna talk to me no more hahaha" (Yo Chuck, je t'ai perdu là, j'ai cru que tu voulais plus me parler hahaha), comme si on se connaissait depuis des années (rires). Je me suis dit : this dude is good. Très intelligent. Tu as envie de l'aimer. Il te l'oblige presque avec son hyper bonne humeur contagieuse. Très enthousiaste et pro. Du coup, c'est vrai que j'écoutais ses chansons différemment depuis cette interview (rires).

Le gars est passé d'un flow traditionnel à la East Coast en 1995 avec son crew, Cash Money Click et Mic Geronimo, à exploser comme une bombe en Afghanistan avec Murder Inc., signé chez Def Jam. Le gars a réussi à créer son propre style, à fusionner du Tupac et du DMX. Le gars avait trouvé ce style entre le chant et le rap, avec des hurlements. Formule audacieuse mais très efficace. C'est grâce à son bras droit, Irv Gotti. Ils avaient trouvé cette recette magique qui faisait charter direct. Ja est sûrement un des premiers à chanter dans les refrains. Je pense aussi à Bone Thugs-N-Harmony et à 50 Cent. Ça plaisait aux filles et aux thugs. Il portait toujours un bandana et aimait être torse nu sur scène. Ça m'avait toujours saoulé, ça, d'ailleurs (rires).

Irv Gotti était vraiment trop fort. Paix à son âme. Sacré visionnaire. C'est un des personnages les plus enthousiastes et passionnés que le Hip Hop ait jamais connus. Grosse perte. Il avait un énorme drive et tant d'énergie. Il a commencé comme DJ pour Mic Geronimo et ensuite pour Jay-Z. Ensuite, il est devenu un des mecs les plus puissants dans le rap A&R game. PDG de Murder Inc. Records. Il me semble même qu'à la base, Murder Inc. était censé être un supergroupe avec Jay-Z, DMX et Ja Rule. Un fantasme qu'il a essayé de concrétiser quand les trois étaient au top, vers 2000-2003. Je crois que DMX a vite freiné le truc quand il a vu à quel point Ja Rule lui avait pompé son style (rires)... C'est marrant parce qu'en 1995, sur le premier morceau tous ensemble en featuring sur un titre de Mic Geronimo (Time to Build), DMX avait le style de Sticky Fingaz (rires).

Irv Gotti a produit Can I Live de Jay-Z qui est sans doute un des meilleurs titres de Hov. Il a aussi produit What's My Name de DMX. Quand ils étaient en studio en train d'enregistrer, tout l'entourage adorait la prise de voix de DMX sauf Irv. Selon lui, il manquait quelque chose. Ça avait rendu DMX fou de rage qu'Irv ose lui faire reposer ses voix. Dans la dernière prise, quand tu l'entends dire "You think it's a game, you think it's a fuckin' game??!!!!" avant que le beat démarre, DMX parlait directement à Irv. Et c'est exactement cette énergie-là qu'il cherchait.

Irv Gotti a aussi participé à la réalisation d'une des tournées les plus mémorables de tous les temps : le Hard Knock Life Tour de Jay-Z, puis DMX sans oublier Red & Method Man qui arrivaient sur scène pendus à l'envers (rires). Dédicace à tous ceux qui ont maté Backstage en cassette VHS des centaines de fois comme moi (rires).

Donc, on est en 2002, juste avant que le FBI et les flics de New York ne débarquent dans les bureaux de Murder Inc. pour blanchiment d'argent et trafic de drogue. Eh oui, apparemment, 50 Cent l'aurait balancé aux flics. Irv Gotti avait de vrais dossiers sur 50 Cent, ayant bossé avec Kenneth "Supreme " McGriff, et ça le rendait dingue, 50 Cent. Il voulait à tout prix les éliminer, comme dans L'Art de la Guerre. Mais comme ils sont tous du Queens, tout se savait. Et Irv Gotti et son crew ne se sont jamais fait intimider. Faut dire aussi que c'est ce fameux Supreme qui a mis le hit sur 50 Cent. Fif s'est quand même pris neuf balles sans mourir, n'oublions pas.

Quand j'ai demandé à Ja Rule où il se voyait dans dix ans, il ne m'a pas parlé de son fiasco du Fyre Festival (rires). Par contre, j'ai été étonné par sa réponse pleine d'esprit lorsque je lui ai demandé de se comparer à un joueur NBA. Il m'a répondu : "Jordan ". Je le relance avec : "Pourquoi ? ", en pensant qu'il allait me dire un truc bidon du genre "parce que je suis le meilleur " ou j'en sais quoi... Mais au contraire, il me fait un vif crossover auquel je ne m'attendais vraiment pas : "Parce que je joue pour l'équipe qui m'appartient. " Oui, car en 2002, Jordan jouait pour les Washington Wizards, alors qu'il était actionnaire minoritaire et président des Basketball Operations. Well played, Jeffrey !

JANETTE BECKMAN

Omar m'a présenté Janette Beckman lors de la première édition de Soulitude en 2016. Janette est une photographe mythique du punk londonien ainsi que du golden era du Hip Hop. Parmi les artistes qu'elle a immortalisés, on peut citer : Slick Rick, LL Cool J, The Beastie Boys, Run-DMC, Eric B. & Rakim, Big Daddy Kane, BDP, Salt-N-Pepa, Ice Cube, Method Man, André 3000, Missy Elliott, Busta Rhymes, The Clash, Sex Pistols, Sade, The Police, Boy George... Elle a aussi bossé pour Dior, Kangol, Dapper Dan/Gucci et j'en passe.

Me voilà donc attablé avec cette dame, autour d'une fondue, et les anecdotes fusent ! Elle me parle d'un jeune Ice Cube, à peine 21 ans, au visage fâché sous sa casquette Raiders, venant de quitter N.W.A, au fil de la conversation. Elle m'explique sa photo du jeune O'Shea Jackson en 1990, tout vulnérable, incertain de son avenir, en train d'embrasser sa maman devant chez elle, avant de le prendre en photo accroupi, mimant un flingue avec sa main droite vers l'appareil.

Elle me raconte aussi ce shooting avec EPMD, au bord de l'eau, au fin fond de Long Island. C'était pour la pochette de leur deuxième album, Unfinished Business. Tu vois la fameuse pochette, chacun sur le capot de sa voiture avec un pied à terre, l'autre sur le pare-chocs, garés en V devant l'océan ? C'était leur troisième shooting ensemble, ils se connaissaient déjà un peu. Ils lui donnent rendez-vous à midi. À cette époque, avant les smartphones et les e-mails, il était parfois difficile d'entrer en contact avec les artistes. Surtout quand ils ont du retard (rires). Après plusieurs heures d'attente, inquiète vers 15 h, elle saute dans sa Jeep pour trouver une cabine téléphonique afin d'obtenir des nouvelles. Elle balance des pièces dans la cabine pour joindre leur manager, qui l'informe qu'ils sont dans un carwash dans le Bronx pour faire briller leurs jantes (rires). Super ! À peine soixante-cinq kilomètres à parcourir... (rires)... Deux heures plus tard, elle entend enfin le vrombissement des gros moteurs V8 arriver sur les lieux. Il est 17 h et il n'y a presque plus de lumière. Ils ont garé leurs Mercedes 300 SL et Chevrolet IROC Camaro, respectivement l'une à côté de l'autre. Elle voit chacun sortir de sa bête. Ils sont synchronisés de la tête aux pieds. Même paire de sneakers toutes blanches, même fisherman's hat, même chaîne en or dookie rope autour du cou, même ensemble en gris clair. "They looked amazing", me dit-elle avec un grand sourire. Le shooting s'est fait en à peine quinze minutes.

JEAN GAB'1

Le Casse-Burne Original, Jean Gab1 aka Le Nettoyeur du Rap Français. Aka Charles Trainé, alias dit La Pince, alias Le Crabe, mec à l'ancienne, Crème de la Crème, bête de radin. Son père avait abattu sa mère et son amant quand il avait 10 ans. On lui a dit qu'elle était partie au ciel suite à un accident de voiture.

"À partir du moment où mon daron a repassé ma daronne, c'était fini pour moi ", confie-t-il. "La douleur, indicible, me marque à vie. Tout est parti en couille en l'espace de quelques jours. La famille, la maison, tout ça ne veut plus rien dire, je n'avais tout simplement plus rien à foutre de rien. "

Orphelin, séparé de ses frères et sœurs (il est le cinquième d'une famille de douze enfants), je te laisse tracer la suite logique. Gangs, criminalité, braquages de banques, magasins, bijouteries... prison en Allemagne, membre des Requins Vicieux. Le gars a vécu some real shit dans sa vie. Ce n'est que sept ans après le drame qu'il apprend la vérité en lisant une coupure de presse retrouvée chez sa grand-mère.

25 juin 2003. Je me rappelle avoir été surpris par sa petite taille quand on s'est rencontrés à mon taf l'après-midi, mais damn qu'il était balaise (rires) ! Il a fait quelques pompes dans sa vie, c'est sûr (rires). On était hyper bien placé. Tout le monde passait devant pour rentrer dans le Flon. Tous les artistes, musiciens, photographes, rappeurs, beatmakers, skateurs y passaient... On se saluait tous les jours.

C'était la bonne époque dans ce quartier. Il a vu qu'on était en place. Dope kicks, gros son, bonne ambiance, clientèle cool. C'était the place to be, le lieu de rendez-vous. On a parlé un peu pendant qu'il guettait les baskets. Le courant est bien passé, bon feeling. On s'est fait un check à l'ancienne en se disant "à tout à l'heure". Je taffais au shop de 10 h à 18 h 30, fermais le shop, montais à la radio, me bouffais vite un truc et on attaquait l'émission en live, direct derrière. Je rentrais chez moi vers les minuits.

So yo, Jean Gab1 est un ancien. Il a connu la naissance du Hip Hop parisien en 1983. Il a zigzagué entre la danse et la délinquance pendant des années. Il a dansé avec 2Pac et Digital Underground, avec les danseurs d'EPMD, etc. Il me parlait des Requins Vicieux, première bande organisée dans le Hip Hop français, de son petit séjour en Allemagne. Il parle de son premier feat sur l'album de Doc Gynéco, Liaison dangereuse, la mixtape Première Classe. Il explique qu'à la base, le texte de Je t'emmerde n'était même pas pour une chanson, mais plutôt un poème plein d'émotions. Son ras-le-bol des gars en France et le manque d'identité, le manque de sincérité, le manque de maturité. L'importance de rester soi-même. Il ne s'est jamais considéré comme rappeur d'ailleurs. Il ne faisait pas de rap, ni de slam, il est juste venu soulever son petit nid de guêpes.

Je lui demande pourquoi il avait épargné IAM dans Je t'emmerde : "IAM sont justement les rares à ne pas prôner le misérabilisme, même s'ils ont des thèmes qui ne me font pas sauter au plafond. J'ai préféré tailler La Fonky Family, qui sont arrivés humblement. Ce que j'ai vu derrière me faisait gol-ri. Je les ai vraiment vus évoluer avant qu'ils ne deviennent des stars. J'ai donné mon avis sur les rappeurs qui me faisaient iech".

Je me rappelle aussi avoir eu de la peine à le suivre parfois pendant l'interview avec son argot d'ancien. Je ne comprenais rien avec certains termes et références, (rires).

Baby Blu in Da House avec l'original casse-burnes, MC Jean Gab1. Les auditeurs ne savent pas forcément que t'es un ancien dans ce rap game. Pour se chauffer, vite fait, parle-nous de ton parcours jusqu'à présent.

C'est en 1983, c'est le début du Hip Hop qui débarque en France. Donc j'ai connu la salle Paco Rabanne, le Trocadéro, Saint-Michel, Colonel Fabien, Oberkampf, Cadence, tu vois. C'était Châtelet-les-Halles, l'essor même du Hip Hop, avec Vitry, Saint-Denis, tout ça. Et puis après, j'ai fait comme tout le monde : du breakdance, du smurf jusqu'en 85. Après, la délinquance m'a rattrapé, je suis revenu dedans en 86, non 87 plutôt, pour faire ce qu'on appelle maintenant cette danse-là, le Hype, que tout le monde danse maintenant. C'est ce que j'ai ramené en France. Je tenais ça des Ricains, là-bas, à Berlin. Donc j'avais un groupe là-bas qui s'appelait Society Posse. Et bon, c'est vrai qu'on a dansé avec Digital Underground, qu'est-ce qu'il y avait encore... EPMD.

Est-ce qu'à l'époque où tu parles de Digital Underground...

Oui, 2Pac était là en tant que danseur, et c'était pas celui que vous croyez tous qu'il était. C'était un gentil garçon qui dansait. Sans son rôle d'acteur, c'était juste un danseur comme tout le monde. Sa vie de rue ne transpirait pas là-dessus. Le truc, après... bon, je suis parti faire un long séjour carcéral chez les Chleuhs, là-bas, en calèche.

Ouais, alors justement, j'ai entendu sur la phase B de J'T'Emmerde, tu parles vite fait de ça. Comment tu t'es retrouvé en Allemagne ?

Je me suis retrouvé chez les Chleuhs en 88. À partir du moment où la plupart de mes potos, de ma bande qu'on appelait les Requins Vicieux, 80 % étaient en calèche. Donc il a fallu que je fasse un bilan rapido de ce qui se passait en France. C'était toujours le même horizon : la calèche. Il n'y avait que ça. Donc j'ai préféré vraiment déconner en Allemagne. Je suis parti chez les Chleuhs un jour où je m'emmerdais à Clignancourt. J'avais 45 feuilles sur moi. J'ai pris le bus, il m'a ramené jusqu'à Berlin. J'ai eu la chance de rencontrer un poto qui est dans À Nos Chers Disparus et qui s'appelait Tino, tu vois ? Et voilà quoi. J'ai commencé, j'ai regardé tout doucement ce qu'il y avait. Vu que j'avais un esprit un peu vif, tu vois. Donc, forcément, l'Allemagne, c'est pas la France.

Et vu que le capital chleuh, c'était le Deutsche Mark, qui valait 4 francs ou 3,49. Donc, forcément, quand tu vas braquer chez les Chleuhs, quand tu prends 10 barres chez eux, ça t'en fait toujours 34 en France. Si tu fais le sens inverse, ça t'en fait que 10. Donc du moins 2 ou 3 virgule chez les Chleuhs, autant aller là-bas. Comme dans les films qu'on voyait, c'était The Warriors et Beat Street. C'était un esprit filou dedans, exactement ça. Ce qui fait que je suis toujours resté dans le Hip Hop. Je suis resté longtemps en calèche, jusqu'en 94. J'suis resté 5 piges. Je suis sorti, on a créé Dooeen' Damage en 97. Mais avant, il y a eu De Retours Prod. Tu vois, y avait Papalu, je sais pas si tu connais, Lucien, Revolucien qui était dedans puisqu'il faisait partie des K.O. aussi. Bon, ça a cassé au bout d'une pige.

On a fait ce qu'on appelle Dooeen' Damage en 96-97, et j'ai commencé à faire du rap en 98.

Première apparition : Liaison Dangereuse, avec Doc Gynéco. Ce qui m'a permis vraiment de mettre le pied à l'étrier, tu vois. Après, y a eu la B.O. d'un film qui s'appelait Trafic d'Influence, avec Thierry Lhermitte et Gérard Jugnot, qui puait la merde d'ailleurs. Puis y a eu MC Jean Gab1, Mec à l'ancienne, maxi 2000.
Et puis quoi encore ? Nique la Musique de France, DJ Cream, pareil la même année. Et en 2003, y a eu J'T'Emmerde avec Mec à l'ancienne, mon maxi, puis l'album, sorti le 3 juin...
Dans le morceau J't'Emmerde, tu dis tout haut ce que beaucoup pensent mais que personne n'ose dire. Tu n'as peur de personne, mais est-ce qu'il y a quelque chose qui t'effraie sur terre ? Tu as une phobie de quelque chose quand même ?
Non ! Ce qui me désole... c'est que j'ai fait un constat. C'était un morceau qui a été écrit à 3 piges et demie, tu vois. Entre-temps, il y a eu un remix. C'était déjà un constat que j'avais fait il y a 5 piges, tu vois. Et le plus malheureux, c'est que les donneurs de leçons font comme tout le monde, c'est-à-dire couler dans le moule... À partir du moment où on te met une cacahuète, toi qui es si énervé, eh ben boum, tu l'écrases. Ton clapet, il est fermé et tu fais comme tout le monde. Le rap français n'a plus d'identité. C'est américain jusqu'au bout du trou de balle, et voilà quoi. On est des franchouillards, on a justement la chance ou la malchance d'avoir une pauvreté musicale ou une richesse musicale, tu vois. Et il faudra peut-être aller piocher dedans de temps en temps. À chaque fois qu'il y a un réchauffé. Dans notre secteur, pas de problème, le jeu n'a jamais aussi bien marché.
C'est vrai qu'à la base, ton texte, Pour J'Temmerde, c'était même pas censé être pour un rap, c'était juste un peu tes émotions...
... bah ouais c'est mes émotions, c'est mes émotions par rapport au ras-le-bol que les keumés faisaient, tu vois, d'allumer la radio et d'entendre toujours la même chose, tatati tatata et les keumés ne transpiraient pas vraiment ce qu'ils racontent dans leurs récits.
Ah ouais, c'était pour un rap ?
Mais après, c'est un autre délire, il y a le côté artistique et après il y a la démarche. Parce que la plupart des keumés artistiquement, je l'ai toujours dit : à partir du moment où tu prends un style et tu gratouilles un peu tu mérites tout mon respect. Mais après de ton côté artistique, tu commences vraiment à faire une démarche que t'adoptes dans le civil. J'suis obligé de te descendre, mon pote. Il faut pas oublier qu'il y a quand même des mioches qui sont là à écouter ce que tu fais et qu'il y en a qui croient vraiment que t'es le narvalo qui est derrière sa galette tu vois ? Et le problème c'est que les petits ils écoutent ce que tu fais, ils agissent en sorte, alors que s'ils savaient ce que t'étais, t'étais une saucisse. Il est là le problème.
T'as bien fait de secouer un peu le rap français, mais quels changements faudrait-il pour qu'il récupère ?
J'ai pas de remède miracle, sans quoi j'aurais la science infuse. Mais la seule chose que je dis, c'est : soyez vous-mêmes. Je vois que le rap français, il manque malheureusement de maturité déjà, et de sincérité. OK, on veut tous de l'oseille, mais il faut le dire aussi. On a toujours voulu prôner le misérabilisme sur le rap français. Mais à partir du moment où tu prends de l'oseille en tant qu'artiste, de ton oseille, tu fais ce que tu veux. Le problème, c'est pas de montrer ou non son oseille. Le problème, c'est de prôner le misérabilisme, qui est prôné par des gens qui détiennent le papier chiotte et qui descendent en bas pour aller torcher le cul des cul-

TEL. 923 65 93
www.hugo.ch
DI 7 NOVEMBRE
PORTES 21H30
ONKY
AMILY
kobra
PRESENTS
A HANA CLUB FEAT
Couleur3
10.01 @ guayas
n boogie show
t, trouble king, d-soul
een giant & guest
ke, blu, jones
Sébastien Féval
es,
e veux bien qu'il
lais pas qu'il parte
nt la merde. Mais,
qui le fait chier, s'il
ain, je viens et je fra-
allez faire quoi?
lle. Je vais m'achet
va aller galérer je s
e bal, c'est Rances
aller.
par Blaise Will
op», regrette
eur professic
pect
t-clé de la cu
p-hop, souve
audé. On pou
'opposer à «
brouille», dis
peut surven
porte quanc
e de rap, La
uvem
INTERVIEW
«La
– Pourqu
quent-ils
Baby Bl
une relig
on char
hip-ho
d'une
sive: l
pas d
rue,
éne
mo
La
les jeun
Renseig
Ass
2302 La
Tél. 032 968
présente
en concert
secteur ä
Couleur3
ärsenik
BOXE AVEC LES MOTS
L'ESPOIR FAIT VIVRE, MAIS CEUX QUI VIVENT D'ESPOIR MEURENT DE FAIM.
1re PARTIE
LA HANA-CLUB
NOSTRA (LAUSANNE)
ATTACK VERBAL
(BIENNE)
DJ VINCZ-LEE
GENÈVE
DJ KER
TOP-BILIN'
RKC
ROCKING CHAIR, VEVEY
5 FÉVRIER 1999
DOOR OPEN 21.00 - 05.00
TICKET CORNER
UBS
CASINO DE LA ROTONDE, BIENNE
6 FÉVRIER 1999, DOOR OPEN 21.00 - 05.00
INTERNET: http://perso.cortex.ch/2flex/
E-mail: 2flex@cortex.ch
Vente:
MixTape - KER et VINCZ-LEE

A-Frame house - Bolinas, Californie, 1984

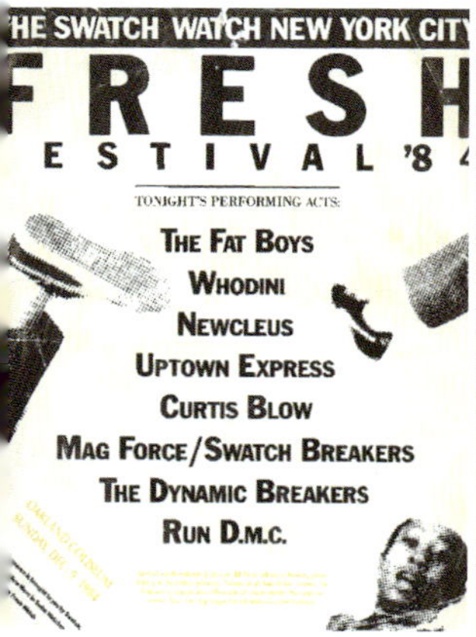

Mina Street (Mission District) San Francisco, 1980. On vivait au 2e étage dans l'immeuble rouge

Mon premier groupe - The Crowbar Bolts, 1984

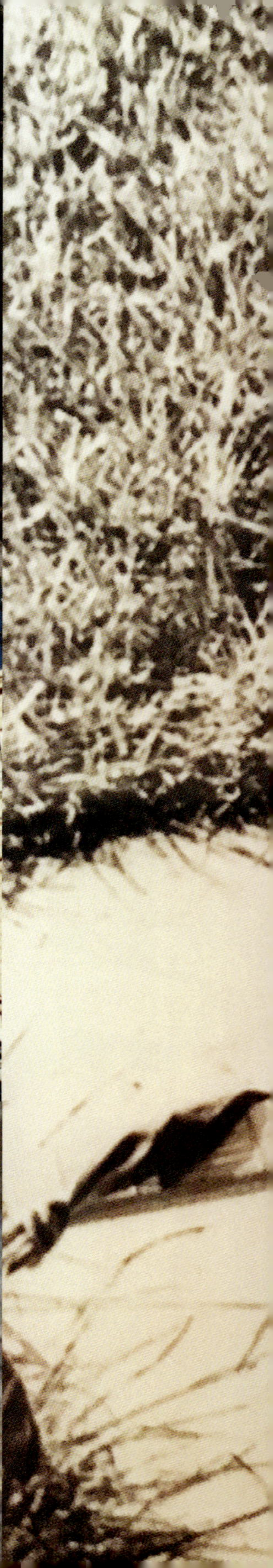

Young P - shoe game crazy

Boogie Squad - rooftop, 2003

Football avec IAM - Vidy, 2004

AKH et Vincz Lee au tournage du clip CV - Marseille, 2009

xpo You Are Not Dead Yet - Free Studios, 2015

Iix & Remix, Expo You Are Not Dead Yet

Cassette de Run-DMC acheté à la Placette en 1987

Golden Gate Park - San Francisco, 1980

Malice de Clipse, 2003

Afrika Bambaataa - Couleur 3, 2005

Down wit' O.P.P. - Treach de Naughty by Nature, 1992

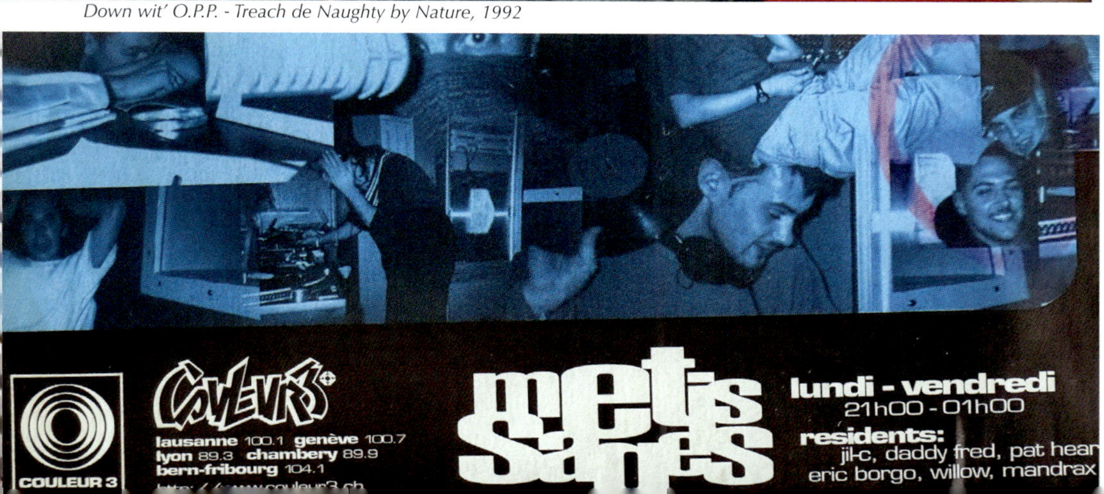

Disiz & Etienne au MJF, 2009

Conway, 2024

Disiz - Burger King, 2009

Method Man, 2004

Veste de Craig Mack qui est encore dans une armoire quelque part à Lausanne

JoeyStarr, 2007

Ice T - Rhyme Syndicate

Festival de la Cité, Lausanne, 1998

Person (à gauche) et Blu en action, ou quand La Hana Club fait le spectacle. Un trio impressionnant.

SABINE PAPILLOUD (PHOTOS)

«Standing on stage and I'm grabbing my nuts (debout sur la scène, je m'attrape les c...), standing on stage and I'm...» Sur fond de grosses basses bien rythmées, le slogan revient en boucle. Dressé face au public, Blu, pitre patenté du trio La Hana Club, s'exécute. Une fois, deux fois... Les cris et les rires fusent de toutes parts, l'ambiance monte d'un cran. Du coup, les trois lascars en remettent une couche. C'était showtime du côté de la place du Château, jeudi soir.

Le pari n'était pourtant pas gagné d'avance: une soirée hip hop au Festival de la Cité? L'idée était risquée connaissant la frigidité, voire l'agressivité, du public rap. Ultracritique et peu enclin à bouger ses fesses en concert, le rappeur moyen, casquette enfoncée sur le crâne et mains dans

Expo Rap Life - The Spot, 2015

La Hana Club, 1998

36 Signatures

Rencontre avec Pierrot Winter

Sa griffe habille Snoop

Steve Riesen

La barbe est légèrement grisonnante, mais le look respire la jeunesse. Nike Jordan, Bomber, jeans large et t-shirt de sa propre marque au design provocant: la statue de la Liberté, cocktail Molotov à la main. A 42 ans, l'époque où Pierrot Winter rappait sous le nom de «Baby Blu» n'est jamais très loin. Le hip-hop coule toujours dans ses veines, de ses années d'animateur de *Downtown Boogie* sur Couleur 3 à sa ligne de vêtements Cotton & Bass, fondée il y a trois ans autour du slogan «You are not dead yet». Une phrase-choc et punk qui, après s'être retrouvée entre les mains de Charlie Sheen et sur la tête de Snoop Dogg, devient aujourd'hui l'inspiration d'une exposition à Genève. «C'est un honneur d'avoir fait le vernissage à la Nuit des Bains. C'est génial que la culture hip-hop soit passée des graffitis de rue à de véritables œuvres d'art.»

L'exposition, qui regroupe une vingtaine d'artistes, est présentée sous son vrai ... Ce qui n'a pas toujours été le cas, lui ... fait appeler «Chuck» dans la rue et ... surnommait «Baby Blu» au moment ... tre sa casquette de rappeur ou d'ani... radio. «Je dois être un peu schizo... plaisante-t-il. «Baby Blu», c'est ce... la raconte un peu, qui aime être ... rojecteurs. Je suis de plus en plus ... nter en fait.»

...ement hippie au rap

...rs qu'il est Suisse d'origine, on ... hez lui une pointe d'accent ... ertains se moquaient de ma ... rler en anglais, mais ça m'a ... à la radio. J'ai passé sept ans ... aux Etats-Unis. On y est allé ... père avait une place dans ... San Francisco. Mes parents ... s hippies, j'étais dans une ... des câlins aux arbres une ... souvient-il en riant. ... rique et passion pour le ... nble évident. Et pour... ne que tout a com... ie de cette première ... scène lausannoise. ... opris, en faisant les ... t le monde, notam... de l'époque, La ...

...se, à 14 ans, il a ... pagne de Mou... çais. «C'était un ..., je devais déci... enter. J'aimais parler avec les gens, alors je me suis lancé dans la vente.» Fan de sport - il a joué au base-ball, au basket et au football - il commence un apprentissage chez Schaefer Sports à Lausanne. Il est ensuite repéré par le patron de Pomp It Up, pionnier dans l'importation de chaussures américaines. «Il m'a dit que j'avais une place chez lui. Mais j'étais censé faire l'armée. J'ai tout fait pour me faire virer. Ça a pris quelques heures...»

Influent sur Couleur 3

En 1994, il rejoint Couleur 3 grâce à sa connaissance du hip-hop et son débit de parole. «DJ Sebb m'a fait passer un test en compagnie d'Eric Grosjean, qui a vu que je n'arrêtais pas de parler, alors il m'a embauché.» S'ensuivra un parcours de dix-huit ans sur la chaîne, d'abord dans l'émission *Les Métie...* ...*bb Show*. «On était ... vait que nous et ...

Radio... groun... fluent... l'émiss... parse C... Touj... projets,... recteur ... et a lanc... 2012 qu... fonder s... Bass. Son... fait le buz... que je m... fais toujou... rien sans ... et foncer d... projet? «Et... tes casquet... une constan... couple avec ... plus intellige...

Lorsque Pierrot Winter se lance dans un projet, il s'y donne corps et âme. «Il faut foncer d...

Bio express

1973 Naissance à Bâle.
1980 Il déménage à San Francisco.
1987 Retour en Suisse, dans la campagne de Moudon (Vaud).
1992 Apprentissage de vendeur chez Schaefer Sports, à Lausanne.
1994 Il débute sur les ondes de Couleur 3.
1999 Il crée l'émission *Downtown Boogie* avec Green Giant.
2012 Il quitte Couleur 3 pour fonder la ligne de vêtements Cotton & Bass.
2015 Exposition regroupant une vingtaine d'artistes autour de son slogan «You are not dead yet». Visible jusqu'au 15 octobre, au 3, rue Gourgas.

Snoop - aéroport LAX, 2015

MJF, 1999

Premier flyer LAW

Wu-Tang Clan ain't nothing to f!ck wit'

Mon premier placement d'interview, presse écrite (Onyx, 1994)

Pass backstage au kilo

Kendrick Lamar, 2013

Les 30 ans de Jiggy Jones à Bienne avant que les flics débarquent chez moi

Pharrell, 2008

Redman, 2004

SATURDAY
10 FEBRUARY 1996
FROM THE
BEAT STREET
THE #1 RECORD STORE
IN NEW YORK
22.00 DJ "3" 12.-
REPRESENTIN'
BROOKLYN
U.S.A.
DJ KER · DJ STEE-V
FROM BIENNE
SPECIAL GUESTS : SICK SIRKLE - CHUCK - DJ SEBB - JOAN - KEYO / ENZO - ALDO (LAUSANNE) FADII - NINO G (BIENNE) ALEX - JULIAN - DAMIAN - EMANUEL (ZURICH) & MORE ... ORGANISATION : SHY & KARIM.
COUPOLE · BIENNE

Serge Ibaka - NBA Finals, Game 1, 2019

Maseo de De La Soul, 2017

Posdnuos de De La Soul, 2017

Jesse Jackson - NBA Finals, Game 1, 2018

Stephen A. Smith - NBA Finals, Game 2, 2018

terreux. C'est n'importe quoi. Il y a toujours ce genre de gens qui prennent un créneau, et que justement quand il faut mettre les deux pieds dans le plat, faut aller jusqu'au bout. Et la plupart des raclos que je cite dans ce truc-là, c'est que les raclos, ils vont jusqu'à un certain niveau, et à partir du moment où les choses se corsent, tout le monde commence à faire un volte-face. Et vas-y, c'est ce que je veux dire, ils font comme les vieilles putes : se retendre les fesses.

Tu ne parles pas de IAM dans J't'emmerde, pourquoi ? Ils méritent ton respect ?

Ils méritent mon respect, tout le monde mérite mon respect, mais IAM, ce sont justement les rares qui n'ont pas prôné ce misérabilisme, rue, etc., même s'ils ont des thèmes qui ne font pas sauter en l'air. Mais bon, IAM, c'est IAM. Moi, j'ai kiffé un morceau d'IAM quand je suis sorti de calèche, c'était "Je danse le Mia ". Je m'identifiais dans ce morceau, ça me rappelait ma petite jeunesse, tu vois, vite fait. Mais bon, j'ai préféré tailler la Fonky Family qui était arrivée humblement, et ce que j'ai vu après, derrière, ça me faisait gol-ri. Moi, je les ai vraiment vus évoluer, avant qu'ils deviennent des stars, quand ils étaient venus chez Less du Neuf à Boulogne. Ce n'étaient pas les mêmes raclos que j'ai vus derrière. J'ai donné mon opinion sur les raclos qui me faisaient iech, aussi bien les raclos que les greluches. J'avais pas oublié l'autre derrière, c'est pareil.

Et si tu pouvais me faire la même chose en version "Fuck you " contre le rap ricain, tu citerais qui ?

Non. Si je faisais la même chose en version ricain ? Tu veux déjà me comparer à 50 Cent ? C'est pas mon délire.

Alors dans le sens inverse : qui kiffes-tu ?

Moi, j'aimais bien Eazy-E, Tim Dog, 2Pac, j'aime bien ses textes. Parce que le keumé, aussi, malgré son rôle d'acteur de tox à deux francs cinquante (en 1997, Tupac a joué le rôle de "Spoon", cuillère en anglais, qui est un accro à l'héroïne dans le film Gridlock'd), le keumé, il est quand même allé jusqu'au bout. Ça lui a coûté quand même deux, trois pruneaux, tu vois. Et 50 Cent, parce qu'on a énormément de parallèles, tu vois. Sa mère s'est fait buter, lui il avait 8 ans et demi, moi j'en avais 10. Ça, c'était son job, la drogue ; moi, c'était un passe-temps. C'est pas le même délire. C'est juste que lui, c'est New York, et moi, c'est la France.

OK, alors 50 Cent version française ?

Non, c'est pas 50 version française. Moi, je suis Jean Gab1 tout court.

Alors qui est ton Aftermath ?

C'est juste... Non. Moi, j'ai pas de comparaison. Moi, la seule idole que j'ai, c'est mon frangin, mon grand frère. Tu vois, j'ai pas d'idole ricain, nanana. Mais s'il y a des parallèles à faire, tu peux faire avec 50 Cent. Mais sinon, c'est pas mon idole. Le raclo, il va aux chiottes, moi aussi j'y vais.

Tu dis que la première qualité d'un muslim, c'est d'être humble.

Oui, c'est la première qualité d'un pratiquant tout court.

OK, est-ce que les religions ont une grande place dans ton âme ?

Non, je ne suis pas religieux du tout, mais comme je dis, la religion théoriquement n'a strictement rien à voir dans le rap, elle n'a strictement rien à y faire, tu vois ce que je veux dire ? Moi, la seule chose qui me dérange, c'est que tu ne peux pas faire de leçons à des gens si tu n'es pas blanc-bleu, tu vois ce que je veux dire ? Avant de balayer devant ma porte, tu enlèves la poutre que t'as dans le cul.

J'ai bien aimé ton texte dans 33 Comme l'Autre. Qu'est-ce qui t'a motivé à faire ce morceau ?
C'est moi. Parce que je suis quelqu'un qui a... J'ai lu la Torah, le Coran, la Bible. Mais bon, ça fait pas de moi un intello. Le truc, c'est que j'ai donné mon opinion sur ce que moi je pense de la religion, tu vois. Que c'est pas un jeu et que voilà, il n'est pas normal qu'il y ait des modérés et des extrémistes, tu vois. Je suis pas un théologien, donc j'vais pas rentrer dans des trucs. J'suis pas là pour contester l'existence de Dieu, tu vois. S'il existe, c'est bien. Moi, la seule chose que je dis : si un mec veut croire à la pomme, il croit à la pomme. S'il veut croire à la fourmi, il croit à la fourmi. S'il veut croire en Dieu, il croit en Dieu. Mais de là... les gens, au lieu de simplement lire la Bible, le Coran ou la Torah, les gens interprètent. Ce qui fait que ça donne des modérés, des extrémistes. Ce qui ne devrait pas avoir lieu d'être, tu vois ce que je veux dire ?
Ton album est dans les bacs, il s'appelle Ma Vie. Parle-nous de ta galette. Ça a été facile à faire ?
C'est pas que ça a été facile à faire, parce qu'il a fallu sortir des sentiments. Tu vois, je suis quelqu'un qui, a priori, quand tu me vois, je ne parle pas trop avec toi, parce que j'ai pas que ça à foutre. Mais voilà, il a fallu sortir des sentiments vraiment enfouis chez moi : ma mère, les potos que j'ai perdus... Tu vois, des morts dont je n'arrive pas vraiment à me remettre. Il en manquait un paquet. J'aurais pu en remettre 30 ou 40 dans À Nos Chers Disparus, mais bon. J'ai fait un patchwork de ma vie, tu vois. J'ai pas tout mis dedans. Parce que, bon, soupe bien sûr, y'a des gens qui auraient préféré que je mette des trucs comme Requins Vicieux et tout ça. Mais bon, ça arrive. J'ai été à la DDASS (Direction Départemental des Affaires Sanitaires et Sociales), donc forcément j'ai fait un morceau sur la DDASS, sur les conditions à la DDASS. Parce que, comme je te dis, je parle toujours à l'être-je. Tu vois, le rap à la base, c'était un truc d'ego-trip. Et justement, ce que je déplore, c'est que le rap est trop arrivé avec des "nous". Avant, y'avait que des "je". Et moi, j'ai justement fait un patchwork de ma vie. J'ai mis mes sentiments dedans. J'ai fait un morceau qui s'appelle Femmes. Tu vois ce que je veux dire ? J'ai une fille, une grand-mère, j'ai plus de mère, mais j'ai une copine. Et j'aime les femmes. Et je pense que les femmes elles me le rendent bien. Ou sinon, on verra plus tard. La cabane, quand j'étais chez les Chleuhs, moi j'habitais à Tegel. Il y a tout : la religion, mon sentiment sur la religion, pourquoi je n'arrive pas à être chrétien, ou juif, ou musulman. Il y a surtout mon attachement à Paris. Il y a deux morceaux : Paname. Le côté verso de Paname, de Paris. Et le deuxième : J'ai deux amours, mon pays et Paris. Moi, qui n'ai jamais été en Afrique, j'ai justement souffert de ce manque, de n'avoir jamais vraiment grandi avec les miens. Tu vois ? Parce qu'en étant à la DDASS, en maison de correction, tu navigues rarement avec les tiens. Tu vois ? Ce qui fait que j'ai été séparé de mes frangins, frangines, etc. J'ai pas grandi avec eux et j'ai jamais été au bled. Donc j'ai voulu donner une grande dédicace à mon bled, que je ne connais que par carte postale, et par rapport à ce que les sportifs de mon bled ont fait, ce qui me rend fier. Et à Paris, la ville qui m'a vu naître et que j'échangerais pour rien au monde.
Dans le track numéro 3, il y a la boucle d'Apache ? Ça me fait penser à ton esprit old school.
Dédé ?
Ouais ! Reviens sur l'esprit Hip Hop old school, à la base.
Ouais, c'est clair. Parce qu'un tel morceau, Apache, ça me fait penser à un truc : The Reagan

Show, je sais pas si tu te rappelles, ou si t'as déjà vu une cassette. C'était la première fois qu'il y avait des breakers, il y avait les New York City Breakers et Rock Steady Crew. Un truc de break chez Ronald Reagan. Moi, j'ai trouvé ça fantastique. Quand j'ai pensé à faire l'album, y'a un moment, ce truc-là, il est arrivé. J'écoutais tous les beats qui passaient, c'était toujours les mêmes : Neptunes, tatati, tatata. Ruff Ryders, lalali, lalala. Et en France, c'était le même délire. J'ai dit : bon, va falloir revenir à ce qui est vraiment l'essence même, tu vois, la zik. Et franchement, Apache, ça me rappelle tout le temps la old school, où y'avait encore ce côté jouissif et festif, même si les temps étaient un peu plus violents. Tu vois ? Mais au moins, il y avait encore cet esprit Hip Hop, qui n'était pas encore tamisé, chiqui-miki et compagnie. Tu vois ? Quand tu allais en soirée, c'était pas "m'as-tu vu", etc. Ou quand tu vas en soirée, c'est pas, tu vois, des danseurs qui s'entraînent depuis six heures, qui transpirent, qui te cassent les couilles et t'empêchent de remuer tes gambettes. Tu vois ?

C'est justement tout cet esprit-là qui a été perdu. Où il y a de moins en moins les battles qu'il y avait avant. Maintenant, c'est toujours entre danseurs et danseurs. C'est pas l'esprit pop, c'est juste danseurs contre danseurs. Et à côté, t'as les New-Yorkais à deux balles cinquante et les : "Oui bonjour, j'ai vendu quelques disques", "Toi, t'as vu ma tronche à la télé", "Toi, t'as fait une pub toute naze", etc. On a perdu cet esprit de : "Et alors ? Tu fais un truc, et alors moi je conteste ton truc, et voilà, je fais autre chose".

À ton âge, qu'est-ce qui te motive encore à avoir cette rage de Hip Hop dans le sang ?

C'est parce que pour moi, c'est pas une mode, c'est une vie. C'est génial. J'ai toujours dit : les gens, ils sont là, ils disent "le Hip Hop, c'est ça, c'est ça". C'est faux ! Les gens, tout ce qu'ils font à l'intérieur du Hip Hop, ce sont des jobs. Les graffitos, les mecs qui… les scribouillards, aussi bien les rappeurs que les mecs qui font de la musique, que ceux qui font de la danse… Ce ne sont que des jobs à l'intérieur du Hip Hop. Puisque le Hip Hop est un art de vivre avant tout. Tu vois ce que je veux dire ? Ça regroupe un tas de choses

Et les mecs, ils ont tendance à oublier, et à croire que le Hip Hop, c'est seulement faire des gribouillis et se faire calter par les cacos de la ferro, comme un furet. Faut arrêter un peu. Le Hip Hop, c'est pas ça, non. Bambaataa, il a voulu justement s'accaparer ce milieu en faisant des trucs positifs, alors que lui, il était pas forcément positif, puisqu'il prenait de la free-base (crack). Je lui en ai vendu en 87 au Globo ! Faut arrêter cinq minutes. Je pense que le Hip Hop a aussi besoin de mauvais garçons. S'il n'y a que des bons garçons, on ne fait que de la soupe. Le Hip Hop, c'est de l'énergie négative en positif. Donc, s'il y a des électrons libres, il y a des électrons libres.

Un dernier mot pour nos auditeurs suisses ?

Les Suisses, invitez-moi, et vous verrez que je remue largement plus que l'emmental. Je suis un bon frometon du calendos. J'y arrive. Si vous me faites venir chez vous, franchement, les mecs… En plus, j'étais en Suisse, mais je voudrais bien voir un peu comment ça se passe chez vous. Tranquillos. On est un peu des francophones, donc on peut y aller.

JOEYSTARR

Je lui avais vendu une paire de Fila dépareillées une fois, quand je bossais un jour à Zurich en 2002. Ce n'est qu'une fois la vente terminée, en rangeant mes quelques cartons, que je me suis aperçu de la demi-taille de différence entre le pied gauche et le pied droit. J'ai couru dehors pour essayer de le rattraper, mais il avait disparu dans une ruelle de la vieille ville quelque part. Keyser Soze, le gars (rires). Trois mois plus tard, je le vois dans l'émission sur Canal+, 60 jours, 60 nuits. Je pense que c'était la première émission de téléréalité en France. Il était enfermé avec Francis Lalanne dans une pièce blanche avec ses Fila dépareillées aux pieds (rires).

JoeyStarr était interdit en Suisse "par crainte de débordements" (selon le téléjournal de la RTS) pendant quelques années, suite à une histoire de sécurité en 2003 (rires). Une émeute s'était créée quand les jeunes avaient appris que Joey Starr n'était pas là. Le pauvre n'avait rien à voir dans l'histoire. Il n'était même pas au courant. Quelqu'un s'était fait passer pour son manager et avait pris de l'argent au passage, et basta.

JoeyStarr, enfin de nouveau permis sur le territoire suisse, est passé sur DTB pour promouvoir son nouvel album dans les bacs. On est le soir de la Saint-Valentin en 2007, c'est mignon ça, non, tu ne trouves pas ? (rires). Il s'installe à côté de moi, enlève sa veste et pose sa bouteille de rhum antillais sur la table. Je fais mon intro à l'américaine, ambiance de soirée, effet sur la voix façon DJ mixtape à la DJ Clue. Je présente l'émission : "Party people, bonsoir, y'all know what it is. You are now rocking with the best. The Boogie Squad is in the building. On the wheels of steel, we got the one and only Green Giant, Baby Blu on the mic avec..." Et là, je vois un Joey un peu intrigué à 50 centimètres de moi qui me mate. Des valises sous ses yeux fixés sur moi (rires)... Je sens qu'il a eu une grosse journée, qu'il est raide, qu'il veut me tailler, mais ne dit encore rien...Je continue sur le beat : "Chose promise, chose due...Dans la place ce soir, we got...we got...we got... The one and only...He goes by the name of..." Et là, il me coupe avec un air du style "Calme-toi, gars, parle-leur en français" et me dit dans le micro en direct : "Wesh, moi c'est JoeyStarr ", avec un ton à la "Bonsoir monsieur, enchanté ". Je rebondis derrière et je dis : "That's right, c'est JoeyStarr et il arrive Il est...là, enfin dans la place..." Il me coupe : "T'es tendu, quand même... Mais c'est bien, c'est bien." Il respecte la vibe (rires).

Il fait l'émission en entier. Il nous parle de l'importance du public et des échanges d'énergie lors des concerts. Il parle de sa nouvelle formation plus organique : DJ, basse, batterie, guitare. L'amour pour la musique, les sound systems. La réalisation spontanée de l'album, de tout faire dans l'urgence, que la routine tue, être devenu papa, Le Pen, Sarko, Ségolène Royal ("Elle sourit tellement, on dirait que son programme, c'est ses dents "), Chirac qui a acquis son capital de sympathie grâce aux Guignols, l'état du rap français, son background musical, se préoccuper des autres, le challenge et l'esprit de défi dans le Hip Hop, les sons qu'il écoutait ces derniers temps (il a traité Kingdom Come de Jay-Z de vieille semelle, il était déçu du dernier Nas, Hip Hop Is Dead, il écoutait pas mal le dernier Ludacris, Release Therapy, et Busta Rhymes qui n'avait pas encore fait un faux pas, selon lui). Il parle de son respect pour KRS-One et de l'importance des paroles envers les jeunes qui écoutent de la musique.

Il parle aussi de sa relation actuelle avec Kool Shen et de son plus beau souvenir avec NTM :

Est-ce que tu as un plus beau souvenir de l'époque NTM ?
(Après plusieurs secondes de silence) Je n'en ai pas un, je n'ai... *(il siffle)* tu vois, du genre des centaines. Après, je pourrais te dire, à la limite, celui que j'ai de plus précis. C'est peut-être la première fois, parce qu'elle fait partie de mes meilleurs souvenirs.
Tu te rappelles encore de la première fois ?
Étonnamment oui, alors que ça faisait 72 heures que j'étais sous psychotropes, tu vois, j'avais pris des acides. On avait composé le morceau la veille.
Tu parles de Je Rap ?
Alors ouais, il y avait Je Rap, Par Ma Voix, par ses scratches, il y avait Le Toucher Nique Ta Mère. En fait, on avait déjà écrit les textes. On avait les musiques, faites donc la veille. Il y avait Kool Shen et DJ S au truc. Pendant ce temps, j'étais en train de transpirer dans un coin comme un malade. Et eux, au départ, ne voulaient pas faire de scène. Quand je suis venu les voir, je leur avais dit que je nous avais trouvé une date. Ils me regardent et me disent : "Pour quoi faire ?" Je dis : "Pour aller rapper !" Je dis : "Mais on ne veut pas rapper, nous, on s'en fout. On fait ça là comme ça..." Ils ne se voyaient pas en train de faire des concerts. Remarque, moi non plus, c'est juste que quelqu'un m'avait dit : "Venez, ça peut être bien..." Et moi, j'ai dit oui...
Dans l'urgence, comme tu disais avant...
Exactement. Et donc moi, j'ai dit oui pour les autres. Je suis arrivé à Saint-Denis et je leur ai dit : "Voilà, il y a ça et ça à faire, tac-tac... " Et eux, ils m'ont dit : "Mais t'as perdu une roue ? " Et donc, comme on aimait les challenges, comme je disais, on y est allés et on l'a fait. Je ne me suis pas trop rendu compte de tout...Parce que...*(hésitation)* à l'époque, ça s'appelait des Gorbatchev et ils étaient assez costauds. Donc voilà, ça s'est fait comme ça. Je pourrais même dire qu'en fait, on avait trouvé notre style dès notre première fois. Moi, je suis arrivé en ne sachant pas quoi dire, j'envoie donc des "Pow, pow, pow " avec mes petites influences reggae. L'autre avait une petite flasque de whisky. Il était un peu constipé. Et il y a S qui nous regardait et qui se demandait : "Mais qu'est-ce qu'on fout là ? " Il s'avérait qu'en fait, on en parlait un peu partout à Saint-Denis. On avait tout le 93 NTM qui était là, on avait les hooligans avec nous. Je crois que même eux étaient meilleurs que nous et c'est ce qui nous avait réveillés, tu comprends ce que je veux dire ?...

Bref, super interview sincère, dans de bonnes vibes. On siffle sa bouteille de rhum quasi à deux. On rigole, on bouge sur des sons passés entre les interventions. À un moment donné, j'entends le manager/chauffeur lui parler du retour à Genève après l'émission. J'avais rencontré le gars deux semaines auparavant. Il était déjà venu avec Éric et Ramzy et m'avait filé deux billets pour leur spectacle. Une bonne connexion via le Gang du Lyonnais, que je salue au passage. Bonjour les merguez ! (rires). Je lui dis que moi aussi, je retournais à Genève après l'émission. Il me proposa de me ramener... Et c'est là que ma bonne histoire commence :

On trace sur l'autoroute, direction Genève. Mon gars roule vraiment vite. Je lui annonce l'arrivée soudaine d'un radar. Je le pointe du doigt et eux, au lieu de ralentir, les deux rigolent comme des gamins. Je les vois se regarder depuis ma place arrière. Ils mettent leur capuche en synchro et le gars accélère comme Alain Prost. Monstre flash ! Ils se regardent et explosent de rire. Je ne comprends rien. Ils sont morts de rire. On aurait dit Beavis et Butt-Head. J'hallucine.

Je ne cherche pas trop à comprendre. On parle un peu de tout et de rien. Il me dit qu'ils allaient à Bruxelles le lendemain. Dans la conversation, j'apprends à Joey que, techniquement, la Suisse n'est pas dans l'Europe. Il me dit qu'il n'a pas de passeport sur lui. Je me permets de lui dire que voyager sans passeport en partant de la Suisse est un peu chaud quand même. Il appelle direct sa femme. "Oui, salut, écoute, je suis en Suisse et je n'ai pas pris mon passeport..." Elle lui raccroche au nez direct.

Apparemment, il lui a déjà fait ce genre de blagues (rires). Il la rappelle droit derrière : "Non, s'il te plaît, raccroche pas, c'est pas une blague. Je suis en Suisse et je n'ai pas pris mon passeport avec moi." Elle raccroche. Joey est saoulé, le conducteur et moi, on est morts de rire. Il la rappelle une troisième fois. "Putain, écoute-moi, c'est sérieux, raccroche pas... Regarde au salon, dans le tiroir du meuble, machin truc, something something, et dis-moi si y a mon passeport, s'il te plaît..." (rires). Le gars n'avait aucune notion des frontières. J'admire cette ignorance (rires). Sa meuf ne savait même pas où il était jusqu'à cet instant. En plus, c'est la Saint-Valentin (rires).

Le prochain radar arrive. Je les préviens à nouveau. Rien à faire. Ils refont la même. Pulls, capuche sur la tête, il monte à 180 km/h. Encore un radar qui flashe. Encore des fous rires. Je ne comprends toujours pas à quoi ils jouent, mais ils avaient l'air de bien s'éclater...

Mille piges plus tard, on me parle d'un article paru dans le journal expliquant que JoeyStarr, alias Didier Morville, roulait déjà avec un faux permis (même nom et date de naissance qu'un homonyme) et aurait déjà fait payer des contraventions par cet automobiliste qui avait déjà porté plainte en 2006. Du pur génie, cette entourloupe inimaginable (rires).

JUST BLAZE

Justin Gregory Smith est né dans le New Jersey en 1978. Il a arrêté ses études à l'âge de 21 ans pour devenir producteur. Ça tombe plutôt bien, car il rencontre un certain Jay-Z et place quelques bombes sur le classique The Blueprint peu de temps après (Girls, Girls, Girls, Song Cry, U Don't Know et Breathe Easy, qui était un titre caché pour ceux qui se rappellent de ce petit phénomène).

L'album est sorti le 11 septembre 2001. C'était le big bang (sans mauvais jeu de mots) de ce fameux new soul sound du Roc-A-Fella, dont Just Blaze fait partie des fondateurs avec Bink!, Kanye West et ensuite The Heatmakerz, un duo down avec Cam'ron et The Diplomats.

La valise de *Just Blaze and The Blazettes*, comme dirait Hov, est remplie d'explosifs. Il a produit pour Jay-Z, Beanie Sigel, Freeway, Memphis Bleek, Cam'ron, Juelz Santana, Erick Sermon, Keith Murray, Joe Budden, Fabolous, Talib Kweli, Kanye West, Jadakiss, The Game, Busta Rhymes, Lil Wayne, DMX, Ghostface Killah, Fat Joe, T.I., Prodigy, Rhymefest, Kool G Rap, Rah Digga, Killah Priest, Saigon, Usher, Mariah Carey, Faith Evans et sûrement encore d'autres qui m'échappent là, à présent.

Certains diront que Just Blaze est aussi le premier producteur à avoir mis son name tag au début d'une chanson, ce qui est faux. Cette façon de mettre sa signature au début d'une production se faisait déjà avant Oh Boy de Cam'Ron (2002) ou Pump it Up de Joe Budden (2003). Je pense surtout à Rodney Jerkins qui le faisait déjà dans les fin des années 90s, par exemple ou encore, Pete Rock qui le faisait au micro lui même dans les intros de ce ses remixes en forme d'ad-lib en 1992 avec son fameux "another Pete Rock remix".

18 juillet 2008. C'était le dernier soir du Montreux Jazz Festival. Just Blaze est venu avec Saigon. On venait de terminer notre soirée DTB au MDH. C'était le même soir qu'Erick Sermon. On a tous bu comme des trous (rires). On avait tous la voix cassée, ayant braillé dans les micros. C'était une grosse, grosse soirée. Une des meilleures DTB, je pense. Je me rappelle aussi que Just Blaze était venu avec un Saigon relou, qui a eu un mini-accrochage avec chacun d'entre nous, du Boogie Squad, tout au long de la soirée… et chacun pour des raisons différentes (rires). C'était vraiment l'alpha dog con, avec un syndrome de prisonnier, tu vois le délire ? Des trucs tout naze, du genre ne pas vouloir bouger d'un millimètre quand on passe à côté de lui et me donner un gros coup d'épaule sans s'excuser. Des trucs gratuits. "Gars, t'es à Montreux là, pas à Rikers Island". Ghetto in the mind ! Genre, il a bodychecké Jiggy deux fois en l'espace de 30 minutes (rires). Une heure plus tard, je vais vers Jiggy pour lui dire : "Ce muthafucka vient de me faire pareil." Jiggy me répond : "I told you qu'il est con !" Ah les rires !

Après le show, vers Dieu sait quelle heure du matin, j'arrive à glisser une petite demande à Just Blaze, dans un coin des backstages, quelque part au Jazz, pour une mini-interview avant qu'on ne parte tous à l'hôtel. Il accepte. Je suis avec Green Giant, Jiggy Jones, Sebb Bash et ce boloss de Saigon (rires).

Que penses-tu de la Suisse ?

J'adore. Je suis ici juste pour une journée, malheureusement, je dois partir demain, mais je me suis vraiment bien amusé ici. Il n'y a pas beaucoup de soirées où on peut jouer du Pete Rock & C.L. Smooth, du Wu-Tang Clan avec du T.I., Shawty Lo, Young Jeezy, KRS-One, tous dans la même soirée. Tu vois, c'est très difficile de faire ça chez moi, aux États-Unis. Là-bas, tout se divise et se sépare, alors qu'ici, chez vous, c'est plus large et plus universel, avec un esprit plus Hip Hop. On peut vous mettre du Sade, U2, Marvin Gaye, Biggie, Jay-Z, Ol' Dirty Bastard, on peut vraiment mettre un peu de tout et c'est ce que j'apprécie quand je suis en Europe… Excusez-moi, je mange en même temps que je parle…

Alors, bien sûr, tu es DJ, mais aussi producteur chez Roc-A-Fella…

Je ne suis pas producteur chez Roc-A-Fella, wesh. En fait, on pourrait dire ça comme ça. Je ne suis pas signé chez eux, mais c'est vraiment comme ma famille. S'ils ont besoin de quoi que ce soit, je serai toujours là pour eux.

Tu peux nous donner quelques exemples de ce que Jay-Z t'a appris ?

Une chose est sûre, c'est que j'ai appris, en travaillant avec Jay-Z, qu'il ne faut pas avoir peur d'essayer, d'innover. Certaines chansons que nous avons faites ensemble ont été soit faites par hasard, soit parce que personne n'osait prendre de risques et tenter quelque chose de nouveau. Certaines prods que j'ai données à Jay-Z étaient pour d'autres artistes à la base et n'ont pas été prises. Certains rappeurs n'aimaient pas les instrus, ensuite, Jay-Z se pose dessus et puis, ça devient un méga-hit…

Comment travailles-tu ? Quand tu fais une prod, penses-tu déjà à un certain rappeur ?

Parfois oui, d'autres fois, je le fais juste pour le faire. Je pense sincèrement que les prods trouvent toujours leur juste destination. Je n'ai pas fait Pump It Up pour Joe Budden, à la base, je l'ai fait pour Freeway et Beanie Sigel. Je n'ai pas fait Oh Boy pour Cam'ron, je n'avais pas Freeway et Peedi Crakk en tête quand j'ai fait Flipside…

Ils étaient pour qui, alors ?

Flipside était censé être pour Beyoncé et Jay-Z. C'était censé être pour leur tout premier titre ensemble, il y a bien longtemps… Et du coup, c'est devenu le Flipside qu'on connaît.

Tu peux nous donner d'autres exemples de prods qui ont fini chez d'autres artistes ?

Can't Let You Go de Fabolous et Lil' Mo était censé être d'abord pour Loon et ensuite, j'allais le passer à Memphis Bleek, et il a terminé chez Fabolous… Et c'est devenu un hit. C'est pour ça que je dis qu'il ne faut jamais avoir peur d'essayer. On ne sait jamais ce qui peut arriver.

Tu peux nous citer quelques albums Hip Hop qui t'ont inspiré pour devenir producteur ?

Ah oui… Le premier disque que j'ai jamais touché avec mes propres mains, c'était le maxi vinyle des Fat Boys. C'est mon cousin qui me l'a donné. Le tout premier disque que j'ai acheté de ma vie était Sucker MC's de Run-DMC. J'avais mis de côté ma petite monnaie pendant deux mois pour pouvoir l'acheter dans un magasin de disques. Il y avait aussi les premiers maxis des Beastie Boys. Pour Noël, à mes 13 ans, j'avais reçu le maxi vinyle de Gas Face de 3rd Bass, le maxi Poison de Kool G Rap & Polo, The Cactus Album de 3rd Bass, tout sur vinyle. L'album de Nice & Smooth et le deuxième album d'EPMD, j'avais tout reçu pour Noël cette année-là. C'était vraiment le début de ma grande collection de disques.

Peux-tu nous citer quelques beats que tu aurais bien voulu produire qui ne sont pas de toi ?

Whoa ! OK... Je pense à Protect Ya Neck de Wu-Tang Clan, You Gots to Chill d'EPMD, So Wat Cha Sayin' d'EPMD, tout l'album Straight Outta Compton de N.W.A et le premier album d'Eazy-E, tout produit par Dr. Dre… The Symphony de Marley Marl, Ain't No Half Steppin' de Big Daddy Kane, aussi produit par Marley Marl. Et je terminerais avec Looking at the Front

Door de Main Source…

Que penses-tu de l'évolution technologique dans le Hip Hop avec Serato, par exemple ?

J'adore. Je n'aurais jamais pu venir ici pour une soirée il y a dix ans. Je n'aurais pas pu prendre dix caisses de disques avec moi. Tu vois, la technologie d'aujourd'hui me facilite les choses. Je peux prendre l'avion juste avec mon ordinateur portable et bouger n'importe où avec 30 000 chansons sur moi. Imagine porter 30 000 vinyles, c'est impossible. Déjà, quand les CD sont apparus, tout le monde portait ses classeurs de CD, c'était pas mal, mais aujourd'hui, je n'ai plus qu'à prendre mon ordinateur. J'ai un MacBook Air qui est tout fin, j'arrive sur scène et puis, c'est parti… J'adore !

On sait que tu travailles beaucoup avec Saigon et que tu te portes garant pour lui, il va sortir quand, son album ?

On y travaille en ce moment. On était dans une mauvaise situation chez Atlantic, on est donc partis de chez eux. Ce n'était pas le bon label pour lui et cet album-là. Atlantic est un très bon label, mais pas pour ce genre de musique. Je pense qu'ils ne sont pas prêts à travailler sur un tel album. D'ailleurs, ils nous l'ont même avoué, ils n'ont pas fait ce qu'il fallait à des moments précis et stratégiques pour ce projet. Ils nous ont laissé partir de chez eux avec nos masters, sans histoires, et nous sommes toujours en bons termes avec eux. Ils nous ont laissé partir avec l'album pour le proposer à quelqu'un d'autre. Nous sommes en négociations avec plusieurs labels, mais tant qu'il n'y a rien de concret, je ne peux pas trop en parler.

Y a-t-il d'autres projets dont tu veux nous parler ?

Je travaille avec Jay Electronica. Il est en tournée en ce moment. Je suis censé être avec lui là, d'ailleurs, mais tu vois ? Je le rejoindrai peut-être pour quelques dates, à voir. Je viens de faire quelque chose pour Nike et leurs chaussures de basket pour l'équipe américaine. J'ai cinq chansons en préparation avec The Game, pour son prochain album, à voir lesquelles il va vraiment garder. J'étais en studio avec Ludacris, d'ailleurs, il faut que j'y retourne avec lui bientôt. Je viens de faire trois chansons avec Jadakiss, donc à voir ce qui va vraiment sortir. Parfois, je travaille comme un robot et j'oublie les trucs que je fais. Je devrais avoir une liste sur moi avec tous mes projets, je n'arrive jamais à me souvenir de tout.

KANYE WEST

Qui d'autre peut prétendre avoir Kanye West qui dit : *Yo ! Wassup ? This is the College Dropout, Kanye West, and whenever I'm in Switzerland, I listen to Downtown Boogie on Couleur 3 radio, cuz it's simply the dopest show in Europe.* ?

Ça me fait penser aussi à un auditeur qui, une fois, m'avait insulté dans un e-mail. Il insistait sur le fait que je prononçais mal le nom "Kanye " à l'antenne. Qu'il fallait prononcer "Kah-nyé" avec un N super soft, quasi silencieux, et non pas "Kan-yé " comme 99,99 % de la population sur Terre le fait (rires). Le pire, c'est que j'étais semi d'accord avec lui, mais qu'ici, chez nous, en Suisse, on prononçait le N normalement. Bref, le gars a fait toute une thèse scientifique là-dessus. Un énorme pavé, je te jure (rires). Je crois qu'on lui a même répondu à l'antenne. Droit derrière, le gars nous a appelés à la radio en insistant qu'il avait raison. J'étais là, du genre : "Cool story, bro" (rires). Je crois que je lui ai même raccroché au nez (rires). Encore un petit moment magique de la radio en direct.

J'ai toujours eu une relation love/hate compliquée avec ce gars, jusqu'à ce qu'il se mette avec Kim Kardashian. À partir de là, il est parti en sucette. Musicalement, je l'ai lâché un peu après The Life of Pablo en 2016. Je me suis senti trahi avec ce désastre d'album avec Nas en 2018. Quelle honte de mettre le rappeur de Queensbridge sur un tel fait accompli (rires). Tu avais de l'or entre les mains… pauvre type ! (rires). Je ne comprendrai jamais comment un gars qui a fait mixer le track Stronger plus de 70 fois jusqu'à ce qu'il trouve le son final qui lui convient, fasse un tel fiasco avec un des meilleurs lyricists de la planète. Tu n'as pas le droit de rater un projet à ce point.

Par contre, j'ai absolument adoré l'album Daytona. Album court et compact qu'il a majestueusement réalisé pour Pusha T, sûrement un des derniers véritables classics dans le rap de ces 10 dernières années. Sans parler de ce changement de l'album cover de dernière minute. Kanye avait même acheté les droits de cette photo terrible de la salle de bain infestée de drogues chez Whitney datant de 2006, quand la pauvre Whitney était dans sa galère la plus sombre, pour 85 000 $…

Et malgré cela, je vais m'avancer avec un hot take qui va froisser certains hardcore Kanye worshippers et ses vénérateurs les plus fidèles (rires). Pour moi, Kanye n'est pas l'innovateur qu'il prétend toujours être parfois. Il a pompé le style de Bink! et Just Blaze dans les Blueprint days. Il a sauté sur l'autotune après le succès de Lollipop de Lil Wayne. Il a volé le chakra de Kid Cudi, Chance The Rapper et Travis Scott (rires). À mon avis, il ne serait jamais arrivé au top sans avoir rencontré Dame Dash et Hov. Sans Roc-A-Fella, il serait juste un annoying, egocentric douchebag qui sauterait sur les tables dans les bureaux des maisons de disques, en rappant ses couplets désespérément pour essayer de se faire signer (rires).

Tout ça pour dire que, techniquement, je n'ai jamais interviewé Kanye West. Par contre, j'ai préparé toutes les questions. Je les avais toutes bien notées sur une feuille, dans l'ordre où je souhaitais les poser. Tout beau, tout propre, pour que la personne en face de lui n'ait plus qu'à suivre ma feuille de route. Ça, et des station IDs, au mot près. J'ai prêté mon micro et mon enregistreur à mon pote du boulot, Gaëtan aka Giggy2309, qui a assuré le truc. Encore aujourd'hui, je regrette de ne pas l'avoir fait. J'avais un tournoi de baseball soi-disant de haut niveau à Lyon avec mon équipe de l'époque, les Lausanne Indians. Le coach m'a mis la pression pour que je sois présent. Ça tombait le même week-end que le concert de Kanye West à Zurich, au Palais X-Tra.

On est le 29 mai 2004, bien avant ses crazy rants sur Twitter ; avant qu'il insiste avec son admiration pour Hitler, avant ses t-shirts avec la croix gammée dispo sur son site, avant son interview en tenue de KKK avec Akademiks et avant qu'il avoue avoir sucé son cousin jusqu'à l'âge de 14 piges.

Kanye West venait de sortir son premier album, College Dropout. Son premier single, Through the Wire cartonnait. Je savais bien que Kanye West valait le coup, mais le sport l'avait emporté, cette fois-ci. Eh oui, tout ça pour me retrouver avec une perruque blonde sous ma casquette pendant qu'on explosait nos adversaires avec 20 points d'écart à chaque match. Il n'y avait aucune compétition pendant ce tournoi de baseball (rires).

On a donc pu utiliser l'interview, faite nickel, pour l'antenne. J'ai rendu heureux mon pote qui aura ce super souvenir gravé à tout jamais. Et moi, je l'ai encore en travers de la gorge de ne pas avoir fait cette rencontre. Kanye West était déjà Kanye West : arrogant, sûr de lui, visionnaire, génie, casse-couilles, mais attachant. Tout y est dans les 15 minutes de questions/réponses que j'ai encore dans mon carton de baskets, bien archivé avec tous les autres mini-disques.

Le gars dessinait des baskets tout au long de l'interview. À un moment donné, mon pote Gaëtan reconnaît certains clins d'œil de certains modèles classiques sur les croquis que Kanye West dessinait pendant l'interview. Genre, le talon de son dessin ressemble à tel ou tel modèle sorti en telle année. Mon pote lui fait une remarque là-dessus. Kanye West baisse sa garde et commence à s'ouvrir. Il commence à parler passionnément de baskets. Il lui montre les différentes idées et dessins de baskets qu'il a dans son sketchbook. On entend plein de feuilles bouger dans le micro. Kanye West lui demande son avis sur plein de trucs. Mon pote se lâche et balance son avis sur tout. Il est franc et honnête. Kanye West apprécie, réagit et rebondit. Il décortique ses concepts et ses inspirations : Louis Vuitton, Prada, Air Max 90. Mon pote lui demande si c'est sa propre marque, Kanye West répond : "Je suis dessus. " Ensuite, il lui dit qu'il design déjà des jeux vidéo et qu'il avait aussi déjà les titres de ses deux prochains albums. Tout ce que Kanye West disait serait vrai : les baskets Yeezy, Late Registration, Graduation… Bravo ! Pas comme ce gros mytho The Game qui me balançait des infos où rien ne se passait comme il le prétendait (rires). We miss the old Kanye.

Gaëtan : Merci pour ton temps et félicitations pour cet album. Le Hip Hop avait vraiment besoin d'un tel album. C'est un classique, sans aucun doute.

Merci beaucoup.

Combien de temps as-tu pris pour réaliser cet album ?

J'ai travaillé dessus pendant trois ans. Évidemment, je parle de plein de choses qui se sont passées bien avant. Il y a plein d'anecdotes basées sur ce que j'ai vécu pendant toutes mes 26 années.

Es-tu déçu de ne pas avoir reçu 5 micros dans The Source ?

Oui, j'étais vraiment contrarié, car c'était un objectif pour moi. Je les voulais depuis que je suis petit. Je trouve que le produit fini que j'ai livré les valait… Et comme d'habitude, je n'ai pas eu ce que je mérite. Pourtant, je pensais vraiment que The Source allait me donner ces 5 micros, mais ils ne l'ont pas fait.

Tu peux nous citer cinq albums classiques qui t'ont inspiré et nous dire pourquoi ?

Bizarre Ride II the Pharcyde, car ça m'a vraiment aidé quand c'est sorti. C'est un album qui m'a vraiment parlé par rapport à ce que je vivais à ce moment-là de ma vie. The Low End Theory. Mec, quand je me faisais punir à l'école, c'est un album que je mettais toujours en allant faire mes heures de colle. Ça me remplissait de bonheur à l'intérieur. La façon si originale de sampler du jazz, à cette époque. Je dirais aussi Stunts, Blunts & Hip Hop de Diamond D. Album incroyable. Je n'ai toujours pas compris pourquoi ce chef-d'œuvre n'a pas tout déchiré comme il le devait. No Way Out de Puff Daddy. À cette époque, Bad Boy était intouchable, et personne ne peut le nier. Sur cet album, on trouve The Benjamins. Il y avait Biggie, Mase, Jadakiss. Tous sur son album, tu vois ce que je veux dire ? Je dirais The Blueprint, même si je ne peux pas dire que ça m'a inspiré… Donc, laisse-moi réfléchir… Hmmm, quel album ai-je écouté sans arrêt, un moment ? Hmmm…Silk Tha Shocker. Quel est le titre de cet album, déjà? Celui où il y a It Ain't My Fault ! (Il commence à chanter, s'arrête et attend une réponse avant de trouver) : Charge It 2 da Game.

Ton album s'appelle The College Dropout. Que penses-tu du système scolaire américain ?

Je suis très reconnaissant qu'on ait tous la possibilité d'aller à l'école pour s'instruire. Je ne dis pas aux gens de tout plaquer avec le titre de mon album, je dis simplement qu'il faut y aller pour les bonnes raisons. Soyez sûrs de savoir ce que vous voulez vraiment faire de votre vie. Faites des études seulement si c'est ce que vous voulez faire, pas juste par obligation.

Quels sont les producteurs que tu as écoutés en grandissant ? Parle-nous des gars comme D. Dot et ton mentor No I.D. et ce qu'ils t'ont appris.

D. Dot m'a appris, par exemple, comment structurer une chanson. Où et comment placer un refrain. No I.D. m'a beaucoup appris sur la vie en général. J'écoutais aussi beaucoup Pete Rock. C'est un de mes producteurs préférés de tous les temps. Il y a aussi DJ Premier, Diamond D, The Beatnuts, Dr. Dre. J'écoutais aussi beaucoup l'album des UMCs. Q-Tip. Q-Tip est dope.

Toi et Twista, vous êtes en train de représenter Chicago à fond, là. Quelles sont les différences avec New York ?

C'est complètement différent. Déjà, géographiquement, ce n'est pas du tout au même endroit. La façon dont les gens parlent. Chicago a aussi un passé rempli de gangsters. Ça rendait difficile aux gens qui voulaient quitter la région de le faire s'ils étaient affiliés au milieu. Tu ne pouvais pas juste fly like a bird, comme Nelly Furtado le chante, et t'envoler ailleurs. (Il commence à chanter le refrain) Je kiffe beaucoup cette chanson.

Tu rappes et tu produis. Tu préfères quoi ?

Voilà la question la plus posée. Je n'ai jamais eu une interview où on ne m'a pas demandé ça (rires). Le problème avec cette question, c'est que je n'ai pas de réponse. Je n'ai pas de préférence entre ces deux choses. D'ailleurs, je fais aussi beaucoup plus que juste rapper et produire. Comme tu peux le voir là, je ne fais ni de rap ni de prod. Je suis en train de faire quoi, là ? Tu peux le dire à tes auditeurs, vas-y.

(Un peu hésitant) **Tu es en train de dessiner des baskets…**

Wesh…

Tu es en train de designer des baskets pour…qui ? And1 ?

Ah merde ! Merci pour le manque de respect ! (Il rit, mais il est sérieux).

Non, je ne te manque pas de respect. Sur le billet de concert, c'est marqué : "And1 presents : Kanye West ". Pourquoi c'est marqué ça, alors ?

Je ne sais pas pourquoi. Je ne savais même pas qu'il y avait ça marqué sur les billets. *(Il comprend mieux pourquoi Gaëtan a cité And1, du coup)*

J'ai lu quelque part que la chanson Jesus Walks date d'il y a déjà quelques années, c'est juste ?

Oui.

C'est vrai ?

Oui.

Combien de morceaux y avait-il sur ta fameuse maquette que tu faisais écouter à toutes les maisons de disques et qui t'ont toutes refusé ?

Environ la moitié de mon album classique se trouvait sur ma démo.

Quelles chansons ?

Two Words, All Falls Down, Jesus Walks, Family Business, Breathe In Breathe Out, We Don't Care, qui s'appelait Drug Dealing à la base… Il y en avait encore d'autres qui ne me viennent pas à l'esprit, là.

Qu'est-ce que Jay-Z t'a appris en studio ?

Il m'apprend plus aujourd'hui que je suis connu. Il y a plus de choses auxquelles il peut s'identifier maintenant que j'ai du succès. Je dois faire attention à la célébrité, à la presse…

Qui sont tes paroliers préférés ?

Mase, Biggie, Tupac, Jay-Z et Mystikal.

Sur Slow Jamz, on trouve Twista, qu'on sait être très sous-estimé, mais ce qui était le plus surprenant, c'est d'entendre Jamie Foxx chanter le refrain. C'était assez inattendu. Comment s'est-il retrouvé sur ce titre ?

Je l'avais vu dans un spectacle de stand-up où il s'est mis à chanter en plein milieu de son spectacle, et j'avais trouvé ça juste incroyable. C'est là que j'ai compris que c'était lui qu'il me fallait pour ce refrain que j'avais déjà dans la tête.

(Note : On trouve plusieurs interviews de Jamie Foxx où il parle de cette session studio. Il dit ouvertement ne pas avoir cru en cette chanson et au refrain. Il dit être parti tourner une daube pendant six mois, et quand il est revenu, il a appris qu'elle était numéro 1 dans les charts.)

As-tu une chanson préférée sur l'album ?

J'aime Last Call et Spaceship.

KEITH MURRAY

Oooh, I might lose my cool
and break fool and pull out my get busy tool
I write like a mad journalist
to funk, that's deeper than a bottomless spliff
the most beautifullest thing in this world
is my notion, for murderous poetry in motion...

Son couplet sur la chanson Hostile d'Erick Sermon, en 1992, oh seigneur, j'ai encore mal à la tête. Voix, flow, lyrics sur cette lourdeur de prod réalisée par ce bandit aux yeux verts, Erick Sermon. Incroyable, ça me file encore des frissons !

Tu savais que Keith Murray apparaît sur la première version de Who Shot Ya ? de Biggie ? On entend un petit extrait de son couplet sur une interlude du deuxième album de Mary J. Blige, My Life. Cet album est sorti le 29 novembre 1994. Tupac s'est fait agresser et tirer dessus cinq fois à Quad Recording Studios le lendemain. Ouf, n'est-ce pas ? La version originale de Who Shot Ya ? contient le premier couplet de Biggie, posé un peu différemment, suivi d'un couplet de Keith Murray qu'on entend ensuite sur l'album d'Erick Sermon, Double or Nothing, sorti fin 1995. Le morceau s'appelle Tell 'Em.

J'ai entendu Keith Murray dire que Puff Daddy l'avait appelé un soir pour qu'il pose sur la fameuse production de Who Shot Ya ? pour l'album de Mary J. Blige. Quand Keith est parti aux toilettes, il a entendu Mary se plaindre à Puffy. Elle ne le voulait pas sur son album. Elle ignorait sa puissance et ce qu'il valait au micro (rires). Biggie n'était pas là pour cette session d'enregistrement. Apparemment, ce n'est qu'après le veto de Mary que Puffy a passé le morceau à Biggie. On trouve le morceau sur YouTube. On entend le même premier couplet de Biggie, posé un peu différemment, avec un peu moins de conviction, sur un tempo un poil plus rapide. On entend aussi les ad-libs de Puffy qui prenait encore plus de place sur le morceau, encore plus que sur la version sortie officiellement (rires).

Sacré Keith Murray ! Le pauvre n'a pas l'air en forme ces temps-ci. Et dire que ce gars avait signé chez Def Jam, un contrat de 2,7 millions de dollars (selon Erick Sermon) pour son quatrième album. Il avait son personnage dans le jeu vidéo Def Jam Vendetta et tout. Il était de nouveau au top, avec un club banger produit par Just Blaze qui a brûlé les dancefloors partout.

Ça n'a pas duré longtemps. Il s'est fait virer du label le jour après la sortie de son album (rires). Il paraît que le gars avait étranglé deux employés de Def Jam dans leurs bureaux (rires).

Me voici donc en été 2007, je crois. J'ai J-Ro des Alkaholiks qui est dans ma caisse en train d'écrire son texte pour son morceau sur des petits bouts de flyers pendant que Keith Murray et ses gars de L.O.D. sont en train de mal parler à l'ingé son dans un studio à Bienne (rires).

Déjà, ils entrent sans calculer personne. Keith Murray nous dit à peine bonjour et va direct vers l'ordi pour appuyer sur Play. Il y a une prod qui tournait et il commence à rapper instinctivement. On lui signale que ce n'est pas du tout la bonne prod.

"Yo, engineer ! Always have the beat ready when you're expecting someone to lay the vocals down !", gueule-t-il. (yo ingé, toujours l'instru prête quand quelqu'un vient poser des voix!) Il n'a pas tort sur ce coup (rires). Keith Murray est très uptempo et imprévisible. C'est une pile électrique. Il est hyped as fuck et très, très rowdy (rires). Dieu sait ce qu'il a pris comme substance.

Il rappe sans arrêt en marchant dans tous les sens comme un lion en cage. Il observe quelles rimes font réagir ses gars. Il est en train de finaliser son puzzle lyrical dans sa tête pendant que le beat tourne en boucle. Son patchwork verbal semble prêt.

Quelques minutes passent avant qu'il ne s'installe dans la cabine. Il est ready to go. Il balance son texte d'un trait. Une soixantaine de mesures de tueries avant de s'encoubler à l'avant-dernière phrase.

- Yo, soundman ! Bring that back !

L'ingé son n'était pas assez vif, selon lui. Il n'avait pas bien compris qu'il fallait remettre le beat depuis le début pour qu'il puisse refaire une autre prise :

- Yo, soundman ! From the top, hurry up !

J'ai vite traduit : "Tu peux lui remettre depuis le début, s'il te plaît ?" Le gars a la pression. C'était assez marrant à voir. Bref, Keith Murray pose ça easy en quelques minutes.

Puis, je me permets de lui pitcher mon idée pour le refrain. Il ne comprend pas bien ce que je veux dire. Je ne sais pas trop comment il va recevoir mon idée, mais je suis assez confiant. J'essaie de lui expliquer le truc.

- Come here, I can't hear you, me dit-il.

Je le rejoins dans la cabine pour mieux lui présenter mon concept du refrain. Il me regarde et me dit : "Let me hear you do it."

L'ingé son drop le beat, puis je me lance.

- Yo, Mister Murray, you wanna get high ?

- "Oui, monsieur, muthafucka !", répond-il.

Presque comme je le suggérais, sauf que c'était encore mieux que ce que j'imaginais. Il l'a fait encore plus agressif et avec plus de style que ce que j'espérais.

- Yo, Mister Murray, you wanna get drunk ?

- Oui, monsieur, muthafucka !

- Yo, Mister Murray, are you still dope ?

- Oui, monsieur, muthafucka !

- Yo, Mister Murray, are you still fresh ?

- Oui, monsieur, muthafucka !

- Well, alright…

Et là, il me dit : "So, there you go. You're on the track." (ben voilà, t'es sur le track)

Du coup, j'ai écrit un 16 mesures, puis je me suis incrusté sur le morceau avec un de mes rappeurs préférés de tous les temps, et ça, ça fait partie des most beautifullest things in this world que j'aie jamais vécues dans ma rap life (rires) !!!

KENDRICK LAMAR

Good Kid, M.A.A.D City est son classique. To Pimp A Butterfly est son chef-d'œuvre. DAMN est son blockbuster. Mr. Morale & The Big Steppers est sa pièce de théâtre. Il est trop fort. All about the craft, the culture, the artform.

Dans GKMC il est enfermé dans la rue et veut s'échapper de la culture gangbang. Dans TPAB il est enfermé dans l'industrie du disque, oppressé par ces nouvelles règles auxquelles ils veulent qu'il obéisse. Dans DAMN il est enfermé en lui-même avec ses angoisses, ses craintes, ses paranoïas, ses peurs… Et dans Mr. Morale, il va chez le psy pour régler ses problèmes. Album introspectif total, très sincère et touchant. That's growth right there. Si ça ce n'est pas de l'évolution (rires)… Bref, le gars est trop loin. Il a le full package. Il a un QI émotionnel inégalé. Il n'a pas peur d'aborder le struggle que certains peuvent subir. Il aborde les thèmes de société. Black Lives Matter, les galères en tant qu'Afro-Américain dans la société, avec une telle poésie, c'est grandiose. Il peut parler d'un problème mental, de l'espoir, puis rappeler tout le monde qu'il est intouchable avec de l'egotrip haut de gamme, tout dans le même verset. Flow, lyrics, prods : 5 flammes emojis !!!! Il cuisine le melting pot le plus délicieux qui existe dans le game. Le gars a reçu un prix Pulitzer pour son album DAMN. Qui fait ça ? Ce n'est non seulement une victoire pour lui et TDE, mais aussi pour Compton, pour la Californie, pour la West Coast, pour tous les Afro-Américains qui subissent au quotidien la structure en place aux États-Unis ; c'est aussi une victoire pour le rap en tant que forme artistique et pour la culture Hip Hop… Le gars est trop créatif. Kenny est authentique comme peu de gens au top à l'heure actuelle. Il reflète son QI émotionnel à la Scarface, DMX et Joe Budden. Il pousse toujours plus loin et prend des risques comme Kanye, et balance la black excellence comme Jay-Z, et ses live performances sont juste incroyables. Rappelle-toi juste de sa prestation aux Grammy Awards de 2016, quand il arrive sur scène enchaîné en esclave pour faire The Blacker The Berry et Alright… le saxophoniste dans sa cellule… full package je te dis. Best of our generation, hands down. Et là, je ne te parle même pas de son découpage chirurgicale quand il s'agissait de son beef avec Drake (rires).

GKMC vient de sortir il y a quelques mois. On est le 9 mars 2013. Il s'agit de mon première interview enregistrée en vidéo. Première interview après avoir quitté DTB. Première interview pour Audiomatic, webradio que nous avons créée avec mon pote Marc, CEO d'Infomaniak. Je suis allé avec mon appareil, mon pied de caméra et j'ai attendu le feu vert pendant des heures dans le lobby d'hôtel à Lausanne. Celle-là, je l'ai obtenue grâce à RSK de Genève qui m'a linké le coup.

K. Dot était tout humble et réservé, vraiment tout calme. J'avais commencé en douceur pour le cerner un peu avant de m'attaquer aux vraies questions. C'était vraiment plus une discussion qu'une interview, comme j'aime :

Tout d'abord, félicitations pour ton album complet. Excellents lyrics, très bonne production. C'est un album conceptuel qui parle des tentations en grandissant dans un quartier défavorisé. Tu parles des femmes, de sexe, de l'alcool, de la drogue, de Jésus. La façon dont tu as réussi à tout tresser ensemble avec tes différentes tonalités vocales, sans vouloir faire la mo-

rale tout en restant vrai, bravo ! Combien de temps as-tu pris pour réaliser ce chef-d'œuvre ?... Ou, préfères-tu qu'on décrive ton album comme un classique ?

Je préfère qu'on dise un chef-d'œuvre. J'ai pris toute ma vie pour créer ce projet. Ce sont de vraies histoires, de vraies choses vécues, avec une vraie conclusion à la fin, donc oui, ça a pris toute ma vie.

Il y a eu un tweet de Pharrell où il te comparait à Bob Dylan.

Juste, c'est un super compliment, c'est clair.

On connaît K. Dot, Black Hippy, Aftermath, mais décris-nous Kendrick Lamar en 3 adjectifs :

Indescriptible, vulnérable, agressif.

Tu sais que t'écoutes un super album quand tu n'arrives pas à choisir ta chanson préférée. C'est vraiment le cas avec ton album.

Merci, c'est cool.

J'ai l'impression que ton album, qui est très lyrical, est un excellent exemple de l'importance du timing dans ce milieu.

C'est exact.

Je ne suis pas sûr qu'un album comme le tien aurait eu autant d'impact s'il était sorti il y a quelques années.

Juste.

La plupart des chansons de rap qu'on entend aujourd'hui sont tellement simplistes, qu'un album comme le tien, sorti au bon moment, est quelque chose dont le Hip Hop avait besoin... Est-ce quelque chose que tu as calculé, sachant que si tu étais sorti peut-être six mois ou un an plus tôt, tu n'aurais pas eu le même succès ?

Je n'avais pas peur de ça, car je suis resté fidèle à mon style de Hip Hop. Je ne voulais pas copier qui que ce soit, je voulais juste rester honnête envers moi-même et envers la culture du bon rap, en racontant de bonnes histoires sur de bonnes instrus. J'avais un objectif et je suis arrivé droit dans le mille. J'ai fait ce que j'ai voulu faire, et ça a marché...

Et là, en plein interview, ma caméra s'arrête. Plus de batterie, plus de son, plus d'interview... AAARRRGGHHH ! Là aussi, faute professionnelle. J'ai pu lui parler pendant 30 minutes de plein de choses et... aucune trace, nada ! On parlait lyrics, la culture gangbang de LA, TDE, MC Eiht, Dre, son come-up dans le rap game... Je vois juste que l'appareil s'est éteint après 5 minutes !! Pourtant, j'étais sûr d'avoir bien chargé la batterie la veille. Bref, je n'ai plus jamais utilisé cet appareil pour interviewer qui que ce soit depuis (rires).

À la fin de l'interview, je lui ai montré quelques t-shirts Cotton & Bass. Il a adoré le PE et le Black Mickey Mouse, mais a refusé de les porter pour une photo. Je me suis dit que peut-être il avait un deal avec Reebok (rires). Je dis "ok, dommage" et je vais pour les remettre dans mon sac... Il m'arrête et me dit qu'il les adore et qu'il veut bien les garder, c'est juste qu'il ne peut pas se faire prendre en photo avec. Celle-là, on ne me l'avait encore jamais faite (rires).

Dieu sait quel contrat d'exclu il avait. Ça montrait déjà l'ampleur du gars, et TDE est sérieux avec leur biz et leur image. C'est là que j'ai compris qu'en fait, il était déjà sur les rails du superstardom. Il était trop bien géré, bien suivi et entouré. Rien laissé au hasard, voilà le trick. J'étais un peu dégoûté du coup, mais en même temps j'avais compris. Imagine qu'il se fasse prendre en photo en portant un de mes t-shirts et que ma marque subisse un scandale dans 10 ans, et qu'il se retrouve attaché à ça à cause d'une photo prise pour mes beaux yeux sur un coup de tête (rires). Mais bon, qui sait, peut-être qu'il les porte chez lui en pantoufles devant ses cartoons, en train de bouffer ses céréales le dimanche matin (rires).

En tout cas, ça n'avait pas empêché les bonnes vibes. Du coup, comme il n'y avait plus d'interviews prévues après la mienne, et que personne ne m'a dit de dégager, j'ai traîné un peu dans la chambre en rangeant gentiment mes affaires tout doucement (rires). Y'avait du gros son qui tournait. Ça rigolait entre lui et un de ses tour managers. Tout est cool. Je capte qu'ils allaient mater la version finale d'un nouveau clip pour un de ses morceaux. Je demande si je peux rester regarder. Il me dit oui sans hésiter. Là, je suis dans le gros kiff. Je ne connaissais pas la chanson mais je voyais Kendrick tout concentré, en train d'analyser chaque image devant son écran d'ordi. Le gars ultra focus qui ne laisse rien passer. On voit bien qu'il gère tout. Il valide le final cut. Encore aujourd'hui, je ne sais pas ce que c'était. Je n'ai jamais revu ces images après coup. Aucune idée de quelle chanson il s'agissait.

KHLOÉ KARDASHIAN

J'ai eu la chance de pouvoir aller voir les Finales NBA en tant que consultant NBA pour Teleclub Suisse en 2018 et 2019. Ayant grandi dans la Bay Area, je suis fan des Golden State Warriors depuis que Sleepy Floyd était leur meneur, en 1983, ce qui rendait cette expérience encore plus exceptionnelle. J'étais up close and personal avec les Golden muthafuckin' *State Warriors* grâce à mon ami Olivier Reithauser, de High Five Productions, que je salue au passage.

J'ai pu interviewer, discuter, me mélanger avec tous ces super-héros que j'admire tant. J'ai pu passer du temps dans leur vestiaire, au bord du terrain à leurs échauffements avant les matchs et à certains entraînements entre les matchs. La NBA nous avait même organisé une journée "matches-média" entre journalistes NBA, venus de partout dans le monde, sur le parquet de l'Oracle Arena des Warriors.

Je ne vais pas te faire toute la liste des joueurs avec qui j'ai pu parler, les commentateurs d'ESPN et les rappeurs que j'ai pu aborder pour parler musique et sport, mais ce que j'ai vécu dans ces Finales de basket mériterait presque un deuxième livre à part entière.

Alors oui, pendant ce Game 4 des Finales NBA, il y a eu des dunks de fou et des tirs à trois points extraordinaires. Stephen Curry avait mis 37 points, Kevin Durant a balancé un triple-double, LeBron James était impuissant face à une des meilleures équipes de tous les temps. J'ai pu ensuite féliciter tous les joueurs et les coachs après cette victoire, oui, j'ai pu fêter la victoire en buvant dans leurs bouteilles magnum XXXL dans leur vestiaire, oui, j'ai glissé une serviette trempée de Moët qui traînait par terre dans mon sac à dos après le match en souvenir, mais là, je pense à une petite anecdote assez marrante.

Mon petit échange de 20 secondes avec Khloé Kardashian mérite bien un petit paragraphe dans ce livre (rires) :

Nous sommes donc à Cleveland, ville assez glauque, pour ce match 4. Le sweep est inévitable. Les Warriors sont en train d'assassiner LeBron James et ses Cavaliers. On s'est glissés sur d'excellentes places derrière le panier peu après le début du match. Depuis nos places officielles, dans le secteur des journalistes, beaucoup plus haut, on voyait ces quelques places libres. On a tenté notre chance à la fin du premier quart-temps et ça a très bien marché.

On se retrouve juste derrière des VIP. Droit devant nous, à quelques rangées, je remarque deux, trois hypebeasts portant des vestes camouflage de Kanye West avec des Yeezy aux pieds, mais je ne branche pas encore. Je n'ai jamais vu un épisode des Kardashian, je n'ai donc aucune idée de qui est qui…

Ce n'est qu'à la mi-temps, quand je passais devant pour me rapprocher du half-time show de Ludacris, direction le bord du terrain, que je zigzague entre des personnes qui partent chercher leurs nachos et Diet Coke à 30$. Je passe à côté d'une des nanas qui portait une de ces vestes de Kanye West vert militaire. Il y a des smartphones partout. Je ne fais pas le lien. Je pense que c'est pour Ludacris ou je ne sais pas quelles autres stars ils ont repérées dans la salle.

J'essaie de me glisser entre des sièges pour arriver sur le parquet, mais c'est un peu bouché juste devant cette nana plantureuse. Elle est encore plus thick en vrai (rires). Je ne sais toujours pas qui c'est, mais j'ai envie de lui dire un truc. Je la sens cool, décontractée, donc j'improvise: "Je sais que tu m'as reconnu là, mais, s'il te plaît, ne me demande pas de prendre un selfie avec toi. Je ne suis pas du tout en mode promo pour la sortie de mon prochain film, donc, s'il te plaît, reste discrète…"

Elle s'éclate de rire. Elle a trop kiffé. Elle est restée devant moi. Elle a presque buggé. Elle n'a pas bougé, comme pour prolonger ce petit moment. Elle essayait de cerner mon visage en se disant "mais c'est qui lui…". Je crois qu'elle voulait vraiment continuer à me parler. Là, je ne comprends toujours pas que c'est Khloé Kardashian (rires).

Moi, je kiffe, parce que dans ma tête, j'ai fait rire une meuf assez bonnasse qui avait l'air cool, c'est tout. Je ne réalise pas encore que je suis face à face avec la Kardashian qui sortait avec Tristan Thompson, des Cleveland Cavaliers, qui se trouve sur le terrain (rires).

Ce n'est que quelques secondes plus tard, quand elle se redirige vers sa place, que j'entends plein de fuckboys crier : "Khloé ! I love you !", "Oh my god ! I'm such a huge fan !" Tout le monde pointait son smartphone vers elle. Je ne vois que des bras tendus dans notre direction en train de prendre des photos comme si c'était le dernier coucher de soleil à jamais sur cette terre (rires).

K-MEL (ALLIANCE ETHNIK)

K-Mel était down avec Sens Unik avant qu'il n'explose. Rira Bien Qui Rira Le Dernier, ça te parle ? C'est un titre de Sens Unik. Sur leur premier album, Les Portes du Temps. On est en 1992, là. Il passait parfois à mon taf écouter les nouveaux sons en matant les baskets. Je pense notamment à Mecca and the Soul Brother, qui venait de sortir. Je me souviens que cet album l'avait fait halluciner.

Il était à fond dans les roulements de texte. C'était la grande tendance à cette époque. Il y avait Chip Fu, des Fu-Schnickens, par exemple, qui maîtrisait bien le sujet. Ça n'a jamais été ma came, d'ailleurs. Moi, ça a toujours été plus Rakim que Twista (rires).

On a passé une bonne soirée ensemble une fois, à parler de rap américain dans le studio d'XBS. On y a décortiqué les tendances, les groupes du moment, ainsi que nos influences et nos inspirations. Moi, j'étais à fond dans Rakim, Guru, A Tribe Called Quest, Grand Puba, N.W.A et Above the Law.

Lui, son vrai gars, c'était Dres, de Black Sheep. Je n'avais jamais fait le lien avant qu'il ne me le dise, d'ailleurs. Ce n'est qu'après que les similarités des cadences dans leurs flow commençaient à sauter aux oreilles (rires).

Quelques années plus tard, il explose avec son groupe Alliance Ethnik. Simple & Funky, c'est sorti fin 1995, je crois. Ils ont presque vendu 500 000 albums avec leur petite formule, là. Ensuite, Fat Comeback, en 1999.

Là, il vient dans notre émission pour faire la promo. Il y a eu un petit moment un peu embarrassant. K-Mel voulait qu'on passe plusieurs morceaux (en tout cas plus qu'on faisait d'habitude avec nos invitées) à passer à l'antenne pendant l'émission et on n'était pas très pour. Perso, je trouve qu'on aurait pu aller un peu dans son sens. Ce n'étaient pas non plus des demandes de diva. Enfin, un peu (rires). Ce n'est pas la fin du monde si les morceaux sont dope, mais on était cinq et il y avait des opposants ce soir-là, et les morceaux ne cassaient pas des briques non plus malgré les featurings de De La Soul, Biz Markie, Common, Rahzel et Youssou N'Dour… Y'avait aussi Gad Elmaleh et Jamel Debbouze qui ont essayé d'épicer le truc avec leurs interludes…

Long story short, on lui avait refusé ses demandes et il n'a pas kiffé. Il a boudé pendant toute l'émission (rires).

KOOL SHEN

Je l'ai interviewé pour DTB le 11 novembre 2006... Il y avait Vincz Lee avec moi aussi, je crois. Je ne me rappelle plus trop, là. C'était après son concert aux Docks de Lausanne. Il portait à fond son drapeau IV My People. Il poussait son artiste Jeff Le Nerf, de Grenoble, ainsi que Salif. NTM était en stand-by. Chacun faisait son biz de son côté. Chacun ses projets. Chacun son label, ses artistes, sa marque de fringues. C'était un peu bizarre, d'ailleurs, de les voir ainsi à cette époque. Comme un couple qui se sépare et tu vois chacun refaire un peu sa vie. Presque triste. Moi, quand j'entends le nom "JoeyStarr" ou "Kool Shen", je pense automatiquement à NTM. Ces trois grosses lettres en majuscules. Nique Ta Mère ! Je pense à eux en train de débarquer à cinquante dans les loges, à Fribourg, aux Frissons, avec leurs pitbulls, en 1992, quand j'étais avec XBS en première partie. Ils sont arrivés en masse avec leurs gros blousons en cuir trois-quarts, leurs grosses triple fat goose bombers. C'était rough and rugged. Ça vibrait le hardcore authentique.

On était dans un hôtel, je ne sais plus trop où. Je lui demandais les différences entre sa carrière solo et NTM. L'approche en studio, les lives, l'énergie, etc. Il me parlait cool. Qu'il y avait moins de concessions. Ça lui permettait d'aller encore plus en profondeur et d'aborder certains thèmes qu'il ne pouvait pas aborder avant. Ça lui donnait une écriture encore plus personnelle et, forcément, il fallait écrire deux fois plus sur un projet solo (rires). Il me parlait de son discours revendicateur, du besoin de raconter des choses. De l'évolution des styles, autant le contenu lyrical que musical, toujours plus orienté club. Il me parlait un peu de ses premières grosses références (Beastie Boys, Public Enemy, Big Daddy Kane, N.W.A, Wu-Tang Clan, Busta Rhymes, Eminem). Il me parlait des instrus qui lui avaient mis de grosses claques et qu'il aurait rêvé d'avoir pour lui, même s'il les avait pleinement utilisées sur scène (C.R.E.A.M. de Wu-Tang Clan et Ante Up de M.O.P.).

Je l'ai forcément lancé sur Sarkozy et sa tolérance zéro. Il me parlait de son inquiétude concernant l'état des quartiers et la misère qui augmente. Concernant la géopolitique et l'écologie. Il me parlait aussi de l'avenir de la police privée, qui le faisait flipper, et du fait que les pays ne seraient bientôt plus gouvernés par des États, mais par des sociétés. Il parlait justement de cet avenir proche de 20 ans... Eh ben, ça y est, on y est presque. Ça fait cinq ans... On est dans le vif du sujet. Le pire, c'est qu'ils en parlaient déjà 15 ans auparavant et ils se faisaient traiter de provocateurs et d'agitateurs avec leur chanson Qu'Est-Ce Qu'On Attend ?. Ça a bien fini par arriver, non ? Tu écoutes Le Monde de Demain aujourd'hui, c'est comme What's Going On de Marvin Gaye, ça aurait pu être écrit hier matin, c'est la même chose. Il parlait d'iTunes, de MySpace, du futur de la musique en termes de vente. Couper les intermédiaires. Sans devoir dépendre des labels. La chute du disque d'or. Les avantages et les inconvénients d'Internet et du téléchargement.

Par contre, je regrette de ne pas avoir eu le réflexe de poser une question bien précise. Encore aujourd'hui, je suis toujours curieux de savoir pourquoi Sens Unik était le seul groupe salué dans ses dédicaces de l'album J'appuie Sur la Gâchette. D'habitude, les rappeurs saluaient toujours mille personnes dans les dédicaces, dans les crédits de l'album, et là, tu as Kool Shen qui a salué sa meuf, ses parents, quelques amis, le staff chez Epic et EMI et... Sens Unik. C'est un sacré signe de respect, quand même.

KRS ONE

Rap is something you do, Hip Hop is something you live...

Le rap est une des quatre principales disciplines dans le Hip Hop, mais cela ne veut pas dire pour autant que tout le rap est considéré comme Hip Hop... nuances! Les vrais savent. Le Hip Hop, c'est notre religion, notre philosophie, notre façon d'être. C'est une attitude, un mindset. Un vrai état d'esprit. Le Hip Hop a ses valeurs et ses codes, que certains dans le rap n'appliquent pas forcément...

KRS-One, c'est le Hip Hop en chair et en os. Un lundi, il va t'organiser une manif Stop the Violence et t'écrire le texte de Self Destruction, et le samedi soir, il peut monter sur scène lors d'un concert de PM Dawn et les bumrush à coups de poing. C'est ça, le Hip Hop (rires).

C'est aussi un gars qui va te faire un discours sur le capitalisme et l'empire du mal le mardi, puis faire des pubs pour Sprite avec MC Shan et Kid Capri dans un ring, le jeudi. Oui, c'est aussi ça, le Hip Hop. D'ailleurs, c'est bien KRS-One qui se bat depuis des lustres pour que le mot «hip-hop" s'écrive avec deux H majuscules, en tant que nom propre.

Adolescent, KRS-One était sans-abri, non pas à cause de la drogue ou d'un malheur dévastateur, ni parce qu'il ne pouvait pas payer son loyer, mais simplement parce qu'il avait fugué de chez lui. Il refusait de suivre un chemin banal ; il ne voulait pas aller à l'école comme sa mère le souhaitait. Il voulait être MC.

C'est dans un refuge qu'il rencontra son futur ami, partenaire et DJ, Scott La Rock, qui travaillait dans le social. Scott le prend sous son aile et ensemble, ils forment Boogie Down Productions. Après la sortie de leur classique Criminal Minded sorti en 1987, Scott La Rock est tué par balle, atteint au cou ou derrière la tête, alors qu'il tentait de calmer une histoire futile. Il s'agissait, encore une fois, d'une histoire de femme. D-Nice avait été agressé par quelques jaloux, car il parlait à l'ex-petite amie de l'un d'eux. Scott La Rock, D-Nice, leur garde du corps et DJ McBoo partent retrouver les gars dans leur quartier du South Bronx pour calmer le jeu. Alors qu'ils quittent les lieux à bord de leur Jeep, plusieurs coups de feu sont tirés. Scott La Rock ne survit pas à cette tragédie.

Donc, nous voici au concert de KRS-One à l'Usine PTR de Genève en 2010. Supernatural faisait ses backs. Pas de chichis, pas de gimmicks, pas de jeux de lumière ni d'explosions sur scène. Ce sont les crachats dans le micro qui faisaient tout péter. Une tuerie. Ils ont tout brûlé ! Une véritable leçon de MCing à l'état pur. Coffre, voix, énergie, lyrics, impros, impact sur le public, ambiance et son inégalés. Il était en plein milieu d'une tournée européenne avec une vingtaine de dates.

En plein concert, KRS-One invite les plus curieux du public à une conférence qui aura lieu le lendemain, à l'étage du même lieu. Un séminaire gratuit de plus de deux heures et demie, inédit, pour préserver le Hip Hop en tant que culture, si tu veux bien. The Teacher nous a fait une classe gratuite façon The Temple of Hip Hop, où il abordait l'aspect philosophique. Il a parlé de l'importance de la préservation du Hip Hop. De la façon dont il doit rester perçu.

Ses 4 disciplines fondamentales. Les quatre pierres angulaires sont le graff, le DJing, la danse et le MCing. Il élabora sur la conscience globale de cette culture et de son impact à travers le monde. De la façon dont il faut le pratiquer. Des dangers. De la différence entre le Hip Hop en tant que produit et l'esprit, avec ses codes et ses valeurs.

La salle est pleine. On aurait dit un cours d'université à Stanford. Un vrai moment historique que je n'ai jamais revu. KRS-One lance l'invitation un peu spontanément sur scène. Le promoteur trouve une solution pour le lieu et bim, le lendemain, on est face à face avec The Blastmaster lui-même, en train d'absorber les jewels qu'il avait droppés ! KRS-One est vraiment quelqu'un d'engagé. Le temps et l'énergie que ça doit prendre, respect total.

Je me rappelle avoir demandé à KRS-One si Kanye West aurait sa place dans le staff s'il devait choisir ses délégués et ses politiciens pour représenter notre culture avec les Chuck D et les Ice Cube. En lui posant cette question, je pensais à Kanye West devant la caméra, en direct, pendant l'ouragan Katrina, où il balance un gros *George Bush doesn't care about Black people* avec Seth Meyers tout gêné, à côté de lui, sur le fait accompli.

Par contre, KRS-One n'a pas pensé à ce Kanye West-là (rires). "Hell no !", dit-il, et commence à se moquer du refrain de son dernier single, Flashing Lights, qui tournait partout à cette époque (rires).

LARGE PROFESSOR

Avant Kanye West, il y avait les Lord Finesse, Pete Rock, Q-Tip, Diamond D et Large Professor. Des rares MC/producteurs de leur époque. Large Professor a gravé son nom dans l'histoire du Hip Hop en produisant des titres iconiques pour des artistes légendaires. On lui doit notamment In The Ghetto pour Eric B. & Rakim, Streets of New York de Kool G Rap, et bien sûr le classique de Main Source, Breaking Atoms, où on découvre un certain jeune Nasty Nas dans Live at the Barbeque, qui nous retourne le cerveau encore aujourd'hui.

Tu savais que MF Grimm était censé être sur le morceau Live at the Barbeque à la place de Nas ? Il paraît que MF Grimm s'est fait coincer par la police alors qu'il se rendait à la session studio. Pas de bol ! Le pire, c'est que quelques années plus tard, alors qu'il est en featuring sur l'album 4,5,6 de Kool G Rap, son morceau était censé être un des deux singles du projet, mais il s'est fait coffrer à nouveau. Du coup, Kool G Rap a choisi le morceau Fast Life, avec, encore une fois, Nas en featuring (rires).

Il paraît qu'une partie de Snake Eyes, morceau phare sur l'album Breaking Atoms de Main Source, serait dirigée contre Eric B., qui l'aurait arnaqué (rires). Eric B. n'aurait pas payé Large Professor, ni donné les crédits, alors que ce dernier avait produit trois morceaux sur l'album Let the Rhythm Hit 'Em, chef-d'œuvre ayant reçu 5 micros dans The Source (un des 15 albums à avoir jamais reçu 5 micros).

Large Professor a produit In the Ghetto, No Omega et Let the Rhythm Hit 'Em sur ce troisième album d'Eric B. & Rakim, mais n'est mentionné nulle part. C'est marqué Eric B. partout dans les crédits. Quel escroc, celui-là (rires) !

À 16 ans, Large Professor avait rencontré Paul C, qui lui a présenté la toute première SP-1200. Paul C devient son mentor. Certains le nomment comme le producteur préféré de ton producteur préféré. Il est au même niveau que Marley Marl, selon les puristes. Paul C était un producteur et ingénieur du son légendaire, responsable de ce New York Hip Hop sound d'antan. Une espèce de J Dilla du sampling de la Golden Era qui a produit, enregistré et bossé avec Big Daddy Kane, Queen Latifah, Ultramagnetic MC's, Eric B. & Rakim, Organized Konfusion, Biz Markie, Kwamé… Il s'est fait descendre chez lui, en plein milieu de la nuit.

Paul C a été tué par balles, dans le studio qu'il partageait avec son frère et sa mère dans le Queens, à l'âge de 24 ans seulement. Certains pensent que sa femme était impliquée. Son meurtre apparaît même dans la fameuse émission America's Most Wanted, à la télévision américaine. On ne sait toujours pas qui l'a tué.

J'avais rencontré Extra P la première fois avec Jiggy Jones, lors d'une soirée du Nouvel An à Bienne. Large Professor a fait un concert, les Boogie Squad MCs animaient la soirée. C'était un Top Billin' event ce 31 décembre 2003. Il y avait aussi Camp Lo et l'excellent Grand Agent. On était défoncés. Je ne me rappelle plus grand-chose, à part qu'on lui avait donné ses fleurs Hip Hop avec enthousiasme dans les loges. On a parlé quelques minutes, on s'est tapé dans la main, puis on a continué la fête. C'est toujours important de montrer du respect envers les anciens qui ont tant apporté à la culture.

Je me rappelle aussi vaguement que Dynamike a voulu déplacer une voiture ce soir-là. Le gars s'est pris un arbre en reculant la voiture empruntée (rires). Le gars n'a même pas le permis (rires) ! Je crois que c'était le même soir où je suis parti à l'hôtel avec la veste du DJ de Large Professor en fin de soirée (rires). J'avais vu une doudoune noire sous les platines où on posait toujours nos affaires, comme d'habitude. J'ai cru que c'était ma North Face, et je suis rentré dans ma chambre d'hôtel. Faux ! Je me retrouve à ronfler à côté d'une vieille veste doudoune Nike contenant des papiers, quelques dollars et un passeport, chose que je ne remarque que quelques heures plus tard.

Le gars frappait à la porte en panique totale pendant des heures, mais je n'entendais absolument rien. Lui, il entendait mon téléphone sonner dans ma chambre depuis l'autre côté de la porte, alors que moi, j'étais KO (rires) !! Il était tellement frustré que je ne répondais pas (rires). Ils devaient partir pour la prochaine ville et il n'arrivait pas à récupérer sa veste. Moi, je ne comprenais rien. Je n'entendais rien. J'avais plus de cerveau à ce moment-là (rires). Il était tellement soulagé quand j'ai enfin compris ce qui se passait et que je lui ai ouvert la porte pour faire l'échange de nos doudounes (rires).

Une autre anecdote assez incroyable s'est déroulée lors du festival Soulitude en 2019. Je l'ai interviewé sur le balcon de la salle de concert, en direct sur Audiomatic Radio, via LGTDZ, pendant que DJ Koco mixait devant la foule.

Il a commencé à jouer avec le sample original de Fakin' the Funk. Je crois que c'est Magic Shoes de Main Ingredient. Certains ont immédiatement reconnu la boucle et ont commencé à applaudir. DJ Koco a continué à mixer, faisant monter la pression, jusqu'à ce que le tempo soit parfait… J'ai entendu ça et j'ai arrêté l'interview.

“Oh shit, I think it’s time… Large P, je crois qu’il va falloir… Je crois qu’on va devoir arrêter l’interview et demander à Large Professor de se lancer… c’est en direct, depuis Soulitude, où tout peut arriver !“

Large Professor, en vrai pro, a suivi le mouvement et s’est mis à rapper en live… La foule est devenue folle !!! Il s’est mis debout, a balancé son couplet classique de Fakin’ The Funk, s’est rassis pour reprendre l’interview comme si de rien n’était. Hip Hop 1000 %. Encore un moment classique pour les annales.

LLOYD BANKS

G G G G G-Unit !

À l'époque où 50 Cent enregistrait Get Rich or Die Tryin' avec Dr. Dre, Lloyd Banks enflammait toutes les mixtapes possibles et imaginables. Il était le rappeur le plus chaud dans les rues de New York, dominant le mixtape game avec ses punchlines acérées et son flow imparable. Lloyd Banks avait la formule magique, même s'il n'a jamais explosé comme il l'aurait dû. Entre gangsta rap et lyrics conscients, il incarnait le “punchline rapper” par excellence. On peut même dire qu'il est l'un des rappeurs les plus sous-estimés de tous les temps.

Ce que je respecte chez Lloyd Banks, c'est sa passion pour les lyrics de rap authentiques. Ses héros ? Rakim, Big Daddy Kane, Biggie, Nas… Il était également fan de Tupac, Snoop Dogg, Slick Rick et de tous les rappeurs du Queens : Mobb Deep, Royal Flush, Capone-N-Noreaga, Tragedy Khadafi…

Imaginez un peu : vous avez 20 ans, vous traînez avec 50 Cent, l'un des meilleurs hitmakers du Hip Hop, et vous êtes aux premières loges lors des sessions d'enregistrement en studio, entouré de Dr. Dre et Eminem. Un véritable cheat code pour une carrière de rappeur !

Enfant, Lloyd Banks se baladait partout avec un dictionnaire. Il était aussi passionné de graffiti et taguait le blaze "Layz", en hommage à Layzie Bone de Bone Thugs-N-Harmony. Une anecdote qu'il a récemment révélée dans une interview pour GQ Magazine.

Le 10 septembre 2001, Lloyd Banks a été victime d'une fusillade à la sortie d'une boîte de nuit dans le Queens. Touché au ventre, il a dû parcourir 15 à 20 blocs en sang pour rejoindre l'hôpital. “Je ne peux pas mourir maintenant, j'ai un contrat avec un label qui m'attend“, se répétait-il pendant sa course effrénée. Il s'est réveillé le lendemain à l'hôpital, avec les images des tours jumelles s'effondrant en boucle à la télévision.

Le 20 août 2004, G-Unit est au sommet. On m'annonce que le groupe sera disponible pour des interviews à Genève. J'y vais sans hésiter, en espérant interviewer 50 Cent. Malheureusement, ce ne fut pas le cas. Il a envoyé Lloyd Banks et Young Buck pour faire le sale boulot dans le lobby de l'hôtel (rires). Les gars étaient parfaitement préparés, comme s'ils avaient suivi des cours de media training. Ce furent les seules interviews de ma vie où les artistes sont arrivés en avance. Ils étaient vraiment sérieux et professionnels. Lloyd Banks était super relax et sûr de lui, et contrairement à Young Buck, que je venais d'interviewer 30 minutes avant, il ne portait aucun bijou. J'ai apprécié ça.

C'est comment d'être en Europe pour la toute première fois ?

C'est cool. J'ai eu la chance de déjà avoir pu tourner en dehors des États-Unis avant de venir ici. Ce sont des expériences incroyables à chaque fois. Pouvoir marquer mon territoire partout dans le monde, devenir le plus grand possible... C'est beaucoup mieux que de traîner au lit à la maison. Tant que je peux bouger, je profite au max.

Lyricalement, j'ai envie de te situer entre N.W.A et Lord Finesse, si ça ne te dérange pas.

Merci, j'apprécie...

En quoi un album solo de Lloyd Banks est-il différent d'un album de G-Unit ?

La principale différence, c'est qu'il n'y a que moi sur tout le projet. Je mets en avant mes points de vue, mes perspectives et ma vision créative. On retrouve mon style des mixtapes, mais en format album. Je balance des punchlines et des jeux de mots sur des morceaux qui seront diffusés à la télévision. Mes lyrics risquent même de passer par-dessus certaines têtes. Je dis ça parce qu'on se fait souvent censurer nos paroles. Ils sont sans pitié avec moi parce qu'ils savent que je balance des punchlines qui risquent d'offenser des gens. Ça m'oblige à formuler mes lyrics différemment pour échapper à la censure, tout en me faisant comprendre par le public Hip Hop. Le but est d'éviter de me faire biper à la radio sans perdre mon tranchant lyrical. Mon album a de vraies chansons avec des structures et des refrains. Vous allez découvrir mes traits de caractère, ressentir mon charisme à travers ce projet. Donc, au lieu de m'entendre sur un seul couplet par chanson, vous en aurez trois.

As-tu plus de pression du coup ? Tu dois être bon trois fois plus, penser à chaque refrain, à la vision globale...

Non, parce que j'ai des lyrics à gogo. Je bosse déjà sur mon deuxième album. J'aurai toujours assez de textes, j'en ai même trop. Je préfère être trop préparé que pas assez. En même temps, je sais que je vais vendre 5 millions d'albums. Je ne sais pas avec lequel ça arrivera ("Hunger For More" a vendu un peu plus d'un million de copies aux États-Unis), mais ça finira par arriver, j'en suis certain. Je n'en suis qu'à mon premier album et il est déjà disque de platine aux États-Unis. J'ai déjà vendu plus de 500 000 exemplaires en dehors des États-Unis et ça, uniquement avec un single. Il y a encore trois singles qui suivront. J'aime bien mes chances d'atteindre les 3 millions dans le monde avec ce projet. C'est un bon début qui me permettra de m'imposer encore plus dans le game, sans parler du fait que je progresse chaque jour. Je ne suis plus dans le bassin des petits, je vais nager avec les grands et je suis ici pour le prouver. J'ai déjà 8 chansons pour mon prochain album. Donc imaginez ce que j'aurai de prêt en octobre prochain... J'aurai cinquante morceaux de prêts.

Est-ce cette même discipline acharnée qui t'a fait connaître sur le circuit des mixtapes ?

Les mixtapes, c'est là où j'ai pu me faire connaître, où j'ai pu tout écraser. C'est comme ça que le mainstream s'est intéressé à moi. Les rues m'ont toujours obligé à rester sur mes gardes. La rue te dira toujours ce qu'elle pense de ta musique. Ils te feront savoir s'ils n'ont pas aimé telle ou telle chanson. Il faut rester constant pour qu'on parle de plus en plus de toi en bien. C'est ça qui crée le buzz. La première fois que je suis parti en tournée à l'étranger, on me connaissait uniquement grâce aux mixtapes, bien avant le remix de P.I.M.P., bien avant que j'apparaisse dans des clips vidéo. Je suis entièrement conscient de l'importance de l'impact des mixtapes. Je continuerai toujours à fournir du bon matériel pour les mixtapes, pour faire parler de moi. Il ne faut surtout pas que la rue t'oublie, sinon il faudrait tout reprendre à zéro. J'étais "Mixtape Artist Of The Year" l'année dernière et je veux l'être encore cette année. Je ne vois pas qui pourrait m'arrêter.

Est-ce à cause de cet appétit pour la victoire que tu as appelé ton album Hunger For More ?

Je sais d'où je viens, je sais en quoi je suis bon. Je n'ai pas de plan B. Je ne peux que rapper ou vendre de la drogue. Je ne sais pas tirer à trois points au basket, je ne sais pas frapper une balle de baseball, je ne sais pas lancer un ballon de foot américain à 100 yards. C'est pour ça que je mets toute mon énergie dans le rap. Ça doit marcher. J'ai toujours faim et je n'ai pas envie de devoir rapper à 40 ans. J'utilise le rap pour m'ouvrir d'autres portes. J'ai une société de production audiovisuelle, Bank Shot Productions. J'ai mon film intitulé Groupie Love qui sortira dans quelques semaines. J'ai mon propre modèle de sneakers qui sortira cet automne. Je dois gérer plusieurs secteurs pour ne pas stagner et rester sur place. Quand j'ai commencé à enregistrer cet album, j'avais que les instrus en tête. J'avais commencé à l'enregistrer juste après la sortie de Get Rich Or Die Tryin' de 50 Cent. Maintenant que les morceaux sont là, j'ai faim de réussir en tant qu'artiste solo. J'ai envie que les gens me citent parmi les plus grands, qu'on me respecte au maximum.

En parlant de 50, quel a été son impact sur ton projet ? T'a-t-il beaucoup aidé avec le processus artistique ? Y a-t-il de la compétition entre vous ?

Personne ne m'a dit quoi faire pour l'enregistrement de mon album. On bosse comme ça. Chacun part dans son coin pour réaliser son projet sans avis extérieur. C'est sûr qu'il y a de la compétition entre nous, mais jamais au point de conflit. On se connaît trop bien pour s'embrouiller bêtement. On est tous amis avant tout. On a tous grandi ensemble. La compétition, c'est surtout tous les autres en face de nous. On s'inspire entre nous plus qu'autre chose. C'est ainsi qu'on se maintient en forme. Personne ne bosse autant que nous. Je ne suis pas resté plus de quatre jours chez moi depuis deux ans et demi. Je ne faisais que tourner sans arrêt. Beaucoup de ces rappeurs ont peur de prendre l'avion. Ils pensent vendre des disques parce qu'ils ont un petit hit qui passe à la radio, ce qui n'est évidemment pas le cas. C'est mon crew qui m'inspire. C'est en écoutant une nouvelle chanson de 50 que j'ai envie de tout déchirer au studio à mon tour, c'est surtout ça qui nous fait avancer.

J'étais, non pas surpris, mais plutôt impressionné par la diversité sur ton album. Je le trouve super bien équilibré : les sonorités, le contenu lyrical, les featurings... Il y en a pour tous les goûts. C'est un projet très complet. Comment as-tu obtenu ce résultat ? Est-ce que tu te dis qu'il te faut un feat de 50 pour tel morceau, une prod de Dre pour tel texte, une chanson pour les filles par là ? Est-ce que tout est calculé avant d'entrer en studio ou est-ce que tu enregistres à gogo puis tu choisis ensuite tes quinze meilleurs morceaux pour l'album ?

J'ai d'abord enregistré toutes les chansons seul, sans aucun featuring. J'ai ensuite ajouté les personnes que je voyais bien sur tel ou tel morceau. Par exemple, je voyais bien Snoop Dogg sur Can I Get High bien avant qu'on lui demande le featuring. J'ai mis Young Buck sur Work Magic car je sentais une vibe Down South sur la prod. C'est ainsi que j'ai réalisé mon album.

Qu'est-ce que tu as appris d'Eminem ou Dr. Dre concernant la production en studio ?

De rester constant, de ne jamais abandonner. Dre produit depuis tellement longtemps. Dre produisait bien avant que je ne commence à rapper. Il faut rester discipliné et toujours aller de l'avant pour atteindre ce niveau. Leur envie d'aller en studio pour créer, alors qu'ils ont vendu autant de disques après tant d'années, montre qu'il faut être acharné et ne rien prendre à la légère. Ces gars me motivent. Ils m'ont montré que le travail paie.

Quelle a été ta réaction quand tu as senti le buzz que 50 Cent avait créé avec How To Rob, jusqu'à se faire signer par Eminem ?

J'avais compris qu'il y avait enfin une forte chance de se faire entendre. Une porte s'ouvrait enfin, alors qu'on s'était fait refuser par quasiment tous les labels jusqu'à présent. On était super excités que 50 ait gagné la confiance de deux des plus grandes icônes du Hip Hop. On n'allait pas prendre à la légère le fait que Dre et Em voulaient miser sur lui. C'était notre billet de sortie. On était prêts à tout donner. Aujourd'hui, j'ai trois géants du Hip Hop qui sont derrière moi, je ne peux donc pas travailler à moitié.

LORDS OF THE UNDERGROUND

Le New Jersey ne reçoit pas assez de reconnaissance pour ses rappeurs. Pourtant, la liste est longue : Lords of the Underground, Naughty By Nature, Queen Latifah et le Flavor Unit, Redman, The Fugees, Rah Digga, Joe Budden, The Outlaws de Tupac, The Outsidaz, The Artifacts, Lady Luck, Channel Live, Nikki D, Heather B, Fetty Wap, Russ… Même Ice-T et Shaquille O'Neal sont nés et ont grandi à Newark. Alors oui, le New Jersey a quelque chose à dire…

Les Lords of the Underground ont souvent été comparés à Das EFX, sans que l'on comprenne vraiment pourquoi. Apparemment, un réalisateur de clips avait déjà travaillé avec Das EFX avant de réaliser le même genre de clip pour Lords of the Underground. Du coup, on avait deux groupes avec les mêmes valeurs Hip Hop, représentant les égouts (rires). Les Lords venaient de l'underground et Das EFX venaient *straight from the sewer*. Il y a eu beaucoup de comparaisons, ce qui a contribué à alimenter la rivalité. Les Lords ont même envoyé quelques piques à Das EFX dans le morceau Chief Rocka.

DoItAll, membre de Lords of the Underground, est une figure authentique. Il a fait les premières parties de Tupac, partageant un mini-van avec lui pendant une tournée. Aujourd'hui, DoItAll est devenu un homme politique respecté dans le New Jersey. Petite parenthèse : Redman était le DJ de DoItAll avant de rejoindre le Hit Squad et avant la formation de Lords of the Underground.

Les Lords ont influencé de nombreux artistes. Par exemple, Juelz Santana, qui vient également du New Jersey à la base, portait son bandana à la manière de DoItAll. André 3000 a également avoué avoir été inspiré par DoItAll après l'avoir vu porter une couche de bébé dans le clip de Funky Child, à la manière de Garry Shider, le guitariste mythique de Parliament et Funkadelic (rires).

Produit par le légendaire Marley Marl, Lords of the Underground est composé de DJ Lord Jazz, Mr. Funke et DoItAll. Un sacré trio ! Il me semble que DJ Lord Jazz vivait encore en France il y a quelques années… Ron T les avait fait venir pour un concert mythique à Genève, je dirais 1995 peut-être. Leur jeu de scène était incroyable, un show hyper énergique.

Ils étaient passés à la radio pour faire la promo le vendredi soir, je crois, dans une émission en direct. Je me souviens que DJ Lord Jazz avait terminé son freestyle en fin d'émission avec une phrase du genre : “en plus, je roule en Bronco blanche comme O.J.“. Ça avait créé une réaction incroyable dans le studio. Le procès d'O.J. Simpson venait de se terminer et les images de lui sur l'autoroute dans sa Ford Bronco, poursuivi par 20 voitures de police, passaient en boucle sur CNN.

Ce qui m'avait le plus marqué, c'était leur énergie sur scène et leurs talents de rappeurs purs et durs. Je me suis retrouvé avec DoItAll dans un studio de la radio tout seul le lendemain pour enregistrer une émission d'une heure avec lui. Il était bouillant. Mr. Funke était malade et n'a pas voulu quitter l'hôtel. Je me souviens qu'il faisait mauvais temps, il pleuvait. Je me suis retrouvé à rapper avec DoItAll à l'antenne. un ingé de son de la 3 sur place m’a lancé l’émission car personne de ma team a voulu monter me rejoindre. J'avais fait l'intro de l'émission, posé quelques questions rapides pour lancer le show. J'ai vite compris qu'il était chaud pour prendre le micro. Je l'ai invité à rapper. Je me suis retrouvé à balancer quelques rimes en impro pour lancer le freestyle. J'ai passé le micro à DoItAll et il ne me l'a jamais rendu (rires). Il l'a squatté pendant mille piges ! Non, mais sérieusement, le gars a fait une démonstration comme j'en ai rarement vu. Il a rappé non-stop pendant plus de 30 minutes, a capella. Il y avait des rimes écrites et de l'impro. Il jonglait entre les deux mondes. Tout était génial, super précis et dans le tempo. Aucune faute de placement, il ne s'est jamais trompé dans ses paroles. Super carré et propre. Je lui lançais des mots et il enchaînait des rimes en fonction de ce que je lui disais. De la pure folie ! Je me souviens avoir regardé par la fenêtre toute pleine de gouttes d'eau avec un petit sourire en me disant : “Bande de lâches, vous m'avez laissé faire l'émission tout seul et je suis en train de vivre un moment de fou en exclusivité ! Vous êtes en train de rater un moment magique, bien fait pour vous !“

LOST BOYZ

Si Flavor Flav de Public Enemy est l'original ad-libber dans le rap, The Lost Boyz sont ceux qui ont amené l'art au next level. Avant les Migos, il y avait ce crew mythique qui te mettait une vibe inexplicable avec leurs interventions vocales. Les ad-libs sont tellement importants dans le rap. Ça amène une fraîcheur sur disque et sur scène lors des concerts, si c'est bien fait. Je pense tout d'abord à l'original, le triple OG des "ad-libs" : James Brown… Ensuite, Flavor Flav, puis Pete Rock, puis Puff Daddy. Les Lost Boyz ont amené un nouveau souffle dans le game à leur arrivée. Ça crée une toute nouvelle dimension dans une chanson. Je pense aussi à DMX, Jim Jones, Young Jeezy, Eminem, Uncle Murda et ensuite les Gucci Mane, 2 Chainz, Young Thug, Travis Scott, Lil Uzi Vert, 21 Savage, Kodak Black, Lil Yachty puis Westside Gunn par exemple, qui sont arrivés avec leurs délires.

Je n'avais jamais vu autant de publicité et de promo dans le magazine The Source pour la sortie d'un groupe. C'est encore une fois Ron T qui a fait venir les Lost Boyz en Suisse. Big up à lui ! Ils sont venus dans notre émission sur Couleur 3 en direct, juste avant leur concert à la Salle de Montbenon. C'était en 1995, je crois. Je présentais l'émission, tandis que Ron T et Sebb étaient aux platines. C'était avant que Sebb ne parte à New York et que Green Giant le remplace. Donc bien avant Downtown Boogie. Les Lost Boyz venaient de sortir leur premier album, Legal Drug Money. Easy Mo Bee a réalisé plusieurs de leurs tracks. C'est d'ailleurs le seul producteur a avoir bossé sur plusieurs tracks de Tupac et Biggie de leur vivant, il me semble. Bref, l'album sonnait comme rien d'autre avec des titres comme Music Makes Me High, Renee, Lifestyles of the Rich & Shameless, Jeeps, Lex Coups, Bimaz & Benz... Ils avaient vraiment leur propre ambiance. C'était un peu le groupe qui avait tout misé sur les ad-libs, tu vois ? À ma connaissance, personne avant eux n'avait autant mis l'accent sur les chœurs et les ambiances de fond dans leurs chansons. Leurs pistes de chœurs étaient tout aussi importantes que leurs voix principales.

Freaky Tah était encore en vie à ce moment-là. Il a été tué par balle en sortant d'un hôtel le soir de l'anniversaire de Mr. Cheeks, en 1999. Le plus fou, c'est que Spigg Nice a été condamné à 37 ans de prison pour plusieurs braquages, alors que le chauffeur du meurtrier de Freaky Tah n'a pris que sept ans. C'est dingue !

Pour en revenir à notre émission de radio, il me semble que Mr. Cheeks était resté à l'hôtel suite à une dispute avec son manager ce soir-là. Du coup, il y avait Freaky Tah, Pretty Lou, Spigg Nice et encore un ou deux autres gars qui nous ont rejoints à l'antenne. Ce qui est sûr, c'est qu'ils avaient tous la même tête, les mêmes dreadlocks… la même dégaine (rires). On aurait dit des Minions version Hip Hop, façon South Jamaica Queens (rires).

Je me rappelle aussi qu'ils étaient tous hyper cool et souriants. Il y avait toujours de bonnes vibrations dans ces émissions. Tu imagines ? Tu viens du fin fond du Queens, tu prends l'avion, sûrement pour la première fois, pour traverser l'Atlantique, tu t'attends à voir Heidi et des vaches, et tu te retrouves le soir dans une émission à la Stretch & Bobbito, avec des gars qui connaissent le rap, qui t'adorent et qui t'accueillent à bras ouverts. Les Américains adoraient ça. Ils hallucinaient tous de voir un tel show sur une radio FM dans les années 90 en Suisse. Presque tout était en direct, rien d'archivé… C'était ça la radio!

LOVEBUG STARSKI

Tu te rappelles dans Juicy quand Biggie dit :
Born sinner, the opposite of a winner
Remember when I used to eat sardines for dinner
Peace to Ron G, Brucie B, Kid Capri
Funkmaster Flex, Lovebug Starski
I'm blowin' up like you thought I would
Call the crib, same number, same hood
It's all good (It's all good)
*And if you don't know, now you know, ni**a*

Ouais, ben Biggie parle de ce gars-là. Le gars qui a balancé : *Hip, Hop, The Hippit, The Hippit, to the Hip, Hip, Hop, you don't stop the rocking, to the bang bang boogie, say up jump the boogie, to the rhythm of the boogie, the beat…*, avant que The Sugarhill Gang le foute dans Rapper's Delight en 1979. Ça, c'est bien avant que le Hip Hop s'appelle Hip Hop, tu vois la dimension ?

Il paraît que lui et Keith Cowboy des Furious Five faisaient des va-et-vient ensemble en freestyle lors d'une fête de départ d'un de leurs potes. Genre, Lovebug disait "Hip" et Keith répondait avec "Hop", et ainsi de suite. Peu de temps après, Keith avait lâché le petit gimmick, alors que Lovebug continuait à le balancer au micro lors de ses soirées, tout comme "make money money, make money money money" et "wave your hands in the air and wave 'em like you just don't care…". Petit à petit, la mayonnaise a pris et on a mis le terme "Hip Hop" sur ce mouvement.

D'ailleurs, j'avais lu un article à ce sujet l'autre jour. Ce n'est que lorsqu'un journaliste qui bossait pour The Village Voice en 1982 a traversé l'Harlem River pour voir cette nouvelle tendance de plus près que le Hip Hop est devenu Hip Hop. C'est grâce au titre de l'article, qui s'appelait "Afrika Bambaataa's Hip Hop". "Hip" en anglais veut dire à la mode ou tendance. Le titre de l'article pourrait aussi donc se traduire par "La Nouvelle Tendance de Bambaataa" si on veut. Bambaataa aimait la sonorisation tout comme la signification des deux mots "Hip" et "Hop", qui donnaient une toute nouvelle ampleur une fois collés ensemble.

Lovebug Starski était originaire du Bronx. Il était MC et DJ dans les premières soirées disco des années 1970. C'était le "OG party rocker", un terme qu'il avait aussi inventé. Il était l'un des pionniers des petites comptines de MC et des routines de rap derrière et devant les platines. Adolescent, Starski était assistant pour un ancien Harlem Globetrotter devenu DJ disco, Pete DJ Jones, qui lui filait cinq dollars pour porter son matériel et parfois passer quelques disques pendant qu'il allait au bar se bourrer la gueule. Il a rencontré Kool Herc à travers ses battles avec Pete DJ Jones. Puis les Furious Five, puis DJ Hollywood et tous ces pionniers qu'on a tendance à oublier parfois, qui, très souvent, n'ont pas su gérer leur business et sont souvent devenus aigris.

Il est venu à la radio bien avant que Downtown Boogie n'existe. Avant Green Giant, Dynamike, Vincz Lee et Jiggy Jones. C'était le RTS Show, le Ron T & Sebb Show. C'est Ron T qui a fait venir Lovebug Starski pour une soirée à Genève. C'était très difficile de trouver des salles qui acceptaient des artistes Hip Hop. On est en 1994, Biggie venait de sortir son premier album.

À cette époque, Ron T bookait les artistes et les faisait venir dans notre émission pour faire la promo avant leurs concerts. Moi, je faisais les interviews, puis, à la fin, les artistes balançaient des freestyles et terminaient avec la promo. Ils balançaient le lieu où ils allaient jouer : "Yo, yo, come check us out, we'll be at la salle du Faubourg de Genève in a couple of hours, come rock with us !". On faisait gagner des places d'entrée en direct à l'antenne : les gens devaient appeler pour laisser leur nom, qu'on mettait ensuite sur une guest list. We had shit on lock ! C'était du pain béni. On travaillait sur bande. C'était un tout autre délire. Il y avait Daddy Fred des Métissages, que je salue au passage, qui réalisait souvent nos émissions. C'est fou comme les temps ont changé. Aujourd'hui, tout est passé au digital et les fréquences FM disparaissent. À l'heure actuelle, l'écoute radio se fait à 80 % en numérique et à 20 % en FM en Suisse, selon des rapports officiels. Toutes les radios passeront en DAB+ (Digital Audio Broadcasting) en 2027 ; il n'y aura définitivement plus de diffusion "sur les ondes" (ultra-courtes), comme on dit.

Donc ouais, je me rappelle avoir fumé un gros joint avec Starski après l'émission, tard dans la nuit. Il était super cool. Super rayonnant, joyeux, happy to be here type vibe. On parlait un peu du rap actuel et de la Suisse. Je lui expliquais que j'étais nouveau dans ce radio game et que j'étais un peu timide et pas très sûr de moi… La weed ne m'aidait pas avec ma manque de confiance. J'ai mis des années à comprendre cela (rires).

Je ne voulais surtout pas que les vrais pionniers américains comme lui ne me prennent pour un touriste. J'étais donc fier qu'il m'ait validé : "You down, man, don't worry… you know your shit." C'est la première fois qu'une grosse pointure me big uppait à ce point. Ça m'avait un peu rassuré pour la suite de cette aventure. Cette validation m'avait aidé à avancer.

Il était impressionné par mes questions d'interview. Peut-être qu'il ne s'attendait pas à ce qu'un petit Suisse l'interroge autant sur Biggie, les paroles de Juicy et leur relation, etc. Je lui ai posé plein de questions sur Biggie. On a parlé de son style et de ses placements de rimes, de sa façon d'écrire, de sa plume si visuelle et pertinente. Je me rappelle qu'il était super fier de la reconnaissance que Biggie avait pour lui. Je lui ai posé des questions concernant l'ambiance des soirées et la nightlife à New York à la fin des années 1970 et au début des années 1980. La fête était différente, les drogues aussi. Il m'a parlé des origines de ses rimes et gimmicks qu'il balançait dans ses soirées.

Il avait kiffé son passage chez nous. Il était super enthousiaste quand il parlait. Comme je l'ai dit avant, à cette époque, on n'archivait rien. Rien de digitalisé. C'étaient des moments éphémères. C'était ça, le côté charmant de la radio. Tout était encore en direct. Impossible de revenir en arrière. Les auditeurs ne pouvaient qu'enregistrer depuis leur tape deck, devant leur poste de radio pour immortaliser ces moments légendaires. Il n'y avait pas de page Facebook, d'archives ni de liens pour écouter en replay (rires). Par contre, il y avait des cassettes qui s'enregistraient, puis qui circulaient entre les passionnés. On était écoutés jusqu'à Lyon à cette époque.

Lovebug Starski a eu un arrêt cardiaque à l'âge de 57 ans en déplaçant des enceintes chez lui à Las Vegas en 2018. Quelle tristesse… mais comme disait Charles Bukowski : *Find what you love and let it kill you*. Paix à son âme.

THE LOX

Parfois, je vais replonger sur YouTube pour me re-mater ce fameux Verzuz contre The Diplomats. Quel massacre ! Jadakiss, top 5, dead or alive. Sûrement un de mes trios de rap préféré. La définition de la loyauté. Un des rares groupes à ne jamais s'embrouiller entre eux. En tout cas, ils ne lavent jamais leur linge sale en public. À part eux, je vois pas grand monde. De La Soul et M.O.P., peut-être. Ce trio de Yonkers crache ce vrai street shit new-yorkais. Ils font partie des seuls à être restés ensemble à travers toutes ces années. Une vraie famille, et ça s'est senti pendant ce putain de Verzuz. Ils font partie des plus intègres dans le game.

Ils ont osé affronter Puff Daddy concernant leurs mauvais contrats, et se sont finalement libérés après des années de galère. Je pense à ce fameux moment de radio chez Angie Martinez où Jada menace Puffy de lui balancer un frigo sur la gueule depuis le toit (rires).

Dommage qu'ils m'aient glissé entre les doigts, ceux-là. Ils étaient en concert à la patinoire de Bienne avec Rah Digga et Rampage le 26 août 2000. Après leur concert, on les a suivis en after dans un club où on espérait pouvoir leur poser quelques questions. J'étais avec Jiggy Jones, à côté d'eux en VIP ce soir-là. Il y avait du son et des bouteilles. Ils étaient défoncés… et pas qu'à la weed. Déjà, sur scène, on voyait un Sheek Louch super joyeux, en train de sourire comme pas possible tout le long. Happy as a muthafucka comme dirait Jones (rires). Ça nous avait fait trop rire. Le gars qui ne kick que des raps de rue violents, là, sur scène devant nous avec la banane pendant tout le concert… Le gars a pris de l'ecstasy, c'est sûr, il était trop love (rires).

À un moment donné, pendant l'after party, on les voit tous sortir prendre l'air en même temps. On les a suivis direct derrière avec mon micro, en espérant pouvoir leur toucher un mot, histoire d'aborder le sujet d'une éventuelle interview, tout en finesse… Mais les circonstances n'ont pas joué en notre faveur (rires).

On les a retrouvés quelques minutes après avec un Biennois sur des mini-motos, en train de rouler comme des gamins sur des petits engins qui n'avançaient presque pas. Genre 25 km/h, en pleine nuit (rires). On entendait Jadakiss et sa voix rauque, en train de s'éclater de rire, heureux comme un gamin dans un magasin de jouets (rires). Il essayait de faire des wheelies sur la route, mais avançait à peine sur son petit truc (rires). Ça m'a pas étonné, étant donné que ce sont des Ruff Ryders (rires). Ils étaient tellement défoncés au milieu d'une petite rue perdue à Bienne. On était au bord du trottoir, vingt mètres plus loin, en train de mater la scène. Dégoûté et en même temps mort de rire. D'un côté, déçu de ne pas avoir pu les interviewer, et de l'autre, soulagé de pouvoir enfin rentrer chez nous.

La Magistral "Jadakiss features" Playlist:

Who Shot Ya - version live Verzus
Made You Look remix - Nas featuring Jadakiss & Ludacris
Banned From TV - N.O.R.E. featuring Nature, Big Pun, Cam'ron, Jadakiss & Styles P
New York - Ja Rule featuring Fat Joe & Jadakiss
Niggaz Done Started Something - DMX featuring The LOX & Mase
Reservoir Dogs - Jay Z, The LOX & Sauce Money
It's all About the Benjamins - Puff Daddy, The LOX, Lil' Kim & Biggie
Fast Lane remix - Bilal featuring Jadakiss
Throwback - Usher featuring Jadakiss
Blackout - DMX featuring Jay Z & The LOX
Can I Live - Black Rob featuring The LOX
Rite Where U Stand - Gang Starr featuring Jadakiss
Run - Ghostface featuring Jadakiss
Lose Your Life - The Alchemist featuring Snoop, Pusha T & Jadakiss

MACY GRAY

What, you gonna shoot me, boss ?

C'est la première chose qui me vient à l'esprit quand j'entends son nom. C'est ce qu'elle dit dans la fameuse scène de Training Day, où elle joue la femme de Sandman, quand Denzel et le rookie cop blanc viennent fouiller chez elle sans mandat pour obtenir son cash. Denzel retourne l'appart. Elle comprend vite que c'est un ripou. Ça part en couilles. Ils se font tirer dessus par des gars du quartier quand ils essaient de quitter les lieux. Denzel, toujours ice cold, sort de la caisse qui ne veut pas démarrer et commence à tirer à son tour avec ses deux gros flingues. Il tient un flingue juste dans une des mains, comme on lui a appris à l'académie de police, et l'autre tout faux et à travers, façon rue. Une jolie métaphore qui montre sa position, coincé entre ses deux mondes avant de mourir.

Macy Gray a cette voix enrouée et charmante qui ne ressemble à rien mais qu'on ne peut que kiffer. La meuf, trop dingue, avait accepté le rôle du film juste parce qu'elle voulait une photo d'elle avec Denzel (rires).

Macy Gray avait des poissons chez elle qu'elle avait appelés Justin Timberlake et R. Kelly (rires). Elle avait fait faire une statue en bronze d'elle-même nue comme fontaine pour son jardin (rires). L'eau sortait par ses cheveux (rires). La meuf était quand même au lycée, à un moment donné, avec un certain Brian Warner, qui deviendra ensuite Marilyn Manson.

J'ai interviewé cette award-winning, multi-platine chanteuse de R&B et de soul, songwriting, record producing, interprète et actrice dans sa caravane de loge au Caribana Festival juste avant qu'elle monte sur scène le 9 juin 2006. Il y avait du soleil. Il faisait beau. J'étais heureux de l'avoir en face de moi. Ça changeait un peu de tous ces rappeurs tout le temps (rires). Elle était super grande, genre plus d'un mètre quatre-vingts. J'avais halluciné quand elle m'avait ouvert la porte.

La première chanson de ton nouvel album s'appelle Finally Made Me Happy (Tu m'as enfin rendu heureuse). Qui est donc responsable de ce bonheur ?

C'est mon album qui me rend heureuse…

Es-tu heureuse ici en Suisse ?

J'adore être ici. On s'est promenés tout à l'heure, on a mangé près des bateaux. C'est vraiment un très joli village. Je me vois bien ici retraitée, en train de dormir toute la journée…

Quatre ans ont passé depuis ton dernier album studio, The Trouble With Being Myself. Est-ce que c'est vraiment difficile d'être dans la peau de Macy Gray ?

C'est fou. J'ai ma vie de tous les jours comme tout le monde. J'adore mon travail. J'ai des enfants, je mène une vie folle. Je m'amuse, mais oui, la vie est parfois difficile pour tout le monde. Ce n'est qu'en vivant qu'on apprend…

Ton nouvel album est vraiment très bien produit. Il s'appelle Big, qu'est-ce qui rend cet album si grand ?

Tout. Comme tu l'as dit, il est très bien produit. C'est un album très travaillé. Il y a beaucoup de couches, avec de bons beats et de bonnes lignes de basse. Il y a des cordes et de superbes mélodies. J'ai travaillé avec des producteurs comme Justin Timberlake, Will.i.am, Ron Fair et deux jeunes qu'on appelle Jared et Whitey qui sont de Détroit. En featuring, il y a Fergie des Black

Eyed Peas, Natalie Cole et Justin. C'était génial pour moi d'enregistrer au studio à ce moment précis de ma vie. Il y avait beaucoup de choses qui me sont arrivées dans ma vie privée. J'ai appelé cet album Big car j'ai un grand cerveau, un grand cœur et un gros cul.

Lyricalement, on sent qu'il y a du vécu dans tes textes. On dirait que tu te sens mieux et que tu t'assumes complètement…

Je suis à un stade de ma vie où j'essaie de comprendre les choses. J'en ai marre d'être perdue dans ma tête. Je suis arrivée à un stade où je devais vraiment me prendre en main. Je suis sur le bon chemin, on verra comment ça se poursuit, je reviendrai te voir l'année prochaine pour t'en parler.

Comment ça a été de travailler avec Will.i.am en studio ? Comment a-t-il fait pour sortir le meilleur de toi ?

Oh, il est très innovateur. Je le connais depuis sept ans, c'est comme mon petit frère, j'étais donc très à l'aise. On a déjà travaillé ensemble. Il a beaucoup d'idées. Il donne des centaines d'idées à chaque session de studio. C'est très bon de recevoir cette énergie. Ça te fait rebondir. J'ai passé des moments de fou avec lui. Mais il faut aussi le suivre avec toutes ses idées et il faut rester fort et savoir lui dire lesquelles sont bonnes et lesquelles sont mauvaises, car il a littéralement des centaines d'idées, c'est dingue.

Quelle est ta chanson préférée et pourquoi ?

J'aime Ghetto Love. Le numéro 6, c'est ma préférée.

Sur l'album, il y a une chanson qui parle de l'histoire d'un couple qui s'aime. Ils sont mariés, mais le mari finit par sortir un flingue. Il veut tuer sa femme pour son assurance vie. C'est la femme qui prend son flingue et c'est elle qui finit par le tuer pour récupérer l'argent de son assurance vie… Comment est venue cette idée de texte pour Strange Behavior ?

J'adore regarder ces reportages à la télé chez moi, à la maison. Ces enquêtes de dingue où la police finit par trouver le tueur. Il y a toujours un mari qui tue sa femme ou vice versa pour une somme de 20 000 dollars à la con. C'est vraiment barge.

Qu'est-ce que tu préfères, être en studio pour créer un album ou faire des concerts dans de beaux endroits comme ici à Crans ?

J'adore être sur scène. J'aime aussi être en studio. C'est un peu plus stressant et ça demande plus de concentration à certains moments. Sur scène, tu vis le moment présent, tu es avec ton public qui te nourrit. Tu peux voyager dans des lieux splendides comme ici. J'adore tourner, c'est ce que je préfère.

De quoi es-tu la plus fière ?

Laisse-moi réfléchir, ça c'est une bonne question… J'aime vraiment mes enfants bien sûr, j'ai même une chanson qui leur est dédiée et qui s'appelle What I Gotta Do… J'adore ma voix, c'est un vrai cadeau du ciel. J'adore le fait que je sois une extrême fainéante dans ma vie privée. Heureusement que j'ai un agenda chargé avec tout le stress qui va avec pour équilibrer, sinon j'aurais déjà le corps d'une vieille de 100 ans. Mais j'avoue que je pense souvent qu'à dormir.

Tu as une voix très croustillante et très jazzy, est-il vrai que tu ne l'aimais pas à une certaine époque ?

Oui, c'est vrai. Quand j'ai commencé, je me comparais à des chanteuses comme Whitney

Houston, Mariah Carey ou encore Aretha Franklin. Ces chanteuses ont des capacités énormes. Par la suite, j'ai découvert Billie Holiday, qui a autant de force dans sa voix sans crier. C'est la façon de poser les phrases, la façon de dire les choses qui compte. En fait, on a plus de force quand on ne crie pas, car les gens entendent mieux ce que tu leur dis. Parfois, un chuchotement a de la force. Ce sont des choses qu'elles m'ont apprises. Cela m'a permis d'arriver à ce que je fais aujourd'hui. Mais c'est vrai, au début, je détestais ma voix. Je la trouvais bizarre, ça me faisait penser à Betty Boop.

Parle-nous d'une autre de tes influences, Betty Davis…

Oh oui, je l'adore. J'ai tous ses vieux albums. C'est vraiment une artiste par excellence. Elle s'est mariée avec un musicien (Miles Davis). Elle a fait tous ces albums sauvages. Elle avait le look et le caractère. Elle était si entière. Elle a vécu une belle vie que j'admire.

Tu es apparue dans plusieurs films, notamment dans Domino, Spider-Man et Training Day. Est-ce qu'on verra plus de Macy Gray sur le grand écran à l'avenir ?

Oui, j'ai dû faire une pause pour faire mon album, mais je pense qu'en janvier je vais aller faire ce film. Ce n'est pas certain, je ne peux pas trop en parler.

Aujourd'hui, les artistes ont tous leur marque de boissons ou leur ligne de vêtements, alors que toi, tu as créé une académie de musique. Comment es-tu arrivée à ça ?

C'est pour donner quelque chose à faire aux gosses. C'est dans un petit quartier. C'est un endroit où ils peuvent aller après l'école pour jammer ensemble, écrire leurs chansons. Ils peuvent créer leur site internet. Certains ont formé leur groupe. Une de nos filles s'est même déjà fait signer. C'est une communauté de gamins sympas, qui ont la pêche, qui peuvent faire de la musique toute la journée et passer des bons moments ensemble.

Y a-t-il une chanson ou une mélodie que tu as tellement entendue à la radio que tu n'arrives pas à te l'enlever de la tête ?

Oh tu sais, la chanson que je chante souvent, c'est celle de Ne-Yo… (Elle chante "Said I'm so Sick of love songs, so sick of tears, so done with wishing she was still here…"). Il me fait penser à un de ces vieux artistes de Motown. Il écrit des chansons que tu n'arrives pas à lâcher. C'est fou.

MAC MILLER

aka Larry Fisherman! Alors lui, il me manque énormément... Qu'il repose en paix. Mais quelle tristesse. Overdose maladroite: un cocktail explosif de fentanyl, cocaïne et d'alcool. Je crois que son dealer s'est pris 17 piges.

C'était un vrai artiste. Il n'arrêtait pas d'évoluer. Il n'aimait pas être catalogué. Il touchait au piano, à la guitare, à la batterie ainsi qu'à la basse depuis l'âge de six ans. Authentique jusqu'au bout, sans jamais tricher avec la musique. Son Tiny Desk est magnifique, je le conseille vivement. Il avait fait tellement de chemin depuis Kool Aid & Frozen Pizza... Tu te souviens de cette instru de Lord Finesse, Hip 2 Da Game? Lord Finesse avait d'ailleurs porté plainte pour 10 millions de dollars. On n'a jamais su combien il lui a versé pour clore l'affaire.

Mac Miller n'était donc pas juste un petit rapper blanc de Pittsburgh avec une bonne bouille attachante. C'était un artiste versatile qui incorporait de plus en plus d'instrumentation dans ces derniers projets. Mon morceau préféré de lui restera 2009. Il y a une telle douleur poétique dans ce track. La façon dont il pose ce texte si fragile avec un tel ressenti, avec cette mélodie, un peu triste mais qui te donne un grain d'espoir, malgré tout. La magie de la musique.

Sa relation avec Schoolboy Q me manque aussi. Les deux se chambraient sans arrêt. C'était une vraie amitié. Il y avait un tel respect entre eux, c'était beau à voir sur les réseaux (rires). Il était tight aussi avec Vince Staples, Ab-Soul, Earl Sweatshirt, Tyler, The Creator, Thundercat, Anderson .Paak, Wiz Khalifa... et évidemment Ariana Grande. Il aurait donné aussi des coups de pouce à SZA et Syd de The Internet quand elles démarraient dans l'industrie de disque, paraît-il. Tous les vrais le respectaient.

J'avais réussi à lui passer un de mes bonnets You Are Not Dead Yet après son concert à l'Usine de Genève. C'était un Dimanche soir, le 15 Mai 2016. Il était super à l'aise sur cette scène, un vrai poisson dans l'eau. Le petit malin demandait à boire à la serveuse derrière le bar depuis la scène, à plusieurs reprises, alors qu'elle se trouvait à l'autre bout de la salle. En plein show, entre les morceaux il lui parlait au micro (rires). C'était une belle blonde, très souriante, style rockeuse avec quelques tatouages en accessoires.

Il est allé la rejoindre derrière le bar après son concert. Ça se voyait trop qu'il l'a kiffait. Quel coquin celui-là (rires). En le voyant s'approcher, j'ai vite passé un bonnet à la serveuse. Je me suis dit: en venant d'elle, il ne pourra pas le refuser (rires). Elle lui lance alors qu'il est sur une plateforme métallique, au-dessus du bar, en train de la regarder depuis là-haut. Il checkait un peu la température. Elle l'appelle. Lui, il la regarde avec un énorme sourire. Elle lui montre le bonnet. Il tend les bras. Elle le lance. Il le réceptionne. C'était une belle transaction, très smooth (rires).

Il lit ce qui est marqué... et en voyant son expression, j'ai tout de suite compris qu'il validait le délire. Il l'a mis sur sa tête... puis il est descendu la rejoindre derrière le bar. On pourrait presque prétendre que ce bonnet était une invitation (rires). Tout le monde autour du bar le filmait pendant qu'il se rapprochait des fûts de bière. Trente secondes plus tard, le gars commence à remplir des verres et à servir tout le monde, avec son nouveau bonnet sur sa tête, pendant que la serveuse encaissait les assoiffées.

C'était du bon boulot improvisé, niveau publicité! Tout était fait naturellement dans le flow et au feeling. Un vrai moment de grâce (rires).

DJ MEHDI

Quel chef-d'œuvre, ce documentaire ! Je ne savais pas qu'il avait fait Coachella quatre fois. Je ne savais pas non plus qu'il s'était marié pieds nus à Las Vegas (rires). Toutes les punchlines de Mokobé (rires) ! T'as remarqué que Rim'K parlait de Mehdi à chaque fois avec un petit sourire aux lèvres ? J'ai tellement senti l'amour sincère dans ces témoignages. Très touchant, bravo !

Et quel OVNI, ce Ouais Gros ! Il fallait oser faire ça en 1998-1999. J'avais le maxi en promo vinyle qui avait fondu dans le siège arrière de ma vieille Peugeot 205 un jour, smh. Je me souviens de la claque que ça m'avait mise quand je l'ai entendu pour la toute première fois. Je me disais : "Mais qui en France a eu les couilles de faire ça ?" De rapper sur cette boucle intouchable de Kraftwerk, mise en valeur auparavant par Bambaataa sur Planet Rock. Et le morceau Princes de la ville qui me fait toujours autant planer : *Sur ma feuille, le ghetto, je transcris, zigzaguant entre le mal et les délits, si ambitieux, vicieux....*

Je pense pouvoir presque placer Princes de la Ville sur le podium de mes albums de rap français préférés, derrière Mauvais Œil, L'École du Micro d'Argent et peut être Si Dieu Veut, et Opéra Puccino... et Temps Mort...

Bref, je m'égare, ce petit génie de Mehdi est venu en Suisse avec son crew de Vitry. Ça devait être en 1995, je pense. C'était avant que le 113 n'explose, même avant qu'il fasse le remix de La Voix Clair des Petits Boss que je big up au passage. Il y avait mon pote Léo de la Mafia Underground qui vivait chez moi à cette époque, ainsi que plein d'autres potes dans les parages ce week-end-là. Il me semble qu'il y avait aussi Manu Key, si ma mémoire est bonne. On était plein de rappeurs et de beatmakers, bien bruyants, en train de jouer au foot un après-midi à la Borde, à Lausanne. Je me souviens aussi de quelques dealers de shit parisiens en train de faire une petite étude de marché chez nous pour de futurs business (rires).

Lausanne était l'Eldorado helvétique à cette époque. Des filles canons qui écoutaient du bon son, de grosses soirées Hip Hop, des producteurs talentueux et des home studios super bien équipés avec du matos partout dans les caves, des super boutiques de fringues et de sneakers, de la bonne weed partout... Ils étaient impressionnés par le mouvement et le potentiel, ici. Il y avait plein d'enfants de tous âges qui couraient après des ballons ce jour-là. Ou peut-être que c'était nous qui nous étions incrustés avec eux pour profiter de leur ballon (rires).

Je me rappelle de Mehdi, tout tranquille et discret dans le groupe. Je l'avais amené au MAD de Lausanne ce soir-là. Je ne sais même pas s'il avait l'âge de rentrer (rires). Il était le seul à être curieux de voir la scène électro locale, et Dieu sait que le MAD était un pilier de la scène électro à cette époque. Personne d'autre dans l'entourage ne voulait se mélanger à la house ce soir là (rires). Ce qui m'avait plu chez lui, c'est qu'il était super ouvert d'esprit. Un vrai caméléon, passionné. Son cerveau enregistrait tout. Il observait tout. C'était une soirée genre Mandrax de la bonne époque. Ambiance de folie avec des belles femmes sur des podiums, des gays, des travelos qui se lâchaient sans gêne, tout le monde était heureux. Mehdi kiffait. Il observait. Il analysait. Il écoutait le DJ, le son, le mix, il regardait ce qui faisait bouger la foule et pourquoi. Il absorbait tout.

À cette époque, je récupérais des entrées gratuites que les DJs et les promoteurs déposaient à la boutique avec leurs flyers. Je prenais des piles entières pour les revendre devant la boîte, parfois 30 balles l'entrée, parfois 2 pour 20 CHF, ça dépendait des têtes (rires)... Plus l'heure avançait, plus je baissais le prix. Parfois, j'en lâchais plusieurs pour un verre au bar (rires).

J'ai pu interviewer Mehdi pour la Red Bull Music Academy à l'Alhambra de Genève, le 10 avril 2009. Il devait aussi y avoir A-Trak, mais il avait raté son avion. L'interview s'est faite devant un public assis en face de nous. Ambiance cosy et chill. On a parlé de tout : sampling, machines, techniques, beatmaking, Vitry, 113, rap français, Ed Banger, ses inspirations et influences, du rap à l'électro, l'évolution de ses productions à travers les années, l'importance des visuels et l'impact qu'un bon clip peut avoir, car il avait toujours des super clips décalés. Il avait aussi souligné un point très intéressant sur le fait qu'il ne voulait jamais rapper, contrairement aux meilleurs producteurs du moment de l'époque comme Kanye, Pharrell, Timbaland, Dr. Dre.

Vers la fin de l'interview, un pied de ma chaise a débordé de la scène. Je suis parti en arrière et je suis tombé devant tout le monde. La honte, je ne te dis même pas (rires). Il était tellement gêné pour moi qu'il a proposé qu'on arrête l'interview. Je l'aurai au moins bien fait rire ce jour-là.

RIP, grand, tu nous manques!

METHOD MAN

Mef aka Johnny Blaze aka Iron Lungs aka Tical aka The Ticallion Stallin...

Le nom Wu-Tang Clan, je l'avais lu pour la toute première fois à côté d'une toute petite photo de leur logo en noir et blanc dans The Source magazine. On voyait le nom du groupe et le titre Protect Ya Neck, mais on ne voyait pas de qui et de quoi il s'agissait. Ça m'intriguait. "Who the fuck are these guys ?" C'était tellement mystérieux. Est-ce un crew de Chinois ? Est-ce qu'ils font du rap ? Ça vient d'où ? Trop mystique, le truc ! On n'avait encore rien entendu d'eux. Là, on est fin 1992! Je finis par entendre Protect Ya Neck sur une mixtape de New York et c'est la grosse baffe. Ils sont mille à vouloir me trancher la tête (rires). Rap agressif qui te terrorisait comme les troupes militaires au Pakistan. Inspectah Deck avait raison, ça swingue vraiment comme Spiderman ! Ensuite, le single M.E.T.H.O.D. Man direct derrière. Il y avait des white labels avec les deux tracks ensemble qui tournaient partout. J'ai compris que Method n'était pas à prendre à la légère non plus !!! Trop de flow et trop de charisme, le gars !

Ces deux tracks font partie des plus grosses dingueries qu'on ait jamais reçues dans la gueule. C'était crade, cru, sale, samples mal découpés. Ça sonnait authentique, plein de style et de flows différents de tous ces membres. Des lyrics tranchantes dans tous les sens. Une vraie énergie de rue qu'on n'avait encore jamais entendue auparavant. Protect Ya Neck est sûrement le posse cut le plus dangereux jamais créé par l'être humain, avec Head Banger du Hit Squad peut-être.

Protect Ya Neck est sûrement l'introduction de groupe la plus hostile que j'ai prise en pleine face. Wu-Tang est venu hijacker l'industrie sans même nous prévenir. Tous ces rappeurs sur la même prod. Ça kickait sans pitié… Et le track de Method Man en solo sur la face B est juste la deuxième baffe sur l'autre joue. Method avec ce charisme: flow, voix, attitude, look… full package !! Method est sûrement dans le top 3 de tous les temps dans la catégorie "Best Rapper Hands Ever". Tu sais, le mouvement des mains et son gestuel en kickant des raps.

J'ai passé tout l'été à chanter *Hey you, get off my cloud, you don't know me and you don't know my style* à longueur de journée. C'était ses deux premières phrases de ce fameux track, justement. Quand mon père m'a entendu, il m'a interrompu une fois pour me demander si je connaissais l'origine de cette phrase. Je lui ai dit : "Yeah, that's Method Man from the Wu-Tang Clan". Il me regarde et me répond : "Tu sais que c'est un refrain d'un titre des Rolling Stones ?". Je suis allé dans un magasin City Disc pour écouter le track des Stones… ça m'a fait kiffer encore 10 fois plus. De commencer son texte avec une telle audace… Voler au-dessus des nuages était tout son concept, donc c'est juste sublime (rires).

J'étais instantanément fasciné par l'aura que Method dégageait ; son look, son débit, ses intonations… où il appuyait ses mots et plaçait ses rimes. J'adorais ce track. Ce piano, cette ambiance crapuleuse. Il n'y a que Mef qui peut citer trois marques de beurre de cacahuète dans un texte et le rendre stylé avec ses placements de rimes (rires)…

Don't eat Skippy, Jif or Peter Pan
Peanut Butter, cause I'm not butter
In fact, I snap back like a Rubber
Band, I be Sam, Sam I am
Style will hit ya, wham! Then goddamn
You'll be like oh shit that's the jam

J'ai rencontré Mef la première fois le 25 janvier 2004, lors d'un concert avec Redman au Palais X-Tra à Zurich. Je crois que Jiggy Jones était avec moi ce soir-là, comme très souvent. J'ai pu interviewer chacun seul dans sa loge respective après un concert de dingue. C'est plutôt cool, sachant que les deux ensemble en pleine promo tour peuvent vite déborder et devenir n'importe quoi. Du genre, les Beavis et Butthead du rap (rires). Je dis ça car Dynamike les avait interviewés tous les deux ensemble une fois et ce n'était vraiment pas facile à gérer (rires). Non, mais les gars, ils s'amusaient à envoyer des allumettes en les allumant chacun leur tour sur son micro posé au milieu de la table pendant toute l'interview (rires).

On me fait entrer backstage donc après leur show à Zurich. Je vois Redman avec plein de chicken heads dans sa loge, Mef était seul, isolé dans la sienne. Assez marrant de voir les différentes ambiances. Ça turn up du côté de Redman et c'est la bibliothèque silencieuse chez Mef (rires). Ce soir-là, ils m'ont aussi fait l'intro d'une de mes chanson intitulée Dope pour un projet qui s'appellait Unorthorox. J'étais sur un nuage.

À la fin de l'interview, Method me demande de regarder devant la porte pour voir si la voie était libre. Il voulait être sûr qu'aucune groupie n'attendait devant la porte de sa loge avant de sortir. L'enfer que ça doit être parfois pour les artistes ! Chaque soir, tu te fais courser et sauter dessus par des admiratrices dans une nouvelle ville.

Je me rappelle avoir demandé des infos sur le concept de sa chanson PLO Style sans savoir que PLO était l'abréviation de Palestinian Liberation Organisation. Le track avait un gars au nom de Carlton Fisk en featuring. Carlton Fisk, c'est aussi le nom d'un super joueur de baseball dans les late 80s des Chicago White Sox. J'adorais ce track, cette ambiance sombre m'intriguait.

On est donc à plus de quatre ans après la sortie de The Blackout !, l'album avec Redman. On attend son Tical 0: The Prequel avec impatience, sauf que Def Jam retarde la sortie à plusieurs reprises. Voici un petit extrait de mon échange avec lui après le show :

Alors Mef, bordel, pourquoi cette longue attente pour ce nouvel album ?

Those muthafuckaz at Def Jam ain't got as much faith in me as the fans do *(Ces enfoirés chez Def Jam croient moins en moi que mes fans)*. Ils ne croient plus en moi comme avant, en tout cas. Même s'ils font le maximum pour que leurs artistes réussissent, ils ont peur avec mes quatre ans d'absence. Ils oublient que pendant quelques années, c'est grâce à moi que le navire n'a pas coulé.

Ton premier single Method Man est sorti il y a plus de 12 ans, chez Loud Records. Quelles sont les différences entre l'époque et aujourd'hui ?

C'est plus commun pour un artiste de faire platine aujourd'hui. Les artistes se font plus chouchouter qu'à l'époque. Ils font moins d'interviews qu'avant... et aussi... (longue hésitation)... aujourd'hui, tu as des MC de classe A et des MC de classe B. Et pour moi perso, j'ai bossé très dur pour devenir un MC de classe A.

Étant donné que tu es justement un MC de classe A, comment tu jongles entre Method l'artiste solo puis Method chez Wu-Tang ? Est-ce que c'est difficile pour toi... ?

C'est très difficile ! Tu as bien remarqué que nos albums Wu-Tang ne sont plus pareils. Ce deal qu'on avait chez Loud était une épée à double tranchant. Ça avait aidé certains artistes à devenir des artistes solo, mais en même temps, ça a enlevé l'âme du crew dans l'ensemble.

Revenons à ton premier album solo. J'adore ce morceau PLO Style, j'ai toujours voulu savoir ce que voulait dire PLO...

(rires) Tu sais très bien ce que veut dire PLO, gars. On a des magasins PLO partout chez nous. Tu sais très bien ce que ça veut dire, *don't play with me*. Tu sais très bien qui sont les PLO...

Non, je ne sais pas. Tu parles à des auditeurs suisses...

Come on, man. C'est les Palestiniens. Ils sont super cool avec nous dans nos quartiers. Ils te dépannent quand t'as pas de thunes et que tu dois faire des courses. Ils te filent tes courses en te disant "no problem, my friend" et tu les rembourses la fois d'après, car ils savent que ce n'est pas toujours facile. Je ne pense pas que Ben Laden et compagnie auraient fait sauter les tours si les États-Unis étaient 100 % noirs, je te jure...

Tu penses que la paix dans le monde est possible ?

Il y a déjà la paix dans le monde, c'est juste qu'il y a des enculés qui foutent la merde dans ce monde de paix.

Et si Bush était en face de toi maintenant, tu lui dirais quoi ?

Je lui dirais d'allumer un blunt et de se détendre, mon nigga.

(rires) Et si tu pouvais mettre qui que ce soit dans la Maison-Blanche en tant que président, tu choisirais qui ?

Je ne mettrais personne en président. Chaque homme devrait être responsable de soi-même et de ses actions.

Oh shit, OK... Et pourquoi cette théorie ?

Le peuple américain a tellement l'habitude de suivre comme des moutons. On a besoin d'un leader pour qu'on puisse blâmer le leader quand ça merde. Il faut toujours un bouc émissaire, un point c'est tout.

Qu'est-ce que tu kiffes en Europe quand tu viens tourner par ici ?

À cet instant même, mon pote Joachim, le sneakerhead de Genève, nous interrompt. Il rentre dans les loges pour lui filer une paire de Air Force noires et jaunes customisées pour lui...

Oh hell yeah ! *(Il lâche un rire de joie)* C'est quelle pointure ? Oh putain, s'il te plaît, dis-moi que c'est du 12 !

Il voit que c'est bien la taille 12 et balance un long cri : "Ooooooooooooooooooh" d'au moins 10 secondes ! Après ça, c'était terminé. J'ai vite compris que ça avait pris le dessus et qu'il n'allait plus vouloir répondre à mes questions à la con (rires).

MISTER CEE

Mister Cee, alias The Finisher ! Celui qui termine la soirée. DJ légendaire qui nous a malheureusement quittés bien trop tôt. Paix à son âme. Mister Cee n'était pas le plus technique des DJs, comme un DJ Riz ou un A-Trak, par exemple, mais il compensait toujours avec une abondance de feeling et de passion derrière ses platines, peu importe la situation. Il sélectionnait les morceaux soigneusement, avec délicatesse et amour. Ses sets étaient toujours millimétrés en fonction de la date, de l'anniversaire de tel ou tel artiste. Il était réputé pour ses mix parmi les plus fantastiques jamais entendus à la radio et sur mixtape. Il enchaînait les bangers sans jamais rester trop longtemps sur une chanson. Il partageait des pépites du moment et des versions inédites, parfois très peu connues, qui mettaient toujours de l'impact dans chaque set.

Il transpirait le Hip Hop et a donné toute son âme à cette culture. Chaque fibre de son corps vibrait pour ce mouvement. Tellement passionné de rap. C'était vraiment une icône de notre culture. Je n'ai entendu que du bien de lui. Par exemple, il notait les noms et contacts de chaque personne avec qui il travaillait durant toute l'année : promoteur, agent, manager, chaque personne qui l'avait booké pour un événement, etc. À la fin de chaque année, au mois de décembre, il appelait chaque contact pour lui souhaiter un joyeux Noël et une bonne année, en espérant pouvoir continuer à travailler ensemble. La vraie classe. Un super être humain, je te dis.

Jay-Z mentionne son nom dans D.O.A. (Death of Auto-Tune) sur The Blueprint 3. Dans le deuxième couplet, il dit :

This ain't a number one record
This is practically assault with a deadly weapon
*I made it just for Flex and Mister Cee, I want ni**as to feel threatened…*

Funkmaster Flex et Mister Cee ont régné sur les ondes de Hot 97 pendant des lustres. Ce sont les architectes de la culture new-yorkaise, notamment grâce à leur impact sur la radio FM. Imagine : il n'y a pas de SoundCloud, YouTube, Spotify, RapCaviar, etc. Il n'y a que des cassettes, des CD et la radio que toute la ville écoutait partout. Dans les barbershops, les voitures, les walkmans, toutes les enceintes possibles et imaginables, il y avait Hot 97 à fond. Tu sors d'un magasin, tu entends le DJ qui présente un nouveau morceau, tu rentres dans le magasin d'à côté et tu as la même chanson dans leurs enceintes. Tu sors ensuite de ce magasin pour prendre un taxi, et tu entends le même morceau qui arrive à sa fin depuis le siège arrière de ton yellow cab. Ça, c'était New York fuckin' City dans les années 1990.

Mister Cee était aussi membre du Juice Crew en tant que DJ/partenaire de Big Daddy Kane dans les années 1980. Il a ensuite énormément participé au lancement de la carrière de Biggie. Biggie voulait même qu'il soit son DJ, puis son manager, choses que Cee a refusé à plusieurs reprises en se voyant toujours plus comme un mentor. Il est aussi crédité comme co-producteur exécutif sur Ready to Die avec Puff Daddy. Ching ching (rires).

À l'époque, bien avant que Biggie ne signe chez Bad Boy Records, Mister Cee avait reçu cette fameuse démo où Biggie rappait sur la même boucle que Ain't No Half Steppin de Big Daddy Kane. Il propose à Biggie de refaire la démo au propre pour pouvoir la passer à des personnes clés dans l'industrie comme il se doit, avec un son plus professionnel. La démo originale avait été faite par DJ 50 Grand à la base. C'est lui qui l'a donnée à Mister Cee pour qu'il fasse le nécessaire. Du coup, après avoir refait la démo, Mister Cee l'a passée à Matty C de The Source, qui en parle dans la rubrique "Unsigned Hype", rubrique mythique dans la bible du rap des années 1990. En parallèle, peu de temps après avoir travaillé avec Mary J. Blige et Jodeci, Puff Daddy était à la recherche d'un rappeur authentique et cru qui parle de la rue et qui pourrait prendre les rênes de New York. Il a demandé à Matty C de lui indiquer le futur roi du rap, quelqu'un qui en valait la peine et qui pourrait porter la couronne, selon lui. Matty C lui parle de Biggie. Après ça, l'histoire a été écrite.

C'est aussi indirectement grâce à Mister Cee que Jay-Z a pu rencontrer Dame Dash à ses débuts. Jay-Z connaissait évidemment Mister Cee grâce à sa connexion avec Big Daddy Kane. Mister Cee connaissait DJ Clark Kent, qui a présenté Hov à Dame Dash.

Where's Brooklyn at, where's Brooklyn at?
I got seven Mac-11s, about eight .38s
Nine 9s, ten Mac-10s, the shit never ends
You can't touch my riches
Even if you had MC Hammer and them 357 bitches…

Tu as sûrement déjà dû voir cette fameuse vidéo de Biggie et 2Pac ensemble sur scène pendant le concert de Big Daddy Kane, n'est-ce pas ? C'était au Madison Square Garden en octobre 1993. 2Pac était en plein tournage de Above the Rim. Biggie avait demandé à Mister Cee s'il pouvait les faire rentrer dans les loges, puis peut-être les faire monter sur scène pour un petit freestyle pendant le concert de Kane. C'était aussi ça, Mister Cee : un gars ultra généreux.

C'est Ron T qui a fait venir Mister Cee à Couleur 3 début 1997. Je ne me rappelle plus de la date exacte. Je sais juste que Biggie était encore vivant, c'était donc avant le 9 mars 1997. Mister Cee est venu en Suisse avec des flight cases en bois… Mec ! Je répète : il est venu avec des flight cases en bois (rires) ! Tu sais combien ça pèse ? C'est un truc de dinosaure ! C'était l'époque où les DJs se déplaçaient avec des centaines et des centaines de vinyles pour leurs soirées. On parle bien avant Serato, mon pote ! Bien vingt ans avant de se faire prendre en flagrant délit en train de recevoir une gâterie par un trans (rires).

Mister Cee a joué All About the Benjamins dans notre émission. Je n'avais jamais entendu un truc pareil. J'avais pété les plombs. Ce sample incroyable, cette guitare hypnotisante ! Sheek Louch et Jadakiss qui posaient dessus avec une telle aisance. Je n'arrêtais pas de parler par-dessus le morceau à l'antenne. Je disais à Cee de le remettre depuis le début à plusieurs reprises (rires) : "Yo, hold up. What the fuck is this? Yo, DJ, reeewiiiiiiiiind…", et ainsi de suite. "Are you kidding me? Yo, Mister Cee, this is insane!!! Bring that shit back from the top!", etc. C'était de la vraie radio, ça. Quand c'est spontané et improvisé. Le MC réagit en fonction de ce que le DJ fait, et le DJ rebondit en fonction de l'énergie du MC. Real radio shit ! Le gars bougeait derrière ses platines avec tellement de style, ça m'avait trop fait vibrer. C'était trop réel ! C'était vraiment le *livest one, representin' BK to the fullest*, comme dirait Biggie.

Cee avait senti à quel point on vivait le truc, il a trop kiffé de nous voir kiffer, et du coup, il nous a donné deux copies du futur single. Le gars avait fait presser à peine une dizaine d'exemplaires, il lui en restait peut-être cinq, et il nous en a filé deux. Quand je te dis que le gars était trop généreux !!! Tu vois ce que je veux dire ?! Trop de cœur. J'oublierai jamais ce geste. Je me souviens que le vinyle All About the Benjamins était en "white label", c'est-à-dire qu'il n'y avait rien d'inscrit au centre. Aucune info, aucun logo de label. C'étaient des copies promo qui sortaient à peine du four. Donc, pas du tout une sortie officielle. Ça avait été enregistré et mixé quelques semaines avant. Il n'y avait pas non plus le changement de beat, comme sur la version sortie bien plus tard avec le sample de It's Great to Be Here des Jackson 5. Ce jour-là, il n'y avait que cette guitare qui te tapait le cerveau pendant trois minutes. Ça m'avait rendu complètement dingue. Ça m'a filé un torticolis tellement ça faisait bouger la tête, ce morceau (rires). Cette version originale n'avait ni le couplet de Biggie ni celui de Lil' Kim. Il y avait juste Puff Daddy, Sheek et Jadakiss. Il n'y avait rien dans le refrain, pas de meuf qui chuchote *All about the Benjamins*, rien.

Il paraît que Missy Elliott avait tout orchestré sur ce morceau. C'est elle qui a fait tourner l'instru de Deric "D-Dot" Angelettie en studio pour leur demander de poser dessus. "Toi, Jada, tu rappes là, toi, Louch, garde ceci, change cela, Styles, écris un couplet pour Puff…". Elle avait trop la vision sur ce coup. Heureusement qu'elle avait insisté, car le trio n'était pas trop emballé par l'instru au début. Par la suite, la version radio du single aux États-Unis a censuré la phrase de Jadakiss *stack chips like Hebrews*. Va chercher pourquoi (rires)… "To stack chips" veut dire empiler des jetons, dans un casino par exemple. Une autre façon de dire "se faire de l'argent" ou "mettre de l'argent de côté".

M.O.P.

Le Mash Out Posse !!!! Ah man, là, y'a du lourd ! Welcome to Brownsville ! Là, on est dans le ghetto du fin fond de Brooklyn. Eux, ce sont de vrais OGs. Quand tu entends leurs chansons en soirée, t'as juste envie de tout péter. C'est marrant, mais j'ai toujours préféré leur morceau G Building à Ante Up, par exemple. C'est tellement funky, tellement *groomey* : entre groovy et grimey, tu piges (rires) ?! J'ai appris récemment que le *G Building* est un service psychiatrique de Brooklyn... ODB en parlait aussi dans Brooklyn Zoo :

I'm the one-man army, Ason
I never been token out, I keep MCs looking out
I drop science like Cosby dropping babies
*Enough to make a ni**a go crazy*
In the G Building, taking all types of medicines...

Puis, pour vite revenir sur l'album Warriorz où on trouve G Building et Ante Up, il y a une phrase qui me fait rire chaque fois que je l'entends. C'est dans le track Follow Instructions, quand Lil Fame dit : *I'm tired of fools askin' me if M.O.P. stands for "monkeys on parole"*. Lil Fame dit en avoir ras-le-bol des gens qui lui demandent si M.O.P. est l'acronyme de "singes en liberté conditionnelle", non mais c'est quoi cette rime ?... (rires).

Sinon, tu te rappelles dans le morceau Warning de Biggie, quand on le prévient qu'il y a des jaloux en train de monter un plan pour le braquer ? *Remember them niggaz from the hill up in Brownsville, that you rolled dice with, smoked blunts with and got nice with ?* Puis Biggie répond : *Yeah, my ni**a Fame up in Prospect, Nah, them my ni**as, nah love wouldn't disrespect...*

Ben ouais, il parle de Lil' Fame de M.O.P. et explique que c'est un gars sûr. Sinon, ouais, Billy Danze m'a clashé en pleine interview ce soir là (rires) ! Tout le monde autour du micro était bourré. Il y avait de l'adrénaline et beaucoup de testostérone (rires). Déjà, pendant le soundcheck, il était chaud, Billy. Il a clashé un gars de Neuchâtel parce qu'il avait des Fila bizarres aux pieds (rires). Le gars lui a répondu, sans pitié : "And you think you're cool with your white Air Force Ones that everybody has?! No originality. Everyone wears the same shit, fuck that man, that's not Hip Hop..." (tu te crois cool avec tes Air Force blanches que tout le monde porte ?! Aucune originalité, tout le monde porte les mêmes merdes, ce n'est pas Hip Hop, ca). Trop vif, le gars... Et tout ça avec un accent neuchâtelois monstrueux (rires). Tout le monde autour de la scène a rigolé, surtout tous les gars de Brooklyn (rires).

On est le 12 octobre 2001 à La Rotonde de Neuchâtel. Je suis avec Jones dans les loges. Juste un mois après les attentats du 11 septembre. C'est pour ça que, si tu regardes bien sur le flyer de la soirée, il y a deux avions subtilement placés en tout petit en haut à droite. Flyer faite par Shy de Bienne (big up). M.O.P. venait de faire 800 kilomètres en bus pour rock the house. Je les ai chopés juste après leur excellent concert. Public de fou, ambiance électrique. Pandemonium !

Live with the Firing Squad, Baby Blu ici, en coulisses, pour Downtown Boogie... Alors les gars, comment était le concert ?

Billy : Incroyable ! Chaud bouillant ! Shit is real ici en Suisse.

C'est votre première fois ici ?

Non, on était déjà venus avec Gang Starr en 1998, sauf erreur.

Warriorz est votre quatrième album. Enfin un disque d'or, n'est-ce pas

Et là, je le vois Billy Danze me fixer… sans rien dire… Il y a un petit flottement de doute… J'essaie de me rattraper comme je peux en pensant que j'ai peut-être fait une bourde…

Il n'a pas été disque d'or ? En tout cas, vous le méritez…

Le gars ne bouge toujours pas d'un cheveu.

Il n'est pas disque d'or ?

Tu penses quoi ?

Je pense que oui…

Eh ben alors !!

J'attends que vous me le confirmiez…

Je ne sais pas, moi, à toi de me le dire ! Moi, je t'écoute. Si tu dis que oui, vas-y, dis-leur… I'm listening to you, man, go ahead, Baby Blu, tell the people…

Vous le méritez vraiment en tout cas…

Je t'écoute, Baby Blu… Est-ce que M.O.P. a fait disque d'or, Baby Blu ?

Il a fait platine ?

Did it go gold, Baby Blu ?

Oui, je pense…

Ok !

Did it go gold ?

Lil' Fame, Billy Danze et Teflon rigolent tous. Ça détend un peu l'atmosphère…

Ouais, il a été disque d'or.

Ah ben voilà ! Bon, sinon, il n'y a pas un seul wack track sur l'album. Perso, je kiffe beaucoup G Building et Welcome to Brownsville au début de l'album. Cette intro me fait penser au concert d'O.C. qu'on a eu à La Dolce Vita de Lausanne il y a quelques années. Big L est arrivé sur scène en premier pour faire l'intro du show. Il arrive sur scène, demande au public : *Can I bust a little freestyle real quick ?* Tout le public a pété les plombs. Il a tout brûlé. Énorme moment ! Tout ça pour dire que c'était une super surprise d'avoir Teflon dans l'intro de l'album.

Teflon : That's dope.

On dirait que vous êtes les seuls capables de placer vos flows et vos rimes aussi agressifs sur des productions aussi lourdes. Vous arrivez à plaire au grand public tout en restant "underground", sans concession. Parlez-moi de votre formule magique, si efficace… DJ Premier le manifestait déjà à l'époque, cette frustration. Il ne comprenait pas pourquoi vous n'aviez pas encore eu le succès commercial que vous méritez…

Billy : Il y a des étapes à franchir dans la vie. Il y a des envies et des tendances. Un jour, c'est comme ci, un autre jour, c'est comme ça. Nous, on continue simplement d'être nous-mêmes. Nous sommes la rue. M.O.P. est la rue. On représente cette partie de la société qu'ils essaient de cacher. Parfois, les gens des quartiers difficiles deviennent riches et veulent quitter le hood. Et ils oublient d'où ils viennent. Mais le quartier ne partira jamais. Ces attitudes de rue et cet état d'esprit ne changeront jamais. La rue est permanente. Donc, nous aussi, on continuera toujours à être nous-mêmes. On avance en sachant qu'un jour, le vent tourne.

Il y a beaucoup d'énergie de rue sur scène. Quel est le morceau que vous préférez jouer en concert ? Est-ce plutôt Rugged Neva Smooth...
Billy : Aaaaaaaah, voilà !
Ou est-ce plutôt Ante Up, parce que le grand public le connaît mieux ?
Lil' Fame : Tous !!! Ils ont tous la même énergie. Cette pêche vient de nous d'abord. Le public le ressent ensuite et nous la transmet en retour. Et si le public ne capte pas, eh ben tant pis, on rappera pour nous-mêmes. Peu importe le public en face, dix ou dix mille personnes, on donnera notre maximum à chaque concert.
Quelles sont les expériences les plus folles que vous avez vécues en tournée ?
Lil' Fame : On a vu des membres de groupes sortir leur flingue (rires). Toutes sortes d'armes à feu (rires). Plein de balles argentées (rires).
Tu veux nous donner plus de détails ? (rires)
Lil' Fame : Non, on ne va pas trop élaborer à ce sujet (rires).
Qu'est-ce qui se vend le mieux dans les rues de New York à l'heure actuelle, le rap ou le crack ?
Lil' Fame : Aujourd'hui, c'est le rap
Billy : Yeah ! Si tu nous avais demandé "rap ou la weed", ça aurait été une autre réponse, car la weed domine tout aujourd'hui. La weed bat le rap à l'heure actuelle. La weed génère autant aujourd'hui que l'héroïne le faisait dans les années 1960 et 1970.
Si les États-Unis explosaient demain, vous voudriez aller vivre où ?
Billy : Tout d'abord, les États-Unis n'exploseront jamais ! D'accord ? Que ce soit clair ! Oui, moi, ici en Suisse, je le dis haut et fort *USA ain't goin' nowhere !* Ce pays est géré par de vrais gangsters. Tu sais très bien que Bush n'est pas un petit bouffon. En plus, quand il y a des embrouilles, on sait se défendre. Si un *towelhead** essaie de faire exploser quoi que ce soit chez nous, il se fera trouer, c'est aussi simple que ça.
Quelle est la pire façon de mourir ?
Billy : How the fuck do I know ?
Lil' Fame, à côté, est mort de rire...
J'imagine quelqu'un qui souffre... Quelle est la pire chose que vous ayez jamais vue ?
Billy : Un muthafucka qui souffre (rires). On a vu beaucoup de merde. T'as déjà été aux US toi ?
Oui, j'ai grandi aux États-Unis
Billy : T'as déjà été à Brooklyn ?
Oui.
Jones : Il a vécu dans la Bay Area.
Billy : T'as peut-être grandi à Oakland, mais la merde à Brooklyn est mille fois pire que ce que tu pourrais imaginer ailleurs. C'est un monde de fous. Les choses que nous avons vues dans les rues de Brooklyn, pour certains, ils ne les voient que dans des films. Nous avons vu des choses inimaginables.
Mais tu sais, ici en Suisse, il y a beaucoup de réfugiés de pays en guerre qui se faisaient bombarder, littéralement. Crois-moi que certains ont vu des choses bien pires. Tu serais étonné. Certains ont dû fuir leur pays à pieds nus avec une gourde d'eau et un morceau de pain. Certains ont traversé des mers dangereuses en bateau pneumatique, se sont fait droguer et violer

**un towelhead est une insulte raciste et islamophobe qui désigne, de façon stéréotypée et insultante, une personne qui porte un turban sur la tête*

en chemin. Ils ont eu des parents qui n'obéissaient pas à leur chef d'État et qui se sont fait torturer dans des prisons en plein air, pleines de boue. Il n'y a pas que l'argent et les banques par ici. Certains ont eu des vies très difficiles...

Lil' Fame : Il y a de la souffrance partout, c'est certain. Chez nous, certains n'ont pas de chauffage ni d'eau chaude en hiver. C'est inadmissible dans un pays comme les États-Unis...

En parlant des États-Unis, j'ai lu pas mal de rumeurs venant de là-bas comme quoi vous allez signer chez Roc-A-Fella Records, c'est vrai, ça ? Pouvez-vous nous en parler ?

Billy : What ? Qui t'a dit ça ? C'est Dame qui t'a informé ?!

Huh ?

Lil' Fame : Hahaha !

Billy : Dame Dash t'a contacté pour te confirmer cela ?

Non ! J'aimerais que vous me le confirmiez, si c'est vrai...

Billy : Tout ce qu'on peut te dire, c'est que tu pourras te réjouir d'avoir un nouvel album de M.O.P. bientôt.

Oui, ok, mais quand ?

Lil' Fame : Dans pas longtemps. Nous y sommes en plein dedans, en ce moment. Teflon aussi bosse sur son album.

Tu sais, il y a des vrais fans qui vous suivent depuis la sortie de Rugged Neva Smooth en 1994. Il est donc normal que je vous le demande, surtout que j'ai lu partout sur des blogs que M.O.P. va signer chez Roc-A-Fella. Je vous demande juste de confirmer. Ce serait cool de vous voir atteindre ce "next level" que vous méritez, c'est tout.

Lil' Fame : Nous gardons la tête au-dessus de l'eau en faisant la musique qu'on a envie de faire et qu'on sait faire.

(Ils n'ont jamais sorti de projet sur Roc-A-Fella. Selon Billy dans des interviews données plus tard, il précise qu'ils n'étaient pas à l'aise avec la rupture entre Dame Dash et Jay-Z, malgré plusieurs tentatives des deux camps. Par la suite, ils ont signé chez G-Unit de 50 Cent pour une courte durée.)

Comment vous choisissez vos productions ?

Billy : Beaucoup de producteurs nous proposent des sons, mais on les refuse souvent. C'est même pour cela qu'on a commencé à produire des instrus nous-mêmes. C'est un truc de feeling. On ne veut pas que des hardcore beats agressifs. Il faut que ça corresponde à notre état d'esprit sur le moment.

Citez-nous 5 choses que vous voulez accomplir avant l'âge de 50 ans ?

Teflon : Devenir riche

Lil' Fame : Je veux voir mes enfants grandir. J'aime tellement mon fils. Je n'arrive pas à l'expliquer. Nous ne sommes pas que des thugs qui gueulent dans le micro. On adore nos enfants. Je veux juste les voir devenir des adultes...

Vous êtes venus en avion ? Billy Danze, il paraît que tu as peur de l'avion ?

Lil' Fame : Il est venu en bateau. Il ne prend pas l'avion du tout. Jamais. Et cela bien avant toutes ces conneries du 11 septembre.

Et si Afrika Bambaataa te demandait de détourner un avion pour sauver le Hip Hop, tu ne le ferais pas ?

Teflon : Hell no ! Je ne suis pas un idiot ! (rires)

Tu sors ton album quand, alors ?
Teflon : Je bosse dessus. Je suis signé chez Def Jam actuellement.
(Teflon ne sortira jamais chez Def Jam non plus.)
En parlant de Def Jam, il y a un gars que vous connaissez qui était signé chez eux aussi, mais qui n'a jamais sorti d'album : Trigga Da Gambler, le frère de Smoothe Da Hustler. Lui aussi, il est de Saratoga Avenue. Vous le connaissez ?
Billy : Non… Non, non.
Pourtant, sur votre chanson Power *(chanson sur l'album Warriorz, produite par Lil' Fame)*, **il y a le même sample que Smoothe Da Hustler avait utilisé sur le premier titre de son album à l'époque** *(Fuck Whatcha Heard)*.
Lil' Fame : On m'a déjà dit ça, c'est vrai. Je n'ai jamais entendu sa chanson, mais on me l'avait déjà dit.
Billy : Moi non, j'ai jamais entendu sa chanson.
C'est le premier titre sur Once Upon a Time in America… (J'essaie de chanter la mélodie du sample.) C'est exactement pareil que votre Power. Même piano, même boucle.
Lil' Fame : J'ai vraiment jamais entendu, bizarre…
Et DR Period, vous êtes down avec lui ?
Billy : Il a produit Ante Up.
Et comment est arrivé Funkmaster Flex sur ce morceau, alors ? Est-ce que c'est lui qui a poussé ce single ? Est-ce que c'est grâce à lui que c'est devenu un Tunnel Banger ? Est-ce qu'il s'est incrusté dessus ou vous lui aviez rendu service ?
Billy : On l'a invité à poser sa voix sur la version pour l'album. Et oui, ça a bien été un Tunnel Banger. C'était bien vu d'avoir Flex sur l'album, car oui, il nous a énormément soutenus. On lui a rendu la pareille.
Alors, quoi de neuf pour M.O.P. après la Suisse ?
Billy : On va tout défoncer.
Vous êtes en phase de production ? Lil' Fame, je sais que toi, tu produis beaucoup. Tu bosses sur quoi ?
Lil' Fame : Je bosse sur MPC 2000, XL 3000.
C'est comment de bosser avec Adam F ?
Lil' Fame : Il est dope as fuck. Incroyable, ce gars. On dirait qu'il est noir. Il gère comme Eminem, tu vois.
Billy : Je l'ai vu hier encore, mortel, le type.
Vous écoutiez qui en grandissant ?
Lil' Fame : Kool G Rap, Big Daddy Kane, Rakim, KRS-One, Run-DMC.
Billy : Rakim, oui, Kool G Rap, oui, Run-DMC, oh mon dieu, oui… Ils étaient tous dope à l'époque…
Lil' Fame : N.W.A, Slick Rick, Biz Markie.
Billy : Tout le monde était dope. Personne n'était wack.
Golden age…
Billy : Oui, exactement. Tous ces muthafuckaz assuraient.
Lil' Fame : Tous avaient des grosses basses. C'est ça qu'on voulait entendre. On voulait que ça fasse trembler les enceintes. Quand ça fait BOUM BOUUUUM, c'est ça qu'on adore ! (rires)

MOS DEF (YASIIN BEY)

Quand je pense aux meilleurs rappeurs de Brooklyn, je pense à Biggie, Hov, Big Daddy Kane, Sean Price et à Mos Def. Super dope MC, activiste engagé, bon acteur... Le gars a joué dans le court-métrage de Michael Jackson, Ghosts, en 1997, quand même ! Et quand il dit "I don't do dogs" dans Braquage à l'italienne avec Mark Wahlberg, j'ai bien ri.

Je n'ai jamais compris pourquoi il a changé son nom en Yasiin Bey, par contre. Mos Def, abréviation pour "Most Definitely" qui veut dire "absolument" ou "sans aucun doute", est un nom d'artiste tellement stylé. Ca claque tellement ! J'ai encore son t-shirt de 1999 avec son nom marqué à la Run-DMC, qui craque de partout mais que je kiffe toujours autant.

Mos Def apparaît sur l'intro et deux morceaux de l'album Gravity des Bush Babees, sorti en 1996 chez Warner Bros, dont un intitulé The Love Song, produit par Posdnuos. Gros sample de Summer Madness de Kool & The Gang. Mos Def fait un refrain chanté et une outro un peu mystique, comme il aime le faire. Mais tout ça, je l'ignorais encore quand je l'ai rencontré à Montreux, car je n'ai jamais été super fan des Bush Babees, malgré leur affiliation avec The Native Tongues et Salaam Remi, chose que j'ignorais aussi. J'ai kiffé vite fait leur single We Run Things (It's Like That) de 1994, mais ça m'a assez vite saoulé, en toute honnêteté (rires).

On l'a interviewé avec Dynamike au Montreux Jazz Festival en 1998. Black Star est sorti en septembre 1998 chez Rawkus. Son premier album solo, Black on Both Sides, ne sortira qu'en octobre 1999. Je ne connaissais donc que son featuring sur Stakes Is High de De La Soul, où il dit : "Cuz to me, MC means makin' cream", que j'avais bien kiffé, son single Universal Magnetic et son projet avec Talib Kweli.

C'était la belle époque au Montreux Jazz. Couleur 3 avait une table ronde devant le Miles Davis Hall. On captait tous les artistes et on les interviewait en direct à l'arrache. Il y avait de vraies vibes. L'un posait des questions, l'autre traduisait directement derrière. Avec Mike, on maîtrisait trop bien le truc, on se retrouvait les yeux fermés (rires), que ce soit à l'antenne ou sur scène. En plus, on mettait le feu devant le public ! Tous ceux qui ne pouvaient pas rentrer voir les concerts passaient la soirée avec nous. On faisait gagner des goodies. On balançait plein de trucs dans le public : CD, t-shirts, etc. On faisait crier la foule, les DJs faisaient leurs trucs derrière les platines. Des moments incroyables! Que ce soit à l'antenne ou sur scène, c'était toujours showtime avec The Boogie Squad.

Je me rappelle avoir posé des questions à Mos Def concernant sa relation avec Talib Kweli. Il n'avait pas trop apprécié que je les associe autant. En même temps, je ne savais pas encore ce qu'il avait vraiment dans le ventre. Il m'a fait comprendre que le projet Black Star était un one shot et que chacun avait sa carrière, du genre : "On n'est pas un groupe du tout." Il insistait sur le fait qu'il était un artiste solo avant tout. Je pense que je l'avais un peu saoulé (rires).

NAS

Nasty Nas aka Kid Wave pour les intimes.

Illmatic, l'argument massue de Nas pour le titre de meilleur album de rap de tous les temps, est un chef-d'œuvre condensé en moins de 40 minutes. Des rimes vitaminées, poétiquement sublimes, crues, riches, pures et visuelles. C'est la beauté du rap à l'état brut, *understandable smooth shit that murders move with*, un flow glissant que même les tueurs écoutent en se déplaçant.

Ce sont des cahiers de rap remplis de rimes d'une richesse inégalée, des mots en or qui débordent des marges. Illmatic, c'est l'ascenseur qui pue la pisse, les impacts de balles dans les couloirs de l'immeuble, le crackhead qui essaie de te refourguer un ampli cassé en bas de la rue. C'est New York en 1994. C'est un adolescent, piégé dans le Queensbridge, qui cherche une issue avec son stylo. C'est l'instinct de survie qui se balade en Nike, une lame de rasoir sous la langue, une bouteille de Hennessy sur un banc…

Quand Nas dit *I don't know how to start this* dans l'intro de NY State of Mind avant de tout démolir… that's cap! Il savait exactement ce qu'il allait faire sur ce Preemo beat, fuck outta here (rires). En plus, il a tout posé en une seule prise avec 20 de ses goons dans la cabine avec lui. Ce Illmatic, je me souviens encore de l'avoir saigné dans mon Sony Discman argenté énorme qui rentrait pile poil dans la poche arrière de mes jeans Phat Farm. On tuait des piles walkman par le kilo (rires). Duracell AA, parfois Energizer mais le lapin de la pub qui tapait sur son tambour donnait souvent l'avantage à la noire et dorée. Il n'y avait pas encore de chargeurs USB, fallait donc toujours en avoir en réserve. On venait de passer de la cassette au CD. C'était la révolution. On était grave dans le turfu (rires). Je faisais beaucoup d'allers-retours Lausanne/Zurich à cette époque. Une nice round booty chick là-bas me mettait bien, puis je rappais avec mon gars JB. On était The Dialectiks, on bottait des culs au micro (rires).

Cet opus n'a que neuf tracks avec une intro. Le label voulait absolument bâcler l'album au plus vite pour limiter le bootlegging. Un bien pour un mal, car l'album est extrêmement dense, sans maillon faible. DJ S&S avait réussi à obtenir sept des neuf chansons de Illmatic qu'il a ensuite foutues sur une de ses mixtapes avant que l'album ne sorte. C'est sorti de sa propre bouche, Big Facts!

Certains de ses textes à rimes multi-syllabiques ont été écrits à l'âge de 16, 17 ans… Enregistrés à l'âge de 18 et 19 ans. Toi, tu te rappelles ce que tu faisais à 17 ans (rires) ? Illmatic a révolutionné la façon de produire un album. C'est la première fois qu'une dream team de producteurs se partage les tâches sonores de telle manière. DJ Premier, Large Professor, Q-Tip et Pete Rock, tous sur le même projet, du jamais vu ! Shout out à L.E.S. qui a produit l'excellent Life's a Bitch au milieu de tous ces monstres. Le seul qui s'était rapproché avec quelque chose de semblable en termes de producteurs multiples jusqu'à là, à ma connaissance, était Lord Finesse avec son premier album Funky Technician, sorti en 1990. Lui, il a pu bosser avec Diamond D, Showbiz, DJ Premier et son DJ Mike Smooth… mais Nas est allé next level avec Illmatic.

Nasty Nas était l'artiste que tout le monde attendait avec impatience suite à son couplet assassin sur Live at the Barbeque de Large Pro en 1991. L'audace du gamin qui nous sort *when I was twelve I went to hell for snuffin' Jesus*. Truc de fou ! (Quand j'avais douze ans, je suis allé en enfer pour avoir tué Jésus), non mais s'il te plaît (rires) !!! Ensuite, en 92, il balance *I'm waving automatic guns at nuns, stickin' up preachers in the church, I'm a stone crook* (Je brandis des armes automatiques au visage des nonnes, et braque des prêtres dans leurs églises, je suis un voyou) dans son couplet sur Back to the Grill Again de MC Serch. Ce même Serch qui l'a pris sous son aile et placera Halftime sur la BO de Zebrahead. Tout ça faisait encore plus monter la sauce avant de recevoir It Ain't Hard to Tell, track qui m'a laissé encore des séquelles dans mon cerveau aujourd'hui.

It Ain't Hard to Tell contient des lyrics que Nas avait déjà enregistrés sur une maquette pour Columbia Records en 1991. Le track intitulé Nas Will Prevail se trouve sur YouTube. On entend la même boucle de MJ cachée sous une ambiance beaucoup plus jazzy, moins sexy que la version finie qu'on trouve sur Illmatic.

D'ailleurs, chaque citoyen du Hip Hop devrait avoir l'obligation de se réécouter It Ain't Hard To Tell chaque dimanche matin (rires). Histoire de se rappeler ce qui porte l'évangile avec sa puissance lyricale. Half man, half amazing sur cette boucle douce de Human Nature de Michael Jackson, discrètement cachée derrière les drums de Large Professor si bien arrangés… Et dire que Russell Simmons l'a snobé ! Il a refusé de le signer chez Def Jam. Apparemment, il lui rappelait trop un certain Kool G Rap et a décidé de signer Warren G à la place (rires).

Et qui aurait cru qu'un jour, on entendrait Nas dans une série comme Ozark ? Tu te souviens quand Killer Mike demande à Ruth, la blonde, ce qu'elle écoutait dans son téléphone. Il s'agissait de NY State of Mind, puis ils commencent à parler de lui, âgé de 20 ans dans le Queens, qui voyait à peine Manhattan de loin, et Killer Mike trouvait cela à la fois plein d'espoir puis cruel en même temps… Puis Killer Mike lui dit d'aller mollo avec le café, puis elle lui répond : "I never sleep", puis il demande pourquoi, puis elle répond : "tu sais bien pourquoi" au lieu de dire "cuz sleep is the cousin of death" puis les deux hochent la tête en signe d'accord sans devoir rien rajouter… j'ai adoré cette scène ! La puissance d'un timeless Hip Hop quoteable.

Nas tient aussi la couronne quand il s'agit des raps conceptuels, avec sa manière de nous balancer un track entier avec un sujet bien précis. Il va te l'amener d'un autre angle artistique. I Gave You Power, Rewind, One Love, Book of Rhymes, UBR (Unauthorized Biography of Rakim), Daughters, Fetus, ou encore le très sous-coté Last Words, où il se met dans la peau d'une cellule de prison bien froide par exemple… laisse tomber, c'est Louvresque. Kendrick le fait aussi très bien, je pense à FEAR, Sing About Me, I'm Dying of Thirst, Duckworth par exemple, tout comme Eminem avec Stan et Guilty Conscience. Ce sont des textes cinq dimensionnels, trop bien ficelés, c'est leur spécialité.

J'ai rencontré Nas en mars 2003, l'année de Get Rich or Die Tryin' de 50 Cent, The Ownerz de Gang Starr, Cheers d'Obie Trice, Chicken N Beer de Ludacris... Nas sortait de son clash avec Jay-Z. Stillmatic était sorti en décembre 2001, avec Ether, la contre-attaque au diss track Takeover de Jay-Z (sur The Blueprint, sorti le 11 septembre 2001). God's Son venait de sortir en décembre 2002, avec le super dope track Made You Look qui cartonnait, surtout le remix avec Jadakiss et Ludacris. Gros sample de Apache. J'étais hyper heureux de voir ce morceau en premier single de l'album. Autant il y avait d'excellents morceaux comme Get Down et Book of Rhymes, autant certains titres me semblaient à l'époque en peu cheesy comme I Can et Dance. Deux morceaux qui, à mon humble avis, ont très bien vieilli et que j'apprécie beaucoup plus aujourd'hui avec du recul.

C'est Sony Music qui m'avait contacté pour interviewer Nasir Jones à Paris. TGV, hôtel, concert à l'Élysée Montmartre. C'était l'époque où les maisons de disques avaient encore de l'argent pour la promo (rires). J'ai été hyper surpris en bien de voir un bout du concert de Beenie Man en avant-première ce soir-là. Personne ne m'avait prévenu, WTF ! J'ai pu lui parler quelques minutes dehors, devant la salle, au bord du trottoir, après son show. Il était cool, chill... on était que tous les deux. Il avait du bling autour du cou de ouf. Personne n'a bronché.

Le concert de Nas était un peu décevant. Il a fait un back to back, deux soirs de suite dans la même salle, donc ça, chapeau. Par contre, le show que j'ai vu m'a pas cassé en deux. Je trouvais que ça manquait de structure, ça faisait trop concert de quartier. Son petit frère, Jungle des Bravehearts, n'assurait pas du tout en tant que hype man. Trop bourré, bordélique, pas carré... Nas avait déjà du mal à se rappeler ses textes, en plus avec ses phrases remplies de centaines de mots... Si en plus de ça ton back n'assure pas pour que tu puisses prendre ton souffle, t'es un peu dans la merde (rires).

Par contre, j'avais adoré sa prestation de One Mic. Vraie mise en scène, jeu de lumières... c'était bien travaillé. J'ai toujours adoré ce morceau, c'était produit par Chucky Thompson. Un morceau d'ailleurs qui était inspiré par In The Air Tonight de Phil Collins... et qui a aussi inspiré plus récemment Kendrick pour son titre Man in the Garden sur GNX. Tu vas tout de suite capter la même vibe si tu retournes l'écouter.

L'interview avec The Street's Disciple s'est faite dans sa suite à l'hôtel Faubourg. Il était cool, posé, serein, sûr de lui et surtout très real.

Je lui ai évidemment demandé de s'exprimer sur son clash avec Jay-Z. J'avais l'impression que ce clash lui avait rendu service, qu'il l'avait réveillé en termes de lyrics. On aurait dit que ça l'avait rendu plus affûté et plus concentré, comme à la bonne époque d'Illmatic. J'avais un peu peur qu'il le prenne mal, mais je le pensais tellement, il fallait que je lui dise... En plus, il était complètement d'accord avec mon observation, donc j'ai bien fait.

Il m'a aussi fait une petite leçon sur Huey P. Newton et son impact dans la communauté noire dans les années 60. Il me parlait des block parties, de QB, de la vie de quartier dans le Queensbridge et de son impact à travers le monde grâce à tous ces artistes qui venaient chez Marley Marl pour faire leurs morceaux : Rakim, Biz Markie, Heavy D, Salt-N-Pepa... Ensuite, il a cité Mobb Deep, Capone-N-Noreaga... et surtout MC Shan qui lui a donné cette étincelle pour le rap. Il parlait de l'impact de The Bridge, sûrement la première chanson qui parle d'un quartier, de Main Source et de ce fameux Live at the Barbeque. Il m'explique qu'à la base, il voulait que Large Professor produise l'intégralité de Illmatic. Qu'il voulait écrire suffisamment de textes en scred pour pouvoir créer un album qu'avec lui, mais que Large Pro avait trop de problèmes avec son management ainsi qu'avec son propre groupe en interne.

J'ai passé plus de 30 minutes à parler Hip Hop avec lui en passant par toutes les émotions : la joie, la fierté, la déception, l'étonnement, la tristesse, la honte, l'admiration, l'envie, la confusion... et j'en chéris chaque seconde.

Voici quelques extraits et comment ça se passait dans ma tête pendant l'interview :

Tu es le plus fort quand il s'agit de faire des chansons conceptuelles. Je pense à I Gave You Power, My Money Is My Bitch, ou encore Rewind pour n'en citer que quelques-unes… As-tu déjà vu le film Memento ?

Nas : Non, mais on m'en a parlé.

(Là, je me dis que ce n'est pas possible qu'il n'a jamais vu ce film, c'est trop pareil. Il a pompé tout le concept, non ?… Faut que je re-attaque)

Comment t'es venue cette idée de Rewind alors ? Comment est venue cette idée complètement folle de faire tout ce texte à l'envers ?

Je voulais faire quelque chose d'original et de différent. Rewind est d'ailleurs un des textes qui m'a pris le moins de temps à écrire. Les gens me disent toujours que je dois aller voir ce film Memento dont tu me parles, mais je ne l'ai toujours pas vu.

(Mytho ou vrai, mytho ou vrai, mytho ou vrai ? Je n'arrive pas à me décider. Trop de coïncidences mais son visage a l'air détendu malgré tout. Je commence à calculer la probabilité tout en me lançant sur ma prochaine question)

Quel est ton texte préféré ? Ce serait plutôt un It Ain't Hard to Tell de l'époque ou plutôt quelque chose de plus récent qu'on pourrait trouver peut-être sur God's Son ?

J'aime beaucoup One Love… mais je pense que… woah… (il réfléchit) j'aime beaucoup Live at the Barbeque, à vrai dire…

(Je suis très content d'entendre cette réponse. Là au moins, je suis sûr qu'il ne ment pas. Je repense à son texte qui m'avait tant frappé. Je crois que j'ai le syndrome de Stockholm)

Qu'est-ce qui rend un dope rappeur dope ?

Il faut qu'il sache se défier. Il ne doit pas suivre les tendances. Il faut qu'il arrive à éviter les choses faciles, éviter les petits gimmicks ringards…

Qu'est-ce qui t'énerve ?

Me cogner la tête…

(Je n'étais pas prêt pour cette réponse-là mais je kiffe… Ok, tu veux te la jouer comme ça ? Tiens alors)

C'est quand la dernière fois que tu as pleuré ?

Hmmm… je ne sais pas…

(Merde. Il veut rien me donner, ok…)

Si tu devais te comparer à un joueur NBA ?

Hmmm… je ne regarde pas du tout le sport. J'aime Dr. J, Julius Erving…

(Sérieux ? Le gars est vraiment plongé dans ses cahiers de rimes à ce point ?)

Comment restes-tu focus avec tout le personal drama d'un côté, les jeux politiques dans l'industrie du disque de l'autre ? Comment fais-tu pour sortir des tueries encore après toutes ces années ?

Je pense parfois à des grands pianistes russes de l'époque et me pose justement cette question. Qu'est-ce qui inspirait ces artistes de l'époque ? J'imagine la pression et les soucis qu'ils devaient avoir au quotidien dans leur vie privée. Staline était au pouvoir, donc j'imagine parfois ce que ces gens ont dû subir à cette époque… Tout ça pour dire que la vie influence l'art.

(Sorry Mister Smarty Pants, relax… Mais ok, je go with the flow…)

C'était comment d'avoir un musicien de jazz international en tant que père ?
C'était une bénédiction. C'est certainement ce qui a alimenté mon amour pour la musique. Ça pourrait aussi expliquer peut-être ma longévité dans ce business. C'est grâce à lui que je rappe...
Quel est le plus beau compliment que tu pourrais recevoir ?
Si ma fille aime ce que je fais. Avant cela, c'était quand ma mère était fière de moi. Malheureusement, elle n'est plus parmi nous.
(Oops, sorry! Change de sujet, vite...)
En arrivant ici, j'avais If I Ruled the World dans mes écouteurs et je me demandais quels changements tu ferais si tu pouvais être président pendant un jour...
J'avais de bonnes réponses à cette question à l'époque, mais aujourd'hui, je ne me concentre plus sur ce genre de sujet. J'aime les défis. J'ai donc accepté le monde d'aujourd'hui malgré toutes ses merdes. C'est ce monde qui fait qui je suis. J'aime le fait que le rap soit mal vu à travers le monde. Ça l'oblige à progresser chaque jour. C'est pour cela que je ne changerais rien au monde.
(Il me faut plus que ça, gars, come on, son !)
Mais si on parlait de ton pays...
Oh mec, je ne saurais même pas où commencer. Les États-Unis sont un magnifique pays, mais parfois... je ne saurais même pas où commencer...
Commençons peut-être déjà par le président Bush en Irak. On dirait qu'il a hypnotisé tout le monde pour faire accepter la guerre...
La vérité, c'est que je me fous de cette guerre car ça n'aide pas les gens de ma communauté. Ça ne fait rien pour mon peuple dans les quartiers. Ça ne fait que les enlever des quartiers pour les emmener au front pour mourir. Les guerres n'aident personne à part le gouvernement...
Exactement...
Les gens qui meurent pour ces égoïstes, c'est fucked up. Les Bush & Co. sont de vrais gangsters avares.
(Ok, switch it up, Blu, vas-y...)
Et si on parlait un peu de ton dernier album... Qu'est-ce qui rend God's Son différent de tes autres projets ?
Ça montre que je suis toujours là après toutes ces années. Je suis toujours aussi focus. Je suis toujours au niveau. Je réponds toujours présent, même sous pression. Artistiquement, je suis en pleine forme. Cet album vient du cœur. Je n'ai pas pensé à toute la hype autour. J'ai juste voulu réaliser de la musique de rue dont je suis très fier.
(Real talk, ok ok, je valide)
Qui est ce gars sur ta pochette à l'intérieur ?
Huey P. Newton. C'était un des leaders des Black Panthers dans les années 60. C'est un de mes héros. Il nourrissait les enfants qui crevaient de faim. Ils éduquaient la jeunesse. Aidaient les écoles. Il mettait des feux rouges pour sécuriser les secteurs dans les quartiers quand la ville ne faisait rien pour eux. Il se battait contre les ripoux. Il répondait violemment à la violence. Flingues contre flingues. Prêt à mourir pour les siens.
(Oh putain j'ai l'air con là, il est en train de me faire une leçon là, merde, my bad bro...)

Quelle a été ta première réaction quand tu as entendu la prod pour Made You Look ?
J'ai dit "Oh mon Dieu..."
Tu peux nous parler un peu de ce caméléon qui a produit ce track ? J'ai l'impression qu'il ne reçoit pas assez de props...
Salaam Remi est unique. Il est très humble. Très intelligent. Il adore la musique. Il est le fils du musicien Van Gibbs. Il savait ce que je voulais faire sur ce projet. Il a pris des risques avec moi. Il a su se démarquer des autres.

NAUGHTY BY NATURE

*The Naughty nappy, nasty, ni**a, the nasty trashy hoe, happy pappy,*
That's nasty to be nappy
Me and Vin Rock when spots hit flocks
And groups and troops with Timbo boots and jail suits

Tu as déjà vu la pochette de leur single Scuffin' Those Knees ? Ça date de l'époque où ils s'appelaient The New Style. C'est deux ou trois ans avant qu'ils ne deviennent Naughty By Nature. Vas tout de suite googler ça, mon pote (rires). Tu veux rigoler ? Tu veux voir Kay Gee, Vinnie et Treach pré-O.P.P. dans des ensembles en daim beige assortis ? OMG, on dirait un sketch de Dave Chappelle (rires). Naughty a fait un super travail de rebranding en termes de style et d'image, presque au niveau de MF DOOM.

J'avais des draps et des housses de coussin Naughty By Nature pour mon lit en 1993. Une fois troués à certains endroits, ma mère les a transformés en rideaux car je ne voulais surtout pas m'en séparer. Je peux fièrement dire haut et fort que je suis le seul être humain au monde à avoir eu des "rideaux" Naughty By Nature (rires). C'est là aussi où tu vois l'importance du nom de groupe et du logo. Naughty By Nature est tellement puissant comme nom que le marketing et le merchandising ne pouvaient que cartonner. Et le fait que Treach était un tueur à gages lyriquement et un sex-symbol pour les filles, ça aidait aussi, évidemment... Sans oublier Kay Gee qui savait doser les productions juste comme il fallait : suffisamment mainstream, un peu mélodieuses, avec des refrains accrocheurs et efficaces, et une pincée de "street" pour atteindre et plaire à tout le monde sans oublier l'excellent travail du Flavor Unit Management dans l'ombre. Leur gros carton est sorti en septembre 1991.

Treach est très sous-estimé au niveau du flow et des paroles. Je pense à des "one-liners" comme : *My pants always sag 'cause I rap my ass off* dans Strike a Nerve, ou encore : *You couldn't wet shit up in a muthafuckin' water fight* dans Yoke the Joker. Les deux sont difficiles à traduire en français, mais crois-moi, c'est dangereux (rires). Voilà de vraies punchlines : des phrases courtes avec un jeu de mots et une chute à la fin. C'est ça, la vraie définition d'une punchline. Dans le même calibre que Lord Finesse et Big L. D'ailleurs, en parlant de grands paroliers, t'as déjà entendu Eminem décortiquer les couplets de Treach sur les réseaux sociaux? Le gars connaît tous ses textes par cœur. Il les défend avec tellement de passion. Ça fait vraiment plaisir de voir encore des gens sensibles à l'importance des textes dans le Hip Hop. Les paroles "witty", à savoir drôles et intelligentes, sont essentielles dans le rap, merde ! Si t'es pas capable, lâche l'affaire et pose le micro.

Nous voilà en avril 1992 au Palais X-Tra de Zurich. C'est juste après le soundcheck. Ils sont tous en train de faire des dips sur des chaises, en train de bosser leurs triceps. J'aborde Vinnie et lui demande si c'est le frère de Mike Tyson. Il n'a pas kiffé (rires). Pourtant, j'étais sérieux, ils avaient trop la même tête. Ils avaient tous des tresses fines, sauf lui. Tout le crew portait des vestes bombers Alpha Industries vert olive. Fini les ensembles en daim beige (rires).

Je sympathise avec leur tour manager qui m'invite à l'hôtel. On parle rap. Je vois un t-shirt de WC and the MAAD Circle, l'ancien crew de Coolio. Pure west coast gangsta shit ! Je lui dis que je kiffais Low Profile (l'ancien groupe de WC et DJ Aladdin que j'avais déjà rencontré avec Ice-T et le Rhyme Syndicate). L'album Ain't a Damn Thing Changed venait de sortir. J'écoutais If You Don't Work You Don't Eat en boucle. Il y avait MC Eiht, Jay Dee du Da Lench Mob et Ice Cube sur le morceau. Bref, le manager a vu que j'étais à fond dans le truc (rires).

L'instant d'après, je me retrouve dans le mini-van avec mes potes du Tuff Times, Treach et son manager, en train de rouler en plein Zurich pour un petit tour guidé par le promoteur suisse allemand. Il nous montre le fameux parc Platzspitz. C'est là qu'il y avait tous les junkies à l'époque. Un véritable Zombieland. À cette époque, les toxicomanes se baladaient tranquillement et faisaient leurs affaires comme si de rien n'était. C'était un endroit où la police n'était pas autorisée. Chose assez fascinante quand même, tu ne trouves pas ? Ils distribuaient régulièrement des seringues gratuitement dans ce parc. Prévention contre le SIDA et tout. Il y a eu jusqu'à 20 000 héroïnomanes et dealers venus de toute l'Europe à la fin des années 1980, à un moment donné. C'était le Schwyzerdütsch junkie safari. Treach hallucinait. Il a dit n'avoir jamais vu une telle chose, même le crack au fin fond du New Jersey ne faisait pas autant de ravages. Il était choqué… Il n'en revenait pas.

Ensuite, il y a eu évidemment le concert, salle comble. Pendant le concert, Treach perd sa fameuse machette dans la foule en faisant du crowd-surfing en plein concert. Il pète un plomb. Il finit par la récupérer, je ne sais plus comment. Je regardais depuis un coin, derrière la scène, pressé de rentrer. Tu vas comprendre pourquoi dans un instant (rires).

À cette époque, j'étais sous l'aile des XBS, X-tra Bass System, groupe mythique de Lausanne avec un énorme buzz national. On avait un morceau ensemble qui s'appelait Mic Technique. C'était notre "posse cut". Chaque groupe avait son "posse cut" (rires). XBS faisait la première partie de Naughty By Nature au Palais X-Tra, du coup, je suis venu avec eux. C'était leur premier gros concert. Sacrée performance ! Énorme moment pour nous et le rap régional. Il y avait Jones et Daddy, les deux beaux gosses qui faisaient leurs pas de danse. À cette époque, tout le monde avait aussi des danseurs sur scène, à l'américaine. Pense à Kid 'N Play, Big Daddy Kane et EPMD. Même IAM et NTM en avaient, c'était le must (rires). Même Booba était danseur pour La Cliqua avant de devenir rappeur. Bref, Jones et Daddy faisaient crier les filles avec leurs chorégraphies sur leurs bons sons, sauts périlleux, grands écarts, "the running man", routines millimétrées façon cainri. Le public kiffait à mort. Ça criait de partout. La scène tremblait, littéralement. Elle a commencé à se déplacer en arrière. Je voyais des gens au premier rang se faire écraser contre la petite barrière devant la scène, tellement ça se poussait. J'ai essayé de passer derrière pour me rendre dans les loges en voyant la scène se rapprocher de plus en plus du mur. Je te jure ! La scène était en train de bouger petit à petit, et je me suis dit qu'il fallait faire vite, sinon je serais bloqué de l'autre côté des loges. J'étais au tiers du chemin, et j'ai vu que la scène reculait de 50 centimètres d'un coup !! J'ai accéléré le pas, mais trop tard ! La scène m'a plaqué contre le mur, BAAAAM ! Le concert se poursuivait, et tout passait au ralenti. J'ai eu l'impression que ça durait dix minutes. J'ai commencé à hurler, mais personne ne m'entendait. Je voyais des filles tout devant en train de kiffer le concert, les yeux fixés sur mes potes sur scène. J'ai essayé de leur faire signe avec mes bras en pensant que c'étaient peut-être mes dernières secondes en vie. J'étais là, impuissant, en train d'attendre, en mode survie, adrénaline en full effect ! La scène m'avait plaqué pile à la hauteur des hanches. La partie du corps la plus solide, Dieu merci !! D'un coup, les filles, qui hurlaient pour les danseurs, ont commencé à hurler en direction du DJ pour qu'il arrête la musique. Le DJ a vu la panique sur leur visage et a arrêté le DAT. Sorti de nulle part, mon pote Yogy est arrivé comme Superman et a tiré la scène devant moi pour me libérer. Il a fait bouger la scène à lui tout seul. Encore aujourd'hui, il ne sait pas comment il a fait. Holy shit, quel moment !

Donc, après tout ça, j'essayais quand même de kiffer Treach sur scène en train de rapper : *You want me to say something positive? Well, positive ain't where I live. I live right around the corner from West Hell, two blocks from South Shit and once in a jail cell. The sun never shines on my side of the street…* (extrait de Everything's Gonna Be Alright).

Le pire, c'est qu'après tout ça, mes potes voulaient encore qu'on les interviewe après le concert. Moi, je ne pensais qu'à rentrer chez moi, le cul en compote, assis dans cette voiture avec Yogy au volant en train de brûler les feux rouges, en espérant obtenir quelques réponses pour Tuff Times Magazine (rires). On s'est retrouvés à les courser à cent à l'heure en plein centre-ville de Zurich. J'étais avec les big bros en train de souffrir en silence. Il y avait Pepone, Tonoche et Yogy, je crois. Les Naughty ont dû se dire : "Mais c'est qui, ces malades en train de nous suivre ? Ils veulent nous braquer ou quoi ?" (rires). Trois heures plus tard, je me suis enfin retrouvé au CHUV en train de me faire scanner le cul. Rien de cassé, rien de fissuré. Juste les fesses violet fluo à cause des hématomes et une paire de béquilles pendant quelques jours. Fun times.

ONYX

Nous sommes allés les voir en concert à Zurich, à la Rote Fabrik il me semble, en décembre 1993. *SLAM ! Duh duh duh, da duh duh, let the boys be boys !* C'est la chanson qui a introduit le slam-dancing et le stage-diving dans le Hip Hop. Avant l'arrivée d'Onyx, on ne voyait ça que dans le rock.

Onyx avait aussi ce morceau, Throw Ya Gunz, qui cartonnait. *Uh-oh, heads up 'cause we droppin' some shit…*, la phrase que DJ Premier scratch dans Come Clean de Jeru the Damaja vient de là.

Il y a une chanson qui s'appelle Ah, We Do It Like This qui date de 1990, à l'époque où ils étaient signés chez Profile Records. Ça vaut le détour. Grosse vibe à la Leaders of the New School, Brand Nubian et KMD. Et là, trois ans plus tard, ça slam comme des sauvages. Là aussi on a du méga rebranding, et ça a bien payé. Ça montre une fois de plus que l'authenticité ne trompe pas. Il vaut mieux avoir son propre style que d'essayer de ressembler à quelqu'un qui ressemble à quelqu'un qui ressemble déjà à quelqu'un.

Cela dit, je trouve que Sticky Fingaz est un MC super sous-estimé. Et puis ce nom d'artiste, "les doigts collants", vraiment trop fort, quel voyou celui-là, avec son œil de travers (rires). Il avait dit à DJ Vlad qu'il faisait partie des fameux Lo-Lifes de Brooklyn, à savoir une bande organisée assez réputée pour des énormes vols en masse, ciblant uniquement du Polo Ralph Lauren dans les magasins comme Macy's et Bloomingdale's à la fin des années 80.

Le premier album d'Onyx, Bacdafucup, est sorti en 1993. Ils étaient signés chez JMJ, le label de Jam Master Jay. Je kiffais aussi le refrain *It's just me and Jack, the black vagina finder*. C'est de l'ignorance à l'état pur (rires). C'était du rap agressif ! Hardcore ! Ce groupe était une boule de feu. Ils hurlaient, criaient… C'était la Madface Invasion (rires). Maintenant que j'y pense, leur logo était un madface emoji 1.0 (rires). Eux, ils étaient aussi les premières têtes rasées dans le rap game. Da Atak of da Bal-Hedz (rires).

E.D.I. Mean des Outlawz avait dit à Fredro Starr une fois que les têtes rasées d'Onyx avaient donné envie à Tupac de se raser le crâne. Ensuite, Fredro Starr prétendait sur VladTV que c'est Onyx qui avait inspiré Michael Jordan à se raser la tête, lol. Désolé Fredro, mais MJ était déjà rasé en 1988 (rires)... Il est vrai qu'en 1993, tout le monde optait pour le look *baldhead slick*. Ils ont peut-être popularisé le truc, car la vague Onyx a frappé bien fort, mais il ne faut pas trop pousser non plus. En plus de ça, LL Cool J était déjà chauve sous son Kangol à cette époque. En tout cas, Gillette s'est fait de la maille dans ces early 90s (rires).

Je me souviens d'une ambiance électrique dans les loges après le concert. C'était le chaos total. J'étais là, en plein milieu, entouré de mille personnes. J'avais 20 ans, j'étais en train de kiffer grave. C'était ma première vraie interview. Onyx était en train de dévorer une montagne de chicken wings. Ambiance sauvage (rires). Il n'y avait pas du tout d'interview prévue. C'était du freestyle total. Je me retrouve avec le Tuff Times crew. C'était mes potes de Lausanne. Gros big up à eux. Ils partaient toujours en mission pour obtenir du contenu pour leur magazine. Au début, c'étaient des feuilles A4 recto verso, photocopiées à l'arrache, puis agrafées ensemble. On parle bien d'avant les documents Word, Photoshop et les MacBooks (rires). Petit rappel : on est au début des années 1990. Je te laisse imaginer la galère pour le graphisme et les mises en page. De fil en aiguille, ça devient un magazine sérieux qui se vendait très bien, avec des couvertures glacées en vente dans plusieurs pays. J'étais tout heureux de pouvoir me rendre utile à mes potes et à leur magazine avec mon anglais pour gratter une petite rencontre avec ce groupe qui buzzait à fond.

Interview pour Tuff Times :

Quel âge avez-vous et quand avez-vous débuté ?

Sticky : On rappe depuis toujours. Sérieusement, j'ai commencé à 16 ans, maintenant j'ai 20 ans.

Suavé : J'ai 23 ans et je suis le plus âgé.

Big DS : Yo, it's da Madface Invasion, Onyx, Bacdafucup !!

Comment vous êtes-vous rencontrés ?

Sticky : Au début, ils étaient trois, sans Sticky Fingaz. Ils étaient au lycée John Adams dans le quartier du Queens. Onyx a sorti son premier maxi Ah, We Do It Like This sous le label Profile en 1990.

Comment vous êtes-vous fait produire par Jam Master Jay ?

Sticky : En travaillant pour le même label (Profile), on se voyait souvent. Ensuite, Jam Master Jay a créé sa propre structure (JMJ sous Columbia). Ils m'ont fait écouter leurs maquettes quand je suis arrivé, et ça collait bien ensemble.

Pensiez-vous à un tel succès ?

Fredro : Perso, je n'y pensais même pas, rapper pour moi était banal.

Big DS : Ça fait des années qu'on attend le succès. Enfin, on parle de nous dans un max de médias, maintenant il faut qu'on touche notre fric. Yeah kid, it's the Madface Invasion! Bacdafucup !

Sticky : En vivant dans le ghetto, c'est l'un des seuls moyens pour t'en sortir.

Pourquoi The Madface Invasion ?

Big DS : Parce qu'on est comme ça. Ça fait 400 ans que les Noirs galèrent. C'est pour ça qu'on a cette énergie sur scène.

N'avez-vous pas peur d'une montée de violence dans vos concerts ?

Sticky : Non, parce que sur scène, on se prend autant de coups entre nous.

Fredro : C'est notre façon de nous exprimer. On n'encourage pas les bagarres, mais le slam dance.

Big DS : Real Hip Hop, kid !

À la sortie de votre premier maxi Throw Ya Gunz, on a eu l'impression que vos idées étaient légèrement extrémistes. Qu'en pensez-vous ?

Sticky : Dans le refrain, on n'a jamais dit aux gens de prendre leurs guns et de viser celui qui se trouve à côté. On a bien dit de mettre les flingues en l'air.

Fredro : C'est un salut de respect chez nous. Si vous êtes avec nous, faites la même chose. C'est ce qui réunit le public avec nous.

Avec votre style de rap tellement différent des autres, quelles sont vos influences ?

Suavé : Nous sommes nos propres influences.

Fredro : Ça vient du cœur…

Sticky : On ne se base sur personne, mais on a grandi avec KRS-One, Eric B. & Rakim, LL Cool

J et Run-DMC.

Que pensez-vous des groupes qui suivent votre direction, tels que 3rd Eye et Cutthroats ?

Big DS : On les respecte au max. Ils assurent dans ce qu'ils font. Peace à ces négros.

Sticky : Comme Run-DMC a fait pour nous en ouvrant toutes ces portes, cela nous honore de faire pareil pour des nouveaux groupes qui suivent nos traces.

On était surpris par votre show, non seulement par l'énergie que vous dégagez, mais aussi par votre côté perfectionniste…

Suavé : On a fait attention à notre show car c'est très important. Nous avons un très bon DJ qui aime remixer nos morceaux avec des instrus actuelles en vinyle. On travaille non seulement avec un DAT et des platines, mais on a aussi une personne qui bosse avec une MPC.

Que pensez-vous du public européen ?

Sticky : Très réceptif. Pareil pour le Japon, par exemple. On a eu un public chaud, même s'ils ne comprenaient rien de ce qu'on leur disait, car on aime faire bouger le public aux refrains et entre les morceaux.

Quels sont vos projets actuellement ?

Sticky : On a fait un morceau pour la B.O. de Judgement Day, Fredro est dans un film qui va exploser, intitulé Strapped, puis il y aura bientôt un film sur Onyx si tout va bien. Nous allons également créer notre propre label de production…

OXMO PUCCINO

Le Black Jacques Brel. La Mama Luva. Amour et Jalousie. J'ai mal au mic. Merci pour ces chefs-d'œuvre.

Opéra Puccino est sans doute un classique du rap français, malgré le temps qu'il a fallu (jusqu'en 2006) pour qu'il soit certifié disque d'or. Oxmo, c'est le Biggie français, avec son rap imagé et vivant, son écriture exceptionnelle. Sa façon d'articuler les mots, d'appuyer les syllabes, fait l'unanimité. Doux à l'oreille, intense à la compréhension.

C'est un vrai acrobate avec les mots, un poémier, comme il se considère lui-même. Je le respecte beaucoup. Et ses années Time Bomb, c'était quand même quelque chose ! Mon Dieu que c'était beau ! C'était le crew le plus intouchable en France. Imagine juste si Oxmo n'avait pas volé la tondeuse d'Ill des X-Men ce jour-là (rires)… oui, askip… C'est l'un des plus grands *what ifs* du rap français.

Je pense que Oxmo est l'un des premiers rappeurs en France à ne pas se considérer juste comme un rappeur, mais comme un artiste avant tout. Logique qu'il ait participé au doublage français du film Belly. Il double Nas, tandis que Joey Starr double DMX. Il a rappé avec tous tes rappeurs préférés : Ill, Booba, Ali, Hi-Fi, Lino, Kery James, Pit Baccardi, 113, Stomy Bugsy, Passi, Busta Flex, Akhenaton, Freeman, Rohff, Sako, Veust, Kool Shen. Il a écrit pour Florent Pagny. Il a bossé avec Erik Truffaz.

J'avais fait sa première partie au Rocking Chair à Vevey, avec La Hana Club. C'était en avril 1998. Son premier album, Opéra Puccino, venait de sortir. C'était le début de Kobra, on venait de sortir notre Bout du Tunnel ensuite devenu l'album Les Frontières Brisées pour la sortie en France. Je me souviens avoir été déçu par sa présence sur scène ce soir-là. Il était super défoncé et, du coup, un peu perdu. Ça m'a étonné de le voir ainsi. Il ne se sentait pas à sa place, osait à peine regarder le public. Parfois, il leur tournait le dos pendant qu'il rappait. Ça me faisait mal au cœur de le voir si impuissant. J'espère qu'il ne le prend pas mal. Il est trop intelligent pour ça. On va mettre ça sur le compte de cette fameuse weed suisse qui te flingue la tête sans prévenir (rires). Il s'est bien rattrapé depuis. Je l'ai vu avec son groupe, il y a quelques années, aux Docks de Lausanne. C'était le jour et la nuit. Il était au top, dans son élément. Ça m'a fait plaisir de le voir en vrai MC… genre "Maestro Comédien".

PHAROAHE MONCH

Un des MC les plus extraterrestres à respirer notre oxygène. Il a ce don de cracher des molécules multisyllabiques avec un rythme si intense et hypnotisant (rires). Il défie la science avec un tel groove, chaque schéma de rimes est imprévisible. Il est dans la même catégorie que Eminem, Royce da 5'9", Black Thought, André 3000, Lupe Fiasco, Kurupt, Mos Def et Kendrick Lamar quand il s'agit de l'art de la rime... Tu vois le calibre, quoi ? Ils ne sont pas comme toi et moi, ces gens-là. Leur cerveau fonctionne différemment. Ce sont des licornes lyricales (rires).

Je suis fan de Pharoahe Monch depuis le premier album d'Organized Konfusion, un album avec un tel feeling live ! On dirait que toutes les voix ont été enregistrées en une seule prise. La façon dont les ad-libs appuient sur les raps, ambiancent et se mélangent, ça groovait tellement. Sa façon de poser sur les instrus est ouf. Sa technique est si précise et aiguisée. Il se décale pour ensuite se remettre dans le tempo avec une telle facilité. Le gars dribble des syllabes comme personne. Il maîtrise les mélodies, le chant, le rap, le vocabulaire, les punchlines, le wordplay et les concepts des chansons.

Je pense aussi à Stray Bullet sur leur deuxième album, intitulé Stress: The Extinction Agenda. Petite pensée pour Matt Reid (RIP), qui avait réalisé la pochette complètement folle de cet album (ainsi que celle de Funcrusher Plus de Company Flow). Sur cet album, il y a ce morceau où ils se mettent dans la peau d'une balle perdue qui tue une gamine de 6 ans dans un parc. Ça rafale dans tous les sens, ça ricoche contre des murs, une Range Rover rouge, dans la gueule des gens qui tombent par terre, il y a du sang partout, la foule crie, c'est la panique. Morceau incroyable ! Nas l'a ensuite fait à sa sauce deux ans plus tard sur It Was Written avec le morceau intitulé I Gave You Power où il se met dans la peau d'une arme, chef-d'œuvre absolu.

Monch a ensuite signé un contrat solo chez Rawkus, où il sort Internal Affairs en 1999. C'est un super album, très souvent oublié dans les conversations sur les meilleurs albums de la fin des années 90 mais qui mérite bien sa place. Évidemment, il y a le gros hit Simon Says avec le sample de Godzilla qu'il n'avait jamais déclaré... Ce banger magistral fera toujours son effet. Tout l'album est excellent. Je pense aussi à Oh No, sorti en 2000 avec Mos Def et Nate Dogg au refrain, qui cartonnait. J'adorais ce morceau. *Very contagious raps should be locked in cages...* Je me souviens avoir entendu une version complètement découpée et réarrangée pour les passages sur Skyrock. À vomir ! Je n'en croyais pas mes oreilles. Ça aurait mérité 10 ans de prison ferme pour avoir massacré un tel morceau. Pharoahe Monch avait aussi un morceau incroyable sur la B.O. de Training Day (2001) intitulé Fuck You, que je kiffais grave.

Il a écrit les paroles de deux morceaux pour Diddy. Ça s'entendait tout de suite dans la première phrase du couplet de The Future qu'il en était l'auteur (rires). Sacré Puff. *Don't worry if I write rhymes, I write checks...* (rires).

Depuis, il a sorti Desire, W.A.R. et PTSD, trois albums que j'adore. Le gars est un lyricist's lyricist, le rappeur admiré par les rappeurs que tu admires.

Je l'ai rencontré à Bienne le 3 septembre 2004, accompagné par l'excellent DJ Boogie Blind. Il y avait deux choristes avec lui sur scène, que je trouvais vraiment cool : une femme et un homme. Ça donnait une ambiance de petit club de jazz. Lieu intimiste, rempli, bien compact… Excellente performance.

Il était un peu fatigué, peut-être même un peu malade, après le concert. Je me souviens que pendant l'interview, il buvait un thé chaud et s'arrêtait souvent de parler pour roter, mais ça ne sortait jamais. Il avait une grenouille coincée dans la gorge pendant toute l'interview (rires). On parlait de *spit shit*, à savoir, des vraies références de cracheurs de rimes, mais aussi du featuring de Ras Kass sur une production de Hi-Tek, de l'administration Bush et de l'importance des élections aux États-Unis qui allaient avoir lieu prochainement. On a aussi parlé du 11 septembre et de l'ignorance américaine envers le reste du monde.

Ses MCs préférés sont Rakim, Kool G Rap, KRS-One, Big Daddy Kane, Chuck D, Kool Keith des Ultramagnetic MC's… Parmi ses albums préférés, il mentionne It Takes a Nation of Millions to Hold Us Back de Public Enemy, les trois premiers albums d'Eric B. & Rakim (Paid in Full, Follow the Leader, Let the Rhythm Hit 'Em), Criminal Minded de Boogie Down Productions, mais aussi Fantastic Voyage de Slum Village.

Il a aussi parlé de l'importance des artistes qui savent apporter quelque chose de nouveau au rap, que ce soit un nouveau flow, un son, une image, un style. Cette volonté de ne pas avoir peur d'être différent. Il cite aussi Jill Scott, Bilal, Led Zeppelin, Iron Maiden et Black Sabbath comme inspirations qu'il apprécie beaucoup en dehors du rap.

Il était reconnaissant envers l'Europe, qui a toujours gardé un vrai esprit Hip Hop à travers les années, un public qui apprécie toujours un vrai concert. Il m'a rappelé que déjà dans les années 1960, les jazzmen venaient en Europe pour se lâcher sur scène dans des petits lieux underground, comme beaucoup de rappeurs le font aujourd'hui. Il apprécie le fait que les Européens "fassent leurs devoirs" en écoutant les albums des artistes et qu'ils reconnaissent le vrai du faux malgré les barrières de la langue, contrairement aux États-Unis où tout est saturé et servi comme du fast-food.

PHARRELL WILLIAMS

Le Benjamin Button du Hip Hop ? Pharrell Williams, sans aucun doute ! Ce type rajeunit avec le temps. Il a même fait peau neuve sur ses avant-bras pour effacer ses vieux tatouages (rires) ! Et n'oublions pas sa propre crème de beauté…

Pharrell, c'est aussi cette voix unique et ce son Neptunes inimitable. Il a collaboré avec toute la planète musique, toujours affublé de son chapeau improbable (rires). Avant Happy et ce chapeau ridicule, c'était sa trucker hat et sa moustache à la Ron Jeremy (rires).

Big up à Noreaga, le premier à avoir parié sur lui en posant sur une de ses productions. Je parle de Superthug, sorti en 1998, premier titre officiellement produit par The Neptunes à entrer au Billboard. Cette prod est tellement lourde que même Janet Jackson a rappé dessus lors des concerts plus tard. Il paraît que cette même prod a chauffé Michael Jackson à tendre la main envers les Neptunes pour une future collaboration. Ils ont, du coup, produit Señorita et Rock Your Body avec MJ en perspective, mais le King of Pop souhaitait des choses plus Superthuggish, ce qui n'était clairement pas le cas. Ces prods ont donc fini sur Justified de Justin Timberlake en 2002.

Suivront Got Your Money pour Ol' Dirty Bastard en 99, l'album entier de Kelis, puis le méga hit I Just Wanna Love U (Give It 2 Me) pour Jay-Z en 2000.

J'ai appris aussi récemment dans l'excellent film d'animation Lego sur Pharrell que le beat de Frontin' était fait pour Prince à la base, puis Happy pour CeeLo.

Le petit beau gosse s'est mis bien aussi en créant le jingle pour le McDo avec Pusha T. Il était bien en avance avec N.E.R.D. J'adorais le track Lapdance. Il a rendu le skate cool, tout comme les défilés de mode. Le Hip Hop a fait un sacré shift avec l'arrivée de Pharrell.

Y'a une démo de Pharrell, Timbaland et Magoo qui circule sur le net. Le groupe s'appelait Surrounded By Idiots. Ça date de 1991. Pharrell, alors connu sous le nom de Magnum The Verb Lord (rires), rappait comme Phife Dawg avec une touche de Q-Tip, sur un sample de You Remind Me de Patrice Rushen. Un son très Tribe Called Quest. Il faisait rimer shoes and canoe, thoughts and words avec farts and turds (rires), ou une autre encore marrante : *I got a weight problem, I can't wait to rap.*

Pharrell a aussi participé à l'écriture de Rump Shaker de Wreckx-N-Effect, "produit" par Teddy Riley, sorti en 92. Ils étaient tous encore au lycée à l'époque ! Tous originaires de Virginia Beach, comme Missy Elliott et Mad Skillz. Ils se connaissent depuis l'enfance. Qu'y a-t-il donc dans l'eau du robinet là-bas ? (rires)

En 1993, le beau gosse apparaît sur un titre de Blackstreet avec Erick Sermon, Bootknockalization. C'était juste avant que Sermon produise Booti Call pour le premier album de Blackstreet, sorti en 94. Un sacré baptême du feu (rires) !

Le 6 juillet 2008, Skateboard P était en concert au Montreux Jazz Festival avec N.E.R.D. Chad Hugo et Pharrell, en chair et en os. J'aurais adoré l'interviewer. Mais j'ai dû lui annoncer une terrible nouvelle vers 1h du matin... "Désolé Pharrell, mais McDonald's ferme à minuit ici...". Il en est resté sans voix, la mâchoire décrochée (rires). Sa femme enceinte, allongée sur le canapé à côté, mourait d'envie d'un burger et d'un chausson aux pommes. "Désolé, chérie, pas possible... Bienvenue en Suisse !" (rires).

POPCAAN

Il s'agit là d'un petit power move à la dernière minute. Objectif : filer quelques t-shirts Cotton & Bass à l'un de mes artistes jamaïcains préférés. La transaction s'est déroulée dans sa chambre d'hôtel avant son concert à La Praille de Genève, grâce à mon gars Vincz Lee et mon plug Mehdi de Straight Sound, qui ont été mes contacts pour cette opération. Merci les gars, stiggidy whoa !!

Je le kiffais grave depuis un petit moment déjà. Dès la première écoute de Only Man She Want en 2011 et Party Shot juste après, j'ai vite senti qu'il allait tout exploser. Il avait ce je-ne-sais-quoi : la voix, le flow, les mélodies. Là, je te parle même d'avant qu'il n'apparaisse sur Blocka de Pusha T en 2012. Je connaissais quelques-uns de ses morceaux grâce à un collègue qui mettait tout le temps des mix de dancehall, notamment Jamrock Radio. Je crois que c'était des Hollandais. Que des big tunes ! Ça mettait l'ambiance au magasin les samedis après-midi.

Le 31 octobre 2014, Popcaan venait de sortir son premier album. C'était après avoir signé chez Vybz Kartel et avant de signer chez OVO de Drake. Je ne savais pas encore à quoi il ressemblait. Je suis entré dans la chambre d'hôtel sans savoir qui était qui. Il y avait tout un crew en train de cuisiner par terre. Je n'avais rien compris, jamais vu ça (rires) !

Je me suis présenté, je les ai félicités avant de faire mon petit pitch. Ça me fait gagner du temps pour mieux cerner qui est qui. En scannant la pièce, je vois un petit bonhomme avec pas mal de bling autour du cou sortir de la salle de bain. Il me demande comment je vais et ce que je fais dans la vie. Le dialogue s'est fait naturellement. C'est là que je balance mon speech: je n'aborde que des artistes que je kiffe et que j'admire sincèrement. Je propose des habits aux artistes qui pourraient véhiculer l'état d'esprit de ma marque. Je précise que je serais honoré de l'avoir parmi nous pour représenter ma marque. À cette époque, on avait déjà fait quelques bonnes perf' avec notamment Snoop Dogg, Ghostface, Raekwon, Method Man, Prodigy, Waka Flocka et Diplo et Charlie Sheen.

"An' naw, you wan' da great Popcaan to wear ya shirt as well, huh ?!"

Ah, le gars se prenait pour Alain Delon de la Jamaïque en parlant à la troisième personne (rires) ! J'ai dû lui demander de répéter, tellement je n'avais rien compris à cause de son accent (rires). Il répète, mais je n'ai toujours pas compris. Tout désolé, en rapprochant mes mains en forme de prière, je le supplie de parler plus lentement. Je souris dès qu'il re-répète, car j'avais enfin compris ce qu'il me disait. Je lui réponds : "Yes, I… exactly, because Popcaan rules, I am a big fan !" Il sourit aussi ! Je lui ai montré mon t-shirt dédié à Biggie : la fameuse couronne penchée dans le vide devant, et "There's gonna be a lot of slow singin' and flower bringin' if my burglar alarm starts ringin'" bien fat au dos. Je lui dis qu'il mérite sa couronne. Il kiffe, le prend tout de suite. Je lui montre un autre où je le voyais bien dedans : "¥N G±D W£ TRU$T… How about this one, you feel this ? Gotta get that money, my G." Là aussi, il capte direct et accepte avec plaisir.

Pendant que je fais mon move, son entourage découpe des oignons et chauffe des plaques de cuisson portatives, à la bien (rires). Les gars y allaient à fond (rires). Ils avaient sorti leurs casseroles, leurs poêles, leurs gros couteaux, les rallonges… Ils se croyaient dans Top Chef, version camping à l'hôtel, Kingston style (rires) ! En plus, ça sentait vraiment bon. Quelques minutes plus tard, ils étaient en train de déguster leurs petits plats. Ça avait l'air délicieux, ma parole. J'avais trop le seum (rires).

On a continué à parler un peu. Good vibes. Son bras droit s'est absenté quelques minutes, puis est revenu avec quelques t-shirts de Popcaan et de son label pour moi en échange. Je les remercie du fond du cœur. On échange nos comptes Instagram, je salue tout le monde, leur souhaite un excellent concert et je rentre chez moi heureux.

Quelques heures plus tard, je vois plein de photos et de vidéos de Popcaan en train de porter mon t-shirt sur scène. Yeeees ! Je suis comme un dingue. Quelques jours plus tard, je vois une autre photo de lui en train de porter l'autre t-shirt, ainsi que mon bonnet, posé avec Sean Kingston. Quelques mois plus tard, je vois un de ses oncles du bled, au fin fond de la Jamaïque, en train de porter le bonnet You Are Not Dead Yet dans une de ses stories Instagram. J'ai trop ri. Bless up !

PRODIGY (MOB DEEP)

Paix à son âme ! Son couplet dans Shook Ones Pt. II est parfait. Ce track mérite aussi sa place au Louvre. *Rock you in your face, stab your brain with your nose bone* est l'une des phrases les plus meurtrières et magistrales jamais prononcées. Certains diront que c'est une punchline, mais ce n'en est pas une. Je n'aime pas la façon dont on utilise le terme "punchline" à tout-va. Une punchline, c'est encore autre chose. Il faut une chute à la fin et des double sens, comme je l'ai déjà évoqué dans le chapitre Naughty by Nature. Prodigy, lui, balance des répliques crues à bout portant qui te détruisent le cerveau, ce n'est pas pareil.

Et dire que, selon le rapport officiel, il se serait étouffé en mangeant un œuf dur à l'hôpital, alors qu'il se faisait traiter pour ces complications dû à sa maladie du sang... Smh!

Sinon, tu savais que Prodigy est sur le morceau Too Young de Hi-Five, qui se trouve sur la B.O. de Boyz N the Hood ? Il n'est pas crédité. Il paraît que son nom était Lord-T, the Golden Child (rires). On parle de 1991, quand il était signé chez Live Records en solo et que le label avait refusé de signer le duo connu sous le nom de Poetical Prophets, avant qu'ils ne deviennent Mobb Deep quelques années plus tard. Je vais même aller plus loin et dire que c'est Puff Daddy qui les a convaincus de changer de nom. Chose faite dans les bureaux de Def Jam, en plein brainstorming, en train d'écrire différentes combinaisons de mots sur un bout de papier en attendant un rendez-vous, grâce à Q-Tip. Mobb Deep ! C'est vrai que ça claque mille fois plus quand même (rires).

Bandana P était aussi censé être sur le remix de Ante Up de M.O.P., mais ses paroles contenaient trop d'attaques envers Hov. Du coup, impossible que le duo de Brownsville garde son couplet. Il ne fallait surtout pas se mettre Jay-Z à dos alors qu'ils étaient sur le point de signer chez Roc-A-Fella.

P a lancé beaucoup de tendances dans le Hip Hop : la façon de plier son bandana, sampler des boucles de Scarface, les chaînes en or qui pendent jusqu'au pénis, les mains et le cou tatoués, faire rimer des mots qui ne riment pas (rires). Il n'y a que lui qui pouvait commencer un texte avec "I break bread, ribs, hundred dollar bills". Ce débit, cette facilité, cet argot, "Kiko". On s'arrachait les cheveux en écoutant son Dunn language. On était tous accros à la Mobb phonic. Le gars a aussi été le premier à parler de la vraie douleur physique. Il faisait beaucoup d'allers-retours à l'hôpital à cause de sa drépanocytose. D'ailleurs, il en parle très bien dans You Can Never Feel My Pain, sorti sur son album solo de 2000.

C'est surtout au milieu des années 1990 que le gars était bouillant. Parolier intouchable. C'était New York en chair et en os : attitude, confiance, voix, flow, cadence, paroles, productions… *Grimey New York thug shit*. Aucune envie de plaire aux radios. P rappait pour les Hennessy holders en hoodies, vestes militaires et Timberland aux pieds qui te saignaient avec des bouteilles cassées et des tournevis rouillés.

Si The Infamous était l'album sous influence de cognac, Hell on Earth était leur album sous coke. Sacrée évolution pour un duo qui a commencé avec le nom de Poetical Prophets (rires). Mais bon, faut avouer que quand tu grandis dans le Queensbridge et que ton père braque une bijouterie avec toi, tout petit, sur le siège passager, alors qu'il était musicien de doo-wop, le chemin est un peu tracé, non ? Tu risques de percer dans la délinquance (rires).

Quand Prodigy dit "My pops taught me how to shoot when I was seven", c'est un peu dans ton ADN, non ? (rires) Pourtant, sa famille baignait dans la musique. Son grand-père et son arrière-grand-oncle étaient musiciens de jazz. Sa mère était chanteuse pour The Crystals. Son arrière-arrière-grand-père avait fondé des églises et le Morehouse College (université d'art pour Noirs) en Géorgie après la guerre de Sécession. Riche background pour le petit Albert, qui a fini par opter pour la violence verbale malgré tout (rires).

Il y a un moment où même Nas a sucé son Queensbridge chakra tellement il maîtrisait sa plume à encre saignante. Il fait partie de ces quelques rappeurs (comme Nas, d'ailleurs) qui ont un nombre incalculable d'intros de couplets mythiques :

I got you stuck off the realness, we be the infamous, you heard of us, official Queensbridge murderers, the Mobb comes equipped for warfare, beware…

I put my lifetime in between the paper's lines…

I got the style of a stillborn child, I'm ill, if it's beef, poke him with the fork, make sure he's done well…

(j'ai un style de malade, comme un enfant mort-né... c'est d'une brutalité si poétique)

There's a war goin' on outside, no one is safe from…

I break bread, ribs, hundred dollar bills…

Il faisait rimer des mots qui ne riment pas mieux que quiconque, pre-mumble rap era je te dis (rires). Il y a une autre phrase dans Quiet Storm qui résonnait beaucoup dans ma tête quand c'est sorti en 1999 : "Don't make me waste my freedom". Ne m'oblige pas à gaspiller ma liberté ! Mec, t'as entendu ce que j'ai dit ? Qui pense à des phrases pareilles ? Cette simplicité, cette vérité, cette richesse, cette noblesse… C'est du Shakespeare de rue, mon pote.

Le 10 décembre 2001, j'ai pu interviewer Prodigy par téléphone pour la sortie de leur cinquième album, Infamy. Pray for Me, Get Away, Burn... Ces morceaux n'ont pas pris une ride. Dans son autobiographie, Prodigy dit que la fin du troisième couplet de Burn serait une réponse à Jay-Z. Hov venait de l'afficher sur l'écran géant du Summer Jam quelques mois auparavant. Le monde entier avait ri. Mais P ne reculait devant personne. Que ce soit Tha Dogg Pound, 2Pac, Keith Murray ou Hov. C'était un peu le Russell Westbrook du rap, avec une confiance en soi irrationnelle.

J'avais kiffé aussi l'idée d'avoir 112 sur le refrain de Hey Luv (Anything). Les featurings R&B dans des refrains pareils étaient encore rares. J'avais trouvé ça intéressant. J'étais donc super heureux de pouvoir enfin l'interviewer.

Tout d'abord, comment va ta santé ? Il paraît que tu as lâché la junk food pour les légumes.

Prodigy : Je me sens très bien, mieux que jamais. Je suis en excellente forme. Ça fait longtemps que je n'ai plus été malade. Ma discipline alimentaire m'aide beaucoup, oui...

On entend beaucoup de brutalité honnête sur cet album. C'est un projet qui sonne mature et consistant. Il y a de grosses productions avec pas mal de mélodies, je me trompe ?

C'est juste. On a grandi avec le temps. On s'améliore avec les années. La production est plus précise. Les paroles sont plus aiguisées.

Niveau production justement, il n'y a pas que Havoc. On trouve aussi Alchemist, Scott Storch et EZ Elpee.

On sait qu'Alchemist a un univers qui nous convient très bien depuis des années. Par contre, c'est la première fois qu'on travaille avec Scott Storch. Lui, c'est le gars qui produit beaucoup pour Dr. Dre discrètement. Il en avait marre d'être dans l'ombre sans être crédité à sa juste valeur. On a fait sept morceaux ensemble. On en a placé deux sur notre dernier album et les autres verront le jour sur des projets parallèles. Ce gars a des tueries. Il est bouillant. La combinaison entre ses productions de fou et nos lyrics sonne juste incroyable.

Scott Storch était au clavier pour The Roots jusqu'à leur troisième album, mais il en avait marre de tourner sans arrêt. Il a produit You Got Me pour The Roots (1999) et Still D.R.E. (2001) avant d'exploser avec Lean Back de Fat Joe.

Et pourquoi ne pas avoir sorti la B.O. du film Murda Muzik avant cet album, comme c'était annoncé à la base ? Est-ce que ça a un rapport avec ton histoire avec Jay-Z, par hasard ?

Non, rien à voir. Premièrement, on ne ferait jamais de tels changements stratégiques pour de telles raisons. Deuxièmement, la seule raison pour laquelle on a mis Murda Muzik en attente, c'est parce que le film n'est pas complètement fini. On l'aurait sorti sinon, sans doute. Cela dit, le monde attend impatiemment un nouvel album de Mobb Deep, non ?

Ben, c'est clair. C'est pour ça que je demande, justement. Ce clash avec Hov nous donne envie d'entendre ta réponse. Ça donne encore plus envie d'avoir du Prodigy bien dangereux dans les enceintes.

C'est une façon de voir les choses, en effet. C'est vrai que ça pourrait être une stratégie. Tout est une question de timing, et le monde veut du Mobb Deep maintenant. C'est pour ça qu'on sort l'album maintenant. Word !

Donc, cinquième album pour Mobb Deep. Tout le monde ne connaît pas votre premier album, Juvenile Hell, sorti en 1993 avec le fameux Peer Pressure.

Yeah ! Il est sorti en 1993, en effet. On se débrouillait pas mal déjà à cette époque. Hit It From the Back était notre toute première production en tant que Mobb Deep. Peer Pressure est produit par DJ Premier.

Et si tu comparais les différences entre ton état d'esprit de 1993 et aujourd'hui...

Yo, tu sais, à cette époque, je foutais la merde et j'avais que des histoires de ouf. J'en avais rien à foutre de rien. J'étais jeune et con.

Jeune et sans responsabilités, c'est ça ?

Word, just buggin', son ! Une vraie terreur dans la rue, alors qu'aujourd'hui, je suis devenu beaucoup plus calme. J'ai plus envie de ce stress. Je suis plus âgé aussi. J'ai pas envie de passer des nuits au poste. Peu importe le délit, plus le temps pour tout ce bullshit. J'évite les conneries au max, même si on est toujours dans des histoires de rue, tu vois ?

Maintenant que tu es devenu père, ça t'a aidé dans cette transition ?

C'est sûr que ça aide, mais ce qui m'a le plus aidé, c'est la maturité. Savoir évoluer. J'ai appris à me séparer de certaines choses pour devenir un vrai homme. De mieux gérer mon business au quotidien pour passer à l'étape suivante de ma vie.

Qu'est-ce qui se cache derrière le titre de l'album ? Au début, je pensais au jeu de mots entre Infamous et Family...

Infamy vient de Infamous. L'état de quelque chose de grotesque et criminel. C'est nous qui faisons ce que nous savons faire de mieux. C'est nous, Mobb Deep, Infamous, tu vois ?

Mobb Deep rime forcément avec Queensbridge, où il y a énormément de talent. Qui sont ceux qui t'ont le plus influencé en grandissant ?

Havoc a grandi dans le Queensbridge, moi, je suis arrivé plus tard, en 1994. J'ai apprécié tous les grands qui sortaient de là-bas... Juice Crew et tout ça, c'était fou de pouvoir les rencontrer une fois arrivé. Marley Marl et MC Shan, tous ces gars. C'était des énormes influences de rap. C'était mortel, tu vois ? C'est quand j'ai rencontré Havoc que j'ai pu rencontrer toutes ces légendes. Nothing but love, word up...

Toi, en tant que lyriciste qui a déjà eu des Hip Hop Quotable dans The Source, qu'est-ce qui rend une rime mortelle ?

Il faut que ce soit différent. Il faut que ça donne envie de tout de suite arrêter ce que tu fais pour écouter. De vouloir tendre l'oreille pour entendre ce que le gars balance.

Comment choisis-tu des productions ? Qu'est-ce qui rend un beat incroyable ?

Quand tu entends le beat, il faut que ça te fracasse la gueule. Du genre : "Oh shit, attends là, qui a fait ce beat ?... Yo ! Il me le faut, hook me up..." C'est en ayant cette réaction que tu sais que tu as entendu un dope beat, tu vois ?

Et d'ailleurs, c'est quoi ce bordel, Mobb Deep qui fait des chansons d'amour maintenant ?

Yo, tu vois, il y a plein de gens qui nous demandent ça. S'il y a bien une question qu'on n'arrête pas de nous poser, c'est celle-là. Les gens disent qu'on a changé de direction avec ce titre avec 112. Comme si c'était quelque chose de nouveau pour Mobb Deep. Mais si tu regardes vraiment nos tracklists depuis des années, on a toujours eu des chansons comme Temperature's Rising avec des petits refrains chantés. Ça a toujours fait partie du rap. Cette combinaison R&B et rap sonne toujours bien. Évidemment, ça amène notre style de rue à une audience plus large. Ça permet aux gens qui, normalement, n'écouteraient pas notre rap, de nous découvrir. Un petit refrain chanté qu'une nana trouve mignon l'oblige à écouter nos lyrics violents.

Tout ça pour dire qu'on a fait cette chanson avec 112 après les avoir entendus sur notre Quiet Storm beat (remix de It's Over Now avec Prodigy). C'est quand on les a entendus qu'on a eu envie de les avoir sur notre album. On a toujours un petit morceau pour les filles. On a eu Trife Life sur l'album The Infamous. Havoc aime aussi rapper sur les filles, je pense notamment à More Trife Life sur l'album Hell on Earth. Il faut toujours inclure les filles. Il faut qu'elles se sentent concernées, car ce sont elles qui achètent les albums.

Parlons justement de Hell on Earth. C'était un album très sombre. Ambiance Scarface, de la coke partout, puis dans Quiet Storm, tu en parles ouvertement en admettant qu'il fallait se calmer :

I spent too many nights sniffin' coke, gettin' right
Wastin' my life, now I'm tryin' to make things right
Grand open some gates, invest in the rag business
Do things for the kids, the little Dunns
Build a jungle gym behind the crib, so they can enjoy youth

En grandissant, j'ai réalisé que ces conneries allaient me rattraper. Ce n'était pas bon pour ma santé. Ça me rendait malade. Tout l'alcool qui allait avec. Les matins, déjà avec Twin, on commençait avec des bières. Chaque matin, 22 oz de St. Ides pour le petit-déjeuner. On fumait, on buvait, on prenait de la drogue. On était complètement fous. On était extrêmes. On s'éclatait. On ne se rendait pas compte qu'on abusait. Il m'a fallu un bon moment pour prendre du recul et m'avouer qu'on était défoncés. Word !

Si tu pouvais revenir en arrière pour corriger quelques-unes de tes erreurs...

La vie est un ensemble de leçons. Il faut passer par des erreurs pour apprendre. Je ne changerais rien du tout, car c'est avec ces expériences que j'ai pu acquérir toute ma sagesse.

Tu peux me citer tes 5 rappeurs préférés ?

(Longue respiration) Man, c'est dur, ça.

Des gars qui t'ont littéralement inspiré.

Trop difficile ! Par contre, je peux te dire ce que j'ai en ce moment dans ma voiture. J'ai notre album Infamy. J'ai Bulletproof Wallets de Ghostface Killah. J'ai Thriller de Michael Jackson. J'ai l'album de Faith Evans (Something About Faith). Je vais acheter le nouvel album de Nas bientôt. J'ai une mixtape de Kay Slay. J'ai Iron Flag de Wu-Tang Clan...

Comment va Nas, d'ailleurs ?

Nas is chillin'. Il va sortir son prochain album très prochainement, justement. Stillmatic.

Ouais, très bon, je l'ai entendu l'autre jour aussi. Et sinon, quoi de neuf avec CNN ? J'ai entendu que Capone est de nouveau derrière les barreaux ?

Je ne sais pas. J'étais avec Noreaga juste l'autre jour...

Et c'est là que l'attaché de presse s'écrie : "Chuck, we gotta wrap it up !", et nous oblige à terminer l'interview. Je demande à Prodigy de vite nous faire quelques dédicaces pour notre émission et surtout de me faire un petit message pour mon répondeur téléphonique.

*"Hey yo, check it out, man ! Baby Blu ain't here right now, you bitchass ni**as, call back... It's Prodigy, you heard ?!"*

Ça, c'est bien un truc que les Millennials et la Gen Z n'ont jamais connu (rires). Mon "answering machine game" était au top (rires) !

PROOF

Tout d'abord, je n'ai jamais rencontré Slim Shady mais j'ai chauffé Proof après un concert à Zurich une fois (rires). Proof, pour ceux qui ne savent pas, était le pote d'enfance et bras droit d'Eminem. C'était son hype man, mentor et le cofondateur de D12. Celui qui a appris Em a rapper… Paix à son âme.

Proof était au micro, en train d'ambiancer le public après le concert d'Eminem. Il était dans la cabine du DJ avec un DJ local qui passait des morceaux tranquillement, à la cool… J'arrive pour saluer Proof et le féliciter pour son article Unsigned Hype dans The Source, que j'avais vu quelques semaines auparavant. On est en 2000, je pense, car Opee, signé chez Kobra, faisait la première partie ce soir-là. J'échange quelques mots avec Proof. Je lui dis que je kiffe ce qu'il fait et que je me réjouis d'entendre ses prochaines sorties. Il n'en revient pas. Il s'est dit : "Mais comment ça se fait qu'un petit Blanc en Suisse soit autant au courant de mes trucs perso…" (rires). Du coup, on se checke, on se salue, peace, puis je m'en vais… et là, le gars demande une instru au DJ pour pouvoir kicker. Le gars a une montée d'adrénaline et commence à rapper comme un fou. Il prend le micro et fracasse tout en impro. Un tueur à gages, je te dis ! Il ne s'arrêta pas. Je pense avoir réveillé l'assassin formé dans le Shelter, lieu mythique dans le film 8 Mile qui était en pause, tranquillement en train de dormir en lui ce soir-là (rires). C'est ça qui est beau dans le Hip Hop. Une petite phrase de ma part a enclenché le b-boy en lui. Il voulait absolument que le monde sache qu'il était chaud. Il y tenait. Du genre : "Il y a quand même quelques connaisseurs dans la place, il faut que je leur montre qui je suis vraiment." Mission accomplie.

Il y avait aussi une anecdote assez marrante avec une chickenhead groupie avant le concert, ce soir-là. Je rentre depuis la porte de sortie qui donnait accès au tour bus d'Eminem avec mon pote Jiggy Jones. On était sortis prendre l'air, fumer, ou je ne sais plus trop quoi, bref… Jones, tête de cainri, à côté de moi, avec ma casquette qui cache mon visage. Je fais à peine cinq pas et une fille me fout sa main direct au sac. Bam ! Direct aux parties intimes, sans scrupule la meuf (rires). Je me penche vers son oreille et lui dis : "I'm not him." Non, mademoiselle, désolé, je ne suis pas Slim Shady (rires). Elle recule sa tête pour vérifier. Elle réalise avec un air un peu déstabilisé. Elle fixe le peu de mon visage visible, je souris et je continue mon chemin en zigzaguant entre les gens dans la foule. Ceci est bel et bien ma Eminem story et je m'y tiens (rires).

PUBLIC ENEMY

Mais quel nom de groupe incroyable ! Et ce logo surpuissant qui va avec. Dans la Constitution des États-Unis, il y avait une phrase, un temps, qui disait que l'homme noir n'était que 3/5 d'un être humain... Après avoir lu ceci, Chuck D a vite compris que l'Afro-Américain était l'ennemi public, voilà pourquoi ce nom de groupe, tu captes le délire ?

Je crois que Yo! Bum Rush the Show était le premier vinyle Hip Hop que j'ai acheté avec mon propre argent. Un de mes premiers salaires d'apprenti. Je l'ai choppé en 1989. Il était dans les bacs depuis 87.

Peu de temps avant, mon père m'avait ramené l'album BAD de LL Cool J à la maison. Il m'attendait sur mon lit, tout neuf, tout lisse, tout brillant. J'étais hypnotisé par ce logo Def Jam dès que je l'ai vu sur le dos de la pochette. Jusque-là j'avais tous les albums de Run-DMC officiels. J'avais trouvé la cassette de Raising Hell à la Placette de Moudon, à côté des plumiers et des cahiers d'école, complètement dingue. Je l'ai encore dans un carton. J'avais Licensed to Ill sur cassette Maxell mais à l'envers : un pote m'avait mis d'abord la face B et ensuite la face A. Donc, j'écoutais tout faux. L'ordre réel des chansons, que j'ai entendu des années plus tard en écoutant l'album sur CD, m'avait complètement déstabilisé. Mais comment est-ce possible ? Ça m'avait trop perturbé. Bref, il me fallait la suite de l'histoire Def Jam.

C'était à Lausanne, chez un vrai disquaire, chose rare aujourd'hui. Un peu comme les cabines téléphoniques (rires). Tu rentrais dans le shop et ça puait la clope. Il y avait des cendriers crades sur le comptoir. Des platines au fond pour faire tes écoutes. Tu trouvais des rockeurs et quelques DJ Hip Hop qui te fusillaient du regard dans le petit coin rap du magasin, pas très accueillant. J'avais la trouille de rentrer dedans car je n'étais pas encore validé. Pour moi, à cette époque, acheter un vinyle c'était comme porter une ceinture *name-plate* ou des Adidas Superstars, il fallait le mériter. Fallait être actif dans le mouv' pour les avoir. J'avais un peu la pression car j'écrivais mes quelques rimes uniquement en scred. En plus, qui suis-je pour oser écouter Public Enemy là, avec ma petite gueule blanche criblée d'acné ? Et si quelqu'un me testait à la sortie du shop ? Personne ne se portait garant pour moi. Je venais d'arriver de Californie. Je ne connaissais pas grand monde. Je ne parlais pas français. Je vivais à Moudon, dans le chalet de mon grand-père à 700 mètres d'altitude. Je n'étais encore personne ici à Lausanne.

Donc oui, la photo de la pochette d'album me faisait planer. Je la matais pendant des heures en l'écoutant dans ma petite chambre. C'était sombre et mystique. Le groupe était uni dans la cave, sous cette petite lumière. Ils étaient autour de la platine comme une armée autour de leur carte du monde en train de stratégiser leur attaque. Ambiance militante. Sous le titre de l'album, il y a une phrase écrite plusieurs fois : THE GOVERNMENT'S RESPONSIBLE... THE GOVERNMENT'S RESPONSIBLE... THE GOVERNMENT'S RESPONSIBLE... De l'autre côté, il n'y a que les phares des voitures qui éclairent les lieux. On voit Chuck D appuyé contre sa vieille Oldsmobile avec des Avia blanches aux pieds et un petit chronomètre autour du cou. Le logo Def Jam est plus grand que celui de PE. Je regardais cette photo pendant des heures quand j'écoutais ce disque en boucle. À cette époque, il n'y avait pas vraiment d'autres images d'eux. Pas d'Instagram, pas de clips, pas de YouTube, pas de magazines, rien. On buvait l'artwork des albums jusqu'à la dernière goutte. On étudiait les crédits d'album et les shout outs comme si notre vie en dépendait.

Maintenant, pense à ce titre d'album : It Takes a Nation of Millions to Hold Us Back. Il faut une nation d'un million de personnes pour nous retenir. Relis cette phrase encore une fois, juste pour que tu captes la puissance… Et je ne parle même pas du contenu des textes et des claques dans les arrangements musicaux. Tout simplement hors norme. Ensuite, pense à Fear of a Black Planet. Ensuite, pense à Fight the Power :

Elvis was a hero to most
but he never meant shit to me, you see
straight up racist that sucker was simple and plain,
motherfuck him and John Wayne
'cause I'm black and I'm proud
I'm ready and hyped plus I'm amped
most of my heroes don't appear on no stamps…
Fight The Power…

Heavy ! Autant dans le son que dans le message. Absolument extraordinaire. Chuck D avec sa casquette des Pirates de Pittsburgh. Flavor Flav avec son horloge autour du cou (rires). Def Jam au sommet. Public Enemy avait une bonne longueur d'avance, mais Dieu merci pour de tels groupes ! Des groupes avec un tel impact se trouvaient au-dessus des autres en termes d'influence et shifting the culture… Je pense aussi à Run-DMC, N.W.A et Wu-Tang Clan. Mais PE avait le message radical en plus, c'était trop puissant.

Chuck D, non seulement un parolier sous-estimé qu'on ne cite pas suffisamment dans les top lists, était aussi graphiste à l'université. C'est bien lui qui avait designé non seulement les cinq premières pochettes d'album du groupe, mais aussi le fameux logo PE. C'est sûrement le meilleur logo de groupe de tous les temps. Perso, je le trouve encore plus puissant que le W du Wu-Tang ! Cette cible par-dessus le b-boy politiquement engagé avec ses bras pliés. Génial ! Chuck D l'avait designé lui-même en 1986, sans Photoshop évidemment. Il n'avait accès qu'aux stylos, marqueur noir, cutter, Tipp-Ex... Il était complètement conscient de l'impact qu'un logo de groupe devait avoir. C'est balaise quand même.

Je les ai rencontrés à l'Usine de Genève après leur concert en décembre 1999. J'ai dû les interviewer séparément. Ils n'étaient plus trop potes. C'était chacun dans son coin après le concert. D'abord Chuck D, ensuite Flavor Flav. Chuck D insistait à plusieurs reprises que Redman était le meilleur rappeur du moment. Que c'était le rappeur le plus divertissant et celui qu'il adorait le plus. Ça m'avait un peu surpris sur le moment, venant de lui à vrai dire, mais ça montrait aussi qu'il était un véritable fan de rap.

Je me rappelle d'un Flavor Flav complètement ivre avec sa canette de bière tiède dans les mains, sous les escaliers de la salle, en train de me parler si ouvertement. Pendant qu'il me parlait, je repensais à sa chaussure Ewing en daim, couleur vert bouteille, qu'il avait perdue pendant leur concert alors qu'il crowd-surfait sur la foule (rires). C'était mon premier concert à Lausanne. Concert mythique à la grande salle de Vennes à Lausanne, en 1990. C'était aussi le premier gros concert de Sens Unik ce soir-là. J'étais tellement fier de voir mon copain de classe Beatbox Rade, sous ces spots en train de faire son show devant un public en plein kiffe. J'étais tellement fier de le connaître, de le voir sur cette scène bouillante et d'être à Lausanne dans la salle sans me faire tester. Des potes de Renens avaient dépouillé les billets des petits "suckers" venus d'ailleurs pour pouvoir rentrer voir le concert. Ils refusaient catégoriquement de payer pour leur place alors qu'ils avaient des proies faciles en chemin. Ces petits cons qui écoutaient du rap depuis seulement trois mois ne méritaient pas de voir ce concert selon eux, pas cool, je sais.

En fouillant dans mes cartons, je suis tombé sur une autre interview de PE très intéressante. Je pense avoir reçu ça de Koch Records à l'époque. Ça date de 2002, pour l'album Revolverlution, où Chuck D parlait de l'importance et de l'impact en général de la technologie et d'Internet sur les réalisations d'albums. De pouvoir bosser avec un producteur qui se trouve à l'autre bout du monde, alors que c'était juste impensable quelques années avant. Chuck D a vite compris qu'Internet permettait maintenant de couper l'intermédiaire, à savoir le label, et d'aller directement vers le consommateur. Ça paraît évident aujourd'hui, mais cette transition était révolutionnaire il y a 20 ans. Avec ce sixième album, PE a été le premier groupe de rap à mettre son album disponible en vente uniquement sur le Web. Du jamais vu.

Chuck D expliquait qu'il cherchait à frapper fort, non seulement au niveau lyrical et en termes de sonorités lors de chaque sortie, mais qu'il souhaitait impacter fort en dehors des chansons également. Pour lui, c'est ça être un vrai révolutionnaire. En 1994, PE a été le premier groupe de rap à avoir pu faire la bande originale entière d'un film, comme le faisaient Isaac Hayes et Curtis Mayfield.

Ça pourrait surprendre certains, mais PE a sûrement la fanbase la plus diverse possible et imaginable à travers le monde. Les gars étaient les premiers à tourner en Europe, en Asie, à Cuba, en Australie. Ils ont un vrai show live. Chuck D, le coffre et la voix parfaits pour la scène. Flav était le meilleur hypeman dans le game. Les S1W rajoutaient aussi une autre dimension super puissante à leurs show leurs chorégraphies représentaient l'organisation, la structure et la protection. C'était impressionnant.

Il parlait aussi, justement, de cette importance de la performance live. Tout d'abord, il faut que la musique soit bonne, c'est certain... Mais il faut surtout pouvoir défendre son disque devant un public. Il faut que la performance sur scène soit encore meilleure que le single qui passe à la radio. C'est ce qui sépare les bons des très bons à travers le temps. Ce n'est pas la chanson qui doit dominer. C'est l'artiste qui doit dominer la performance, sinon il ne dure pas dans ce business. C'est également dans cette interview que Chuck D dit que Welcome to the Terrordome est son single préféré de tous. Il dit que c'est dans ce morceau qu'il a le mieux pu vider son sac. Il était fâché, perplexe et blessé. Son âme pleurait de rage.

10 Titres d'Albums qui Claquent (rap US):

It Takes a Nation of Millions to Hold us Back - Public Enemy
Fear of a Black Planet - Public Enemy
Amerikkka'z Most Wanted - Ice Cube
Illmatic - Nas
Aquemini - Outkast
Music to Driveby - Compton's Most Wanted
Doggystyle - Snoop Doggy Dogg
Bulletproof Wallets - Raekwon
Get Rich or Die Trying - 50 Cent
Liquid Swords - GZA

10 Titres d'Albums Qui Claquent (rap FR):

Qui Sème le Vent Récolte le Tempo - MC Solaar
Cerise sur le Ghetto - Mafia K'1 Fry
L'Ecole du Micro d'Argent - IAM
Détournement de Son - Fabe
Jeunes, Coupables et Libres - Les X
Quelques Gouttes Suffisent - Ärsenik
Paris Sous les Bombes - NTM
Le Monde Chico - PNL
Mauvaise Oeil - Lunatic
Jusqu'à l'Amour - Les Sages Poètes de la Rue

RAEKWON

Yo Shaolin's finest, what up boo? Peace your highness,
*Yo I'm loungin', big dick style, y'all ni**as is the flyest...*

Oh là là... Raekwon The Chef !!!! Lex Diamonds... Quel phénomène, celui-là aussi ! Le gars a changé le game en 1995 avec sa Purple Tape. Only Built 4 Cuban Linx... Sûrement le meilleur projet solo de Wu-Tang avec Liquid Swords et Supreme Clientele. OB4CL a amplifié la formule de Kool G Rap sur des prods grimey de RZA à son meilleur niveau. C'est la naissance des Wu-Gambinos. Les akas de chaque membre : Rollie Fingers, Golden Arms, Johnny Blaze, etc. Des flows remplis de mafioso rap, inspirés du crime organisé des mafieux italiens, tissés ensemble par un argot riche et parfois incompréhensible (rires). C'est du dope New York fly shit. Chaque morceau est un crime verbal. L'album pue la poudre à canon. Plein de couleurs. Plein d'interludes. Ce sont des histoires de coke et de grosses opérations criminelles, avant Jay-Z, avant Biggie, avant Mobb Deep. Cet album a changé la trajectoire du rap new-yorkais des mid-90s à lui tout seul. Ce chef-d'œuvre a ouvert le chemin pour les futurs projets tels que Reasonable Doubt et Life After Death. Le problème, c'est que OB4CL avait mis la barre trop haute, et Raekwon n'a jamais pu re-atteindre ce niveau.

Je l'ai rencontré à plusieurs reprises. J'ai eu la chance de pouvoir l'interviewer quelques fois lors de ses sorties. Il est tellement authentique, ce gars. Il aime trop utiliser des mots qui ne veulent rien dire, mais comme il les place dans son phrasé, ça donne toujours quelque chose de spectaculaire. Il a un vocabulaire un peu farfelu qu'il tord dans tous les sens et parfois, il balance des petites pépites simples, percutantes et straight to the point, comme ici, par exemple, lors de mon interview du 5 octobre 2005, juste avant son show au D! Club :

Quels sont les artistes que tu écoutes aujourd'hui ? Y a-t-il des rappeurs qui t'inspirent ?

Raekwon : En fait, personne. Je suis désolé de te dire ça, j'aime le travail de beaucoup de gens, mais il n'y a rien qui m'attire actuellement. On dirait que tout le monde fait du commercial, moi, je le vis à 100 %. Pour moi, c'est comme un combat de boxe pour le titre de champion, je suis un lyriciste, j'ai l'impression que les rappeurs d'aujourd'hui n'ont même pas le niveau pour que je les respecte. Comprends-moi bien, j'écoute la radio, je vois les clips sur MTV, je sais qui est qui, mais ça ne me concerne pas, car ça ne me fait pas progresser. Les rappeurs doivent comprendre que l'originalité fait la différence. J'aime voir les artistes qui réussissent sans se vendre. Reste toi-même et les gens te suivront un jour. Moi, je reste qui je suis, j'écoute de la musique calme, ça me permet de me relaxer et de rester tranquille. Je n'ai pas d'influences ces temps-ci, je suis trop occupé dans les studios à être moi-même.

Raekwon est le seul type qui peut balancer : *Pardon my French but let me speak Italian*, et continuer son rap sans le moindre mot en italien sans que personne ne branche (rires). On laisse passer car c'est Raekwon. Quand il parle, c'est pareil. Chaque fois, c'est un film. C'est un peu le Joe Pesci dans Les Affranchis. Petit, gros, dangereux, mais super marrant sans forcément faire exprès, tu vois le délire ? (rires). Je le respecte tellement. À chaque rencontre, je suis sous le charme. La première fois, il m'ouvre la porte de sa chambre d'hôtel avec un monstre sourire hyper accueillant. Il est en caleçon et un t-shirt XXXXL vert fluo (rires). Je te jure que je n'étais pas prêt (rires). Une autre fois, en 2014, je me retrouve au milieu de tous les Wu-Tang dans les loges après un concert à la Royal Arena à Bienne en train de leur distribuer mes t-shirts, des hoodies et des bonnets. J'en donne à Method Man, Ghostface Killah et Raekwon. Il y a de la bouffe partout autour de moi. Je suis là, en train de plonger dans mon sac North Face. L'odeur du poulet chatouille mes narines. Ça a l'air trop bon. Les gars kiffent mes trucs. Je suis sur un petit nuage. Quelques jours plus tard, je reçois un e-mail de Raekwon. Subject : "Holla bro". Je clique et je lis : "Peace fella, feel free to call me". Je lui réponds direct : "Yo God, t'es dans quel fuseau horaire ? T'es toujours en Europe ou de retour à NYC ?" Il me répond : "Peace champ, je suis à New York". Je fais vite le calcul. J'attends 18h pour l'appeler, ça fera midi chez lui.

Il avait kiffé mon t-shirt Black Mickey Mouse que je lui avais filé dans les loges l'autre jour. Il me demande de designer des t-shirts pour lui. Je respire un bon coup et compose son numéro à 18h. Je me rappelle comme si c'était hier. Je suis sur le trottoir en train de marcher. Ça sonne. J'ai le cœur qui bat fort. Putain, je suis en train d'appeler Raekwon (rires).

Il décroche : "Hello"

-"Yo Raekwon, what's going on… This is Blu from Switzerland. Cotton & Bass, Black Mickey Mouse tee, remember?" Et là, je me croyais dans une interlude d'album Wu-Tang pour de vrai.

- Yo Champ, so what's up? So when you comin' to New York?"

- Yo God, all good, so what's up Rae?"

- Word, word… All straight over here, nahmean?!"…

En gros, il voulait que je lui dessine un Kermit The Frog en train de fumer un blunt, qui porte un t-shirt Wu-Tang et une veste en cuir avec le col relevé à la Fonzie dans Les Jours Heureux (rires). Ensuite, il voulait Daffy Duck en train de jouer aux dés avec des liasses de billets. Ensuite, il me parle de Dingo le chien qui porterait des Wallabees aux pieds, en train de fumer un bong (rires). J'étais partant pour une collaboration, mais lui, il voulait produire avec son plan via le Canada. J'ai vite laissé tomber, smh.

RAH DIGGA

Voilà une meuf que je kiffe au mic. Elle est faite du même bois que MC Lyte, Hurricane G, Lady of Rage, Doechii, Rapsody quand il s'agit de la férocité, de l'amour et de la passion qu'elles dégagent en kickant…

Rah Digga, aka Dirty Harriet, First Lady of the Flipmode Squad. Down with the Outsidaz, donc tu sais qu'elle ne blague pas. Elle était toujours entourée des meilleurs rappeurs dans les parages. Je crois même qu'elle a un enfant avec Young Zee. J'ai toujours kiffé ce gars, d'ailleurs. Ce flow, cette énergie, cette voix. Pure Hip Hop.

En grandissant, Rah Digga écoutait les vrais gars comme Rakim, KRS-One, Kool G Rap et le Juice Crew. La bonne école. Elle spit du vrai rap et maîtrise complètement le sujet.

Elle est de Newark, New Jersey. On l'entend sur le morceau Cowboys avec tous les Outsidaz, sur l'album The Score des Fugees. Tu sais, ce fameux album qui a vendu plus de 20 millions d'exemplaires à travers le monde ? (rires)

C'est Q-Tip qui l'avait repérée au Lyricist Lounge une fois et qui l'a connectée avec Busta Rhymes. C'est comme ça qu'elle est rentrée dans le Flipmode Squad. Sacré crew quand même : Busta Rhymes, Spliff Star, Rampage, Rah Digga, Baby Sham, Lord Have Mercy et Roc Marciano !

Elle était en concert à la patinoire de Bienne avec Rampage et The LOX. On est en août 2000. J'étais complètement sous le charme, avec son lip gloss bordeaux, en l'interviewant. Je me rappelle qu'elle était encore plus belle en vrai que dans ses clips. Elle avait cette voix granuleuse. Genre la meuf qui fume trois paquets de Newports par jour et bouffe des MCs comme des Happy Meals (rires).

RAHZEL

J'avais kiffé son album. Il m'avait dit avoir vendu plus de 400 000 exemplaires. Presque disque d'or quand même, en un an. L'album était sorti en août 1999. Il y avait un casting all-star sur ce projet : des productions de Marley Marl (reprise de Make the Music with Your Mouth de Biz Markie), Pete Rock avait produit le premier single, All I Know. Scott Storch avait fait un morceau avec Vinia Mojica en featuring sur le refrain. J'aimais aussi le morceau Night Riders featuring Slick Rick. Il y avait des featurings aussi de Aaron Hall, The Roots, Q-Tip et surtout Erykah Badu, avec ce morceau que j'adore intitulé Southern Girl.

MCA avait allongé les tunes pour ce projet. Gros budget de major ! (rires) On trouvait aussi Me'Shell Ndegeocello — un nom que je n'arriverai jamais à prononcer (rires) — et Branford Marsalis sur un morceau qui s'appelle Steal My Soul. C'est d'ailleurs le morceau préféré de

Rahzel sur l'album. C'est une chanson deep. La plus personnelle du projet. Pas de bruitages de K 2000 sur celui-là (rires), juste lui et Branford qui vont back and forth avec leurs "instruments" comme des vieux jazzmen. Me'Shell balance un truc profond sur le morceau, du style : *Le cœur est un coffre au trésor où ton âme se baigne*, ou je ne sais plus trop quoi (rires).

C'est un morceau qui reflète sa légende personnelle, le fameux combat d'un artiste authentique entouré de vipères qui veulent sucer son énergie (rires). Quand il me parlait de ce morceau, j'avais ressenti tout un soulagement de sa part d'avoir enfin réussi dans le business sans vendre son âme. Il exprimait une longue lutte contre ceux qui doutaient de lui. Je lisais de la frustration entre les lignes. Son besoin de reconnaissance. Du props, comme il disait. Je ressentais une blessure profonde de longue date, suite à son combat pour rester intègre.

J'ai pu voir The Roots en concert plein de fois à travers les années. Leur évolution dans le music business est super impressionnante. De passer pour un groupe qui faisait des centaines de concerts dans des petites salles partout dans le monde par an, à en devenir le groupe résident du Tonight Show Starring Jimmy Fallon sur NBC en 2009. Massive respect. Le groupe underground qui s'est réfugié à Londres pour percer. Les gars viennent de Philadelphie. Ils se sont fait snober pendant des années. Personne ne les calculait aux États-Unis. Ils ont dû sortir leur premier album, Organix, en indépendant. Ils le vendaient lors de leurs concerts, partout en Europe. Et regarde-les aujourd'hui, ils sont devenus des vedettes de la télé, le groupe résident pour le plus gros talk-show du monde.

Ce groupe est fait pour le live. D'abord, Black Thought est l'un des MCs les plus dangereux de tous les temps. Lui et Malik B (R.I.P.) étaient quand même un sacré tandem au micro. D'ailleurs, tu savais que Black Thought avait un groupe avec Beanie Sigel au lycée ? Tiens, je te l'offre celle-là, cadeau (rires).

Questlove orchestre le côté musical. Lui, c'est la colonne vertébrale du groupe. Ensuite, il y a eu beaucoup de va-et-vient chez eux. Rahzel est parti en solo en 1999, remplacé par un autre human beatbox du nom de Scratch, qui assurait grave aussi. D'ailleurs, j'aimerais bien savoir qui assurait vraiment le plus entre les deux, selon un spécialiste du beatbox.

On les avait vus à La Dolce Vita de Lausanne avec Scott Storch aux claviers. C'est là que j'avais vu Rahzel pour la première fois. Il a retourné le public en 1994 ou 1995. Il avait cette routine qu'il maîtrisait trop bien, avec la chanson d'Aaliyah, If Your Mother Only Knew. Il faisait du gros Wu-Tang aussi, avec les phrases des films de kung-fu et tout. Il y en a sur l'album aussi, ça vaut le détour. Le public pétait les plombs chaque fois qu'il les faisait, celles-là. Ce n'est pas pour rien qu'il se faisait appeler The Godfather of Noize. Sans oublier que le gars est quand même en featuring sur L'École du Micro d'Argent de IAM.

Je l'ai interviewé au Paléo Festival le 26 juillet 2000, après qu'il a brûlé le chapiteau le même soir que Saïan Supa Crew. C'était bien impressionnant. Il y avait le 113 ce soir-là aussi, qui étaient bien un cran en dessous en termes de jeu de scène (rires). C'était un gros rendez-vous Hip Hop pour l'époque... Bamboulé ! (rires).

Il me parlait des pionniers du beatbox. Ceux même d'avant le Hip Hop. Il est parti jusqu'en Afrique de l'Ouest pour parler des tribus et de leurs façons de communiquer entre eux avec ces mêmes sonorités et techniques. Il a cité Zap Mama, Bobby McFerrin et des groupes cubains mystiques dont je ne me rappelle plus les noms, les rencontres qu'il a pu faire en Italie, en passant par l'Australie jusqu'à Paris. Il connaissait d'ailleurs déjà les Saïan avant cette date du Paléo. Il les respectait bien et me parlait même d'un projet de collaboration qui n'est jamais venu comme il l'avait promis (rires)... Ah, ces Ricains, c'est marrant, ils sont toujours là à te vendre du rêve (rires).

Rahzel représentait le Bronx à fond. Il était même down avec les Ultramagnetic MCs au début de leur carrière, mais il avait grandi dans le Hollis, dans le Queens, en même temps que Run-DMC. Il connaissait bien LL Cool J. Il est allé à l'école avec Salt-N-Pepa. Il m'a aussi vite parlé de son cousin, Rahiem, des Furious Five. Ensuite, on a plongé plus en profondeur concernant les valeurs et les codes du Hip Hop. Certaines règles en voie de disparition dans cette culture, qui pourtant nous semblent évidentes.

Je lui avais vite demandé aussi son avis sur le sample clearing, étant donné qu'il interprétait des classiques des autres artistes à tout-va sur scène. C'était marrant d'entendre son avis là-dessus : en gros, tant qu'il avait le feu vert des autres artistes, il était content.

Je me souviens aussi de son envie de plaire au public et de l'importance des interactions avec lui pendant les concerts. Le côté live avec les possibilités d'improvisation. Ce talent de captiver un public. Les vrais skills d'un MC. Like Rakim said, Move the Crowd. Master of the Ceremony. De l'énergie purement Hip Hop. Il avait insisté aussi sur la chance qu'il avait de pouvoir impacter les fans directement et son envie d'inspirer son prochain grâce à cette discipline Hip Hop. C'est ce qu'il kiffait le plus.

Quand je lui ai demandé ce qu'il aimait écouter ces temps-ci, il a répondu Lucy Pearl, Jay-Z, Common et DMX. Il disait qu'il adorait le côté émotionnel de DMX. Ce don d'extérioriser sa rage, sa souffrance, sa douleur qu'on a tous en nous, et ce besoin de ventiler parfois.

Il me parlait aussi de vouloir exploser les scores au niveau des ventes avec son deuxième album, qui devait s'appeler Super Human, qu'on n'a jamais vu. Le music business est vraiment sans pitié (rires). Il devait faire un morceau avec K-Mel d'Alliance Ethnik, mais ça non plus, jamais entendu.

Ce qui m'avait le plus frappé lors de mon quart d'heure avec lui, c'était les station IDs qu'il m'avait faits pour notre émission à la fin de l'interview. On était du lundi au vendredi, de 20 h à 21 h, à cette époque. Il y avait mon pote JP à côté de moi. On hallucinait. On était stupéfaits. On se regardait juste avec des gros yeux, bouche bée. Rahzel avait cette facilité, cette maîtrise en beatbox. Ses gimmicks et ses bruitages qui faisaient tant d'effet quand tu les prenais en pleine gueule de si près.

RAKIM

Rakim Allah, aka The R, aka the 18th Letter. Le OG de la complexité des rimes. Il y a le rap avant Rakim et le rap après Rakim. C'est le premier rappeur à faire du polysyllabique sur un beat. En gros, il faisait non seulement rimer les fins de phrases comme tout le monde, mais il faisait également rimer certains mots à l'intérieur de chaque phrase. Complètement inédit pour l'époque. Il a complètement révolutionné l'écriture des textes et le flow qui va avec. Pour moi perso, il est le véritable GOAT. Je mets lui, Biggie et Hov dans mon top 3 en termes de "rap, rap" pur et dur en tout cas. Paid in Full, Follow The Leader, Let the Rhythm Hit 'Em, Don't Sweat the Technique… laisse tomber ! Si tu regardes bien dans le clip de Don't Sweat the Technique, tu verras un jeune Wyclef Jean faire semblant de jouer la fameuse contrebasse. (J'expliquerai plus en détails, dans le chapitre de Wyclef). Let The Rhythm est une leçon de vie scientifique qu'il fallait écouter avec un gilet pare-balles. Trop d'artillerie. Encore aujourd'hui, rien n'arrive à sa cheville. Follow The Leader est un diss envers EPMD. Les deux géants se partageaient Long Island. Parrish Smith et Rakim avaient des voix similaires avec des slow flows qui pourraient se ressembler. Il y avait donc de la tension dans l'air. Les rues parlaient. Qui pompe qui ? Ça avait créé des histoires hors proportion. Tu te rends pas compte à quel point j'étudiais ces morceaux dans ma chambre devant les album covers. Devant la télé à regarder ces clips en boucle, enregistrés de YO! MTV Raps par mon père sur des cassettes VHS. Il voyait les flammes dans mes yeux quand je lui parlais de rap et décortiquais ses rimes. Mes parents admiraient toujours ma passion pour le rap.

Cet amour pour les mots que j'ai depuis toujours. J'aimais écrire des poèmes et d'autres bricoles. J'aimais faire rimer des mots en racontant des petites histoires comme Run-DMC et les Beastie Boys le faisaient depuis toujours. You Be Illin, Paul Revere. À Noël je leur rappais Santa's Rap de Kool Moe Dee, Treacherous Three et Doug E. Fresh qui faisait le beatbox, dans leur spectacle de Noël, leur tête qui sortait du rideau dans le film Beat Street. Je connaissais les paroles par cœur… je balançais le truc, mot pour mot, à table le soir devant mes parents au dessert (rires). Évidemment, The Message de Melly Mel y passait aussi régulièrement. J'étais trop attiré par cette façon de raconter des histoires avec des rimes rythmées.

J'avais déjà cette fascination pour les textes de chansons que mon père m'avait transmise depuis tout petit à la maison. Walking on the Wild Side de Lou Reed, Wrapped Around Your Finger de The Police, Pink Floyd, Dire Straits, les vieux Peter Gabriel, Brian Eno, Talking Heads, David Bowie, Prince… Que des vrais. J'avais mon premier groupe de musique en 1984. On avait 10-11 ans. On s'appelait The Crowbar Bolts (Les Boulons de Pied-de-Biche). Si ça, c'est pas authentique comme nom de groupe (rires)... Nous étions trois. Noam, Ru et moi… Ru est aussi celui qui m'avait correctement lacé (comme les vrais B-Boys) ma première paire de fat laces sur mes baskets, dans la voiture, ce fameux dimanche 9 décembre 1984. Je galérais trop à les mettre comme il fallait, donc par-dessus et évidemment non pas par-dessous. Il insistait absolument pour qu'on s'arrête en chemin pour en acheter. Impossible de se rendre sur les lieux en tenue incomplète. On est allé au mythique Fresh Fest au Oakland Coliseum !!! Oui, t'as bien lu ! Truc de psychopathe !! Line-up de fou : Run-DMC, The Fat Boys, Whodini, Newcleus, Kurtis Blow ainsi que The Dynamic Breakers.

Expérience surréelle ! Il y avait des cercles de B-Boys qui se créaient tout au long de la soirée. Tout le monde en training nylon Adidas, Puma ou Nike. Nous étions deux voitures pleines à nous rendre là-bas. Les parents qui nous y avaient emmenés nous ont attendaient dehors. À l'intérieur, tout le monde se prenait pour Lee dans Beat Street, ou encore Turbo et Ozone dans Breakin' (rires). Des sensations indescriptibles. Folie ! Il paraîtrait que Jermaine Dupri dansait sur scène pour Whodini à cette époque. Ce même Ru était à côté de moi au concert de Redman quelques années plus tard à la fameuse Dolce Vita de Lausanne.. Tu comprendras dans quelques chapitres…(rires). Bref, je me rappelle encore de nos vieux textes. On posait nos premiers raps avec l'aide de notre baby-sitter/manageuse… Elle devait avoir 16-17 ans. On faisait des concerts dans des salles communales et tout. On bossait même sur un album qui devait s'appeler Baby's Business. On parlait de la paix dans le monde. On était anti-bombes nucléaires, on some straight hippie shit for real (rires). Extrait d'un texte des Crowbar Bolts :

There's a bomb in my sock, it makes it hard to walk
there's a bomb in my burger it makes it hard to talk
the flowers are fading at the thoughts of radiation
I don't want my life to end in frustration
I don't feel like ice cream i don't feel like health food
I don't feel like anything that possibly could taste good
No Nukes, no war
We don't want that anymore

Après quelques incidents hardcore dans la Mission à San Francisco, mes parents avaient décidé de bouger de l'autre côté du Golden Gate Bridge pour un nouveau départ dans un environnement beaucoup plus peace. On s'est retrouvés dans un village hippie qui s'appelle Bolinas un peu par hasard. C'était juste à côté de Stinson Beach dans le West Marin. Un super spot pour les profils bas : gros dealers à la Ozark bien barges, écrivains, artistes de tout genre, ou encore des déserteurs et objecteurs de conscience qui ont fui leur service militaire pendant la guerre de Vietnam. Pas mal de gens recherchés pour X raisons. Comme par hasard, quasi tout le monde avait une barbe et une moustache. Puis parfois, du jour au lendemain, ils changeaient de prénom, puis plus un seul poil sur la figure (rires)… Beaucoup étaient recherchés par les autorités. Bref, je suis passé d'un extrême à l'autre. De me défendre à l'école pour ne pas me faire racketter mes tickets de repas à faire des hugs aux arbres avec mes copains de classe et écrire de la poésie dans la nature. De boire du Dr. Pepper à devoir manger du tofu. De voir les cholos avec des bandanas sur la tête accordés avec leurs Chuck Taylors à des vagabonds à pieds nus avec des chapeaux en papier alu sous acide. Digne d'un film, j'te jure (rires). C'est là que mes parents ont rencontré des Indiens Sioux. Là c'était du spirituel. J'ai énormément appris avec eux, en tout cas j'avais kiffé. On a fait cinq ans là-bas et encore aujourd'hui, je considère cette région comme mon vrai chez-moi. C'est aussi là où j'aurais dû faire mes quatres ans de High School, mais le destin a décidé autrement. D'ailleurs, tous mes potes de Bolinas et Stinson Beach ont passé quelques semestres dans le même lycée que Tupac: Tamalpais High School. A cette époque, il se peignait ses ongles, faisait du théâtre et écrivait de la poésie sous les arbres avec les marginaux de l'école (rires). Il n'avait pas encore rencontré Shock G de Digital Underground dans l'East Bay et n'était encore loin de devenir Bishop de Juice.

Autre petit fun fact me concernant, vite fait au passage: en 1992 quand j'avais décidé de m'appeler Baby Blu dans le rap, c'était aussi un clin d'œil à mon premier groupe. J'avais enlevé le E dans Blue pour éviter des histoires de gang. À cette époque, j'avais deux-trois frangins en Cali qui roulaient avec les Crips. *GT !!! Game Tight, you knooow !* Baby Blu, c'était ma manière de les honorer sans trop revendiquer non plus (rires). Disons que j'avais un crew qui ride pour moi si besoin, mais ils ne voulaient surtout pas que je plonge dans cette spirale de gang life. Le Blu était aussi pour la couleur de mes yeux, car les yeux ne mentent jamais. Et là-bas, on s'appelait tous Baby quelque chose : Baby Blu, Baby Jab, Baby Blackness, Baby V...

Revenons maintenant à Rakim ; on est le 31 Mai, 1998. J'ai pu choper The R après son soundcheck en fin d'après-midi, avant le concert au Fri-Son de Fribourg. J'ai encore l'audio de ce concert sur cassette DAT. Je l'avais remercié pour tout ce qu'il a fait pour le rap, pour avoir révolutionné les schémas de rimes, que c'était mon idole et qu'il m'avait inspiré à devenir rappeur. J'étais tellement fier quand il m'a dit de ne pas lâcher l'affaire et de continuer de pousser. Il n'y avait pas de couleur de peau. Il m'a pas jugé ni mal regardé, au contraire, il m'a inspiré à persévérer, prof à élève, yeux dans les yeux avec du respect. Il était humble et réceptif. Il me décortiquait les différences entre un rappeur et un MC. L'aspect artistique et la dimension supplémentaire qu'un MC apporte au game, contrairement à un simple rappeur qui sait juste placer des rimes.

Puis le petit brisement de cœur. J'étais déçu d'entendre Rakim rapper par-dessus ses propres morceaux pendant son concert. Il n'y avait pas de live edits. D'habitude, les rappeurs rappent sur des instrumentaux, c'est-à-dire les versions sans les voix, parfois avec des adlibs puis les refrains doublés, par exemple. Des versions pour la scène, justement. Alors que là, il rappait pardessus ses propres morceaux d'albums, tels quels, à l'arrache. C'était un peu moche, très désagréable. Apparemment, Eric B. ne lui avait jamais donné les instrumentaux sans les voix pour les lives (rires). Mais comment une telle icône pouvait-elle être aussi peu professionnelle en termes de live ? Ça m'avait travaillé le cerveau pendant un bon moment après. À un moment sur scène, il s'embrouille même avec un fan en plein milieu de la foule. Rakim a sauté dans le tas et a commencé à lui envoyer des coups. Bagarre inutile. Il a dit qu'il allait le retrouver dehors après le concert pour le corriger (rires). Comment un dieu du rap peut-il s'embrouiller avec un gars du coin en plein milieu de son propre concert ? Il a craqué ! Comment un artiste aussi légendaire peut-il commettre un acte aussi primitif ? Ça me sidère encore aujourd'hui.

Paid in Full décortiqué par Ol' Grumpy Bastard pour Audiomatic (janvier 2018)

Avant MTV, The Source Magazine, YouTube et Instagram, les rappeurs étaient encore mystérieux. Les fans n'avaient pas accès aux artistes comme aujourd'hui. Les seules images de nos idoles étaient dans les pochettes d'albums. Le seul moyen pour l'artiste d'exprimer son look, c'était à travers la pochette de son album. Le fashion statement a toujours été essentiel dans le Hip Hop : quelles baskets porte-t-il ? Combien de "dookie rope chains " autour du cou ? Bagues, montres, dents en or, la pose devant la grosse voiture, coupe de cheveux... On analysait tout. On restait des heures à décortiquer le style. Chaque pochette est une vitrine. Chaque pochette a son message. Chaque pochette est une œuvre d'art. Il fallait que ça claque autant que la musique.

Le 7 juillet 1987. Paid in Full. Premier album d'Eric B. & Rakim, sorti à l'aube du Golden Age. Un album enregistré dans le home studio du légendaire Marley Marl ainsi qu'au Power Play Studios à New York. Un album qui n'a pas encore pris une ride en

2018 (sauf Chinese Arithmetic, qui a toujours été wack, mais ça, c'est un autre débat). Enregistré en seulement une semaine paraît-il, ce chef-d'œuvre est allé conquérir un territoire vierge que le Hip Hop ignorait encore. Et dire que ce jeune microphone fiend était le remplaçant lors d'une session de studio déjà payée, suite à un lapin posé par Bumpy Knuckles... Le morceau enregistré ce jour-là était tout simplement Eric B. Is President.

Bref, Rakim est aussi sérieux que le cancer. Il a changé le climat lyrical à tout jamais. Flow, contenu, placements de rimes. Des rimes qui riment à l'intérieur des rimes... Pétage de cerveau ! Du jamais vu, du jamais entendu ! Complexe et précis. Des syllabes millimétrées. Un phrasé de scientifique. Des grosses batteries crues, des basses lourdes, des samples funky qui groovent et une pochette d'album qui faisait rêver. Paid in Full est le package complet : dollars, succès, sagesse et surtout une coolness qui faisait rêver, qui rendait presque jaloux. Rakim Allah, à même pas 20 ans, est devenu le messie dont le rap avait besoin. Un véritable cadeau du ciel. Le God MC nous a montré la lumière. Il nous faisait réfléchir. Chaque paragraphe était précis. Chaque mesure était un puzzle. Chaque mot posé avec délicatesse, avec une confiance innée... Un display of skills avec une nonchalance qui dégoûte. Rakim n'est pas une blague, mais tout ça, on le savait déjà.

En l'occurrence, ce que certains ignorent, c'est la mine d'or qu'on voit au dos de la pochette. Alors qu'Eric B. & Rakim se la racontaient en survêtement Dapper Dan Gucci et en chaînes en or, tenant des liasses de billets, le vrai mal de crâne est de l'autre côté. Une jolie métaphore visuelle. Un gang de crapuleux qui surveillaient leurs arrières at all times. Cette photo de groupe n'était pas juste un petit selfie des années 1980, mais plutôt la Cène de Léonard de Vinci version Hip Hop. Mesdames et messieurs, voici le Paid in Full Posse. Eux, ce n'est juste qu'une petite fraction du infamous Supreme Team, un syndicat de street hustlers et de dealers de drogue qui régnaient sur les rues de New York dans les années 1980. Oui, plus de 30 ans avant que les petits hypebeasts d'aujourd'hui s'agitent sur le net pour choper la dernière sortie de la marque au logo rouge rectangulaire, il y avait la vraie Supreme Team qui régnait sur New York Muthafuckin' City. Ces légendes ultra-stylées de la rue influençaient le style vestimentaire des rappeurs et surtout, ne craignaient rien. De véritables intouchables qui dépouillaient tout ce qui bougeait entre Harlem, le Queens et Fort Greene, Brooklyn. Allons plus en profondeur.

Eric B. est debout devant, une main sur l'autre. Lui, c'était le Suge Knight / Puff Daddy 1.0 ; c'est le premier dans le rap à rouler en Rolls-Royce. Heavy street cred' avec un esprit de businessman. Il savait à peine scratcher un vinyle. Il ne touchait pas de machines, mais prenait les crédits de producteur. Il s'occupait de la paperasse et payait pour les sessions de studio pendant que The R gérait l'artistique avec des ingénieurs du son et les producteurs mandatés par The President Eric B. lui-même.

Rakim est au milieu, souriant, assis, casquette rouge en arrière. Lui, c'est le rappeur préféré de ton rappeur préféré, toujours entouré par les plus gooniest des goons.

Entre Eric B. et Rakim se trouve un petit cousin de Rakim. Sans plus.

Kool G Rap se trouve à droite de Rakim. Il roulait avec la 18th Letter avant de rejoindre le Juice Crew. La rumeur dit qu'il s'est fait chasser de New York une fois par Eric B. (et certains voyous qui apparaissent sur cette photo même) pour l'avoir trop ouverte... Il n'y a pas de fumée sans feu. En gros, Large Professor de Main Source était très actif en tant que ghost producer pour le duo, notamment pour l'album Let the Rhythm Hit 'Em, ce qui aurait décrédibilisé Eric B. à mort. Pas bien.

G Rap se trouve en haut à gauche, en survêtement Fila bleu avec une tonne d'or autour du cou. Il est aussi le frère de Supreme Magnetic. Certains disent que le nom

“Magnetic “ fout encore la chair de poule à certains aujourd'hui dans la Grosse Pomme.

Killer Ben est en haut en vert. Ce stick-up kid en a tué plus d'un. Disons qu'il portait très bien son nom. La légende dit qu'il avait braqué Biggie et Faith Evans lors d'un dîner romantique, va savoir. Elle dit aussi qu'il avait braqué un membre de chez Bad Boy aux Source Awards en 1995. Bref, ce voyou avait aussi utilisé un putain de gosse de 4 ans comme bouclier lors d'une fusillade dans les rues de Brooklyn une fois, en pleine journée. Ils l'ont même mis en prison pour ça. Peu après sa sortie, il s'est fait tuer dans ces mêmes rues. Les rumeurs soupçonnent Biggie d'avoir mis de l'argent sur sa tête. Vengeance ?

Après plusieurs heures de recherches, Internet n'arrive pas à se mettre d'accord concernant le gars accroupi devant Rakim avec son béret noir.

Possibilité A : c'est un gars qui s'appelle AJ, du Queens.

Possibilité B : c'est le frère d'Eric B., du nom d'Ant Live.

Possibilité C : c'est Freddie Foxxx, aussi connu sous le nom de Bumpy Knuckles... Oui, “les Phalanges Bosselées”. Le même Freddie Foxxx qui avait posé le fameux lapin.

Et pour terminer, avec la casquette Adidas rouge en bas à droite, je vous présente 50 Cent. Non pas Curtis “Vitamin Water “ Jackson de chez Shady, mais le VRAI, de Fort Greene, Brooklyn ! Ce 50 Cent mesurait même pas 1,60 m. Les deux flingues qu'il portait 24 h/24 pesaient plus lourd que lui. Lui, c'était le stick-up kid par excellence. Il braquait tout ce qui respirait. D'où le nom 50 Cent. Il t'aurait tiré dessus pour même pas 50 centimes. Il te braquait juste pour le fun. Même LL Cool J et DJ Scratch ont payé les frais. Il n'avait rien à foutre de personne.

Voilà, maintenant, dégage de ton écran et va acheter cet album au plus vite... Et je ne parle pas de Spotify ou iTunes ou je ne sais quelle plateforme digitale de mes couilles que la Génération Z utilise aujourd'hui sur leur iPhone 26. Cet opus, il te le faut en format physique. En vinyle de préférence, pour que tu puisses bien caresser la pochette pendant que Rakim t'apprend l’art de la rime.

Peace !

15 Pochettes d’Albums Légendaires:

Can’t Be Stopped - Geto Boys
Death Certificate - Ice Cube
Return to The 36 Chambers - Ol’ Dirty Bastard
Power - Ice T
Black Bastards - KMD
De La Soul is Dead - De La Soul
To Pimp a Butterfly - Kendrick Lamar
Music to Driveby - Compton’s Most Wanted
Midnight Marauders - A Tribe Called Quest
Daily Operation - Gang Starr
21 & Over - The Alkaholiks
By Any Means Necessary - Boogie Down Production
Illmatic - Nas
Paid in Full - Eric B & Rakim
Daytona - Pusha T

RAPHAËL DE LA CLIQUA

Ils sont tous passés dans Downtown Boogie, je te dis. Tous : IAM, Kool Shen, JoeyStarr, la Mafia K'1 Fry, la Mafia Trece, le Gang du Lyonnais, La Brigade, 45 Scientific, X-Men, le Secteur Ä, Kenzy, Ärsenik, Pit Baccardi, les Neg' Marrons, Oxmo Puccino, Rohff, Manu Key, 113, Sinik, Sefyu, Disiz, Busta Flex, Matt Houston, Diam's, Psy 4 de la Rime, la FF, la Rumeur, Chiens de Paille, Sniper, Scred Connexion, Ol' Kainry, Cut Killer, IPM et j'en passe. J'ai peu d'archives chez les Français, étant donné que ça se faisait souvent en live, sans rien à traduire.

Souvent, les promoteurs de soirées nous contactaient. Parfois, c'était les labels. Parfois, les artistes directement, pour pouvoir passer à l'antenne. Entre les cinq du crew DTB, on avait un sacré carnet d'adresses. Puis, on était bien accessibles. Raphaël de La Cliqua, par exemple, était passé me voir à mon travail, la journée, une fois, pour demander s'il pouvait passer dans notre émission le soir. La Cliqua s'était séparée, certains essayaient de retomber sur leurs pattes. Des nouveaux crews se formaient. Ce devait être entre 2000 et 2003, je ne me rappelle plus. Je ne sais pas ce qu'il fichait à Lausanne. Je pense qu'il essayait de choper des productions par ici. Il y a toujours eu du talent dans le coin, ainsi que des super home studios. Il y a de l'argent, donc du bon matériel (rires). Bref, Raphaël voulait passer dans notre émission pour parler de son dernier projet. Il m'a intercepté entre deux clients. J'avais un pied dans la vitrine, en train de chercher une Air Force One (rires). Il me pitche son truc : "Wesh, ça s'appelle Le Nid de Cafards, tu vois ?... Yo, Raphaël, La Cliqua !" "OK, cool, passe après… on se check, à plus tard… peace…"

Le gars arrive avec son nouveau crew à la radio. Je me dis "Raphaël de La Cliqua, ça va être du lourd". C'est là que tu te rends compte que tout va très vite dans le rap. No disrespect. C'est triste parfois, les virages à 180 degrés que la vie peut nous tracer. Un jour, tu roules avec un crew qui peut potentiellement tout péter dans le rap francophone, qui vient de sortir Conçu Pour Durer en indépendant. Tu fais partie de la plus grosse clique du moment sur Paris, puis quelques années plus tard, tu essaies de te relancer avec un pote du quartier inconnu qui n'a que trois doigts à la main gauche, en kickant tes derniers punchlines sur les ondes suisses.

RAPHAEL SAADIQ

Raphael Saadiq vient d'Oakland. Il joue de la basse depuis l'âge de six ans. À 18 ans, il jouait pour Sheila E., qui était en tournée mondiale avec Prince & The Revolution. Quelques années après, le gars cartonnait avec Tony! Toni! Toné!

Chaque fois que j'entends ce nom de groupe, je pense à deux choses : André 3000 quand il dit *Me and you, like Tony! Toni! Toné!* dans la chanson Elevators, puis le film Boyz N the Hood. Me and You était le morceau qui passe quand Tre couche avec la fille chez elle et que la mère monte avec son couteau de boucher (rires). J'aime trop ce track, encore aujourd'hui parfois je me l'écoute en faisant la vaisselle tout en douceur (rires). En parlant de Boyz N The Hood, tu te souviens de Dooky, le pote à Doughboy avec sa tétine ? Ben moi, le lendemain, après avoir vu le film au cinéma, je suis allé m'en acheter une pour faire le G dans les rues de Lausanne (rires). Baby muthafuckin Blu depuis 1991 (rires). Il se trouve que l'acteur qui jouait Dooky était arrivé sur le tournage déjà avec sa tétine car il essayait d'arrêter de fumer. John Singleton lui a dit de la garder pour le film, car ça pouvait rajouter un petit délire au personnage (rires).

Sinon, pour en revenir à Tony! Toni! Toné!, je kiffais aussi It Never Rains in Southern California, puis Lay Your Head on My Pillow. Le R&B des early 90s, c'était quelque chose, quand même. Tony! Toni! Toné! mélangeait le funk de la Bay Area, la new jack swing et la soul à merveille. Inspiré par The Temptations, Sly and the Family Stone, James Brown, Aretha Franklin et Earth, Wind & Fire. Le groupe était composé de lui, de son demi-frère D'Wayne (RIP) et de leur cousin. Le plus drôle dans tout ça, c'est qu'aucun des trois ne s'appelait ni Tony, ni Toni, ni Toné (rires). Ils avaient des hits sur les bandes originales de Boyz N the Hood, House Party et Poetic Justice, tu vois comment ?

Après, il y a eu l'énorme carton avec Lucy Pearl. Ça, c'était lui, Ali Shaheed Muhammad de A Tribe Called Quest et la chanteuse d'En Vogue, justement aussi d'Oakland, Dawn Robinson.

Saadiq a bossé avec tout le monde. De A Tribe Called Quest à Lionel Richie. Anthony Hamilton, Babyface, Stevie Wonder, Snoop Dogg, Whitney Houston, Mary J. Blige, Erykah Badu, DJ Quik, Mac Dre, D'Angelo, Ghostface Killah, Musiq Soulchild, Angie Stone, Bilal, Ludacris, Jill Scott, The Isley Brothers, En Vogue, Jay-Z… Tu as remarqué que je n'ai cité que des vrais, là ? Que de la haute gamme, crème de la crème.

J'ai eu la chance de le rencontrer aux Docks à Lausanne, avant son concert. J'étais avec mon gars Colt Seavers de Reprezent.ch. On est le 10 octobre 2009. Ray Ray était très chill. Hyper accueillant, gentil et ouvert. On a parlé de ses inspirations, de son expérience avec Prince, de l'importance de Stevie Wonder dans le climat musical, de sa façon d'écouter la musique, de ce qu'il pense d'Internet, de sa collaboration avec Jay-Z et de son troisième album solo qui sortait sous peu après notre rencontre, The Way I See It :

Tu es originaire de la Bay Area (Oakland, qui se trouve à côté de San Francisco), explique-nous comment ça a été de grandir dans cette région ?

Raphael Saadiq : De pouvoir grandir là-bas, c'était ce qu'il y avait de mieux pour moi, car on y trouve beaucoup de styles musicaux différents. D'Oakland à San Francisco, en passant par Berkeley et Vallejo, il y a tellement de bonnes choses à absorber, de bons musiciens dans cette région. Ça m'a donné un jeu de cartes très vaste qui m'a permis de faire mon jeu comme je l'entendais.

On dit que tu as appris à jouer de la basse à l'âge de 6 ans et que tu as commencé à chanter à l'âge de 12 ans, c'est vrai ?
J'ai commencé en imitant les gens que je voyais à la télé, comme B.B. King ou les Jackson Five, avec un balai. Je chantais quelques chansons à l'église, mais ce n'était rien de sérieux. C'est seulement par la suite que j'ai arrêté de chanter pour apprendre à jouer des instruments pour de vrai.
Quelles ont été tes influences, tes inspirations, quand tu as vraiment commencé à faire de la musique ?
Je dirais des groupes de funk et des groupes de blues de mon quartier, en marchant dans la rue et en entendant des groupes jouer dans leur garage ou devant leur maison. Je voyais cette camaraderie entre eux, ça m'a toujours plu de voir des amis traîner ensemble pour jouer de la musique. Chaque fois que je voyais des gens se réunir pour faire de la musique ou danser, faire du boogaloo, du popping... ça me donnait envie d'être avec eux.
Tout ça, c'est avant le lycée ?
Oui, bien avant, là j'avais 8-9 ans.
Au fait, tu es né en quelle année ?
En 1966 !
C'est donc après le lycée que tu as joué avec Prince et Sheila E. pour la tournée Parade ?
Oui, juste après le lycée. La tournée Parade a suivi Purple Rain, mais on jouait encore des chansons de l'album Purple Rain. Prince était au sommet de sa carrière. Il l'est toujours, mais là, c'était encore tout frais et il y avait encore Wendy et Lisa dans le groupe. Sur le moment, je ne me rendais pas compte de l'importance de cette expérience, mais quand j'y pense avec du recul, ça m'impressionne vraiment. Waouh ! J'ai fait partie d'une des plus grosses productions musicales de tous les temps, et les gens vont encore en parler pendant des années.
En plus, Sheila E., à cette époque, c'était quelque chose !
Sheila E. aussi était au sommet à cette époque. D'ailleurs, je suis encore en contact avec elle, c'est une amie...
Tu as collaboré avec tout le monde. Pour en citer juste quelques-uns : Whitney Houston, Mary J. Blige, The Isley Brothers, The Roots, Erykah Badu, Jill Scott, Macy Gray, Angie Stone, Snoop Dogg, Devin the Dude, DJ Quik, Q-Tip, Ludacris, The Bee Gees, Musiq Soulchild, Lionel Richie, Amp Fiddler, John Legend, Anthony Hamilton, Earth, Wind & Fire et Stevie Wonder... Qu'est-ce que Stevie t'a appris, par exemple ?
Stevie, c'est la bible de la musique, c'est la référence par excellence. Il y a du Stevie en moi, comme il y a du Stevie dans presque tout le monde. Même Prince a du Stevie en lui. Je pense que Stevie m'a appris l'importance des mélodies. Quincy Jones me l'a fait remarquer il y a longtemps, c'était très rapide, il a juste eu le temps de me dire : "J'aime tes mélodies". La mélodie est la clé d'une chanson. Depuis tout petit, à la maison, il y avait des chansons de Stevie qui tournaient en boucle. Et même aujourd'hui, je n'arriverais pas à chanter toute une chanson de Stevie parfaitement, mot pour mot. Par contre, je connais toutes ses mélodies à 100 %.
Et de toutes tes collaborations avec tous ces artistes, quelle est ta plus grande fierté ?
Stevie ! (sans hésitation) Mais aussi la collaboration avec mon petit frère D'Angelo sur sa chanson You Should Be Here et ce que j'ai fait avec Devin the Dude.

C'est marrant que tu cites Devin the Dude, car il n'y a pas beaucoup de gens qui le connaissent.
Devin est un gars très unique et aussi talentueux que D'Angelo. C'est un véritable chanteur. C'est un MC aussi, mais le gars, il chante…
Et c'est un storyteller aussi.
Oui, tout à fait. Et c'est lui qui a produit et arrangé toutes mes voix sur cette chanson.
Après Instant Vintage et Ray Ray, qui sont deux albums avec des petits clins d'œil old school, tu as sorti ton troisième album solo, The Way I See It, qui a encore plus d'ambiance old school que les autres. Tu es allé encore plus loin en arrière avec ce troisième album, très rétro. Pourquoi ce choix ?
C'est de cette façon que j'ai toujours écouté la musique. C'est comme si tu étais un Français qui grandit à Oakland, mais qui écoute uniquement de la musique française. Tu as toujours su t'adapter à ce qui se fait à Oakland, mais d'un coup, tu as envie de faire un album 100 % français car tu n'écoutais que ça chez toi, à la maison. Avec ce nouvel album, j'ai voulu dévoiler tout ce que j'écoutais tout ce temps. C'est ce genre de chansons qui m'inspire et qui me donne envie de produire. Voilà pourquoi j'arrive à produire pour autant d'artistes différents : parce que j'écoute les vieux originaux, la base de tout ce qui se fait aujourd'hui. J'ai voulu retourner en arrière, car c'est cette musique-là qui m'a tout appris. C'était pour montrer aux gens ce que j'aime vraiment faire.
Est-ce que c'était calculé de vouloir sortir ce genre d'album à cette période pour profiter de la vague Amy Winehouse, Duffy ? On sait que le timing est la clé pour réussir dans ce business, et là, le timing était parfait, non ?
En fait, mon album était déjà terminé bien avant la sortie de Duffy. La photo de moi avec le costume et les lunettes, qui se trouve sur la couverture de mon album, date de presque quatre ans déjà. Cette photo a été prise lorsque j'étais sur scène à Oakland, en train de chanter Ain't That Peculiar, une chanson de Marvin Gaye. C'est après avoir vu cette photo dans un théâtre à Broadway que je me suis dit que je devais faire un album qui allait avec.
Tu as aussi sorti un coffret collector vintage pour aller avec cet album…
Oui, j'ai sorti 11 vinyles 45 tours (7 pouces) pour aller avec.
Joli coup marketing, ça, très bien vu… Es-tu ami avec Internet et ses téléchargements d'aujourd'hui ?
Je trouve que c'est bien, les gens peuvent partager la musique. Forcément, ce n'est pas génial pour les labels, mais je trouve que ça va mettre un peu d'ordre dans la musique. Si les gens aiment ce que tu fais, ils viendront te voir en concert, ils achèteront autre chose de toi, ils te suivront si t'es bon. Il y a les groupes "sonneries de téléphone " et les groupes "vinyles ". Le vinyle aujourd'hui, c'est comme les baskets, c'est une spécialité, comme une paire de Dunk. Il y a ceux qui collectionnent le vinyle, ils ont leurs platines MK2 à la maison, et ils vont frimer d'avoir tel ou tel disque en vinyle, comme un bon vieux livre.
Que penses-tu de l'état de la musique aujourd'hui ?
Je n'y pense pas vraiment, contrairement à mes musiciens, par exemple. Ils vont parler du problème de l'Auto-Tune, par exemple. Moi, je pense que la musique finira par se trouver de toute façon. Il y a des hauts et des bas, c'est comme une relation avec le monde. Certains pensent

que c'est très bien à l'heure actuelle… Moi, je m'éclate, le reste ne m'intéresse pas trop.
Y a-t-il une chanson qui passe sans arrêt à la radio que tu n'arrives pas à te sortir de la tête ?
Pas qui passe à la radio (rires)… Non, je pense que je dirais le dernier album de Jay-Z, D.O.A. et Empire State of Mind, si tu veux quelque chose qui passe à la radio. Sinon, je dirais Little Dragon – Constant Surprises. Ils sont de Suède. Dope !
En parlant de Jay-Z, il est aussi sur ton album. Vous étiez ensemble au studio pour le remix de Oh Girl ?
Non, j'ai envoyé le morceau à New York. C'est Q-Tip qui a entendu ma chanson et il m'a dit : "Jay devrait être sur cette chanson", alors il l'a appelé. Ensuite, j'ai parlé avec lui et il m'a dit qu'il aimait la chanson, qu'il avait déjà posé un couplet dessus et qu'il allait me l'envoyer tout de suite.
Tu es prêt pour le public lausannois ? Toi qui es autant sur scène que dans un studio en train de produire. Tu as une préférence ?
J'aime être en tournée. J'aime voir les gens, pouvoir rencontrer et parler avec de nouvelles personnes, voir de nouveaux points de vue. J'aime voir des sourires sur les visages dans le public. Ça m'améliore aussi comme parolier, c'est ce que je faisais avec Tony! Toni! Toné! Je tournais et j'enregistrais des chansons en même temps. Tourner te donne le feeling des gens, de ce qu'ils ressentent. Je peux ensuite transmettre ça dans des paroles et faire de nouvelles chansons.

REDMAN

Le Funk Doctor Spock, Monsieur Reggie Noble ! *Don't arrest me, arrest my brain, it's insane… Press rewind if I haven't blown your mind… If you find a bag on the floor muthafucka, what the fuck you gonna do? Pick it up, pick it up…* Je pourrais continuer si tu veux (rires). Je pense aussi à la phrase qu'il avait balancée alors qu'il DJait encore pour DoItAll, des Lords of the Underground. DoItAll le présente au public en disant que son DJ rappe aussi. Redman prend le micro et balance : I float like a butterfly, sting like a rock group au lieu de dire "I float like a butterfly, sting like a bee", fameuse citation de Muhammad Ali. Le petit détail qui tue. Erick Sermon a entendu cela et a tout de suite compris que Redman était the real deal, avec cette subtilité en plus. Quelques mois plus tard, Redman squatte le canapé à Long Island chez Sermon.

Red a aussi posé les scratches sur Manslaughter, morceau sur le troisième album d'EPMD. Ce qui fait plaisir avec Reggie, c'est qu'il a encore cette fibre de MC passionné en lui. De le voir en pleine forme en 2025, en train de sauter d'avions en parachute sur son Instagram, ça fait chaud au cœur. Le gars prend soin de lui, mange sainement et tout. Il avait refusé le vaccin, ce qui lui avait fait perdre son rôle dans la série télé Power pendant le Covid.

Un jour, une meuf lui avait balancé une boule de neige en pleine tronche. Sa tête est devenue toute rouge. Suite à cet incident, tout le monde dans le quartier commence à l'appeler Red. Il a simplement rajouté le "man". Avant cela, il s'appelait DJ Kut-Killa. Marrant ça, non ?

Je l'ai entendu dire juste encore l'autre jour qu'une des raisons pour lesquelles Muddy Waters Too avait pris autant d'années pour sortir (fin 2024), c'était en partie à cause de son divorce et de tous les rendez-vous sans arrêt au tribunal. Ça a duré plus de sept ans. Il disait aussi qu'il s'était privé de fumer et de rapports sexuels pendant deux ans et demi et que c'était la meilleure chose qu'il ait jamais faite dans sa vie, malgré les difficultés. Deep !!

Je l'ai vu tellement de fois en concert, celui-là. Et c'est de loin un des meilleurs sur scène (rires). Chaque fois, c'est la tuerie. Il est peut-être le seul rappeur des années 1990, avec Jadakiss et Ghostface, à ne jamais avoir posé un "wack 16" dans sa carrière.

La première fois que je l'ai vu sur scène, c'était en septembre 1992, à San Francisco justement. Son premier album, Whut? Thee Album, n'était tout juste pas encore sorti. Tout le monde l'attendait avec impatience suite à son featuring sur Head Banger d'EPMD, sur leur album Business Never Personal. Il est arrivé sur scène avec son gilet quadrillé en nylon, hyper à la mode à cette époque, sa batte de baseball en alu et son Kleenex dans les narines, tel le super-héros funkadelic. Il avait une telle aura Hip Hop, un tel charisme sur scène !! J'étais comme un dingue.

Par contre, ma meilleure anecdote sur Redman, c'est la fameuse histoire à La Dolce Vita, en 1993, ma première rencontre avec lui face à face (rires). Petite salle alternative remplie à craquer. Son premier album cartonne. Il est en pleine tournée. Il est sur scène avec Hurricane G, qui lui fait ses backs, et DJ Twinz est derrière les platines et commence une petite routine pour faire crier le public. Je dois être à ma cinquième bière. Das EFX qui tournaient avec lui, venaient de terminer l'avant-première. Je me souviens d'un gyrophare rouge qui nous faisait halluciner pendant l'intro de Redman, puis ensuite, ce premier banger, Time 4 Sum Aksion. *Let's get ready to ruuuumble, in this corner we have the funk body snatcher, P Funkadelic and I gotcha, hard enough that I can chew a whole bag of rocks, chew an avenue...* Mon dieu, la grosse claque!!! Je suis là avec Ru mon pote d'enfance de San Francisco, en train de rapper chaque parole de Redman tout au long du show. Il nous a bien remarqués d'ailleurs. On est en train de kiffer grave, participation totale du public, surtout de notre part (rires).

À un moment donné dans son show, Redman demande à tout le monde de lever la main et de faire un doigt d'honneur. Évidemment, nous, on joue le jeu sans hésiter. Le DJ cut une instru pendant que Redman nous demande de dire "Say Fuck You Redman" sur le beat. Tout le monde crie "Fuck You Redman" avec le sourire, en retour, avec les doigts d'honneur en l'air. Au début, certains sont un peu gênés, mais petit à petit, tout le monde se détend et crie de plus en plus fort. Quatre, cinq, huit fois... Je me suis vite impatienté. J'en pouvais plus de sa petite routine, là. C'est bon, on a compris, enchaîne, quoi ! (rires)

J'en ai marre et je me lance. J'ai la main levée, à fond dans le truc. Adrénaline au max et je lâche un gros "Redman you ain't shit" mais au même moment, le DJ décide de couper la musique. Gênant ! Du coup, il n'y a pas un bruit et tout le monde entend ce que je viens de crier avec un enthousiasme monstrueux en a cappella (rires).

Hurricane G (RIP), complètement stupéfaite, se retourne directement vers moi et dit : "What did you just say ?" Elle n'en croit pas ses oreilles (rires). Là, il y a deux choses qui arrivent. La première, c'est que toute la salle s'est écartée de moi, et la deuxième, c'est que Redman a sauté de la scène directement sur moi, sa Timberland écrase mon pied droit. Il me donne un coup d'épaule et me dit : "Yo, I'm from Jersey, what's up, huh !!?" Là, je me sens très seul au monde. J'ai honte. Je réalise que tout le monde s'est éloigné le plus loin possible de moi comme si j'avais la lèpre. Il y a un cercle qui s'est créé autour de nous. Pas un pote près de moi. Bande de lâches ! (rires).

Il me regarde droit dans les yeux. Là, je me dis "oh shit !" (rires). Je vois son regard aiguisé à travers ses lunettes de soleil noires, serviette blanche sur la tête, son fameux Kleenex dans le nez, gueule toute transpirante. J'entends sa respiration…

"Yeah ! Yeah ! I love rowdy muthafuckaz at my shows, but where I come from, you gotta back that shit up, muthafucka…" / J'aime les petits sauvages à mes concerts mais d'où je viens, faut assumer derrière, me prévient-il. J'aperçois sa bague tête de mort sur son doigt… Je serre ma mâchoire en pensant qu'il allait m'étaler. Le coup ne vient pas. Je vais directement dans son oreille pour m'excuser.

"Yo Redman, I'm so sorry. You're my favorite rapper in the whole world, dude, I'm so sorry. I fuckin' love you, man !"

"Yeah, yeah, that's what I thought", il me répond.

Je lui répète : "Dude, I'm so sorry, I swear !"

"Yeah, OK, OK", dit-il en se retournant comme Batman et disparaît de ma vue aussi rapidement qu'il est arrivé, comme le véritable personnage DC imbattable qu'il est.

Je t'avoue qu'avec les bières, l'adrénaline, les lumières de la scène qui reflétaient de partout, c'était trop mystique comme incident. Il ressaute sur scène et continue son incroyable show. Évidemment, je suis un peu mal à l'aise jusqu'à la fin du concert. Mais attends, ce n'est pas tout. Après le concert, je tape à la porte des loges. Toc, toc, toc.

"Who is it ?" J'entends la voix d'Hurricane G avec son accent agressif de Portoricaine, là (rires). Elle ouvre la porte, me voit et dit : "Oh, it's you again, what the fuck you want ? "

Je lui dis que je suis venu pour m'excuser.

"T'as de la chance que Reggie ne se sentait pas bien. Il a la crève et il est parti directement à l'hôtel", me dit-elle.

Quelques jours plus tard, j'apprends que le gars a sauté, style kung-fu, jambe tendue, Timberland en avant, direct dans la foule suite à une bouteille lancée - ou je ne sais quoi - sur Hurricane G pendant son concert à Paris le lendemain (rires), embrouille avec les fans, la sécurité et tout et tout… Sacré Funk Doc, putain comme je l'aime ! Le pire, c'est que j'ai pu lui parler à plusieurs reprises après cela et je n'ai jamais osé aborder le sujet (rires). Chaque fois que je l'interviewe, il me regarde du genre "Ton visage me dit quelque chose, toi…" Et non, je n'ai jamais osé lui avouer que c'était moi. Je n'ai jamais osé m'excuser face à lui. Sur Twitter, oui, à Hurricane G, oui… Peut-être qu'il le sait, peut-être pas du tout (rires). La prochaine fois, promis, je vais lui dire (rires).

Interview Redman, backstage D! Club, 2007

Que penses-tu du Hip Hop aujourd'hui ?

J'adore le Hip Hop d'aujourd'hui, car les jeunes arrivent à se faire de l'argent. On ne peut pas dire que ces nouveaux artistes ne font pas du vrai Hip Hop. Il ne faut pas oublier qu'à l'époque, quand je suis arrivé avec mon Kleenex dans le nez et mes pantalons larges, la géné-

ration avant moi devait bien se dire : "Mais qui est ce nouveau gars qui débarque ?" Il faut donc toujours respecter la nouvelle génération. Je trouve simplement qu'on a des devoirs à respecter concernant les réalisations d'albums, mais sinon, la nouvelle génération fait plutôt du très bon boulot. Le Hip Hop n'est pas mort.
Je trouve qu'outre-mer, vous représentez la culture Hip Hop pour de vrai. Ce que je veux dire par là, c'est que vous appréciez encore le breakdance, vous avez encore cette énergie de la culture Hip Hop, alors qu'aux États-Unis, c'est plutôt un business. Ils ont leurs bijoux, leurs voitures, et chacun fait son business — ce qui est génial, car ils se font de l'argent et créent des emplois pour les gens.
Mais vous, ici, vous avez encore les vraies valeurs. J'adore que vous aimiez encore Pete Rock et DJ Premier. Cela prouve que vous êtes des vrais, là pour de bon, et ça, moi, j'adore.
J'aimerais aussi dire que vous êtes géniaux. Je trouve que vous devriez vous soutenir entre vous et créer vos propres structures chez vous... Vous devriez faire vos propres cérémonies de récompenses.
Red Gone Wild est ton sixième album, sorti fin mars 2007. Pourquoi avoir attendu aussi longtemps pour sortir ce nouvel album ?
C'est du business. J'attendais de voir comment Def Jam allait s'y prendre. Il faut savoir que toute l'équipe qui travaillait chez Def Jam pour mon album précédent n'est plus là aujourd'hui. Il y a tout un nouveau staff, du président jusqu'à la street team. Tout le monde est parti. J'ai dû observer et analyser la situation.
Le Hip Hop a évolué depuis mon dernier album. Le Hip Hop a un nouveau son. Beaucoup de choses ont changé depuis. En plus, j'ai fait du cinéma. Comme How High 2, Chuckie, plus une série télé avec Method Man. En gros, je suis devenu adulte et j'ai trouvé de nouvelles façons de me faire de l'argent.
Quelles sont les différences que toi, tu as vues chez Def Jam depuis que Jay-Z est président ?
Def Jam se concentre moins sur la promotion. Je trouve qu'ils devraient s'ajuster et revenir à la vieille méthode pour promouvoir nos albums.
Tu as reçu une grosse production de Timbaland (Put It Down), c'était comment de travailler avec lui ?
C'était génial. Big up à Timbaland...
As-tu un morceau préféré sur ton nouvel album ?
Le morceau de Pete Rock qui s'appelle Gimmie One. J'aime aussi Blow Treez, Freestyle Freestyle, Bak in da Buildin'. Je les aime tous, mais Soopaman Luva 6 est ma chanson préférée.
Les rappeurs d'aujourd'hui ne durent rarement plus de quelques années. Tu es d'ailleurs l'un des derniers survivants de 1992. Tu n'as jamais fait un mauvais couplet dans toute ta carrière. Comment fais-tu pour rester à ce niveau et toujours trouver de l'inspiration ?
Je regarde beaucoup de films, j'ai mon équipe de Gilla House derrière moi — Icadon, Saukrates, E3, Ready Roc et Runt Dawg. Je reste frais grâce à eux. Je regarde aussi les DVD de battles de rap, ainsi que Loaded Lux, Jay Mills, Murda Mook et tous ces autres rappeurs qui m'obligent à garder le niveau. Grosses dédicaces à tous ces rappeurs underground qui me motivent constamment.
On sait que ta première apparition était avec EPMD. Tu étais dans le Hit Squad, ensuite le Def

Squad, tu as fait un album avec Method Man, maintenant tu as ton crew Gilla House. Parle-nous de ça ?

Gilla House, on arrive. C'est mon crew, mec, et ils sont tous sur mon nouvel album.

Quelle est ta situation avec Erick Sermon et Keith Murray ? Y aura-t-il un deuxième album de Def Squad un jour ?

Oui, c'est en train de se faire… Il sera sûrement prêt pour 2008 ou 2009…

Est-ce une promesse ?

Oui… enfin, ça ne sort pas de ma bouche…

Et comment vont les Blunt Brothers ? Toi et Method Man, vous vous voyez encore ?

Les Blunt Brothers seront dans un nouveau film, How High 2…

Et comment va Jamal… ton pote de l'époque ? Pas de nouvelles, bonnes nouvelles ?

Le petit Jamalski est dans la rue en train de vendre ses CD (rires). Nous sommes tous en featuring, on sort tous des albums…

Quel est ton beat préféré pour freestyler ?

Le beat de Mobb Deep qui fait… *(Il essaie de chanter la mélodie de Burn, de l'album Infamy)*

Il y a eu six ans entre tes deux derniers albums… Je suppose que c'est un peu grâce aux mixtapes que tu n'as pas pété les plombs ?

Les mixtapes, c'est génial. Ma dernière mixtape, Live from the Bricks, est bouillante. La culture des mixtapes, c'est génial, car ça me permet de faire ce qu'il me plaît. Ça me permet de garder la forme. J'adore rapper. J'ai des bons "16" partout.

Tu as travaillé avec beaucoup de gens : KRS-One, EPMD, Def Squad, Method Man, Pink, Christina Aguilera, Limp Bizkit, The Offspring, Gorillaz, IAM… pour en citer que quelques-uns. De quelle collaboration es-tu le plus fier ?

Le projet avec Method Man…

Pourquoi ? À cause de la bonne herbe ?

La vibe, mec, tu sais…

Quand tu es bien défoncé, tu as forcément les "munchies". Tu aimes manger quoi ? Quel est ton snack préféré ?

Les chips Crunchy Cheese Doodles et des sandwichs dinde/fromage…

Quel est le dernier film qui t'a vraiment plu ?

Le nouveau Massacre à la tronçonneuse, j'ai vraiment bien aimé celui-là… et hum, hum, hum… Il était taré. J'aime bien les films d'horreur, moi.

Quelle a été la dernière fois que tu as pleuré et pourquoi ?

(Après quelques secondes d'hésitation) Je ne me rappelle plus quand c'était, mais je crois que j'étais tout seul, face au stress… le stress. Parfois, je peux être au volant, tout seul dans la voiture, et verser une petite larme à cause du stress avant de reprendre mes esprits, comme un vrai bonhomme.

RZA / WU-TANG

Le cerveau de Shaolin. Le visionnaire, la colonne vertébrale du Wu-Tang ! aka Prince Rakeem, aka The RZA… Razor sharp. Zig-Zag-Zig-Allah ! Avec onze frères et sœurs, il sait évidemment gérer un groupe de neuf membres complètement barjos et talentueux. Cappadonna était encore en prison à cette période, il n'a sauté à bord que plus tard.

Wu-Tang Clan Ain't Nuthing Ta Fuck Wit ! C'est le groupe de rap le plus authentique et le plus cru au monde. Pendant que Bad Boy Records et Death Row Records visaient les charts, le Wu-Tang visait ton troisième œil.

Le Wu-Tang, c'était de l'énergie pure, puissante et complète. Une telle richesse de styles, de flows et de paroles ! Si divertissant ! Les interludes, les samples utilisés, les dards poétiques balancés en pleine gueule sur chaque morceau, jusqu'à leur style vestimentaire. No fake shit ever, sauf peut-être leur album cover pour Enter The 36 Chambers (rires)… Je dis cela simplement parce qu'il n'y avait que six membres qui sont arrivés sur les lieux pour le shooting de l'artwork de l'album : RZA, GZA, ODB, Rae, Deck et Ghostface… Ça veut dire que derrière certains masques, il y avait des gens qui se faisaient passer pour Meth, U-God et Masta Killa (rires).

À la base, RZA avait refusé que le shooting ait lieu sans les neuf membres au complet. Il fallait donc improviser. Le photographe, Danny Hastings, a réussi à proposer un plan B… Le Clan était d'accord… à ce que trois autres personnes entrent sur le shooting pour qu'ils se retrouvent devant la caméra à neuf, tous avec les bas blancs en toute anonymité... Quel cirque ça devait être dans cette vieille synagogue partiellement abandonnée du Lower East Side de New York pour ce photoshoot…

J'insiste aussi sur le fait que RZA faisait des prods avec des samples soul accélérés bien avant Kanye West, Alchemist et Just Blaze. Et dire que le gars a perdu des centaines de prods, ainsi que l'album solo Uncontrolled Substance d'Inspectah Deck complètement terminé, suite à, non pas une inondation, mais deux inondations ! Une avant la sortie de Tical et une après Cuban Linx. Je pense que le gars a vraiment dû pratiquer la zénitude et la méditation pour ne pas devenir fou pour de vrai (rires).

Et voilà, moi qui me plains d'avoir perdu mes quelques enregistrements d'interviews. Étrange quand même que celles de RZA et de GZA aient disparu comme ça de mes archives. Trop mystique, bref… Wu-Tang, cinéma, BO pour Ghost Dog et Kill Bill, avec une petite carrière sympatoche à Hollywood. Tout ça entre sa méditation et son taoïsme qu'il pratique à fond…

Il prétend avoir créé le concept de Serato (avant que ça ne devienne Serato) avec un petit geek informatique biennois. Il aurait dépensé plus de 2 millions de dollars en 2000 pour développer le concept. Sa machine s'appelait "The Replicator". Ses partenaires avaient présenté l'appareil prototype lors d'une convention de musique, avant que tout soit protégé mondialement et que la marque Numark lui pique l'idée.

J'ai pu l'interviewer après son concert au Fri-Son de Fribourg en mai 2004. Il était en pleine mode Bobby Digital. C'est l'époque où il faisait son bruitage bizarre (buh buh buh) ainsi que sa petite catchphrase "bong bong" (rires). Je n'ai jamais été vraiment fan de sa période Bobby Digital, mais malgré tous ces "beep beep", RZA mérite amplement chacune de ses fleurs.

Je crois que c'était un lundi soir. C'était son concert solo avec la première partie de Cilvaringz (prononcé Silver Rings). C'était un marocain hollandais affilié au Wu-Tang. ODB et Method Man les avaient repérés lors d'un concert à Amsterdam en 97. Il me semble qu'il y avait aussi Beretta 9 de Killarmy à Fribourg ce soir-là, et je ne sais plus trop qui.

À cette époque, le Wu-Tang n'était plus aussi soudé qu'auparavant. Chaque membre partait s'aventurer avec des producteurs d'ailleurs, et ça se sentait dans leurs albums, souvent médiocres.

Y'a pas photo, sans RZA, tous les autres membres du Wu ont galéré avec leurs projets. Il n'y a que Ghostface Killah qui arrivait à s'en sortir avec dignité (rires)... Sinon Raekwon et les autres n'ont jamais réussi à re-atteindre la hauteur de nos attentes et exigences, sans la tête du Voltron à la prod. On ne l'appelle pas "The Abbot" (moine administrateur d'un temple bouddhiste en Asie) pour rien. Il n'y a que Method Man qui s'en est bien sorti avec Redman, sinon, niveau solo après Tical, ce n'était pas trop ça non plus.

N'oublions pas qu'au tout début, The RZA rappait déjà avec GZA et ODB dans leur premier groupe qui s'appelait All In Together, et qui est devenu ensuite le DMD Posse avec l'arrivée de Raekwon, Ghost, Meth, U-God, Deck et 4th Disciple.

C'est d'ailleurs à cette période, fin 80s, que GZA et RZA sortaient leurs projets solos respectifs qui ont floppé. The GZA avait signé sous le nom The Genius chez Cold Chillin' et The RZA avait donc déjà un deal solo chez Tommy Boy sous le nom de Prince Rakeem. Donc deux mauvaises expériences qui serviront pour les futures négociations de contrats avec Steve Rifkind chez Loud Records.

Ce même Rifkind, qui à l'âge de 24 ans, partait à LA pour devenir manager de New Edition. Il est ensuite devenu le Street Marketing God avec Loud Records. Il avait révolutionné la façon de promouvoir les projets rap. Il créait des fanbases solides et organiques, avec la rue comme principale cible. Il avait une armée de street promoters pour faire le taf : autocollants, posters, promo vinyles, radio DJs, live shows… L'objectif était de toucher les urban tastemakers. Autrement dit, les influenceurs de l'époque.

Il était toujours passionné et bien intentionné pour ses artistes. Le gars avait fini une nuit chez les flics pour avoir balancé une chaise sur une avocate de chez RCA. Apparemment, elle ne voulait pas libérer le budget pour signer Raekwon, qui fera par la suite Only Built 4 Cuban Linx.

Un jour, RZA décide d'aller chez RCA à New York. Steve Rifkind essayait de le joindre depuis plusieurs semaines et laissait plein de messages sur son répondeur (rires).

Un jour, alors que Steve était en meeting avec E-Swift des Alkaholiks, RZA entre dans le bureau, fait écouter Protect Ya Neck. Le single était déjà sorti en indé à ce moment. Gros buzz dans les rues de NYC. Pendant que le track tourne dans la stéréo du bureau, des gars n'arrêtent pas de rentrer et sortir ; un par un, ils rappent les lyrics du track. Chacun, à tour de rôle, rentre pour rapper un passage du morceau.À la fin, un inconnu que Rifkind n'avait jamais vu de sa vie gueule en rentrant dans le bureau : "That's that shit!". Rifkind et E-Swift se regardent sans trop comprendre ce qui leur arrive. E-Swift dit : "What the fuck is going on?"
Steve Rifkind, quant à lui, réplique : "I don't know man, what should I do?"
E-Swift lui dit : "C'est énorme, t'as intérêt à les signer ces gars avant qu'ils quittent l'immeuble."

Le DJ des Liks avait tout de suite compris la puissance du truc.

Encore aujourd'hui, Steve Rifkind avoue ne pas savoir si c'était un coup monté ou pas. En tout cas, le deal était terminé en 4 jours (rires). RZA signe en tant que Wu-Tang Productions, The GZA avait signé son contrat sur le toit d'un taxi comme sous-main. Authentique, je te dis !

Sacré RZA ! Street smarts à 100 %. Le gars traînait dans les rues crasseuses de Manhattan au début des années 80, alors que la ville était encore hyper violente et dangereuse, parfois sous acide et autres substances avec ODB. Ensemble, les deux adolescents se mataient des films de kung-fu dans les quartiers les plus chauds, témoins d'un spectacle cru où se mêlaient prostitution et trafics en tout genre. Manhattan a bien changé depuis (rires).

RZA a toujours été inspiré par ces films de kung-fu qui mettaient en valeur la fraternité, la loyauté, l'honneur, le respect, et évidemment, des combats sanglants parfaitement chorégraphiés. Il allait transposer tout ça en rap, avec des lyrics aussi aiguisés que des épées. Cette vision a fait de lui le leader du collectif le plus puissant que le Hip Hop ait jamais connu.

L'étincelle qui a déclenché la création du Wu-Tang serait venue suite à un avertissement : acquitté pour tentative de meurtre en 1992, il risquait pourtant huit ans de prison. Ce fut l'électrochoc de trop.

C'est là que RZA demanda à ses potes d'enfance de venir dans sa cave avec 100 $ chacun pour poser un couplet sur ce qui deviendra le posse cut Protect Ya Neck. Il paraît aussi que The Gravediggaz existaient en tant que groupe avant la sortie de l'album 36 Chambers mais le Wu-Tang a obtenu un contrat en premier. Selon Prince Paul, les Gravediggaz essayaient d'obtenir un deal depuis début 1992. Russell Simmons aurait même refusé de les signer, pour ensuite sortir l'album des Flatlinerz en septembre 1994, connu pour ce gimmick qu'on appelait "horrorcore, un feu de paille à deux balles (rires).

RZA a passé les trois, quatre premières années du Wu dans sa cave, devant ses machines, pendant que les autres sortaient en boîte et profitaient de leur succès… Un vrai workaholic ! Il avait un setup d'enregistrement différent pour chaque rappeur. Chaque MC du Wu avait ses propres réglages personnalisés, un micro ou un ampli différent pour optimiser la qualité de sa voix. Tout était millimétré.

D'ailleurs, le Wu-Tang n'avait reçu qu'une avance de 50 000 $ pour leur premier album. Pas de budget pour le peaufiner. Ils sont resté dans du sale (rires) !

RZA fut le premier à obtenir un contrat pour un groupe avec une clause qui permettait à chaque membre de sortir ensuite librement ses projets solo où il le souhaitait. Énorme, du jamais vu ! Une révolution pour les artistes et l'industrie du rap.

T'imagines ?! Un groupe de neuf membres où chacun a la possibilité de signer ses projets solo avec n'importe quel label, en toute liberté ? C'était un coup de poker, un risque énorme. Il a cru en sa vision. Et Steve Rifkind aussi… Rifkind avait accepté le deal exigé par RZA car il pensait que le groupe, en tant que Wu-Tang, cartonnerait plus que les projets solo. En vérité, RZA est tombé entre les mains de Rifkind car aucun autre label n'était prêt à laisser partir les artistes en solo.

Et les projets solo, parlons-en ! La façon dont RZA a orchestré les sorties solo, du pur génie ! Tout était calculé… D'abord, en août 94, RZA sort 6 Feet Deep des Gravediggaz. Ensuite, en novembre 94, c'est au tour de Method Man, le beau gosse charismatique, d'ouvrir le bal chez

Def Jam. Ensuite, ODB, avec son style complètement décalé, sort chez Elektra en mars 95. La Wu Saga continue d'inonder le marché avec Only Built 4 Cuban Linx, la "purple tape" de Raekwon, sortie via Loud/RCA Records le 1er août 1995. Puis GZA sort chez Geffen en novembre 95, avec sa plume sophistiquée qui allait aussi toucher les étudiants. Après ça, c'est Ironman de Ghostface Killah qui sort en octobre 96 chez Sony/Epic. Puis Wu-Tang Forever en juin 97, un double album... Une vraie stratégie tridimensionnelle sur l'échiquier du rap game !

SAÏAN SUPA CREW

J'ai toujours kiffé leur nom de groupe. C'était original, dynamique et puissant. Ils sont arrivés à la radio au tout début de leur buzz, l'album n'était même pas encore sorti, il me semble. J'ai un petit doute, mais ça devait être en 2000, à l'époque des mini-discs et des débuts des trottinettes (rires). Je me rappelle bien du beau gosse métis du crew, Sir Samuel, avec ses locks, qui n'arrêtait pas de rouler partout dans les studios avec sa trott' (rires). Il zigzaguait entre les câbles et les branchements des enceintes comme un gamin, avant, pendant et après leur show (rires).

Vincent Steudler, le patron de la chaîne à l'époque, avait créé le Salon de Couleur 3 pour ce genre d'événement. Un espace où l'on pouvait se poser, se détendre, regarder la télé, jouer aux jeux vidéo et accueillir des artistes pour des mini-concerts. Il me semble même que les Saïan Supa Crew étaient les premiers à s'y produire, si ma mémoire est bonne.

J'ai directement compris qu'ils avaient ce petit truc en plus lors de leur prestation. C'était avant leur concert mythique au Paléo Festival. Il y avait cet impact théâtral, une excellente dimension live. Ils mettaient l'accent sur l'importance de la scène. C'était le feu ! C'était propre et carré. C'était rare de voir un groupe sortir de nulle part avec un tel niveau en français. En plus, c'était hyper original et bien organisé. Ils ne copiaient pas le flow des Américains. On sentait leurs inspirations des îles et leur amour pour le reggae. Ils rappaient, chantaient, faisaient du beatbox... Un melting-pot rafraîchissant !

Ce groupe était en fait composé de plusieurs groupes. Un peu comme un boys band Hip Hop, mais dans le bon sens du terme (rires). Pas dans le sens péjoratif. Ils se sont réunis pour mieux percer, un peu comme La Cliqua ou la Fonky Family.

SEFYU

On est fin 2006, au mois d'octobre je crois. Le Ministre du Molotov, originaire du 93, vient de sortir son album Qui Suis-Je ? au printemps. Il fait du rap dur et engagé, abordant ses feuilles blanches avec conviction. Il dénonce des choses sans être trop cliché, évoquant la vie de quartier sans être trop relou. Il assume ce rôle de grand frère, et c'est ce qui m'avait plu chez lui. C'est un gars qui anticipe et qui réfléchit. Il n'avait pas peur de se remettre en question et était bien conscient que la vie de rappeur risquait d'être courte.

Plus jeune, il écoutait beaucoup de rap américain. Il kiffait Das EFX et House of Pain, par exemple. Il aimait fouiller dans les bacs pour dénicher des sons underground en import, avant d'être "rentré dans le moule" de l'industrie du disque, comme il dit. J'ai été surpris quand il m'a cité Shabazz the Disciple et The Rotten Rascals, des noms qu'on ne citait pas tous les jours comme influences. Bien sûr, il y avait aussi IAM et MC Solaar, et même Renaud, la salsa et la musique africaine parmi ses inspirations.

Il faisait partie d'un crew (NCC), mais avait compris qu'il valait mieux bouger seul pour percer, sans dépendre des autres. J'ai senti un gars très déterminé, avec la tête sur les épaules, quand je l'ai interviewé.

Il était signé chez Because Music, un gros label indépendant créé par l'ancien président de Virgin France, je crois. Il y avait du lourd chez eux : Manu Chao, Amadou et Mariam, Cassius, Justice, Booba, tout le label Ed Banger, Charlotte Gainsbourg, Prince, Fetty Wap, Keziah Jones, Selah Sue, Neg' Marrons, Stromae, Moby, Major Lazer… et j'en passe !

En 1998, âgé de dix-sept ans, Sefyu arrive au centre de formation d'Arsenal. Blessé aux adducteurs, et malgré une pubalgie, Arsène Wenger lui propose un contrat d'un an que Sefyu refuse. Malgré la possibilité de jouer avec Ashley Cole, il préfère rentrer en France pour se concentrer sur son bac. Il pensait que le train de l'opportunité dans le foot repasserait, mais ce ne fut pas le cas. Dure leçon de vie, mais décision honorable, sachant qu'il n'aurait pas pu jongler entre le foot et les études.

Je me rappelle aussi avoir été vachement impressionné par son jeu de scène et son énergie en concert. Très bien travaillé, millimétré, avec des gestes précis. Un show carré. D'habitude, je ne suis pas fan des grosses voix, encore moins en français, mais il gérait ça plutôt bien. Le gars avait un gros buzz avec son titre La Vie Qui Va Avec, excellent texte encore très actuel.

SHAGGY

Je n'ai jamais rencontré Shaggy, mais cette anecdote mérite bien sa place ici (rires). On est en 1996, au Montreux Jazz Festival. J'ignore comment on s'est retrouvés face au responsable des bracelets à l'entrée de la salle, mais on était bien là (rires). J'étais avec mes deux potes, Luc Kenshyro et St Def. Ni une ni deux, je me lance dans une improvisation sans pitié pour obtenir des pass backstage.

Je raconte des mythos en anglais au responsable, en prétendant être le manager de mes deux rappeurs. Je lui explique qu'ils sont des artistes venus de Londres pour rejoindre Shaggy sur scène, qu'on s'est séparés à l'aéroport, que notre minibus a crevé sur l'autoroute... Qu'il y a eu un souci avec nos accréditations... Bref, qu'on est les invités surprise pour le freestyle de fin de show, signés sur le même label que Shaggy, et qu'il faut absolument qu'on accède aux loges rapidement pour vite préparer notre apparition sur scène (rires) !

Chaque fois que je me tourne vers mes deux acolytes pour qu'ils confirment mes dingueries, ils hochent la tête en disant "yeah". J'improvise comme un fou, et ça passe (rires) ! On aurait dit un sketch des Inconnus. Le plus marrant, c'est qu'aucun des deux ne parlait un mot d'anglais. À chaque fois que je les regardais, j'avais envie d'exploser de rire. Dix minutes plus tard, on avait chacun un pass VIP rectangulaire à coller sur notre jean.

SINIK

26 Novembre 2005. Samedi matin, 11h45. Il faisait un froid de chien. On est dans la campagne genevoise pour le Plan-Les-Watts Festival. Je suis allé avec Vincz Lee qui était encore à moitié endormi pour faire celui-là (rires). En entendant ma voix enrouée sur cet enregistrement, il y a de fortes chances que j'aie un peu trop crié au micro la veille.

Je me souviens de son garde du corps, Big Man Moussa, qui faisait la taille de Shaquille O'Neal (rires).

Sinik venait de sortir son premier album La Main Sur Le Coeur en janvier. Cet album finira par dépasser les 250'000 ventes, double disque d'or en France. Joli score pour un "inconnu" qui débarque dans l'industrie de disque en solo.

Là, on est deux ans avant son fameux clash avec Booba, qui marquera l'histoire du rap français. Je ne l'ai pas suivi d'assez prêt pour trancher. Je ne sais pas qui a gagné ce beef, en toute franchise. Je serais curieux de savoir ce qui se disait dans les barbershops de Paris pendant ce clash (rires). D'ailleurs, je ne sais même pas comment ce beef s'est déclenché entre les deux. J'ai même entendu Sinik dire une fois, que Booba voulait le signer à un moment donné.

Sinik était quand même chaud dans le battle rap et il l'a encore prouvé avec son Carton Jaune. Selon une interview avec Driver, c'était une période de "parano" où il sortait calibré pendant un an, tellement ce beef était réel. Il dit aussi ne pas regretter de ne jamais avoir sorti son fameux Carton Rouge après la réponse "claquée" de Booba intitulé Carton Rose. Réponse qui, selon lui, était "tellement sale, tellement lourde, tellement méchante que ça aurait déclenché une guerre mondiale".

Au moment de l'interview, la France était en feu. Les émeutes violentes dans les banlieues venaient d'éclater, suite à la mort tragique de deux adolescents. Sarko était complètement débordé. L'état d'urgence a été déclaré le 8 Novembre, puis prolongé pendant trois mois. Les plus grosses émeutes depuis Mai 68... et sans équivalent en Europe.

C'était ma deuxième interview faite dans une voiture, mais cette fois, elle est restée garée, pas comme avec Grandmaster Flash (rires).

Alors Sinik, qu'est-ce qui te ramène en Suisse

Sinik: Ben, déjà l'envie de rapper, comme tous les jours, t'as vu?! Puis, l'envie de rencontrer le public et de prouver qu'on donne tout sur scène.

Et ça donne quoi justement, Sinik sur scène ?

C'est assez représentatif de ce qu'il y a sur l'album. C'est énervé, y'a la pêche. Tout est enchaîné. On essaie de faire un show le plus carré possible, qu'on améliore au fur et à mesure. Là, on commence vraiment à être bien rodés, donc c'est cool.

Il parait que tu travailles également sur ton deuxième album...

Oui, il sortira le 6 Mars 2006. Ca y est, la date est tombée, on est à fond dessus. Il y aura Kool Shen, Kayna Samet et Tunisiano de Sniper en termes de featuring. Il manque encore peut-être 3-4 morceaux. On arrive sur la fin, mais on ne se presse pas.

Est-ce que ton état d'esprit à changé en studio pour ce deuxième album ?

Je voulais faire ce que j'ai toujours fait: chanter, rapper, ce que je vis actuellement. Y'a des morceaux qui parlent de tout. Ce deuxième album reste dans la lignée de ce que j'ai toujours fait mais version 2006. J'ai beaucoup vécu entre les deux albums. Les thèmes sont plus variés. On a fait appel à plus de producteurs et on a une super équipe en place en studio avec Tefa et Masta de Kilomaitre Production, et ça se ressent.

Y'a t-il des erreurs que tu vas essayer d'éviter avec ce deuxième album avec ce que tu as appris entre temps, par exemple.

On est beaucoup mieux entourés à présent. Puis, ce n'est pas vraiment une erreur, mais le fait de préparer son album dans plusieurs studios entre Cannes, Lyon et Paris ne rendaient pas les choses faciles. Là, on a tout fait à Warner, à Paris. On était mieux réunis, tout le monde était concentré. C'est surtout ça que je voulais rectifier: être le plus compact, le moins dispersé à droite à gauche, et je pense sincèrement que ça se ressent. En écoutant les morceaux qui sont sorties, on est super satisfait.

Tu te vois où dans 10 ans ?

Dans 10 ans, c'est loin quand même, t'as vu... Je sais pas… J'espère que j'aurai récupéré mon vrai prénom et nom de famille et que je pourrai pousser des jeunes (rires).

Ça fait quoi d'être nommé aux MTV Awards avec Diam's par exemple? Est-ce que tu sens une différence dans ta vie privée avec le comportement de certaines personnes ?

Plus t'es exposé, plus les gens te voient, plus, entre guillemets les gens te reconnaissent. T'as moins de tranquillité, t'as du mal à te balader tranquillement sans qu'on t'arrête dans la rue par exemple, t'as vu. Après, c'est pas forcément quelque chose de désagréable… Après, être nominé aux MTV Awards fait plaisir mais je ne vais pas non plus me dire "ça y est, j'ai tout fait je peux m'arrêter là", tu vois ce que je veux dire.

Et du coup, qu'est ce que tu aimerais encore faire justement?

Comme je t'ai dit avant, produire et pousser d'autres artistes par exemple. Préparer ensuite mon troisième album. J'ai encore pleins de choses à dire, pleins de thèmes à développer et le jour où j'estimerai avoir fait le tour de la question, ben voilà je ne rapperai plus et je racrocherai direct.

Parle-moi de la France d'aujourd'hui. Ca brûle sévère là, chez vous…

Beh, la France aujourd'hui, je te dis honnêtement, c'est pas ce qu'il y a de mieux, t'as vu (rires). Nous, en tant que rappeurs, on essaie juste de faire passer des messages. La plupart des choses qui se sont passées sont des choses qu'on a, entre guillemets, prévues. Ce sont des choses qui nous ont pas du tout surpris… mais pas du tout. Eux, peut-être oui, mais pas nous, t'as vu? Moi je peux pas faire grand-chose. La politique est un milieu très fermé. Ils n'écoutent pas les jeunes comme ils le prétendent… On continuera a faire nos petites chansons, on continuera à aller voter, et peut être un jour les gens comprendront, mais pour l'instant, c'est mal barré.

Et le gouvernement français qui accuse les Monsieur R et les Minister AMER, c'est en peu facile, non ?

Tu sais, c'est à l'image de ce que sont les politiciens en France. Ils sont complètement décalés, complètement à l'ouest. Ils font tout dans l'eau comme on dit. Ils mettent des coups dans l'eau, ça ne sert à rien. Je vois pas l'intérêt de porter plainte contre un rappeur comme Fab qui est passé à autre chose. Alors qu'en plus, Fab, techniquement parlant, était plus un moraliste à porter la bonne parole qu'autre chose. Là, j'essaie même plus de comprendre tellement c'est gros.

Franchement, ils sont cons, et voilà. Faut pas aller chercher plus loin. Ils sont pas du tout conscients des vrais problèmes. Ils ne se posent pas du tout les bonnes questions et là, ça devient compliqué.

Et si t'étais président un jour, tu ferais quoi comme changement radical pour améliorer la situation ?

Je partirais d'un principe très simple. Les jeunes, si tu les occupes, ils foutent pas la merde bêtement. Je vais te citer un exemple: chez nous, y'a un gymnase ouvert un soir par semaine. Quand il est ouvert, il est plein. Tout le monde joue au ballon jusqu'à minuit sans histoires. C'est une question de logique. Si tu ouvres déjà deux ou trois fois par semaine, ça serait déjà pas mal. Ensuite, je mettrais des studios d'enregistrement en place. Faudrait aller un peu dans le sens des jeunes. Ils brûlent pas des voitures comme ça… Ils en ont marre, c'est la révolte…

J'espère que Sarko va écouter Downtown Boogie…

(rires)…

Sinon un petit freestyle a capella pour chauffer un peu la température vite fait ?

vas-y, y'a pas de galère…

Yo, je fume du shit quand je m'ennuie, j'écris, je m'enfuis
c'est difficile mais je m'en tire je m'enterre, je m'en fiche, yeah
traités comme des faux, jugés par défaut
triste époque, en 2005, Coluche nourrit encore les pauvres
j'admire la rue de mes yeux défoncés, des fils de putes m'ont dénoncés
mener ma vie, j'te le déconseille
perdu dans mes brouillons, je me relis dans les ratures
je m'en bats les cacahuètes de la littérature
on regarde dans la lune, du détail dans de l'alu
j'compare la vie d'adulte à de la lutte
je me battrai toujours des couilles de se qui disent
mon style c'est du Kill Bill pas du Will Smith
j'ai réfléchi en son-pri, puis j'ai opté pour le silence
quand j'ai compris que j'étais incompris
Je tombe à tous les coups, avec ou sans Maître Vergès
parce que j'ai mangé plus de keufs que de merguez…
S.I.N.I.K. 2005 tchigatchiga pow!!!!

SOPRANO (PSY 4 DE LA RIME)

Big up aux Psy4. Que DJ Sya Styles repose en paix. Je repense à l'avant-première qu'on avait faite pour eux avec La Hana Club, en 1999... il y a plus de 25 ans. J'avais tout de suite compris qu'ils allaient cartonner. Je me souviens du feu qu'ils ont mis en arrivant sur scène. Hyper impressionnant. Je me souviens du micro qui passait pour des freestyles à la fin du concert, et Soprano avait tout déchiré... J'ai vite laissé tomber, d'ailleurs (rires). J'avais fait un petit truc cool, genre un petit 16 mesures, en pensant assurer... Je lui tends le micro, du genre : «Tiens, à toi". Le gamin tout maigrichon arrive derrière moi et brûle tout... Un incendie, un lance-flammes, ce gars (rires) ! J'ai vite compris qu'il était next level. Un vrai poids lourd du micro, malgré ses 50 kilos (rires). Un véritable maître de cérémonie comme j'en ai rarement vu dans le rap français !

Quelques années plus tard, je bossais sur l'album de Vincz Lee. On les avait invités sur le projet. On avait mis Dynamike sur le refrain. On a enregistré les Psy4 dans leur chambre d'hôtel avant leur concert à Neuchâtel. On est en août 2006. Soprano, torse nu, en train de rapper contre le mur de la petite pièce, pendant que Vincenzo était plié en deux à côté de lui, couché sur le lit (rires). Il n'arrêtait pas ! Pendant tout l'enregistrement, il se tapait des barres avec Coluche dans son baladeur CD (rires). J'te jure ! Vincz avait pris son petit studio portable pour une session mythique.

Après avoir enregistré leur morceau, on est allés à la salle de concert. Il y avait des paniers de basket. On avait fait un match : Boogie Squad contre les Psy4. 4 contre 4. Green Giant, Dynamike, Vincz et moi contre les Psy4. Mes gars à moi faisaient tous 3 mètres, donc voilà, c'était vite réglé (rires)... On les avait éclatés. Je me rappelle que Sopra portait un maillot de la Juve (rires). C'était en plein ramadan. Je m'en rappelle parce qu'après, dans les loges, je les narguais en leur lançant des chips comme un connard depuis l'autre bout de la pièce. Ils rigolaient tous, mais à l'intérieur, devaient bouillonner (rires).

Je les ai chopés dans les loges après un concert aux Docks à Lausanne pour une interview quelques mois auparavant. Ils venaient de faire cinq heures de route pour enflammer la salle. Le rap marseillais a toujours la cote à Lausanne. Nous sommes le 17 Mars, 2006.

Avec un nom comme Psy4 de la Rime, comment voyez-vous l'état du rap aujourd'hui ? Est-ce que le rap a besoin d'aller voir un psy ?

Soprano : (rires) Avant, je t'aurais dit oui, mais là, ça va. Quand je vois comment se portent les ventes d'albums en France, avec les concerts et les tournées, je me dis que maintenant, ça va bien. Il faut juste qu'on nous accepte dans le monde de la musique. Ça, c'est une petite dédicace à Monsieur Didier Barbelivien qui dit qu'on ne fait pas de la musique française. Alors moi, je tenais à dire qu'on vend beaucoup de disques et que ça se passe super bien. Je ne parle pas que des Psy4. Je parle de beaucoup de groupes : Diam's, Booba, Sinik, 113, Rohff. Le rap français est en train de tout casser, et on est super contents.

Ça fait des années que vous êtes dans le rap. Deux albums en huit, neuf ans. Est-ce que ça paie d'être patient ?

Alonzo : Nous sommes un groupe de scène. On a fait beaucoup de concerts entre 1995 et notre premier album, sorti en 2002. On a aussi fait beaucoup d'apparitions à gauche et à droite. La patience est une grande qualité dans la vie, dans tous les domaines, donc oui, ça a payé. Aujourd'hui, le nom est là, et on essaie de le consolider. On y va doucement. Notre troisième album va arriver très prochainement, prévu pour la fin de l'année. On a aussi les albums solo à sortir, tu vois ? Dans un groupe, c'est toujours comme ça. Il y a des gens qui sont attendus, il faut donc sortir des albums en temps voulu.

Du coup, comment ça se passe avec l'évolution entre votre deuxième et troisième album ? Y'aura-t-il des changements de style ?

Soprano : C'est plus facile !

Alonzo : Oui ! Du deuxième au troisième, c'est plus facile que du premier au deuxième.

Pourquoi ?

Alonzo : Avec le premier, tu tires un peu de partout. Le deuxième, si tu arrives à faire un album correct, Dieu merci. Tu installes ton nom. Le deuxième album, c'est le tournant, tu vois ? Les gens t'attendent. Et le troisième album, tu l'abordes plus sereinement. Tu sais mieux où tu vas. Tu sais ce que tu veux dire, c'est donc plus fluide.

Soprano : Le truc, c'est que quand ton premier album a un énorme succès et que tu ne t'y attendais pas, t'as la pression. Ensuite, quand tu vois que le deuxième a plus de succès que le premier, tu te dis : "Putain de merde !". Toute la pression que tu avais retombe. Maintenant, tu sais où tu vises. Ça ne sert à rien d'aller dans une autre direction. Tu sais qui tu es vraiment, et tu fonces.

Pourquoi ce titre d'album, Les Enfants de la Lune ?

Alonzo : C'est inspiré d'un morceau qu'on adore tous les quatre, du groupe Mecano, qu'on écoutait depuis 1997. C'est un titre d'album qu'on avait toujours en tête. On voulait d'abord refaire la chanson à notre sauce. Ça nous a inspirés pour beaucoup de choses dans notre vie. On traîne souvent la nuit. Les conneries que tu fais la nuit (rires). Nos expériences de vie, dès que tu quittes le nid familial, tu vois ? Il y a les responsabilités, donc oui, la lune inspire beaucoup notre mode de vie, en tant qu'Arabes et musulmans.

En parlant de la vie, il y a un titre qui s'appelle La vie m'a appris. Avec toutes ces tournées et toutes ces dates dans différentes villes et différents pays à travers toutes ces années, quelles sont les choses que la vie vous a apprises ?

Soprano : La vie nous a appris beaucoup de choses. Déjà, qu'on est bien chez soi. Quand tu vois la galère dans d'autres pays, t'es pressé de rentrer à la maison. Dans ta tête, tu te dis qu'on se plaint beaucoup, mais qu'ailleurs, c'est souvent la merde aussi, et peut-être même pire. Ça nous a fait beaucoup réfléchir. En voyageant, tu apprends aussi le respect. Les gens ne pensent pas pareil. Ils ont des repères différents. Parfois, les gens voient aussi le Hip Hop différemment. En Suisse, par exemple, il y a encore beaucoup de breakdance, alors qu'en France, il n'y a que du rap. Chez nous, le break est à part. Le DJing est à part. Alors qu'en Suisse, le Hip Hop est un tout.

Vous avez des paroles assez conscientes, avec un œil toujours rivé sur les quartiers. Justement, comment voyez-vous cette nouvelle génération en France ?

Alonzo : La nouvelle génération de rap en France offre plus de choix. Aujourd'hui, tu peux écouter du Psy4, du Saïan Supa Crew, du rap old school, du Booba. C'est du rap. C'est du Hip Hop, mais ce sont des branches différentes. C'est ce que l'Amérique a fait il y a déjà vingt ans.

C'est bien, le rap est en train de s'élargir. C'est une génération qui arrive à franchir les obstacles malgré les bâtons dans les roues que les médias nous mettent. Diam's fait énormément de bien au rap français. Et malgré les énormes boycotts qu'on subit de la part de la télé, je pense que le rap ne va pas s'arrêter là. Beaucoup ont cru que c'était une mode, ils vont devoir accepter que le rap fait partie de la musique française.

Soprano : C'est aussi une génération qui est mieux organisée, avec des labels. Beaucoup sortent en indépendant. On connaît l'importance des tournées. On sait ce qu'est un budget. On a plus de connaissances et de meilleures structures aujourd'hui qu'IAM et NTM avaient à l'époque. Eux, ils ont ouvert les portes. Ils avaient peut-être besoin de majors, alors que maintenant, on est tous mieux organisés, aussi au niveau de la distribution. Ce n'est donc plus du tout pareil.

Alonzo : On a tous créé notre label. Chacun signe ses artistes par affinité. On n'est jamais mieux servi que par soi-même. À Marseille, le relais des médias se fait très difficilement. Tous les groupes qui viennent de province ont énormément de mal à se faire connaître, car tout est centralisé sur Paris. On est donc obligés de se structurer pour faire face à la grosse machine.

Et si le Hip Hop n'existait pas, vous feriez quoi ?

Alonzo : De la musique, forcément. Peut-être de la musique de mon pays. Peut-être du rock ou du reggae. T'as vu les extrêmes (rires) ?

Soprano : J'aurais peut-être produit Lorie. Je me serais fait un max de blé (rires). J'aurais essayé de placer une production à M. Pokora. Nolwenn Leroy a un flow de malade, j'aurais fait un truc de fou avec elle.

Et Kayna Samet ?

Soprano : Kayna Samet, c'est un autre registre. Elle, c'est la bombe atomique. C'est la Mary J. Blige française. Attention, ne mélange pas Kayna à tout ce que j'ai dit avant (rires).

SNOOP DOOG

Bow wow wow, hippy yo, yippy yay
Doggy Dogg's in the motherfuckin' house

Alors celle-là, elle est pas mal non plus. Inutile de présenter ce vieux vicelard. C'est vite vu, il a tout fait, tout produit, tout commercialisé possible et imaginable sous le soleil: musique, filmes X, catch WWE, cinéma, télé, le Roast de Donald Trump, cuisiner avec Martha Stewart, céréales, hot dogs, pantoufles, accessoires pour chien… il a même posé sa voix sur de GPS TomTom (rires). Il avait même sa propre Cadillac qui s'appelle la Snoop Deville au lieu de la mythique Coupe Deville. Il à été ambassadeur aux jeux Olympiques, il a repris Death Row, il a sorti plus de 20 Albums dont un album reggae, puis un album gospel (rires). Snoop Doggy Dogg, devenu Snoop Dogg en passant par Snoop Lion (rires). Il a esquivé un procès de meurtre. Il vendait de la beuh à Cameron Diaz au lycée, il a créé une ligue de football Américain pour les enfants, il est dans Call of Duty, il est dans la communauté NFT, il a des restos, des alcools, du cannabis… bref, j'oublie surement plus de la moitié (rires).

Je pense même que c'est le rappeur le plus populaire aux Etats-Unis depuis des années. N'importe quelle grand-mère te fera un petit "fo shizzle, my nizzle" entre deux coups de tricotage, sans sourciller. Tout ça pour dire, qu'on avait quand même réussi à lui refourguer un bonnet You Are Not Dead Yet: 21 Janvier 2015, Snoop est en concert à l'Arena de Genève. Je me dirige dans la grande salle avec un sac rempli de Cotton & Bass. Il faut que je le choppe impérativement. Qui mieux que le Dogg Father pour représenter ma marque?

A la fin du concert, j'essaie de trouver une ouverture pour m'infiltrer dans les loges. Impossible! Sécurité impénétrable, ultra hermétique (rires)! Passons au plan B: je commence à parler avec les ingés son qui sont en train de débrancher leur matos. J'en chope un pour savoir s'il est du coin ou s'il tourne avec Snoop. Je lui parle en peu du son. Je lui demande son avis sur la qualité du son dans la salle pendant le concert pour entendre son accent. Je devais savoir si c'était un ingé de chez nous ou pas (rires). J'ai tout de suite compris qu'il était de L.A. et qu'il le suit sur toutes les dates. Bingo!

Je lui avoue que j'ai un sac rempli de goodies pour Snoop. Je lui propose de prendre un truc pour lui au passage s'il arrive à lui remettre ma marchandise en mains propre. Il me dit "yeah, sure thing", sans souci. Mortel. En même temps, j'ai ma pote Hayat que je salue au passage qui m'appelle depuis les loges pour me dire qu'elle est à côté de Snoop. Je lui annonce que je viens de filer un sac avec des fringues à un de ses ingés son qui est entrain d'arriver. "Ca y est, je le vois, il est devant moi, je m'en occupe" me rassure-elle telle une James Bond girl en pleine opération. Elle raccroche, l'intercepte, prend le sac de ses mains en le remerciant et le file à Snoop avec un grand sourire. Snoop apprécie évidemment ma pote, check le bonnet et le met tout de suite. Ma pote me rappelle 3 minutes plus tard "Mission accomplie". Elle m'envoie une photo avec lui en train de tenir ma casquette. Il est 23h35, je forward la pic à mon partenaire de l'époque, Mark Angelil qui est en Californie pendant ce temps-là, pour lui balancer la bonne nouvelle. Il n'en revient pas. Ca hustle hard, toujours avec ce débrouillardisme Hip Hop (rires).

Je rentre chez moi euphorique, j'éteins mon portable et m'endors, bercé par une douce adrénaline de gagnant. Le lendemain au réveil je vois des tonnes de photos et des videos de Snoop avec mon bonnet. Il l'avait gardé toute la nuit sur lui. Pendant tout le vol retour jusqu'à Los Angeles, Snoop faisait des videos promos pour ses divers biz. Il a gardé ce putain de bonnet pendant tout le trajet (rires). Cerise sur le gateau, Mark Angelil m'envoi une vidéo trouvée sur un site à la TMZ qui décortiquait tout le outfit de Snoop en sortant de l'aéroport, avec le logo du bonnet qui arrivait pile poil dans le cadrage des paparazzi (rires). On aurait dit qu'il avait fait exprès (rires).

Quelques jours plus tard je me retrouve au téléphone avec un journaliste pour un article dans Le Matin: Gros titre: "Marque Genevoise fait buzzer" Ensuite la Tribune de Genève: "Sa Griffe Habille Snoop Dogg"...blablabla... Les gens pensaient que j'étais devenu millionnaire en une semaine alors que j'avais juste vendu cinq bonnets de plus que d'habitude suite à ces images (rires).

Quatre ans plus tard, je me retrouve sur le parquet des Golden State Warriors à côté de Snoop, foncedé comme pas possible (rires). C'est game 4 des Finales NBA contre les Toronto Raptors. Il y a mille monde autour de nous. Tout le monde se jette sur lui. C'est le chaos des médias: micros, caméras, câbles et lumières partout (rires). Je me tourne vers lui et me présente en deux deux:

"Yo Snoop, my name is Chuck, you remember that You Are Not dead Yet beanie you got in Geneva after your concert back in 2015? That's my brand, thanks for wearing that during your flight, man, you rock".

Je vois dans ces yeux qu'il essaie de faire tourner son disque dur cérébral pour comprendre ce que je viens de lui dire (rires). Il a juste eu le temps de me répondre avec un petit sourire de weedhead, me faire un peace sign avec ses deux doigts avant qu'une journaliste NBA l'intercepte pour une interview au bord du terrain avant que le match commence.

THABO SEFOLOSHA

Comme je l'ai déjà dit dans un chapitre précédent, j'ai eu la chance de couvrir les finales NBA deux années de suite en tant que consultant pour Teleclub Suisse, grâce à mon ami Olivier Reithauser. Il est spécialiste NBA audiovisuel en Suisse depuis des années. Quand il m'a proposé de faire des interviews au bord du terrain et dans les vestiaires pour les résumés de chaque match des finales, j'ai sauté sur l'occasion sans hésiter. Je pense même que je lui ai mis un peu la pression quand j'ai su que les Warriors étaient bien partis pour aller en finale en 2018 (rires).

Jusqu'à là, ma seule anecdote avec un joueur NBA c'était quand Tony Parker était dans une soirée au fameux Duplex à Geneve avec DJ Vincz Lee et DJ Gimamen, je crois. Un gars à côté de moi sur le canapé l'avait pris en flag' (rires). Il a shooté quelques photos de TP en train de danser avec une groupie un peu trop collante (rires). Là, il était encore marié avec sa Desperate Housewife, Eva Longoria (rires). Un gars de son entourage est venu direct pour faire effacer les preuves de façon très persuasive (rires). A cette époque, on se baladait encore avec des appareils de photos numériques. Il aurait dû en garder une en scred pour la vendre à Voici Magazine (rires).

Me voilà donc des années plus tard, en train de discuter avec plein de joueurs pendant les Finales NBA Warriors-Cavaliers, puis Warriors-Raptors l'année d'après. Je me retrouve dans les vestiaires avant et après les matches, au bord du parquet entouré de plein d'anciennes stars, de présentateurs ESPN et d'autres fans VIP, que j'arrive à aborder facilement pour quelques échanges sympas : Patrice Evra, Thierry Henry, E-40, Snoop Dogg, Shaquille O'Neal, Paul Pierce, Serge Ibaka, David West, Klay Thompson, son père Mychal, Stephen Curry et Draymond Green, DeMarcus Cousins, Vince Carter, Andrew Bogut, Shaun Livingston, JaVale McGee, Nick Young, Stephen Jackson, Chris Webber, Donovan Mitchell, Quinn Cook, Steve Nash, Kawhi Leonard, Jalen Rose, Bill Simmons, Stephen A. Smith, Sage Steele, Jeff Van Gundy, Brian Windhorst, Jackie MacMullan, Doris Burke, Ahmad Rashad, Khloé Kardashian, Mike Breen, Kevin O'Connor, DJ D-Sharp, A$AP Ferg... et j'en oublie sûrement ! De toutes ces personnes, seul Vince Carter m'a snobé (rires).

Le premier jour où je suis rentré dans les couloirs, direction vestiaires des Warriors, les gens m'ont direct repéré avec ma çasquette Supreme jaune et mes chaussettes Ready to Die de Biggie. D'habitude, les gens avec des pass "media" arrivent en chemise. Moi, je suis arrivé avec mes shorts camouflage cargo (rires). Ça les intriguait. Depuis ce moment, Draymond Green me faisait un petit "whasup" chaque fois que je le croisais. Fist bump, parfois on ce checkait avec un bon dap. En plus, ma çasquette était vraiment le même jaune que celui des Warriors, puis les journalistes sont censés être neutres, moi je ne l'étais pas du tout (rires).

Quand je rentrais dans un lieu, je me présentais direct, puis, je les félicitais pour leur podçast que j'écoutais, qu'ils étaient mes plugs concernant les inside infos NBA. Je disais toujours aux autres grands consultants de ESPN que je venais de la Suisse pour éviter des histoires. Ça les rassurait, puis ça me permettait de me rapprocher plus près d'eux pendant qu'ils faisaient leur one on one avec les joueurs stars. Dans ce biz, chaque athlète a son journaliste à qui il donne des scoops dans un coin. En leur disant que je venais de la Suisse, je n'étais plus une menace pour eux, ça me permettait d'entendre ce que les joueurs pensaient vraiment avec les micros éteints: arbitrage, une blessure, où une consigne précise du coach à un certain moment, une tournure du match etc… plein de choses que le joueur ne va pas dire officiellement au public par exemple.

Au Game 5 des Finales 2019, J'ai entendu DeMarkus Cousins insulter les arbitres à côté des douches après lw match. "Man, fuck dat shit, fuckin refs can suck my dick!". Il pétait les plombs. Je lui ai dit que j'étais d'accord avec lui. Que c'était abusé. "Nah-I-mean?!" me dit-il avec une grimace de dégoût en me faisant un check d'enculé avec sa main de 30 cm de long ayant bien pris de l'élan (rires). Klay insultait Tory Lanez après ce même match pour avoir sauté de joie au premier rang en voyant Kevin Durant se blesser méchamment, quelques minutes avant la mi-temps. Moment crucial de ces NBA Finals, complètement ouf.

Avec Shaun Livingston par exemple, j'ai sorti mon téléphone devant lui alors qu'il se dirigeait vers la conférence de presse, au bord du terrain, qui allait commencer. Je l'intercepte sur son chemin puis lui demande direct :

"Yo Shaun, pour les fans en Suisse, tu serais plutôt Illmatic ou The Chronic ?"

Il esquissa un sourire en réfléchissant tout en marchant vers la table : "Ahh, difficile comme première question, ça…"

"Tu t'y attendais pas à celle-là, n'est-ce pas ? (rires)"

Une coordinatrice / attachée de presse essaie de m'interrompre en même temps en disant : "Hey, tu pourras poser cette question là-bas avec les autres dans 30 secondes…"

Aucun de nous deux ne la calcule (rires). Shaun me répond : "Je suis plus The Blueprint, tiens…"

Je continue comme si de rien n'était. Je m'en foutais, j'avais mon pass média officiel, puis surtout, toute l'attention du greatest mid-range shooter de tous les temps, curieusement en train d'attendre ma seconde question en face de moi, toujours en marchant vers les caméras :

"Oh ok, Hov, bonne réponse, ça, je kiffe… et si tu devais te comparer à un rappeur, ça serait qui ?"

"Ah, man… J. Cole", me répond-il en s'asseyant à sa place, devant toutes les lumières, prêt à recevoir des questions mainstream et bidon.

Je termine avec "Thanks for your time", puis je m'en vais. Moment court mais mortel. Personne ne pourrait me reprendre ces instants magiques.

Je pense à un autre bref échange avec le grand Australien, Andrew Bogut. Je l'ai vu tout seul au bord du terrain, assis tranquillement au premier rang : "T'as l'air en super forme là, tu peux me parler de l'importance de la musique quand t'es à la salle de musculation ?" Il me lance un regard intrigué en écoutant ma question, puis me répond sans hésitation : "J'aime mélanger les styles. Évidemment, ça sera quelque chose d'uptempo. J'aime les vieux classiques chez Bruce Springsteen, par exemple, des vieux sons des 80s et 90s… mais j'évite le rap le plus possible (rires)."

"J'allais justement te demander, étant donné que tu es Australien, t'en penses quoi du rap aujourd'hui ? (rires)"

Il me donne un énorme sourire, puis me dit : "J'entends que ça ici avec ces gars…"

Là, je remarque qu'il y a une petite foule qui s'est créée autour de nous. Les gens sortent leur micro et commencent à rire avec nous en enregistrant notre conversation.

Il poursuit avec : "À l'époque, on avait *White Boy Wednesday*, mais ça n'existe même plus à présent (rires). Ils me laissent plus choisir les sons… (rires). Le rap ne me dérange pas tant que ça me motive et que ça met une bonne ambiance dans la salle."

Je termine avec "Good luck for tonight's game", puis m'en vais avec un happy face.

Allez, dernière pour la route. Grand soir du Game 1, en 2018 à Oracle, où je me retrouve à sortir sur le parquet avant le match avec le Révérend Jesse Jackson et les acclamations du public (rires). J'étais avec mon micro en train de chercher un petit scoop juste avant le début du match. Je fouille un peu par-ci, par-là sans savoir ce qui allait m'arriver, puis une vague de sécurités arrive pour libérer le couloir. Ils faisaient passer le politicien que j'avais même pas vu derrière moi. Ils m'interdisent de retourner en arrière puis m'ordonnent d'avancer. "Go Go Go" me dit un des coordinateurs d'event. "Ok Ok Ok" je réponds en m'alignant avec le grand monsieur, sans savoir ce qui est en train de m'arriver. En sortant du tunnel, j'entends le public applaudir ce grand militant des droits civiques, avec moi à côté, mort de rire à l'intérieur, en train de me dire: attends que je raconte celle-là à mes potes (rires).

Ma meilleure connexion NBA reste évidemment celle avec Thabo Sefolosha. Avoir pu créer un podcast avec lui : TPMD - Thabo & Pierrot Makin' Dialogue. Gros clin d'œil et respect éternel à EPMD ! Le nom du podcast a été trouvé par Ocee, bien joué. Le podcast s'est réalisé chez The Spot. Je suis tellement reconnaissant envers Thabo d'avoir cru en ma vision et d'avoir accepté de faire tous ces allers-retours Vevey-Genève. Mon objectif était de lui distribuer le ballon pour qu'il score derrière le micro. Je voulais juste des assists, moi (rires). Je voulais le lancer sur des sujets pour qu'on en apprenne plus sur lui. Je voulais aussi qu'il se lâche sur les coulisses de la NBA. Quand il nous a parlé de l'arbitre qui n'aimait pas Carmelo Anthony et qu'en plein milieu d'un match, l'arbitre l'invite à jouer dur en le rassurant qu'il ne sifflera pas de faute, car "t'façon je ne l'aime pas celui-là"... ben tu vois ça, c'est priceless. Oui, c'était croustillant (rires) !

Les épisodes avec Thomas Wiesel étaient cool aussi. Big up à lui également. Pouvoir parler de stand-up, de basket et de musique avec ces deux-là pendant des heures, c'était aussi sur ma bucket list.

Dommage que le podcast se soit arrêté si brusquement après neuf épisodes. On commençait tout juste à trouver notre rythme. J'avais encore tellement de questions, tellement de thèmes à aborder avec Thabo : ses Air Max 90 (modèle de chaussures atypique que Thabo préférait sur le parquet un temps), le métissage, l'Afrique du Sud, sa plainte contre la NYPD suite à sa blessure, le système judiciaire américain, comment rebondir après une telle blessure, les doutes... J'avais toute une liste d'invités VIP prêts à venir parler sport, art, musique et vie avec nous. Peut-être que ce n'est que partie remise, qui sait? En tout cas, tous les épisodes sont disponibles sur les plateformes si ça vous tente.

WILL.I.AM

Will.i.am s'est fait découvrir par Eazy-E en 1992. À cette époque, il était connu sous le nom de Will 1X. Eazy-E les a signés, lui et apl.de.ap, sur son célèbre label Ruthless Records.

Ils avaient un album prêt qui n'est jamais sorti, suite au décès d'Eazy-E en 1995. Dans la foulée, les Black Eyed Peas se forment, sortent quelques projets, mais ne vendent pas grand-chose. Après deux albums sans succès, Jimmy Iovine, le patron d'Interscope, suggère à Will.i.am de trouver une nouvelle chanteuse (plus pop que Kim Hill qui quitta le groupe en 2000) pour donner un coup de pouce au groupe. Il avait bien compris qu'intégrer une présence féminine (sexy et blanche) permettrait aux Black Eyed Peas de franchir un cap commercial.

Avant l'arrivée de Fergie, les Black Eyed Peas étaient un groupe underground de Los Angeles. Ils s'habillaient différemment, voire de façon complètement décalée, et maîtrisaient la danse. Je parle de l'époque où ils étaient encore des backpackers un peu extravagants (rires), bien avant leurs hits pop. Dès l'arrivée de la petite blonde, le groupe rafle des Grammys. Coïncidence ? Je ne crois pas (rires). Grâce à Fergie, les Black Eyed Peas sont devenus des panneaux publicitaires humains, acceptant toutes les pubs possibles et imaginables : la bière Coors, Blackberry, Levi's, Honda, Apple, Pepsi, Bacardi, Nokia, les magasins Target et Best Buy... et d'autres grosses machines capitalistes.

Les Black Eyed Peas ont fait le show de la mi-temps du Super Bowl en 2011, un live pour la Coupe du Monde en 2010, et ont rempli des stades à travers le monde pendant des années. Nice little run ! Bref, objectif atteint dans la pop. Avant d'exploser dans les charts Billboard, ils véhiculaient de vraies valeurs dans leurs lyrics conscients... Mais ils ont vite troqué leur esprit backpacker pour chanter des gimmicks uptempo, lisses et ridicules dans des clips "shiny", pour devenir corporate à fond. Ah, la force féminine ! La puissance de la bimbo blonde californienne (rires) !

Il fut un temps où Will.i.am produisait pour tout le monde : Michael Jackson, Bono, Usher, Carlos Santana, Nas, The Game, John Legend, Mary J. Blige, Ricky Martin, Justin Timberlake, Earth, Wind & Fire, Busta Rhymes, Too $hort, Diddy, Rihanna, Nicki Minaj, Mariah Carey, Chris Brown, Daddy Yankee, Common, Talib Kweli, Flo Rida, Kelis, Macy Gray... et j'en passe !

Octobre 2007. Il est le producteur le plus chaud du moment. Les Black Eyed Peas inondent les charts depuis quelques années et ont vendu des millions d'albums. Il vient de produire l'album solo de Fergie, qui squatte le top des charts Billboard depuis plus de 50 semaines.

Un petit voyage en train de presque 6 heures aller-retour pour un face-à-face d'un quart d'heure avec l'incontournable Will.i.am à Zurich ? Qu'est-ce que je ne faisais pas pour Downtown Boogie (rires) ?

Producteur, rappeur, chanteur, parolier, fashion designer, showman, danseur, ancien graffeur... Un artiste complet et très talentueux. Il était parmi les producteurs les plus demandés à cette époque.

Pour moi, c'était évident qu'il allait cartonner avec son projet solo. Ce qui m'a le plus frappé lors de notre interview, c'est qu'il n'était pas si confiant que ça quant au succès commercial de l'album. Il n'arrêtait pas de dire "you never know", "maybe it won't sell", "we'll see"... En gros, "on verra bien, il ne faut pas vendre la peau de l'ours...". Will.i.am était très prudent. C'était un album très "house" et uptempo. Encore une fois, j'étais persuadé que ça allait marcher. Mais il avait raison de rester méfiant, car le public américain n'a pas vraiment accroché. Peut-être que ça sonnait trop Eurodance, peut-être qu'il était trop en avance... Peut-être qu'ils avaient trop tourné et oublié ce que leur public américain attendait. L'industrie est parfois très cruelle (rires).

Interview:

Est-ce que c'est ton premier album solo ?

Will.i.am : C'est mon premier véritable album solo. J'ai déjà réalisé des projets en parallèle sur le label BBE, mais je ne les considère pas comme des projets solo. L'un était une B.O. d'un film qui s'appelle Lost Change, et Must B 21 était une compilation de mes productions avec mes rappeurs préférés. Celui-ci est donc mon premier album solo.

Décris-nous ce projet et pourquoi ce titre d'album, Songs About Girls ?

Tout d'abord, cet album est très personnel. Je parle d'une relation de 8 ans que j'ai eue. La plupart des chansons parlent de cette histoire. Le titre Songs About Girls ne semble pas très personnel, mais en vérité, le contenu parle d'une fille bien précise, mon ex, et d'une autre, une strip-teaseuse avec qui je suis sorti après la rupture. I Got It From My Mama est un hommage aux formes féminines. The Donque Song avec Snoop Dogg est aussi un hommage aux filles avec de jolies fesses. Sinon, la majorité de l'album parle de ma relation avec mon ex.

Quel était ton état d'esprit pendant la réalisation... Y a-t-il des regrets ?

La rupture date d'il y a 4 ans. J'étais avec elle de mes 20 ans à mes 28 ans, de 1995 à 2003. Alors tu vois, il y a de l'amour, de la douleur... Il n'y a pas de regrets, car j'ai appris des choses avec cette histoire. Je lui ai demandé pardon de lui avoir brisé le cœur. Elle aussi m'a brisé le cœur, et je lui pardonne.

Tu chantes beaucoup sur cet album. As-tu l'impression d'avoir pris des risques en réalisant ce projet ?

J'ai pris des risques en faisant un album solo.

Est-ce vraiment prendre un risque ?

À l'heure actuelle, oui.

Même avec ton nom sur le projet ?

Les artistes sortent souvent des albums avec des featurings. Mon album est osé car il faut avoir des "cojones" pour sortir un album seul, sans featurings. Surtout avec le climat musical actuel, et venant d'un groupe comme les Black Eyed Peas qui s'en sort plutôt bien.

Quelles sont les différences entre ton approche d'un album solo et d'un album de groupe ?

L'approche reste la même. Je vais en studio pour faire des chansons en tant que producteur. La différence, c'est que je n'ai pas le luxe de pouvoir demander à quelqu'un d'autre de chanter. J'ai dû tout faire moi-même.

Il y a donc peu de featurings sur cet album ?

Juste un, celui de Snoop Dogg.

Même dans les chœurs, il n'y a personne d'autre ?

Oh, il y a CeeLo Green qui a fait des chœurs sur Heartbreaker, mais ce n'est pas un featuring. Il y a aussi Nicole Scherzinger des Pussycat Dolls, mais comme j'ai dit, ce ne sont pas des featurings. En tant que producteur, je n'ai peut-être pas utilisé leur capacité totale, et c'est pour ça qu'ils ne sont pas crédités.

Quand j'ai interviewé Macy Gray il y a quelques mois, je lui ai demandé comment c'était de travailler avec toi. Elle m'a dit que tu avais des centaines d'idées à la minute, et que le plus dur était de te garder focalisé sur la bonne idée... C'est assez drôle, mais explique-nous ta formule pour rester assez Hip Hop pour les puristes et suffisamment pop pour le grand public, avec tes mélodies, refrains et productions, pour créer un hit.

Quand tu fais un hit, tu ne penses pas à ce qui va plaire à la communauté Hip Hop. Ça, c'est la règle numéro un. La plus importante…

Il y a pas mal de tes chansons qui sont très uptempo, avec des ambiances clubbing presque européennes. D'où viennent ces influences ?

Non, non, ce sont les Européens qui font ça. En fait, tout un bloc de chansons sur l'album, de Get Your Money à One More Chance, en passant par The Donque Song et Impatient, c'est nous en tournée en Europe.

C'est devenu très à la mode de faire des chansons comme ça aujourd'hui. Il y a Kanye West qui a samplé Daft Punk, Timbaland a fait The Way I Are... Ce sont aussi des chansons très uptempo.

C'est moi qui ai commencé cette mode. Je ne dis que la vérité. Les Black Eyed Peas ont fait ça sur l'album Elephunk. Mais ça ne me dérange pas. À l'époque, on tournait en Europe depuis 1998. Quand on rentrait aux États-Unis, les gens nous disaient "Waouh ! Vous avez du succès en Europe, je veux faire pareil !" Et aujourd'hui, les gens aiment prendre l'avion... Ça ne me dérange pas. Sur Impatient, je voulais créer quelque chose qui me rappelait vos clubs ici, sans utiliser de samples. Même si j'ai samplé la ligne de basse dans Get Your Money, je voulais vraiment créer quelque chose à partir de rien, sans samples. Pareil pour The Donque Song. J'aime venir en tournée ici et sortir dans vos clubs.

En parlant d'inspiration, quelles sont tes influences en matière de production ?

Herbie Luv Bug, si tu veux vraiment remonter dans le temps. The Bomb Squad, Teddy Riley... C'est lui qui a produit The Show de Doug E. Fresh et Slick Rick ! J'aime aussi Dr. Dre, au complet, pas seulement ses productions récentes. J'aime le Dre de l'époque d'Eazy-E…

D'ailleurs, tu as même été signé par Eazy-E à l'époque, non ?

Oui.

Eazy-E a vraiment eu le flair pour reconnaître le talent.

Qui a-t-il découvert ? Ice Cube, Dr. Dre, Bone Thugs-N-Harmony, les Black Eyed Peas…

Tu étais donc déjà avec les Black Eyed Peas quand il t'a signé ?

C'était déjà les mêmes personnes. Moi, Apl.de.ap... Taboo n'était pas encore avec nous, mais il y avait déjà Dante Santiago. C'est Dante qui nous a présenté Fergie.

À partir de quand avez-vous réalisé qu'il vous fallait Fergie pour faire la différence ?

J'avais dit à Apl.de.ap : "Regarde, on a sorti deux disques chez Interscope, ça pourrait être notre dernier. Slum Village vient de se faire virer..." D'ailleurs, je n'avais pas compris comment Slum Village avait pu se faire virer. Ils sont arrivés chez Interscope en plein milieu de notre album Bridging the Gap. Vers la fin de l'album, ils se sont fait licencier.

C'est là qu'on a compris qu'il fallait tenter le tout pour le tout. "Faisons-le et voyons jusqu'où

on peut aller !" Et on ne s'est pas arrêtés, on court toujours partout. Je me rappelle très bien de cette conversation. On savait qu'on savait rapper et danser. Je savais que je savais faire du graffiti et taguer au bord des autoroutes, je savais freestyler, et je savais que je savais faire de la musique. "Pourquoi vouloir le prouver à notre communauté ? Pourquoi vouloir faire de la musique pour des gens qui pensent comme nous ? Pourquoi vouloir donner de l'eau à ceux qui ont des lacs ? Pourquoi donner du coton à ceux qui ont des moutons ? Pourquoi vendre du bœuf à ceux qui ont des vaches ? Mec, prenons ce qu'on sait faire et allons le proposer aux gens qui se trouvent de l'autre côté de la ville, qui n'ont rien !"
Alors, on l'a fait, et tous les gens de notre "village" ont râlé : "Qu'est-ce que vous faites ? Où allez-vous ?" On a dû partir pour éviter la tempête, en leur promettant de revenir avec une meilleure structure, mieux organisés. Et on est revenus avec des collaborations avec The Game et Nas.

Il y a sûrement eu une conversation intéressante avec Nas sur le thème "le Hip Hop est mort", non ?

La conversation était : "Yo Nas, j'ai quelque chose pour toi. J'ai pris un freestyle que tu avais fait au studio et je l'ai transformé en chanson qui s'appelle Hip Hop Is Dead." Il m'a répondu : "Quoi ? Hip Hop Is Dead ? Tu aimes ce titre ?" Ensuite, il m'a rappelé deux semaines plus tard pour me dire qu'il allait appeler son album comme ça. Je lui ai dit que je trouvais ça mortel. J'ai ensuite appelé Dante pour lui dire : "Tu te rappelles du morceau que j'avais fait pour Nas l'autre jour ? Il veut que ce soit le nom de son album !"

Que penses-tu du niveau de la musique aujourd'hui ?

La musique se porte très bien. Je ne peux pas me plaindre. La seule chose qui me dérange, c'est le manque de plateformes digitales qui permettent de diffuser la musique correctement. Les gens font encore de la musique comme s'ils sortaient des vinyles, des CD ou des cassettes, alors que plus personne n'a de platines, de lecteurs CD ou de baladeurs. Ce que je fais, par exemple, c'est qu'à partir du 25 septembre, quand l'album sortira, tu pourras aller sur www.blackeyedpeas.com ou [URL non valide supprimée] et télécharger un lecteur que tu pourras ensuite mettre sur ton Facebook, ton MySpace ou ton blog, et tu pourras télécharger des chansons en MP3. Ce qu'il y a de bien, c'est que quand quelqu'un visite ton MySpace, par exemple, il pourra acheter ma musique directement depuis ta page. Tu pourrais te faire de l'argent. Ce lecteur aura toutes mes chansons, ainsi que les remix, des clips et autres exclusivités.

Je pourrai toujours uploader du contenu. Si, par exemple, je fais une chanson le 2 novembre et qu'entre-temps j'ai 2 000 lecteurs qui ont été téléchargés, je pourrai mettre à jour ces 2 000 lecteurs d'un clic. Je pourrai envoyer ma nouvelle chanson à mes 2 000 lecteurs d'un coup. Ça commence peut-être avec seulement une quinzaine de chansons, mais l'année prochaine, il y en aura 40, qui permettront à tout le monde de se faire de l'argent et de diffuser la musique partout.

WYCLEF JEAN

Je kiffais son apparition dans Making the Band sur MTV avec le fou furieux Dylan. Ça, c'était de la télé (rires) ! C'est quand même un sacré producteur. Il ne fallait juste pas ken Lauryn Hill, mais difficile de réfléchir avec son cerveau et non pas sa teub parfois nah-I-mean ? (rires). J'adorais le morceau Call 911 avec Mary J. Blige, et il faut reconnaître que Destiny's Child a commencé à exploser suite à son remix de No, No, No. Wyclef était évidemment la colonne vertébrale des Fugees. Alors oui, ce groupe a sorti The Score, un album vendu à plus de 20 millions d'exemplaires, mais en vérité, les Fugees sont la plus grosse entreprise criminelle que le Hip Hop ait jamais connue (rires) :

John Forté s'est pris 14 ans pour trafic de drogue.

Lauryn Hill ne payait pas ses musiciens et les producteurs de son album solo The Miseducation of Lauryn Hill. La honte, elle ne savait même pas régler sa guitare aux répétitions (rires).

Wyclef a détourné des fonds de son association pour Haïti, pépère, alors que son peuple souffrait d'un tremblement de terre. Il filait 50 000 $ pour faire déplacer Matt Damon en jet privé jusqu'en Haïti, se payait 100 000 $ pour un concert de charité, et versait plus de 100 000 $ à sa maîtresse en secret...

Et Pras est, tombé pour des magouilles avec le gouvernement chinois. Une histoire d'agents du FBI, d'espionnage, de lobbying pour l'administration Trump... Le gars aurait même touché 20 millions de dollars pour qu'un milliardaire malaisien ait une photo avec Barack Obama... J'ai eu mal à la tête en lisant les articles pour essayer de comprendre le délire de toutes ces accusations.

Bref, je n'ai jamais été méga fan de l'album The Score. Ready or Not, oui. Fu-Gee-La, Killing Me Softly... oui aussi, puis, j'adorais les Outsidaz, mais leur morceau en featuring avec les Fugees est en peu wack (rires). Le morceau s'appelle Cowboys. Wyclef yodle dans le refrain... Non mais s'il te plaît, faut pas déconner (rires) !

Si tu regardes bien le clip de Sweat the Technique de Eric B. & Rakim, tu reconnaîtras un jeune Wyclef de 17 ans derrière sa contrebasse avec sa tenue du dimanche (rires). Le gars avait pris le train avec son énorme instrument pour se rendre au tournage à Long Island. Il avait réussi à convaincre les sécus et les gardes du corps de Rakim et tout (rires). Des années plus tard, alors qu'il est devenu le Wyclef Jean qu'on connaît, il avait raconté cette anecdote à Rakim, qui ne croyait pas ses oreilles. Ce n'est qu'en rentrant chez lui, en remattant son propre clip, qu'il a réalisé que c'était bel et bien Wyclef Jean lui-même, avant d'être devenu le grand producteur qu'on connaît aujourd'hui (rires). Je n'ai malheureusement plus de trace de cette interview. Quand je tape "Wyclef Jean" dans mon moteur de recherche, la seule chose qui apparaît, c'est la chanson de Young Thug (rires)... que j'adore, d'ailleurs. Ah oui, et le clip est incroyable aussi. Young Thug est arrivé mille heures en retard pour le tournage, du coup le réalisateur a dû trouver un plan B. "YouTube-moi Young Thug - Wyclef Jean", c'est juste incroyable. Je me souviens avoir interviewé Wyclef par téléphone dans les studios de Couleur 3. Il était super pro, ça je m'en souviens aussi. Il parlait bien français, "Haïti represent !", mais pour le reste... Je ne pourrais même pas te dire si c'était pour son premier album solo The Carnival (1997) ou The Ecleftic (2000). Je deviens vieux, sorry (rires).

X-MEN

Ill fait partie des kickeurs d'élite. Flow, placement de rimes, contenu, cadence, style, tout ! C'est un vrai tueur à gage. C'est un des rares Français qui m'a inspiré et donné envie d'écouter du rap en français, voire même de vouloir rapper en français un bref instant (rires). A mon humble avis, Ill, Lino, Booba, IAM, Le Rat Luciano et Oxmo Puccino étaient à part, bien au dessus des autres.

Ill n'arrêtait pas d'écrire des lyrics sur des petits bouts de papier avec son stylo. Là, on est avant même la sortie de Jeune, Coupable et Libre, il me semble. Dès son arrivée dans le studio de la 3, je le voyais observer les alentours et noter des phrases : l'heure sur l'horloge, la couleur des baskets d'un tel, la couleur de la casquette d'un autre, la marque d'un pull... J'étais super content de les recevoir. J'adorais le peu que j'avais entendu d'eux. J'attaque du Mike, Retour Aux Pyramides, Pendez-Les. Time Bomb, les freestyles sur Radio Générations, ensuite C'est Justifiable sur Sad Hill. que des grosses claques! Les X avaient un petit buzz chez nous en Suisse, alors qu'en France, c'était déjà le gros truc. Je les ai trouvés un peu hautains, j'étais un peu déçu, mais sans rancune. J'ignorais qu'ils avaient déjà explosé en France.

Je lance l'interview et je ressens tout de suite une nonchalance un peu zarb. J'avais posé quelques questions et je continue de percevoir une certaine arrogance. Bref, ça m'a saoulé. Ils n'étaient pas très ouverts, pas très dispos... Ils faisaient les Parisiens (rires). Moi, j'étais un peu Suisse, je ne connaissais pas grand-chose sur eux. Je venais de les découvrir, alors qu'ils étaient déjà les meilleurs du rap français depuis un moment. Ill m'avait fait une petite remarque sur ma façon trop cainri d'animer l'émission que je n'avais pas trop appréciée (rires). Du coup, j'ai coupé court à l'interview en direct et je leur ai demandé s'ils voulaient freestyler un peu à la place : "Si je vous saoule autant... Let's open up the cypher..."

"Bon ben si t'as pas d'autres questions, vas-y...", me répond-il.

Et là, je comprends sa puissance en direct. Ill balance tout ce qu'il écrivait depuis son arrivée à Lausanne: la gare, la montée à la radio, les baskets, les couleurs, l'heure, l'instru... Le gars flow, il balance et balance. Les auditeurs ne savaient pas qu'il avait tout écrit. On aurait dit de l'improvisation parfaite. Trop fort, un véritable tour de magie.

XZIBIT

X to the Z, membre dysfonctionnel du Likwit Crew. Down avec King Tee et les Alkaholiks ! Certains penseront directement à Pimp My Ride dans les années 2000. D'autres à ce morceau mythique, Paparazzi (1996), avec cette sublime mélodie de la Pavane de Gabriel Fauré. C'est la version vocale avec Barbra Streisand, bien plus planante, qui a été samplée. On entend aussi cette instru touchante à la fin d'un épisode des Sopranos (Pax Soprana, épisode 6, saison 1). Ce single a beaucoup plus cartonné en Europe qu'aux États-Unis. Il a été disque d'or en Allemagne avec plus de 250 000 ventes et a atteint la 6e place des charts en Suisse.

Certains se rappelleront du clip en noir et blanc sur la plage, avec un Xzibit déchaîné en veste imperméable Helly Hansen, au milieu d'un orchestre symphonique jouant paisiblement devant les vagues. En parallèle, on voit les Alkaholiks acheter à boire dans un liquor store. En sortant, ils croisent des gangsters cagoulés qui braquent la caisse tenue par un couple asiatique. Tellement West Coast !

Les puristes penseront au clip de What U See Is What U Get (tiré de son deuxième album, 40 Dayz & 40 Nightz, sorti en 1998), avec sa mise en scène mythique : Xzibit traverse des scènes chaotiques sans broncher, en route pour aller chercher du lait (rires).

Moi, quand je pense à Xzibit, je pense à son magnifique morceau The Foundation, où il parle à son fils nouveau-né. Un petit bijou produit par DJ Muggs, avec ces paroles inoubliables :

When I look you in your eyes I can see my own
Straight love manifest in flesh and bone
You're a breath of fresh air in this world of shit
You were born to be a soldier, don't ever forget..

Ou encore :

Son, if you ever pull a gun then use it
If you have the chance to walk away then do it...

Xzibit a sorti deux albums chez Loud Records avant d'être pris sous l'aile de Dr. Dre. On l'avait entendu sur Bitch Please de Snoop Dogg, puis sur plusieurs morceaux de Chronic 2001. Il avait aussi cartonné dans le fameux Up in Smoke Tour. Ce DVD, on l'a maté en boucle avec les potes à l'époque.

C'est marrant comme beaucoup de grands artistes de Los Angeles ne sont pas originaires de la ville : D.O.C. vient du Texas, Tash de l'Ohio, Kurupt de Philadelphie, Tupac de New York, Nate Dogg du Mississippi... Xzibit, lui, vient de Détroit. On lui interdisait d'écouter du rap à la maison. Il a commencé à rapper à dix ans, après le décès de sa mère. Il est ensuite parti vivre au Nouveau-Mexique avec son père. Il était incorrigible : conflits avec son père, centre de détention pour mineurs, délinquance... Il a été libéré à 17 ans. Il s'est fait un peu d'argent en vendant de la drogue, puis il est descendu à Los Angeles avec un pote, quelques flingues et quelques fringues en 1992. Il a rencontré le producteur James Broadway du groupe Mad Kap, signé chez Loud Records. Ensuite, il a rencontré King Tee et les Alkaholiks... et bam ! Sa carrière a décollé !

Xzibit fait partie des rares rappeurs à avoir percé à la télévision. Shout out aux OGs Will Smith, Ice-T et LL Cool J, qui avaient leurs sitcoms bien avant que Xzibit n'arrive sur MTV pour animer Pimp My Ride. D'ailleurs, savais-tu que dans cette émission, quasi tout était faux ?! Un peu comme toutes les émissions de télé-réalité (rires). Les maisons où Xzibit allait sonner étaient fausses. Les voitures présentées n'appartenaient parfois même pas aux candidats. Les réactions de certains en découvrant leur voiture ? Fausses ! Toutes ces transformations, c'était uniquement pour le show. Le jacuzzi dans le coffre, la machine à glaçons sous le capot, le van transformé en mini-casino "Las Vegas on wheels" (rires)... que du spectacle ! Ils ont même fabriqué un tunnel pour scanner le corps humain pour une soi-disant infirmière. Un champ magnétique pour faire des IRM à l'arrière de ta caisse (rires) ! Et tu crois vraiment que le mini-bar sur la banquette arrière est légal aux États-Unis ? Là-bas, ils t'envoient en prison pour une canette de bière vide sous ton siège (rires).

Il me semble avoir interviewé Xzibit par téléphone en direct avec Dynamike. On était plutôt bons en tandem. Interviewer et traduire en direct est un exercice difficile.

Xzibit était dans un train en Allemagne, en pleine tournée promo. Il n'animait pas encore Pimp My Ride. Son quatrième album, Man vs. Machine, venait de sortir. C'est son deuxième album produit par Dr. Dre. Je me souviens avoir entendu Anthony Hamilton pour la première fois sur cet album. Je suis tombé amoureux de sa voix incroyable. Il y avait aussi ce morceau, Choke Me, Spank Me, X to the Z où il rappait comme Cold 187um d'Above the Law. Xzibit avait aussi son propre collectif, le Golden State Project, avec Ras Kass et un rappeur d'Oakland que j'adorais, Saafir. Certains se souviendront de Saafir (RIP) pour sa petite apparition dans le film Menace II Society. Dommage que ce projet n'ait jamais abouti.

On est le 16 octobre 2002. Je me souviens que Jermaine Dupri s'était lâché quelques mois auparavant, en prétendant être meilleur et plus talentueux que Dr. Dre et Timbaland dans une interview pour XXL Magazine. Eminem lui avait répondu sur un morceau pour le remettre à sa place. Ensuite, Xzibit, en bon soldat de Dre, avait enfoncé le clou sur la prod de Grindin' de Clipse (rires). C'était une exclusivité de Kay Slay.

Il faut se rappeler qu'à cette époque, tout n'était pas aussi rapide qu'aujourd'hui. On ne pouvait pas s'enregistrer en live sur son téléphone et se diffuser instantanément. Il n'y avait pas de réseaux sociaux. Les infos sortaient d'abord dans les magazines ou à la radio. Ensuite, on enregistrait un diss track, qu'il fallait placer sur un album, une mixtape ou dans une émission de radio. L'autre ripostait en studio... et ainsi de suite. Aujourd'hui, on a les "keyboard gangsters" à tout va (rires). C'est du fast-food. On répond immédiatement sur Twitter avec des emojis, des memes et des stories sur Instagram. Oh, comme les temps ont changé (rires)...

Xzibit est aussi, à ma connaissance, le premier à avoir balancé Puff sous le bus. Lors d'une interview à la radio américaine, vers 2009, bien des années après son passage sur Downtown Boogie, Xzibit avait expliqué sa soirée avec la fameuse Superhead (Karrine Steffans, mannequin, rappeuse, autrice, réputée dans le milieu pour ses gâteries généreuses) où ils se sont retrouvés dans une after party dans un club à Miami que Puff avait choisi. Il y avait plusieurs hommes qui s'embrassaient... Quelques temps plus tard, Xzibit a dû revenir en arrière et retirer tout ce qu'il avait dit suite à des menaces venant du Diddler lui-même (rires).

YOUNG BUCK

On est le 8 août 2004, en pleine offensive G-Unit. Young Buck, lui, a fait ses premières armes chez Cash Money dès 1997, avant de sortir deux projets sous la bannière UTP de Juvenile en 2000. Il rejoint l'écurie de 50 Cent en 2002. Originaire de Cashville, aka Nashville, Tennessee. Il incarne à fond le Dirty South. Pourtant, Nashville, c'est plutôt le royaume de Taylor Swift, Dolly Parton ou Hank Williams Jr... Bref, un bastion de la country, pas franchement une terre de rap.

Là, on est dans les glory days de G-Unit, bien avant son clash avec 50 Cent. Bien avant que Fifty ne l'affiche pour ses préférences sexuelles (rires). Perso, je me fiche royalement de ce qu'il fait dans son intimité, mais quand tu te fais prendre en flagrant délit à plusieurs reprises, arrête de nier et assume (rires). Forcément, si tu nies, tes partenaires finiront par t'exposer (rires). D'abord, ils balancent tes DMs sur les réseaux, puis les vidéos qui leakent... Eh oui, on riait bien sur Twitter à cette époque (rires).

50 Cent a misé sur Young Buck pour remplacer Tony Yayo, parti en prison pour possession d'armes à feu. Le pauvre Yayo, bras droit de Fifty, s'est fait arrêter le 31 décembre 2002 pendant une grosse fête à Manhattan. Sympa comme soirée (rires). Il me semble qu'il avait aussi falsifié son passeport, ce qui a prolongé son séjour derrière les barreaux. Pas très malin (rires).

Le mot "yayo", c'est de l'argot d'origine latino-américaine pour la cocaïne, comme tu l'as sûrement déjà entendu dans le film Scarface. Melle Mel a utilisé ce terme dans un de ses textes en 1985, qu'on a entendu dans un épisode de Miami Vice :

Talk about Yayo, it's everywhere you go
They said in Miami it'll never snow
Now it's snow in the palm trees, snow on the sand
It snows all day, for sixty dollars a gram

G-Unit était une grosse machine à fric au début des années 2000. Ils étaient partout. Ils avaient un studio d'enregistrement dans un de leurs bus de tournée. Ils enregistraient sans arrêt. Une véritable usine (rires). Ils bossaient sur tous les projets en parallèle : l'album de 50 Cent, les compilations G-Unit, les projets solo de chaque membre, les mixtapes, les vêtements avec Marc Ecko, les baskets avec Reebok... Les morceaux étaient enregistrés, puis, stratégiquement, ils décidaient sur quel projet ils allaient apparaître. Leurs sorties pesaient lourd avec l'appui d'Interscope et d'Universal. On trouvait des bonus DVD avec les albums. Ça gonflait les chiffres de vente.

Young Buck avait les Alpes sur ses deux poignets et une zone de production de Sierra Leone autour du cou (rires). Je n'ai jamais vu autant de diamants d'aussi près. Il était iced out (rires). Il avait une chaîne avec une grosse croix de la taille de ma main, puis un énorme "Y" d'environ 30 centimètres qui bougeait comme les aiguilles d'une montre, par-dessus un énorme "B" de la même taille. Un truc de fou. Ça me donnait le mal de mer (rires). À un moment, il m'a demandé si je voulais la porter. J'étais là, genre : "Non merci, je ne suis pas une groupie" (rires).

Mon petit passage préféré de l'interview est quand je lui demande:

Quelle est la meilleure chose avec l'argent ?

Buck : De ne pas être obligé de faire des choses illégales pour payer ses factures.

Et la pire ?

Les gens qui t'envient pour rien, qui te jalousent sans te connaître. L'argent alimente la haine chez certains.

Il était super surpris par le public suisse, si réceptif. Il était reconnaissant de pouvoir voyager et découvrir l'Europe, ce qui est rare pour un jeune Afro-Américain d'un ghetto du Sud. Un ghetto qui existe physiquement, mais aussi dans la tête... "Ghetto in the mind"... Cette mentalité qui empêche souvent les jeunes d'oser s'en sortir et réussir, à cause d'un manque de confiance, d'amour, d'argent, d'opportunités, de soutien... La hood mentality pèse lourd et hypnotise les jeunes défavorisés.

Il a expliqué la southern hospitality, cette particularité du Sud, cette volonté de se réunir et de s'entraider dans le rap pour percer, contrairement à la East Coast. Ils ont toujours eu cette force de s'élever ensemble et de rester unis.

On a parlé de certains producteurs avec qui il aimait travailler : Needlz et Mr. Porter de D12, par exemple. Mr. Porter, anciennement connu sous le nom de Kon Artis, m'avait bluffé par son talent de chanteur, sa voix soul. Il est devenu le hype man sur scène pour Eminem après le décès de Proof en 2006.

On a aussi parlé de Stat Quo, un nouveau venu que j'aimais bien, signé chez Shady Records à l'époque. Évidemment, j'ai voulu obtenir des infos croustillantes sur les techniques d'enregistrement de Dr. Dre, mais comme d'habitude, on ne m'a pas dévoilé de formule secrète (rires).

On sait que c'est un psychopathe des prises de voix, qu'il te fait enregistrer certaines phrases des centaines de fois jusqu'à ce que ça lui plaise. Parfois, c'est pour un détail que seules ses oreilles perçoivent. Quand Dre te demande de faire quelque chose d'une certaine manière, tu as tendance à l'écouter (rires). Ce n'est pas pour rien qu'on l'appelle "le Docteur" (rires). C'est chirurgical. Il te fait souffrir parfois derrière le micro, mais le résultat est toujours supérieur quand il supervise.

DA YOUNGSTA'S

La meilleure chose qui leur soit arrivée, à ces petits cons, c'est quand DJ Premier les a samplés pour créer le refrain iconique de ce morceau magistral de Gang Starr (rires).

Money's growin' like grass with the Mass Appeal. C'est la fameuse phrase que DJ Premier a scratchée dans le refrain de Mass Appeal, sorti en 1994. Yup, c'est un des Da Youngsta's qui la prononce dans Pass the Mic en 1992. Pete Rock en a même fait un remix avec ses cuivres (rires).

Da Youngsta's, c'est deux frères et leur cousin, managés par le père des deux frangins. Ils étaient de Philadelphie. Ils ont eu un énorme buzz à une époque. Je me suis pris la tête avec leur père pendant l'émission, je ne sais plus pourquoi. Je n'aimais pas son attitude, il dégageait une sale vibe. Ultra protecteur, il voulait tout superviser. C'était un méga control freak. J'étais là, genre "Calme-toi, mec, vous êtes en Suisse, respire, ça va aller."

Ils n'étaient pas super à l'aise. Ils sont venus à l'antenne en direct pour promouvoir leur concert du soir, quelque part dans les parages… Ça devait être en 1995–1996. On avait encore les CDs promo par ordre alphabétique dans le salon de Couleur 3, notre petite bibliothèque mythique. On y trouvait des perles. Sur certaines pochettes, il y avait des titres entourés au marqueur argenté, soulignés, ou des annotations comme "track 2 : repérages"… Tout ça pour dire que ces petits tocards nous ont volé des disques pendant leur visite. Je m'en souviens très bien. Ça m'avait rendu dingue, ah les bâtards (rires). De toute façon, j'ai toujours été plus Illegal que Da Youngsta's (rires). Je les ai toujours trouvés un peu corny. Ils se prenaient pour Onyx avec leur flow agressif, leurs vestes camouflage et leurs crânes rasés, en balançant des rimes comme "Then I eliminate suckers who imitate" (rires)… Mais bon, c'étaient des gamins… enfin, ils avaient trois ou quatre ans de moins que moi. Ils se prenaient pour des durs dans leurs clips et étaient tout intimidés à l'antenne. J'étais là, genre "Come on, son". D'ailleurs, ils n'ont pas fait long feu dans le game (rires).

SHOUT OUTS

Ce projet m'a fait énormément de bien. Il a été difficile mais fun à réaliser : long, épuisant, souvent semé de doutes… mais je n'ai rien lâché et j'en suis fier. Fier de ma résilience, de ma loyauté, de ma discipline, de ma fidélité et de ma contribution au Hip Hop. Il était donc primordial pour moi de mener ce projet badass jusqu'au bout.

Ce livre m'a permis de replonger dans mes archives, de réécouter certaines interviews, de revivre des moments incroyables qui ont fait de moi ce que je suis aujourd'hui, tout en balançant quelques anecdotes, des fun facts et, surtout défendre ma passion pour le rap. J'ai fact-checké du mieux que j'ai pu ; veuillez m'excuser si quelque chose m'a échappé — désolé d'avance (rires). J'y ai consacré des centaines, voire des milliers d'heures. Je suis descendu down memory lane avec le sourire, en me rappelant pourquoi j'aime tant cette culture qu'on appelle le Hip Hop. J'ai évidemment pensé à beaucoup de personnes en écrivant ces pages, voici donc mes shout outs — comme sur un bon vieux CD :

J'aimerais tout d'abord remercier la vie de me réveiller chaque matin avec du souffle dans les poumons. Merci au Saint-Esprit pour la force. Ensuite, mes parents Georges & Michèle, Sophia, Shani & Issey. La famille Ammar, Daniele, Dutoit et Winter. Tous les artistes incroyables que j'ai pu rencontrer au fil des années et qui m'ont tant inspiré. Mathieu Macfly pour avoir cru en mon projet dès le début en 2019. Alpha Diallo… we fuckin' did it!! Merci d'avoir accepté de travailler sur ce bouquin. Tu assures ! Tu m'as vu dans des moments de doute mais aussi dans des instants d'euphorie… Merci pour le peaufinage des phrases quand il le fallait. Tu as mixé et masterisé tout ce contenu écrit. Tu as rajouté la reverb quand il le fallait et as compressé mes paragraphes pour leur donner le punch nécessaire… Tu es le Young Guru de ce livre. Loraine Lequint : merci d'avoir sauté à bord, merci d'avoir cru en ce projet, merci pour la mise en pages, le dossier et la connexion. Merci à Luc Mayor et Airelles Éditions. Ensuite, tous mes radioheads : Daddy Fred, Eric Grosjean et tous mes anciens collègues de Couleur 3, Les Métissages, DJ Sebb Bash avec qui tout a commencé sur les ondes, merci ! Downtown Boogie... The Boogie Squad !! Jiggy Jones, Dynamike, Vincz Lee, Green Giant et Ron T, Vincent Steudler : merci de nous avoir fait confiance et d'avoir cru en nous. Geos, Nayuno, Mr Mike & Just One: mes premières inspirations. MC Carlos & Sens Unik d'avoir ouvert le chemin, Duty Free, Silent Majority, XBS, LAW, RB2, La Hana Club. Person, MOH, T-Bone, Tous les rappeurs, DJs, danseurs et graffeurs qui sont passés dans notre émission pendant toutes ces incroyables années. Montreux Jazz, Paléo, La Coupole de Bienne, Rote Fabrik, Palais X-Tra, Stufenbau, Casa Choc, la Dolce Vita, le Frisbee, les Docks, le Loft, l'Usine, la Salle du Môle, le Goulet, le Palladium, le D! Club, le MAD, Le Parloir, l'Atelier Volant, Le Flon, 242, Tracks, Disc-A-Brac, Pomp It Up, Maniak, Alrik, Yves Enderli, Sophie, YE-Texprod, All Access, Obsession, Vibrations, Tuff Times, Unik Records, Soul Clap Sounds, A Few Good Men, Guess What, Soulitude, Colors, Audiomatic, The Spot, Famous Enough, Haythem, Tareq, El Catrin, Brillantine, Serge Lowrider, Mark Angelil, Ledge, Subdelux, Promenade Noire, Shaper, Glamrock, Kobra, Le District, Rolf & The Demotape Clinic, M4Music, DRS3, Bounce, Étienne (Swiggy !), Disiz, Solo, Olivier Cachin IAM, AKH, Shurik'n, Yves (Kooooobe !) Fabien, Thierry, Aïcha, La Cosca, Double Pact, N-Pro, Avni, Mos Music, Nico, RSK, Mirco, Karim, Top Billin', Shy, DJ Ker, Julien Soldout, Farhad,

Thierry Wegmuller, Thierry Collado, tous les videurs et promoteurs qui m'ont ouvert des portes stratégiquement, me permettant de me glisser dans les loges de certains artistes. Mandrax, Najkine, Anya, My man JB & the Zurich Crew, Dialectiks, Roro, Léo, DB, GR!, 2D, TT, Q, AK, Didier, Amadou, DD, Axel, Malamine, Rod, Rachel, Drouns & the funky girls crew, Mathieu, Berni, Sarah Pull up, Yogy, Patrick Rukeza, Pat LaRock, Nico Sole Swing, Abdou Infinite Soul, Scrambling Feet, Wild Stars, Dan, Deep Trip, Serio, Pancho Etche.ch, Nico Frml, Chris ExosDesign, Wild Pich, Klash, Vidy, Straight Sound, Menas, Chief, No Games, Roccobelly, Basil, Fat Daddy, Hamzah, M.A.M., @Grgsfbr, Black G, Rhumain, Paroles Véritables, Flexta, Le Boug, Rythie, Sindanu, Driver, Serval, lemondedeKaro, Sasha Alex Moore, OSP400, Christophe $. La V111, Olivier Reithauser, High Five Production, Thabo Sefolosha, TPMD, Hayat, Colt Seavers, Reprezent, LGTDZ, Ivan, Welcome Dans Ma House, Lab Don, JD, Vinyl Resistance, da Qltur radio, Time4sumaction, tous ceux qui poussent la culture en avant, Livia Zbinden, Brigitte la Tantine, Xavier Ruiz, The Crowbar Bolts, The Nuthouse, The Sick Sirkle, Cali, Jmu, GT, 868, 415, Bolinas, Stinson Beach, West Marin, SF, The Mission, The Bay, Renens, Le Cra, Le North Hood Crew, Lausanne, Genève, BNC, Moudon, Paris, Lyon, Marseille, Nadia, Gaëtan & Berndt de chez Universal, Élisabeth de chez Sony, Sandro de chez BMG, Rollin' Dice, Chill, M Diggy, Matthieu Spohn, Gaëtan aka Giggy2309, Thibaut Guiliani, Le Gang du Lyonnais, Gasface, mes gars chez Barber Concept, le Covid, Deez Nuts: Kay, JNN, CEO, Ribs, Doc, Steffi, Litou, Xe. Tous ceux qui me suivent sur The Chuckie Fresh Podcast, tous ceux qui me soutiennent dans mes projets depuis des années, tous ceux qui m'ont déjà acheté un t-shirt Cotton & Bass… et enfin toi, merci de m'avoir lu jusqu'ici… you are not dead yet!... Stay outta jail, be cool, go hug a friend, one love and peace!